21世纪经济管理新形态教材·创新创业教育系列

创业管理

傅 颖 ◎ 编著

清华大学出版社

北 京

内 容 简 介

本书旨在全面介绍创业的核心概念、成功创业的经典要素以及数字化时代的创业工具。内容分为四个部分。第一部分是创业管理概述，着重介绍创业的意义和框架，为读者提供系统的学习路径。第二部分聚焦成功创业的经典要素，深入剖析团队、机会、资金和商业模式，增加创业成功机会。第三部分关注数字化时代的创业工具与手段，包括精益创业、数据驱动和平台思维，为读者提供实际操作指导。最后一部分涉及可持续的创业实践，强调经济效益与社会责任的平衡，塑造具有长期影响力的创业实践。

本书特色在于兼具可读性和学术性，以案例引导和微案例分析为主要方法，为创业者和学习者提供全面实用的指南。

图书在版编目（CIP）数据

创业管理 / 傅颖编著. -- 北京：清华大学出版社，
2024. 11. -- (21 世纪经济管理新形态教材). -- ISBN
978-7-302-66842-8

Ⅰ. F272.2

中国国家版本馆 CIP 数据核字第 2024HA3171 号

责任编辑：付潭蛟
封面设计：汉风唐韵
责任校对：王荣静
责任印制：刘　菲
出版发行：清华大学出版社

　　　　网　　　址：https://www.tup.com.cn，https://www.wqxuetang.com
　　　　地　　　址：北京清华大学学研大厦 A 座　　　　邮　　编：100084
　　　　社 总 机：010-83470000　　　　邮　　购：010-62786544
　　　　投稿与读者服务：010-62776969，c-service@tup.tsinghua.edu.cn
　　　　质 量 反 馈：010-62772015，zhiliang@tup.tsinghua.edu.cn
　　　　课 件 下 载：https://www.tup.com.cn，010-83470332

印 装 者：定州启航印刷有限公司
经　　　销：全国新华书店
开　　　本：185mm×260mm　　　　印　张：17　　　　字　数：348 千字
版　　　次：2024 年 11 月第 1 版　　　　印　次：2024 年 11 月第 1 次印刷
定　　　价：55.00 元

产品编号：104931-01

前　言

　　创业，这个词早已超越了简单的商业行为，成为一种精神、一种追求，甚至是一种梦想的象征。无论是为了实现个人梦想，推动企业转型，还是为了促进社会发展，创业都承载着无限的可能性与希望。

　　数字时代的到来，给创业带来了新的挑战与机遇。精益创业、数据驱动、平台思维，这些新理念的涌现，正在重新定义着创业的方式与路径。本书将深入剖析这些原则，并探讨其在实践中的应用。在这个充满变革的时代，创业如果仅仅为了追求财富则可能无法得到财富，若是能做到利他或将种下财富的种子。因此创业不仅仅是追求利润的商业行为，更是一种积极的社会实践，是为了创造美好未来而努力奋斗的过程。

　　基于以上两点，本书的主要特色包括两方面。一是加入数字技术促进创业的工具与手段，介绍了"精益创业与产品迭代""数据驱动：洞察需求与决策""平台思维：用户参与共创"。二是体现可持续的创业实践，在最后一部分阐述了公司创业与社会创业。公司创业不仅是对传统企业扩张与转型的实践，更是对组织创新与内部创业文化的探索。社会创业则将目光投向了社会的更广阔领域，强调了创业行为对于社会价值的创造与传递。

　　除此之外，本书第一部分是创业管理概述，从创业的意义出发，我们将目光投向了个人、企业、国家三个层面，深入剖析了创业对于每个层面的意义和影响。第二部分是成功创业的经典要素介绍，包括创业团队、创业机会、创业资金和商业模式。我们深入研究了创业团队的构建与股权设计，探讨了创业机会的识别与开发，以及创业融资的各个环节，为创业者们提供指导与建议。

　　本书的编写历时 3 年，其间作者为本科生开设了"创业管理""社会创业"课程，为 MBA 学生开设了"创新创业管理""企业家精神与创新思维"等课程，积攒了丰富的案例和课堂思考。本书的编写很大程度依赖于作者的上课演示教案。在内容编排上，每章开篇有引导案例，结束部分有每章的案例分析，每章内容穿插大量的微案例，便于读者理解知识点。每章最后有 3～5 个思考题帮助读者运用所学知识，开放式、启发式地理解和解决实际问题。我们深信，本书力图为广大创业者们提供参考和启示，助力他们在创业的道路上取得更大的成功。

　　在本书的编写过程中，我们吸收了来自国内诸多领域专家学者的意见与建议，力求为读者呈现一部既系统又实用的创业管理指南。在教材编写的过程中，感谢我的研究生李金展在整体修订工作中的全力配合，感谢研究生苏华威在第 7 章（数据驱动：洞察需求与决策）、陈磊在第 8 章（平台思维：用户参与共创）、高睿敏在第 4 章（创业融资）、梁琪在第 6 章（精益创业与产品迭代）方面的执笔和修订工作。特别感谢清华大学出版社付潭蛟编辑对于本书出版工作的大力支持！

　　尽管作者已经对本教材倾注了大量心力，但其中可能还存在许多不完善的地方，我们非常期待读者的批评和反馈，以助力教材未来的迭代修订工作。

傅　颖

2024 年 2 月

目 录

第 1 章

创业管理概述

【学习目标】

- ✓ 了解创业与创业者的相关知识；
- ✓ 理解创业与创新的关系与意义；
- ✓ 了解创业的各种类型；
- ✓ 理解数字时代创业三大原则。

【章节纲要】

本章主要分 4 节来阐述与探讨创业的基本概念、意义、类型与原则。第一节阐述与探讨创业对于自我实现、企业发展和国家经济的重要性与价值；第二节介绍创业者的类型和基本知识；第三节介绍创新与创业的关系以及创业的两种思维和方式；第四节阐述与探讨数字时代创业的三大原则。

引导案例

中国"90后"，白手起家第一人，你知道他是谁吗？

聂云宸，1991 年出生于江西省丰城市。聂云宸在上初中时，就跟随父母来到了广东省江门市。后在广东科学技术职业学院学习行政管理，大学期间，缘于关注科技，聂云宸结识了科技博客爱范儿的创始人 Wilson，并通过自己的努力，成为爱范儿的主笔。这份工作让他深入了解到全球科技发展的动态，乔布斯也在这段时间成为聂云宸的偶像。

2010 年前后，时逢苹果 4 最新上市，聂云宸在广州开手机店，门可罗雀。聂云宸马上调整经营战略，打出免费帮人刷机和装软件的招牌，吸引了不少顾客特别是回头客的光顾，一时间，聂云宸的小店火爆。

2011 年，聂云宸在路过一家奶茶店的时候灵感突现：用粉末冲出来的奶茶都有大把顾客，那如果是真材实料的饮品，会不会更受欢迎呢？聂云宸揣着此前开手机店攒下的 20 万块钱，敲开了奶茶行业的大门。他下定决心，做一家能让用户喝到真正有奶、有茶，真材实料的奶茶。

经过半年产品研发和筹备，2012 年 5 月 12 日，聂云宸的第一家只有 20 m² 的奶茶店在江门市九中街顺利开张，取名皇茶 ROYALTEA（喜茶 HEYTEA 的前身），一个新茶饮时代就此开启。

与大部分档口小老板一样，他一人身兼数职，店面装修、口味调制、菜单设计等都要操心，常常忙得晕头转向。

可是，巨大的心血并没有立刻换来成功。

虽然皇茶开业前 3 天的促销活动吸引了很多人来排队，一时间门庭若市。

可是，只要活动结束，门面就变得冷清，没什么人来光顾，有时一天只卖出几杯。最糟糕的时候，店铺一天只有 20 元的营业额。怎么办？

聂云宸沉下心来。他一面研究市面上主流饮品店的产品，一面在奶茶口味上下苦功。他四处寻求客户的评价，然后不断改进，最多时一天修改 6 次配方，自己喝掉 20 杯奶茶。

经过一番努力，聂云宸发现，芒果跟芝士是点单量最大的配料，他如同发现了新大陆一般，创新性地将芝士跟奶盖搭配。

终于，皇茶推出了一个在当时属于颠覆性的产品——首创芝士奶盖茶。

相比速溶奶茶，当时的皇茶虽然贵了点，但是用料更加充足。当消费者抱怨茶饮果肉少时，聂云宸将果肉加到整杯的 2/3。

但是，"皇茶"单独的两个字无法注册商标，只要加前缀或后缀，很容易出现山寨版。

2016 年年初，聂云宸买下了已经成功注册的商标喜茶，并在随后的 1 个月里，把旗下 50 多家"皇茶"直营门店全部更名为"喜茶"。喜茶在 2016 年 6 月就获得了 1 亿元的首轮外部融资，投资方为 IDG 资本和饮料业巨头"乐百氏"创始人何伯权创办的今日投资。

融资到位后，喜茶开始走出广东，向全国扩张，在北上广等一线城市相继开出门店，彻底拉开了狂奔的序幕。2017 年 1 月，喜茶首个主题店在深圳的万象城亮相。2017年 2 月，喜茶打入上海市场，由此彻底打开知名度。2019 年 7 月，喜茶完成了由腾讯和红杉资本的一轮融资，估值达 90 亿元。2020 年，喜茶再完成一轮融资，这次由高瓴资本和蔻图资本联合投资，此时喜茶的估值已经超过 160 亿元。2020 年 11 月，29 岁的聂云宸以 45 亿元人民币登上《2020 胡润"80 后"白手起家富豪榜》，并成为其中唯一一个"90 后"。2021 年，喜茶完成了一轮 5 亿美元的融资，估值达 600 亿元，直接刷新了中国茶饮界的融资纪录。与估值一同走高的是喜茶的扩张速度。截至 2022 年 7月，喜茶拥有 856 家直营门店，遍布海内外 69 个城市，聂云宸的财富也达到了 100亿元。

一个白手起家的"90 后"百亿富豪，就这样诞生了。

资料改编自：https://baijiahao.baidu.com/s?id=1745575873204088766&wfr=spider&for=pc.

1.1　创业的意义

创业不仅仅是一项商业活动，更是一个在多层面上具有深远意义的行为。它影响着个人的生活、企业的发展和国家的繁荣，构建了一个动力源源不断的生态系统，为人类社会注入了创新、进步和希望。

1.1.1　创业为"己"：创办企业为梦想献身

企业中有各类形形色色的人，不同的人在企业中扮演的角色不一样，主要分为三类。第一类人是"马屁精"（英文叫 yes man），专走上层路线，成天围着领导转，专说领导喜欢听的话，给领导敲锣打鼓唱赞歌；第二类人是"实干家"，埋头干活，低调做事，试图以技术和业绩服人，算是走群众路线；第三类人是"救火队"，领导有不干净的事，单位有麻烦的事，都交给这类人去处理，最后这类人还可能成为替罪羊。这样分类当然有点极端，但每个员工都可以看作是三类人的线性组合，不过有的人第一类成分更多，有的人第二类成分更多。当然，也有极少数天才型员工，既不屑于溜须拍马，又不愿低调做事，更不甘做替罪羊，最后只好去创业，如苹果公司的史蒂夫·乔布斯（Steve Jobs）。

对于大多数以乔布斯为榜样的创业者而言，创业是影响一生的决策。在瞬息万变的社会市场环境下作出创业抉择而为之拼搏努力的创业者，无异于是惊涛骇浪下游泳，而不为浪潮所吞没的勇士。创业是一项充满机会和挑战的决策，它可以塑造个人的经济状况、职业生涯、个人成长和生活方式等。创业对个人的意义主要表现在以下几个方面。

（1）自我实现。这是创业者的精神支柱，许多人梦寐以求的是能够追求自己的激情和兴趣，而不仅仅是为了赚取薪水。创业者进行创业时可以使自己的能力大放异彩，描绘自己所规划企业的美好蓝图，从事自己热爱的工作，并追求自己的目标和愿景。企业的萌生壮大、稳定经营、拥有核心竞争力、持续获益便是对创业者个人能力的最大肯定，是创业者自我价值的实现。

（2）拥有权力。这是创业者的生存支点，创业者作为企业的"父母"，是企业的第一责任人，自然对于企业的未来长期发展战略、短期发展目标计划、日常规章制度制定以及员工安排与规划拥有决定权，是企业最高的权力中心。创业者在创办企业时不可避免会遇到难以意料的困难，在拥有权力的条件下解决问题可以不断超越自我。

（3）实现自由。这是创业者的生存空间，创业者在创办企业时的创业想法、商业计划、规章制度等都是按照自身和企业的要求来制定和落实的，拥有最大程度的自由，这不同于在企业工作受多方条件限制的员工。

创业是改变人一生的决策，创业对于创业者的意义不仅仅在于财富的积累、地位的提高，还在于它是创业者实现自我、超越自我、实现自由的过程，也是实现个人梦想和愿景的重要途径。

1.1.2 创业为"企"：公司创业助力企业转型

全球化竞争、技术快速创新和消费者需求多样化使得大企业的生命周期越来越短，为创业企业和小企业发展提供了广阔空间，出现了越来越多的"蚂蚁绊倒大象"的案例：新华书店被当当网逐步替代，柯达相机被手机数码功能逐步取代，等等。为了防止被其他企业所替代，企业就要时刻保持忧患意识，监控竞争企业的更新动态，持续进行创新与变革，不断助力企业的转型升级，强化企业核心竞争力。上述均体现了公司创业的特点。所谓公司创业，是指已经成立乃至成熟的企业（也称为在位企业）通过企业内部的系列创业活动，使企业具备前瞻性，并通过相应的风险承担行为追求新的市场机会，它能够帮助企业保持生存、提高利润、助力成长，这不仅是30年前德鲁克（Drucker）在其论著《创新与企业家精神》中的理论观点，也是近年来国内外许多企业破茧重生、转型发展走出来的实践出路。

公司创业助力企业转型的关键因素主要表现在以下几点。

（1）创新推动变革：公司创业通常涉及新的思维方式、新技术、新产品或新服务的开发和应用。这种创新精神可以渗透到整个企业，促使企业寻找新的方法来满足客户需求、提高效率以及改进业务流程。这种创新精神是企业转型的关键要素。

（2）市场敏感性：公司创业通常会密切关注市场动态和客户需求，因为其成功与否直接受到产品或服务是否符合市场需求的影响。企业可以借鉴这种敏感性，更快地适应市场变化，制定更灵活的战略和决策。

（3）快速试验与学习：公司创业过程中，创业者往往会采用试错的方法，迅速测试各种假设和策略。这种敏捷性和学习能力对于企业在转型过程中快速调整战略和战术非常有帮助。

（4）拓展业务领域：公司创业可以帮助企业进入新的市场、领域或业务模式。这种多元化有助于分散风险，减轻企业依赖某一市场或产品的风险。通过多元化，企业可以更好地适应市场的不确定性和波动。

（5）文化和组织变革：实践公司创业的企业，其文化通常强调创新、激情和冒险精神，这些价值观可以对企业文化产生积极影响。企业可以借鉴创业文化，促进组织内部的创新和变革。

（6）合作与投资机会：企业可以通过与公司创业进行企业间合作或投资创业项目来获取新技术、知识和市场洞察。这些合作关系可以为企业提供增长和创新的机会，有助于实现转型目标。

综上所述，公司创业能够注入企业所需的创新、市场敏感性、敏捷性和文化变革等，这些因素都是推动企业成功转型的关键要素。因此，公司创业可以成为企业转型的加速器。在市场竞争激烈且变化迅速的情况下，企业可能需要从传统模式转向更灵活、更敏捷的经营方式，通过内部创业更迅速地实施变革和适应市场。

微 案 例

苹果公司的二次创业

1996 年，苹果公司的市场份额已经从 20 世纪 80 年代末 16%的最高点下降到 4%。1993 年取代斯卡利担任苹果公司首席执行官（chief executive officer，CEO）的迈克尔·斯平德勒（Michael Spindler），试图把公司卖给太阳微系统公司（Sun Microsystems，Sun）、国际商业机器公司（International Business Machines Corporation，IBM）和惠普。失败后，斯平德勒在 1996 年 2 月被吉尔·阿梅里奥（Gil Amelio）取代。阿梅里奥是一位研发工程师，曾任国家半导体公司 CEO。在他任期第一年，苹果公司亏损了 10 亿美元，股票价格从 1991 年时的 70 美元暴跌到 14 美元。在此背景下，乔布斯回归苹果，带领苹果进行了二次创业，推出了许多划时代产品，包括 iTunes、iPod、iPhone。

"iTunes 是赚钱的东西"

当时人们正热衷于把音乐从 CD 复制到计算机上，或者从文件分享服务商那里（如 Napster）下载音乐，然后把自己挑选的音乐刻录进空白 CD。那一年，美国的空白 CD 销量达到 3.2 亿张，而美国总人口也只不过 2.81 亿人。

乔布斯催促他的团队做出音乐管理软件时，苹果公司果断出手，买下了 SoundJam，乔布斯要求他们必须把软件改得更加简单有趣。之前的界面是用户可以按照歌手、歌曲名或是专辑名进行搜索，但是乔布斯坚持改成了一个简单的输入框，用户可以直接输入任何他想搜索的信息，乔布斯还给音乐软件取了名字——iTunes。

"苹果可以设计一个和 iTunes 配套的设备，让收听音乐变得更简单。"

在和东芝公司开完例会之后，工程师们提到，他们正在实验室研发一项新产品，到 6 月可以完成。那是一个 1.8 英寸（1 英寸＝0.0254 米）见方的硬盘（大约是 1 美元硬币的大小），带有 5G 的内存（大约能存放 1000 首歌曲）。

乔布斯当年为了将 iPod 的尺寸压缩到极致，将 iPod 的原型机直接丢进了鱼缸里面，轻描淡写地说，还有气泡，不行。如果要找某一首歌或者使用某项功能，按键次数不能超过 3 次，而且按键的过程要自然。iPod 上不能有开关键。

iPhone 的创新"第一"

（1）多点触控技术。

（2）一个 HOME 键。

（3）非金属金刚玻璃外壳。

（4）手机无法打开，也不可能更换电池。

（5）iPhone 可以更薄。

乔布斯领导的产品汇总如下。

iPod：外观优雅的 MP3 播放器，开启了苹果的辉煌 10 年。

iTunes：是一款有着强大商业模式的魅力软件，证明了只要价格适宜，界面足够便捷，人们是愿意为音乐付费的。

iPhone：一款智能手机，在推出后立刻把塞班系统逐出市场。

苹果商店（App Store）：这是"苹果革命"中最安静的部分，目前有价值 20 亿美元的货物通过这个革命性的商店流通。

iPod + iTunes，iPhone+APP Store：通过在产品、性能、操作系统、渠道和服务方面的差异化定位，苹果公司一举击败其他竞争对手。

iPad：一部足够便宜，而且抛弃键盘的手提电脑。

凭借着乔布斯回归，领导公司推出创新型产品，苹果公司的股价被推向了史无前例的高点，如图 1-1 所示。

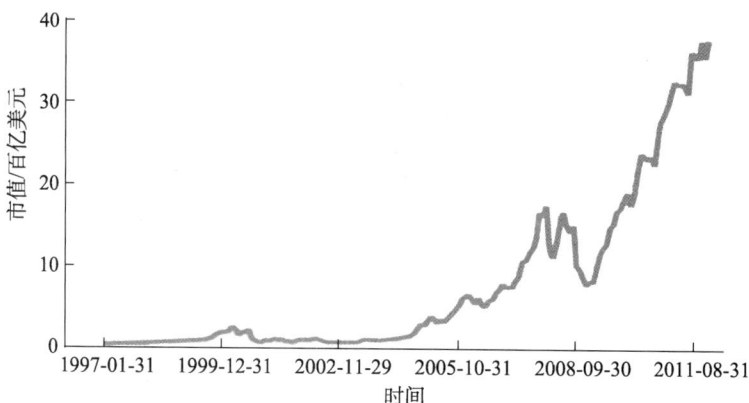

图 1-1　乔布斯回归后苹果的市值

1.1.3　创业为"国"：经济创业助力经济发展，社会创业改变世界

经济创业是指个人或团队创建和经营企业，以追求经济利益和盈利为主要目标，创业者通过创造与把握机会，创立自己的事业，提供产品或服务，以创造经济价值的过程。经济创业者通常面临市场风险和竞争压力，致力于发展可持续的商业模式，以确保企业的长期成功。

管理学大师彼得·德鲁克曾说："创业是美国经济发展的主要动力之一，是美国就业政策成功的核心。"国外的数据显示：自 1980 年以来，在美国和世界的其他一些地区，小企业和创业者每年创造了 70%以上的新就业机会和 70%以上的新产品或服务。从 1990 年以来，美国每年都有 100 多万个新公司成立，即平均每 250 个美国公民就创立了一个新公司。截至 2020 年年底，我国民营企业已经达到 4000 多万家，贡献了 50%以上的税收，60%以上的国内生产总值（gross domestic product，GDP），70%以上的技术创新成果，80%以上的城镇劳动就业以及 90%以上的企业数量。中国超过 60%的 GDP 是由中小企业产生的。中国中小企业和小微企业已有 7000 多万家，占全国企业总数的 99%以上。通用电气公司（General Electric Company，GE）2011 年发布《GE 全球创新趋势调查报告》，对 12 个国家的 1000 位企业高管进行了调查，有 95%的高管认为，创新是决定国家经济竞争力的主要因素。由此表明，创业是国家经济社会发展的主要驱动力。唯有经济创业，才能可持续性地助推经济增长、创造大量的就业机会、增加税收贡献。主要表现如下。

（1）助推经济增长：创业活动可以刺激经济增长。创新的产品、服务和业务模式能够开辟新的市场，增加 GDP。创业者的成功往往会吸引投资和资金流入，推动经济的扩张。

（2）创造就业机会：经济创业是就业的主要推动力之一。创业者通常会雇用员工，创造工作岗位，从而提高就业率，促进劳动力市场的活跃。这对于国家来说是非常重要的，因为高就业率有助于减少社会不稳定和政府的社会福利支出。

（3）增加税收贡献：创业活动通常会带来更多的税收收入，包括企业所得税、个人所得税和消费税等。这些税收可以用于资助基础设施、教育、卫生保健和其他公共项目，提高国家的整体福祉。

社会创业是指个人或组织创立和管理企业，以解决社会或环境问题为主要目标，而非追求纯粹的经济利益，其核心内容是创新，变量是减少贫穷、环境保护与优化以及可持续发展这 3 个维度。社会创业是社会创业者发现市场失灵中的创业机会，用基于市场的方法解决社会问题，实现社会的变革与经济社会的可持续发展（Datta and Gailey，2012；Alvarez and Barney，2014）。社会创业不仅可以增加社会信任（Tobias et al.，2013），而且根据 Estrin 等（2013）的研究发现，一个国家社会创业的比率越高，社会创业者越能增强国家层面的社会资本，降低他人新创企业时的交易成本以及机会和资源的限制，促进其他人经济创业。社会创业者通常将社会使命置于商业利润之上，努力找到可持续的方式来解决社会问题。社会创业注重社会影响和创新，通常采用商业方法来解决社会问题。它有助于提高社会福祉、解决环境问题、减少社会不公平，以及促进可持续发展。社会创业的目标不是创造财富，而是让社会变得更美好。社会创业的意义主要表现在以下几方面。

（1）解决社会问题：社会创业致力于解决社会和环境问题。社会创业家通常关注社会不平等、环境可持续性、教育、健康、贫困等各种挑战。通过创新的方法，他们为社会提供切实可行的解决方案，改善人们的生活。

（2）可持续发展：社会创业推动可持续发展议程。通过提供环保产品、服务或倡导社会和环境可持续性的实践，社会创业有助于减少资源浪费、降低碳排放，并推动可持续消费和生产。

（3）社会创新传播：社会创业的成功案例可以激励其他人参与创业和社会创新。这种影响力可以跨越国界，促使全球范围内的社会创新和改变。

（4）社区发展：社会创业可以提高社区的生活质量。社会创业者通常与社区紧密合作，满足当地需求，提高社区的社会资本和福祉。

中国积极实施创新驱动发展战略助推经济发展，致力于从创新型国家向创新型强国迈进。党的十九大报告强调，"创新是引领发展的第一动力，是建设现代化经济体系的战略支撑"；党的二十大报告指出，"必须坚持科技是第一生产力、人才是第一资源、创新是第一动力，深入实施科教兴国战略、人才强国战略、创新驱动发展战略，开辟发展新领域新赛道，不断塑造发展新动能新优势。"创业的根本目的就是让我国人民走上共同富裕的道路，经济创业助推经济增长和就业，社会创业致力于解决社会和环境问题，改善社会福祉。经济创业和社会创业的有机结合促使我国实现经济可持续性和社会使命的统一。

1.2　创业者——追逐机会的人

创业（entrepreneurship）的定义是随着时代的发展而变化的。如今创业的定义是创业者通过发现和识别商业机会，在资源缺乏的情况下组织各种资源，提高产品和服务，以创造价值的过程。机会是创业者成功创业的核心，贯穿于创业过程的始终。

创业者是指那些创立、拥有并经营自己的企业或创业项目的人，是一个特殊的群体，是能够将"稻草"变成"金条"的神秘人物或群体，他们通常是具有创新思维和冒险精神的个体或团队，致力于解决问题、满足市场需求或创造新价值。创业者在经济社会发展中扮演着重要的角色，通过创造和追逐机会，创造自己的事业，为就业机会、经济增长和社会创新作出了重要贡献。

2001 年，全球创业观察（Global Entrepreneurship Monitor，GEM）报告的撰写者雷诺兹等最先提出了机会型创业和生存型创业的概念。但我国创业学者斯晓夫（2011）认为，生存型创业也是以机会为基础的，只是机会型创业的机会特征更加显著。从创业的本质来说，创业就是基于机会的经济活动，看不到任何机会的创业是一种盲目创业，很难取得成功。

1.2.1　生存型创业的创业者

生存型创业（survival entrepreneurship）是指创业者为了生存，没有其他选择而无奈进行的创业。个体或企业开始创业活动的主要动机是为了满足基本的生存需求和经济稳定。这种类型的创业者通常面临着贫困、失业或其他生计压力，因此他们创业的目的是谋求收入来源，维持自身或家庭的基本生活水平。生存型创业者通常选择相对成本低廉、市场需求稳定的传统行业，以确保稳定的现金流和收入来源。

生存型创业的特征如下。

（1）低风险和低回报：这类创业者通常不具备创新能力或资本，因此经营的企业往往规模较小、收益较低，且不需要较高的专业技能。

（2）市场导向：他们通常提供基本的产品或服务，以满足当地市场的基本需求。

（3）经济动机：生存型创业者的主要动机是为了生计和经济生存，而不是为了追求市场领先地位或创新。

在我国，生存型创业的创业者是数量较大的创业人群，许多人是被逼上梁山，为了谋生混口饭吃，往往小富则安，难以做大做强。因不需要较高的行业技能，其创业项目主要集中在服务业，并没有创造新需求，而是在现有的市场上寻找创业机会。

1.2.2　创新型创业的创业者

创新型创业（innovative entrepreneurship）是指个体或企业开始创业活动的主要动机是为了推动市场创新，引入新产品、服务或技术，并寻求在竞争激烈的市场中获得竞争优势。这种类型的创业者通常具备创新思维、较强的风险承受能力并愿意投入大量时间和资源来实现他们的创新目标。

创新型创业的特征包括以下几方面。

（1）高风险和高回报：这类创业者通常追求高风险、高回报的机会，可能面临市场不确定性和技术风险。

（2）创新导向：他们致力于研发新产品、新技术或新市场，以满足不断变化的市场需求。

（3）创造价值：创新型创业者追求在市场上创造独特的价值，可能会改变现有产业格局或创建全新的市场领域。

创新型创业者通过提供有创造性的产品或服务，填补市场需求的空白，追求在市场中创造价值、推动变革和实现竞争优势。

1.2.3　开发创业机会是创业者的核心工作

从创业的本质而言，创业就是基于机会的经济活动。创业机会是创业活动的核心要素之一。从创业机会理论的观点来看，创业就是创业者识别和利用商业机会的过程（Shane and Venkataraman，2000）。机会通常是指一种具有潜力的商业可能性，可以填补市场需求、解决问题或创造价值。创业机会是创业活动的前提，机会开发是创业过程中具有里程碑意义的事件，是新创企业进行创业活动的基础，影响着新创企业的未来成长（张梦琪，2015）。

创业者的核心工作是在市场中主动发现这些机会，而不仅仅是反应性地经营已经存在的企业。这包括观察市场趋势、了解客户需求、分析竞争环境以及创造新的市场机会。在识别创业机会之后，创业者需要着手进行机会开发，而围绕创业机会开发所作出的决策，在很大程度上体现为创业者在资源配置和经营指导过程中的决策，这一系列决策会直接影响企业的财务回报和成长表现。新创企业要有良好的绩效，实现持续成长，必须要有效地组织资源投入到机会开发的活动中，将创业机会转化为价值，实现生存和成长（Shane，2003）。

对于新创企业而言，其核心工作便是敏锐地识别和开发那些未被满足的需求、尚未被发掘的市场机会或可以改进的业务模式。一旦创业者确认了机会的价值和可行性，便能够将机会转化为产品或服务，并接受市场的检验。如果创业者开发和把握住了合适的创业机会，便能站在时代的风口推出拥有核心竞争力的产品，获得稳固的企业发展。若创业者未识别正确的创业机会，便会造成市场失败、竞争不足、资源浪费以及商业不可持续性。因此，创业者需要具备开发、评估和利用商业机会的能力，以确保企业在竞争激烈的市场中蓬勃发展。

微 案 例

亚马逊的创业机会识别

亚马逊购物网站的创始人兼 CEO 杰夫·贝佐斯（Jeff Bezos）。出生于 1964 年，从小就对科学和技术感兴趣。他曾经在家里自己制作过一个电子闹钟，还把自己的房间变成了一个实验室。他毕业于普林斯顿大学，获得了电子工程和计算机科学的双学位。毕业后，他进入了华尔街，成为了一名成功的投资银行家。

1994 年，杰夫·贝佐斯在一家对冲基金公司工作，但他对互联网潜力的信仰促使着他追寻更大的机会。贝佐斯很快发现了互联网的巨大潜力，识别出一个巨大的商业机会：在线零售书籍。他决定辞掉高薪的工作，开创自己的事业。他和妻子麦肯齐（MacKenzie）搬到了西雅图，在车库里创办了亚马逊公司。他选择了书籍作为第一种销售产品，因为书籍种类繁多，需求广泛，而且容易在网上展示和运输。

在早期的几年里，亚马逊遇到了许多困难。他们不断地燃烧资金，却一直没有实现盈利。但是，贝佐斯坚信亚马逊的战略和商业模式是正确的，并且他相信只要公司能够存活下来，就一定会成功。

在 21 世纪初期，随着互联网的普及和在线购物的流行，亚马逊开始实现盈利。他们的销售额不断增长，并且一直在扩展其产品线和服务。贝佐斯还创立了亚马逊的云计算服务部门，这个部门后来成为了亚马逊的一项重要业务。

自 2000 年以来，亚马逊一直在扩张并增加其市场份额。他们不断推出新产品和新服务，如亚马逊 Prime 会员计划、Kindle 电子书、Alexa 智能音箱等。同时，他们在全球范围内不断扩大其物流和仓储网络，以更好地满足客户的需求。

亚马逊的成功案例表明，通过识别并充分开发创业机会，创业者可以创造出具有广泛影响力的企业。贝佐斯的决心、创新和战略规划使亚马逊成为全球最大的在线零售商之一，同时拓展了云计算、数字内容和物流等领域，展示了创业机会的巨大潜力。

资料改编自：https://baijiahao.baidu.com/s?id=1764764407901669982&wfr=spider&for=pc.

从创业学和商业管理的角度而言，开发创业机会是创业者的核心工作（斯晓夫，2016），主要表现在以下几个方面。

（1）创业机会的重要性：在创业学领域，机会被认为是创业的起点和核心。创业机会是指一种具有商业潜力的可能性，可以用来满足市场需求、解决问题或创造价值。创业者之所以存在，是因为他们寻找、识别和利用这些机会，以创建新的企业或开拓新的市场。因此，开发创业机会被视为创业者的首要任务。

（2）创业机会识别：开发创业机会的第一步是识别潜在机会。这需要创业者具备观察、分析和洞察市场的能力。他们需要深入了解市场趋势、竞争态势、技术进展以及消费者需求等因素，以便发现那些未被满足或未被充分利用的机会。这种识别过程通常需要创业者有丰富的行业知识和市场洞察力。

（3）机会评估：一旦识别出潜在机会，创业者需要对其进行评估。这包括对市场规模、增长潜力、竞争格局、可行性和盈利潜力等方面的分析。创业者需要仔细权衡机会的风险与回报，以决定是否值得追求。这个过程要求创业者运用定量和定性方法进行详尽的分析和决策。

（4）机会开发：一旦创业者确认了机会的价值和可行性，就需要采取行动来开发这一机会。这包括产品或服务的设计与开发、市场营销策略的制定、资源的配置以及组织的建设。开发创业机会需要创业者具备项目管理能力、创新能力和战略规划的技能。

（5）创新和竞争优势：开发创业机会通常需要创新，无论是在产品、服务、技术还是在业务模式方面。通过引入新的元素，创业者可以获得竞争优势，从而在市场中脱颖而出。

总之，开发创业机会被认为是创业者的核心工作，因为它是创业活动的关键起点。创业者需要具备识别、评估、开发和利用机会的能力，这一过程涵盖了市场洞察、创新、战略规划、资源管理和风险管理等多个方面。创业者的成功往往取决于他们对机会的识别和开发能力，以及他们对市场需求和竞争环境的深刻理解。因此，开发创业机会被视为创业者职责的核心。

1.3　创新与创业的关系

创新与创业两个概念密切相关，在演变过程中，创新与创业两个概念出现交叉、重叠与分离的特征。但在此之前，创意的萌芽为创新和创业提供前提和基础。创意（发明）是一种"灵光一现"，是一种思想、概念或想法，创新是创意的体现，创业则是创新的实践。在我国，实施创新驱动发展战略助推经济发展，从创新型国家向创新强国迈进，创新型创业是实现这一目标不可或缺的一步。

两位著名的经济学和管理学大师熊彼特和德鲁克在分别他们的著作《经济发展理论》和《创新与企业家精神》中对于创新和创业的关系进行了经典阐述。

熊彼特（1990）首次突出企业家的创新性，将企业家视作创新主体，认为企业家的作用在于创造性地打破现有市场竞争布局，利用市场的变化寻找获利机会。创新是将头脑中的创意变为具体的策划方案，进而将纸面上的设计转化为市场上的逐利行为。熊彼特认为，实现创新的媒介是创业，创业是尝试未知领域、超越熟悉领域的创新，是企业家坚持打破旧的传统，创造新规则，包括创新和未曾尝试过的技术，开辟新事业的活动。

德鲁克（2009）认为，创业的目的只有一个，就是创造顾客，或者说满足某种需求。创新是将现有的资源交给未来的期望，是展现企业家精神的特殊手段。创新是企业家特有的工具，凭借创新，他们将变化看作是开创另一个企业或服务的机遇，创新如果仅停留在观念、思想和制度上，没有转化为实际创业行动，没有借助创业媒介将其付诸实践应用，就没有任何意义。德鲁克在《创新与企业家精神》一书中提出了创新的 7 个主要机遇来源，分别是意料之外的事件、不协调的事件、基于程序需要的创新、产业结构或市场结构的变化、人口统计学变化、知识与感知的变化以及新知识。

创业和创新之间存在紧密的相互关系。创新是创业的基础，而创业推动着创新。一方面，人们生产生活方式的变革通过科技和思想观念的创新而不断促进，为整个社会不断地提供新的消费需求，消费需求需要依靠创新识别，由此创新是创业的基础。另一方面，创业活动是一种开创性的实践活动，在创业实践活动中主体的主观能动性得到充分的发挥，这在本质上体现了创业是人们的一种创新性活动，由此创业推动着创新。创新与创业不是单向的过程，创新能够驱动创业，创业也能够带动创新，而且创新也需要创业的驱动。创业者通常是创新的推动者，他们通过发现新的商业机会，并采用创新方法来实现这些机会。创业者需要不断地寻求创新，以适应不断变化的市场环境和客户需求。创新的产品或服务可以帮助企业在市场上脱颖而出，吸引更多的客户，并创造增长机会。在创业过程中，创新还可以表现为创业者寻找新的商业模式或策略，以满足市场需求。这种创新可以导致市场颠覆，创造新的市场机会，同时也可能改变现有企业的竞争地位。因此，了解和管理创业与创新的关系对于企业和组织的成功至关重要。

1.3.1　创新的两种思维

创新是现代商业环境中至关重要的因素，它有许多不同的根源和动力。在本书中，我们将详细探讨两种不同的创新思维：一种是基于市场调研的创新，另一种是基于直觉与悟性的创新。

1. 创新源于市场调研

市场调研是一种系统性的方法，旨在通过进行行业阐述，分析现有商业模式、行业特征、市场规模、所处周期、产业链分布、用户群和竞品分析来获取关于市场的信息。这种信息可以用于挖掘和发现用户痛点、明确用户需求来指导产品开发、精准市场定位和制定营销策略。尤其是与行业竞品信息相整合，掌握竞品的优势与劣势，识别潜在的市场机会与挑战，从而找寻创新契机来改进自身产品、提高产品竞争力与促进创新发展（图 1-2）。

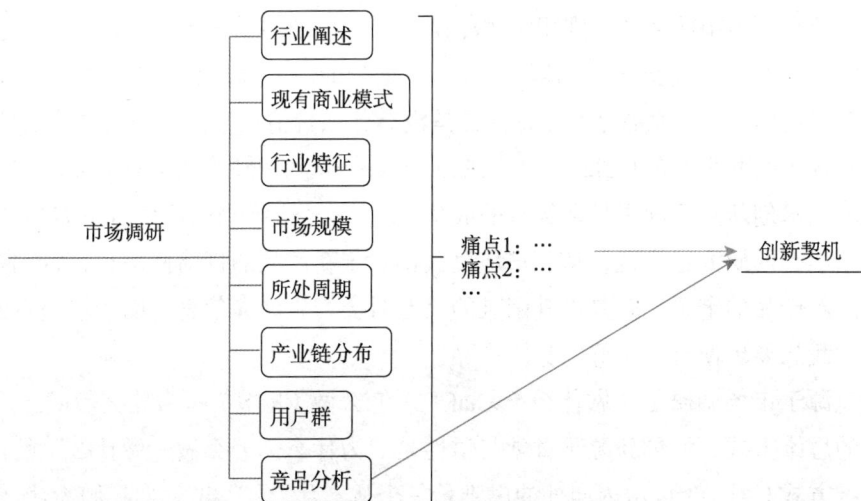

图 1-2　创新源于市场调研

创新需要进行市场调查、根据积累的统计资料用统计方法统计。

市场调研是指以科学的方法收集市场资料，并运用统计分析的方法对所收集的资料进行分析研究，发现市场机会，为企业管理者提供科学决策所必要的信息依据的一系列过程。创新源于市场调研，因为市场调研为组织提供了关于市场、竞争环境和消费者需求的关键信息，这些信息可以挖掘创新契机、降低创新风险并确保创新方案的成功。因此，在商业战略中，将市场调研与创新过程相结合是至关重要的。

2. 创新源于直觉与悟性

直觉并不是"拍脑袋"作出决策。拉卡拉集团董事长孙陶然曾说：直觉是我们的大脑，在遇到一个情况之后，一瞬间综合分析判断了所有因素之后，得出的一个反应，它其实具有相当强的科学性。从认知心理学的角度来看，创新可以视为一个复杂的认知过程。直觉与悟性在这个过程中发挥着重要作用。直觉是一种非常快速的思考和决策方式，通常不依赖于详细的分析或逻辑推理。悟性则是在一定程度上突然出现的洞察或领悟，通常是在一段时间的思考之后。这两种认知方式可以激发新的思想和创意，从而推动创新的发生。直觉与悟性是指在没有明确市场调研或数据支持的情况下，个体或组织凭借洞察力、经验和创造力来产生新的想法和解决方案。

人们常说，做生意要有敏锐的商业嗅觉，即商业敏感性，这相当于文艺创作中的灵感。

商人的思维能力是什么？是悟性、机敏和智慧。创业者的敏感是灵活的经商头脑、极高的悟性，敏锐的市场嗅觉和判断力是对外界变化的敏感，尤其是对商业机会的快速反应。许多创业者在创业实践中越来越排斥市场调查，而坚信创业者的直觉与悟性。

苹果公司的共同创始人乔布斯曾说："不必做市场调查，因为消费者自己也不知道自己想要什么。"中国科技公司腾讯的微信产品创始人张小龙曾说："需求不来自调研，用户群大部分都是中庸普通的，他们的反馈只是帮助你了解他们是怎么想、怎么看的；需求不来自竞争对手，大部分产品特性都是没有什么价值意义的。"知名的管理学家和教授克莱顿·克里斯坦森（Clayton M. Christensen）认为：倾听消费者的要求实际上可能会扼杀技术创新且不利于长期经营的成功，企业需要进行当前消费者不需要的创新。市场营销学者的研究也发现，从客户那里获得关于新产品的创新性信息，特别是具备突破性的新产品的宝贵见解是极其困难的，有时会产生误导信息。因为消费者的频繁反应是"我想要更便宜、更好的相同产品"。

创新源于市场调研是"做什么（what）—怎么做（how）—为什么（why）"的由外向内的思维方式，而创新源于直觉与悟性是"为什么—怎么做—做什么"的由内向外的思维方式（图 1-3），由内向外的思维是一个从"为什么"出发，"我们为什么存在，我们为什么生产不一样的东西"的逻辑。一切都始于"清晰明确"，你必须要把"为什么这样做"的问题想清楚。而一般人之所以一般，恰好是因为反着来——由外向内的思维方式（做什么—怎么做—为什么），人人都知道自己是"做什么"的，有些人知道自己是"怎么做"的，但只有极少数人知道自己"为什么"要这样做。唯有那些明白"为什么"的人，才是真正的领导者，才能创造出伟大的产品。

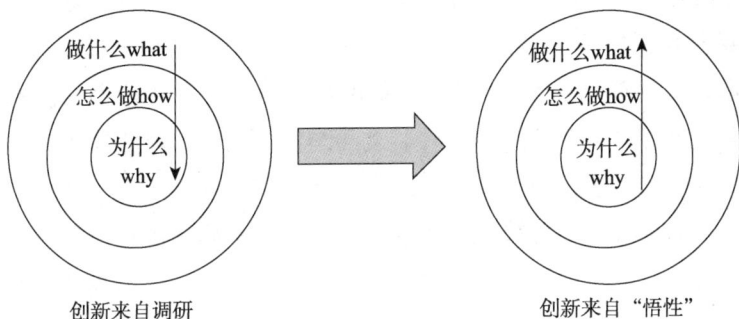

图 1-3　两种创新思维的比较

不少成功的教授回答企业家重大成功时候靠什么？——直觉。世界上所有领袖级的人物或组织在取得成就的过程中，他们遵循的思考、行动以及交流的方式是完全一样的（为什么—怎么做—做什么），一种由内而外的方式。人们购买的是"为什么"，即创新的信念。两种创新思维的差异也造成了两种不一样的创业方式。

1.3.2　创业的两种方式

1. 市场调研思维下基于因果逻辑创业

在创业过程中，市场调研是至关重要的一环。它能够为创业者提供宝贵的信息，帮助他们了解市场需求、竞争情况以及目标客户群体的特征。然而，仅仅做好市场调研还不够，更重要的是能够通过因果逻辑将这些信息转化为创业策略与行动方案。

因果逻辑理论认为：个体决策和行动建立在既定目标的基础上，由此从几种可能的方法中挑选出成本最低、效率最高的方法，是一种目标导向逻辑或预测方法。其问题框架是"目标—手段"模式，强调决策是由外（环境）至内（创业者与行动）展开的，并强调决策的起点是明确的既定目标。市场调研思维下创业方法是首先开展市场研究和竞争分析，找到目标进行市场细分，然后制定营销战略和财务规划，最终撰写商业计划书，组建创业团队来搭建企业。在这种思维下的创业是把未来看作是过去的延续，可以有效地进行预测。

以星巴克为例。按照因果逻辑，创业故事应该是以下这样的（Sarasvathy，2006）。

- 创始人霍华德·舒尔茨（Howard Schultz）发现，婴儿潮一代拒绝加工和包装食品和饮料，偏好更加"自然"和高质量的食品和饮料。

- 他看到美国人变得对比大多数零售店里提供的服务水平更高的服务越来越感兴趣。

- 舒尔茨利用对顾客需求的理解开发了优质咖啡产品和宜人的零售环境。

但历史事实其实是这样的：星巴克最初由戈登·波克（Gorclon Boock）等人 1971 年创立，一直精心经营咖啡豆、茶叶和香料，其规模不大，只有 4 家分店。当舒尔茨 1982 年加入星巴克担任市场部和零售部经理时，星巴克没有想过提供饮料服务，并不按杯出售咖啡。正如舒尔茨自己所说："星巴克创始人戈登·波克并没有研究市场趋势。最早的星巴克并没有满足加工和包装食品与饮料的优质咖啡需求。"

星巴克的案例明显展露了市场调研思维下因果逻辑创业的缺陷。例如：信息不足，某些数据可能不易获取或不准确，这可能导致决策的不确定性；市场调研的另一个问题是过分依赖市场调研可能导致过度分析，拖延了实际行动，因为创业者试图获取更多数据而不是采取行动；尽管市场调研可以减少风险，但市场仍然可能在短时间内发生变化，这使得之前的调研变得过时。

总的来说，基于因果逻辑的市场调研方法在创业中有许多优点，但也存在一些挑战。未来，随着技术的不断进步，这种方法可能变得更加强大和有效，能帮助创业者更好地理解市场并取得成功。然而，仍然需要谨慎使用市场调研工具，以避免过度分析造成资源浪费。

2. 悟性思维下基于效果逻辑创业

创业者依据直觉与悟性开创事业是基于效果逻辑的创业，这种创业相信未来是人们主动行动的某种偶然结果，预测是不重要的，人们要做的是如何去创造未来。效果逻辑是指在不确定性环境中，创业者无法确定具体决策目标，但会基于已知资源或手段展开决策以控制不确定性，是一种手段导向逻辑和非预测控制方法。与因果逻辑不同，效果逻辑的问题框架是"手段—目标"模式，强调决策是由内（创业者）至外（环境）展开的，并强调决策的起点是创业者拥有的资源与手段，而非预设目标。

效果逻辑支持的创业者做法是：首先从你是谁、你知道什么以及你认识谁起步，尽可能利用少量资源开始做可以做的事情；其次要与大量潜在利益相关人进行交互并谈判实际的投入，并根据实际投入重塑创业的具体目标；最后重复上述过程，直到利益相关人和资源投入链条收敛到了一个可行的新创企业。

萨阿斯·萨阿斯娃斯（Sarasvathy，2006）教授解释新企业和新市场创造的效果逻辑的主要观点如下。

（1）创业者从手段驱动而不是目标导向的行动起步。创业者并不是一开始就有一个明确的愿景或产品创意，而是思考自己是谁、知道些什么，然后联系潜在利益相关者群体，寻找合作机会。随着新的资源组合被发掘和设计出来，愿景可能会形成，但推动发展的并不是愿景，而是手段、机会和利益相关人。

（2）创业者在评估机会时，考虑的是"可承受损失"，而不是预期收益。既然未来从本质上说不可预测，创业者就不会花时间去预测未来或计算预期值，创业者将潜在损失降低到自己可以接受的程度，即便没有那么成功，他们的损失相对那些凭借猜测潜在收益而进行大胆投资的创业者来说也要小得多。这种基于"可承受损失"的反复实验为获取宝贵的新资源组合创造了机会，也铺就了前行之路。

（3）创业者会设法利用意外而不是回避意外。这些创业者承认未来是不可预测的，最终的道路是未知的。因此，他们会保持灵活性，利用突发事件重新审视手段和目标。每遇到一个无法预料的事件，他们都会自问：这个意外是否开启了新的机会？即使面对的是负面意外，他们的热情也绝不会因此而熄灭。

（4）创业者会召集一些愿意加入自己的人。他们会建立大量合作关系，常常把最初的客户变成合作伙伴，把最初的供应商变成投资者，把最初的投资者变成客户、员工或任何其他身份。最终，他们会"缝制"一条由投资者、客户、供应商和员工等利益相关者拼成的"百衲被"，他们共同作出承诺，携手共创事业并营造相应的环境。

悟性思维鼓励创新和跳出传统思维模式，创业专家可以根据自身的创业经验和独特思考深入理解问题的本质，发现新的解决方案和商业机会并创造出满足顾客需求的、具有强大竞争优势的产品或服务。基于效果逻辑的悟性思维在未来可能会越来越受欢迎，特别是在创新驱动的行业。随着技术的不断进步，数据分析工具的普及以及人工智能的应用，创业者将能够更有效地利用这种思维方式。同时，随着社会对可持续发展和社会责任的关注不断提升，悟性思维也可以帮助企业更好地理解其对环境和社会的影响，从而采取更加可持续的经营方式。

总之，关于有效性问题，学者普遍认为，两种决策逻辑间不存在孰优孰劣（王乐等，2019）。基于效果逻辑的悟性思维在创业中具有重要潜力，但也需要创业者具备深刻的分析能力和丰富的创业经验与知识，以应对潜在的挑战。

微案例

因果逻辑和效果逻辑在生活中的举例

如果张三想要邀请李四在某一天到家里来吃晚饭。依据因果逻辑，张三可能筹备晚饭的方法包括：①询问李四爱吃什么；②提前到菜市场购买相应的食材；③准备食材并烹饪食材；④欢迎李四，准备开饭。

另一个情境是，如果张三临时性地邀请李四到家里吃饭。依据效果逻辑，张三将就地取材，他可能把冰箱里的米饭做成寿司，把冰箱里的蔬菜做成沙拉……通过进行食材的拼凑达到开饭的效果，也满足了吃饭的条件。这时候可能一些"创意菜"便诞生了。

1.4 数字时代创业三大原则

数字经济浪潮席卷而来，为人们的生产和生活开启了新篇章。数字时代创业是指在数字技术和互联网的快速发展和普及背景下进行的创业活动。这种创业形式利用数字化工具、云计算、社交媒体、大数据分析等技术，以创造新的商业机会、产品或服务，并通过在线渠道实现市场推广、销售和交流。数字技术变革不仅正在成为人们生活的主旋律，也掀起新一轮的创新创业浪潮。在数字时代下，创业要坚持精益创业、数据驱动和平台思维三大原则。

1.4.1 精益创业：敏捷迭代与创新

精益创业是硅谷流行的一种创新方法论。核心思想是在市场中投入一个极为简单的产品，然后通过不断的学习和有价值的用户反馈，对产品进行快速迭代优化，以适应市场。这里面有两个重要内容：一个是价值假设阶段，或称为用户痛点假设；另一个是最简化可实行产品。价值假设是认为产品能够为用户创造价值，可以理解为公司打算推出一款新的产品，是因为觉察到市场里面有一批用户对这款产品有需求，但是这种需求的存在极度不稳定，这个时候需要一个最简单的方法去验证，即最简化可实行的产品，即通过最小化的成本生产出最精简的产品。在验证过程中，有时候会发现这个需求确实存在，或者这个需求产品的模式或者一些做法不一定会被市场接受，那么通过最简化可实行的产品还可以方便地调整各种策略和计划，即使失败也有及时退出的余地。精益创业有以下 3 个基础概念。

（1）价值：关注如何挖掘用户痛点并提供顾客真正需要的产品或服务；

（2）流程：关注如何优化业务流程使之最大化地提高效率和降低成本；

（3）持续改进：关注如何不断地改进产品和服务、优化业务流程，使客户价值最大化和风险最小化。

敏捷开发和精益创业都是同一种理论，也就是所说的迭代思维。很多产品都应用了迭代思维，非常快速地获得了市场的验证，并快速改进，从量变到质变，从而获得巨大成功。在迭代思维中，我们主要提供两个法则，一个是从最小处着眼，微创新。这一点强调是长久持续而快速地在产品、体验方面进行改进，持续改进过来，就促进了创新，甚至颠覆性的创新。另一个就是天下武功，唯快不破。强调的是产品开发快，发展用户快，这样才可以立足市场，赢得竞争。

迭代不仅仅是一种产品开发模式，更是一种思维方式，无论你是互联网创业者，还是传统企业的掌舵人，都需要具备这种思维。迭代思维本质是及时实时把握用户需求，并根据用户需求进行动态的产品调整。对于精益创业的详情阐述请见第 6 章。

1.4.2　数据驱动：洞察需求与决策

在数字时代，数据是无价的资产，洞察市场则是取得成功的关键。当深入了解消费者的需求、行为和喜好时，就能制定更精准、更有针对性的营销策略和更为明智的决策。数据驱动的方法已经成为创业管理的关键因素之一，它不仅能够帮助企业理解市场需求，还能够优化运营、提高决策质量以及增强竞争力。

数据在创业管理中的重要性难以估测。它可以有多个来源，包括市场调查、用户反馈、销售数据、竞争分析等。这些数据可以帮助创业企业了解客户行为、市场趋势、竞争对手的动态以及产品或服务的性能表现。以下是数据在创业管理中的几个关键作用。

（1）洞察市场需求和识别机会：通过分析市场数据，创业者可以识别潜在客户的需求、偏好和痛点。这有助于定位产品或服务，以满足市场需求并获得竞争优势；有助于挖掘潜在的商业机会促进创新发展。

（2）优化产品和服务：通过监测用户反馈和使用数据，企业可以迅速识别问题并进行改进。这有助于提高产品质量和用户满意度。

（3）获取创业融资：数字经营使得企业可以打破"数据孤岛"，通过众筹网站或数字平台进行融资。这种融资方式更加数字化和便捷化，使企业可以更加快速和高效地进行融资。

（4）提高市场营销效果：数据分析可以更精确地定位其市场营销活动。通过了解哪些营销策略和渠道最有效，企业可以优化营销预算，并提高营销活动的回报率。

（5）风险管理：帮助企业识别潜在的风险因素并制定相应的应对策略。这有助于降低业务风险，并提高企业的长期稳定性。

创业者可以利用各种渠道和工具收集市场调研、消费者反馈或网站分析等数据，使用数据分析工具和技术对数据进行分析和解读，细分用户群体、识别关键趋势、发现隐藏的模式、理解市场动态以及进行数据驱动的优化和迭代，创业者可因此获得宝贵的市场洞察力。同时，创业者在运用数据驱动战略时，应注重隐私和合规问题，保证数据的来源和使用符合道德和法律标准。对于数据驱动的详情阐述请见第 7 章。

1.4.3　平台思维：用户参与与共创

平台思维是一种战略性的商业模式，其核心理念是将企业转变为一个能够汇集和协调多方参与者（包括用户、开发者、供应商、合作伙伴等），并将这些参与者纳入产品或服务的开发和创新过程中的中介平台。这个平台提供了一种基础架构，使各方能够交互、共享资源和创造价值。这种思维方式在当今数字化和全球化的商业环境中变得越来越重要。

创业者运用平台思维强调企业不再仅仅是产品或服务的提供者，而是要成为一个互动和合作的平台，主要表现在以下三方面。

（1）识别真正需求：从传统创业思维的"以产品为中心"，到数字时代创业思维的"以用户为中心"，平台思维鼓励外部和内部利益相关者共同参与，识别用户痛点，通过发掘真正的用户需求来推动创新、增加产品功能、提高用户体验。

（2）商业模式创新：在传统的双边交易模式中，企业通常与两个主要参与者（如消费者和供应商）之间建立交易关系。这种模式的典型例子包括零售业、制造业等。平台思维推动了商业模式的创新，将这种交易模式扩展到涵盖多个参与者，即多边交易。不同的参与者可以共同协作创造价值。开发者可以创建应用程序和服务，用户可以提供反馈和需求，供应商可以提供产品和资源，合作伙伴可以拓展平台的生态系统。

（3）突破技术瓶颈：平台思维可以通过扩展技术生态系统来突破技术瓶颈。平台提供者可以吸引开发者、工程师、数据科学家和其他技术专家，使他们在平台上共同协作和创新，帮助企业获得更多技术资源和知识，以解决复杂的技术挑战。平台思维鼓励众包创新，即利用广大的社区和人才池来解决问题、开发新技术和创造价值。

微案例

美团外卖平台思维的运用

美团外卖是美团的一项核心业务，作为一个本地生活服务平台，美团外卖旨在通过平台思维来解决本地餐饮服务的外卖问题。美团外卖是将商家、骑手和消费者连接在一起的平台，提供了一种在线订餐和外卖服务的方式，同时允许消费者自由选择不同商家的餐品和服务，使得商业中介环节能更加精准地连接双方，提高了连接的效率和准确性。一方面，美团外卖平台通过整合供应商和消费者的资源，方便其互动和沟通，实现商家和用户之间的拼团、团购和预订等合作活动，提高了消费者的满意度和商家的用户留存率；另一方面，美团外卖运用平台思维能够促进商家的发展和创新，扩大了餐饮产业的规模和质量，为消费者提供了丰富的选择。同时，通过打造就业机会和骑手福利系统等方式，美团外卖为社会创造了更多的价值。

总之，平台思维是一种强调多方参与、创新、协作和价值共创的商业战略，旨在构建具有网络效应的生态系统，以满足当今数字化商业环境的需求。这种思维方式已经成为许多行业的核心竞争优势，并在学术和商业界引起广泛关注。对于平台思维的详情阐述请见第 8 章。

案例分析

伊士曼的柯达人生

1839 年，法国光学机械师发明了世界第一架照相机，然而真正将照相带入普通人生活的还是美国人乔治·伊士曼（George Eastman）。

1878 年，在罗切斯特储蓄银行做簿记员的伊士曼，准备到加勒比海的多米尼旅行。在当时的美国，出国旅游算是一桩奢侈的举动，因此同事们建议他拍几张照片带回来，让大家开开眼界。伊士曼觉得这个主意不错，就花了 49.58 美元买了一套照相设备，包括照相机、三脚架、感光片、小暗箱以及小型化学实验室的材料等。那些东西又笨又重，旅行时非得用马驮着不可。更糟糕的是这些机器操作起来有许多麻烦的步骤，还要调和一大堆化学品，如果不严格按照技术要领操作，结果不是漏光，就是照得模糊不清。

伊士曼只好付了 5 美元参加技术培训。他似乎与照相机有着莫名的缘分，一沾上就如痴如狂。培训结束后，他又买来与照相机有关的书籍阅读，而且越读越有兴趣，越读越想读。不知不觉间，假期就被他"读"完了。

计划已久的多米尼之行泡汤了，可伊士曼并没有感觉到遗憾。过去他以为自己最大的爱好是旅游，现在才发现还有一个"真爱"是相识不久的照相机。神奇的照相技术令他痴迷，唤醒了伊士曼内心的创造欲，从此照相事业成了他生活中最重要的内容。

当时的照相技术处于初创阶段，效果很不理想，伊士曼决心探索革新之路。每天从银行回家后，他就一头钻进了自己的爱好中。家里的厨房成了他的实验室，他买来各种化学试剂做着试验。他把屋子遮得严严实实的，以方便他做那些似乎永远也做不完的实验。他累了就躺在地板上睡一会，醒了又接着干。对于这种无休止的单调生活，他一点也不觉得苦，他的心中充满了创造带来的快乐。

1878 年夏天，伊士曼发明了一种感光乳剂，以及能将玻璃光底片与感光乳剂黏合在一起的设备。他还前往英国申请了两项专利。

由于工作中一起不公平事件，1881 年他果断舍弃了年薪已达 1400 美元的银行工作，彻底投身于金融区斯泰特街 73 号的伊士曼干性感光片公司。他的合作者和投资者是母亲的房客斯特朗，一个生产马鞭的商人，他先后投资给伊士曼 5000 美元。结果，他们成了终身合作的生意伙伴。

那年，伊士曼的梦想就是创建一家感光企业。但就他的家庭而言，没什么资本能够支持他。他来自一个不幸的家庭。在他 1854 年出生之前，他的姐姐就因小儿麻痹症致残，一个哥哥也夭折了。自从其父的生意在 1867 年大萧条中失败后，伊士曼家就开始持续衰败。在伊士曼 7 岁时，父亲死于精神错乱。整个家要靠其母玛利亚出租房屋和为房客提供膳食才得以勉强支撑。伊士曼的母亲是一个坚强的女性，她顽强地挑起了家中的重担。她没有多少文化，只能替人做零工挣钱，但她下决心让孩子接受教育。小乔治理解母亲的苦处，在上了 7 年学以后，就辍学到一家保险公司做杂役，尽管收入很微薄，伊士曼还是全部交给母亲。自己的活干完后，他还到母亲那儿去帮忙，同时寻找各种赚钱的机会，如推销书架和毛衣针等。他在晚上学习会计学，准备寻找更好的工作。

1881 年的伊士曼，还想不到日后自己就是这个行业的伟大人物。他当时正在全神贯注地思考伊士曼干性感光片公司如何生存，因为公司推出的早期产品遇到一些麻烦，几乎将这家刚创建的公司推到破产边缘，但他以免费为顾客更换新底片的方式为公司获得了声誉。

据说，在伊士曼找到自己的路之前，他和生产马鞭的斯特朗有一次无意间的对话。伊士曼当时曾忧心忡忡地说："投资照相机也不见得有多大的前途呀，一个照相馆买一台，一年又能卖出去几台呢？"想不到对于摄影一窍不通的斯特朗说："你难道感觉不到，照相可是个人人都喜欢的事啊！家庭为什么不买照相机呢？因为它太笨重，使用起来又太复杂。如果照相机能做得轻一些，操作方便一些，出外旅游人手一架，这个生意你忙得过来吗？"

斯特朗一句随口应答的话，却给伊士曼指明了主攻方向。于是，他把全部精力投入到照相机的改进上——如何把机器做得更小、更轻、更方便。经历了无数次的失败，1888 年，伊士曼研制的新式照相机终于诞生了。他把照相机的商标定名为"柯达"（KODAK），第一个字母和最后一个字母之所以都是 K，是因为他母亲名字是以 K 起头的，柯达这个名字寄托着他对母亲的深深怀念。当伊士曼将一个柯达相机送给正在海边度假的斯特朗时，斯特朗像个孩子一样快乐。

那时，摄影设备的市场只局限在职业摄影者和具有专业精神的业余爱好者之间。换句话说，摄影隔绝了大众。伊士曼带给这个时代的革命，使摄影成为平民化的事。

创业 10 年后，伊士曼树立了新的目标——把柯达公司打造成世界级企业。早在1894 年，伊士曼就说：伊士曼柯达公司的命运是要么成为世界上最大的摄影材料生产商，要么就垮台。

伊士曼很快就推动柯达进入了海外市场。1885—1891 年，柯达陆续进入英国、加拿大、法国、德国、意大利等国市场。1901 年，柯达在日本建立了亚洲第一家销售点。1927 年，柯达终于来到中国，在上海建立了销售办事处，大力开发中国照相机市场。这是柯达与中国的第一次相遇。

柯达从罗切斯特走向美国，又从美国走向大西洋另一边的西方世界，最终走向了世界每个地方。在 20 世纪最初的 10 年，柯达已经成为世界上最重要的影像工业的中心。

1919 年，伊士曼重组了企业，创立了 9 人管理小组。他开始淡出柯达。

本文摘自 2005 年 3 月 20 日的《经济日报》。

问题讨论：

1. 试着从伊士曼的创业故事里归纳出一些创业的意义。

2. 结合伊士曼的创业故事，谈谈其中所包含的创业机会。

本章思考题

1. 根据你的理解，请谈一谈创业的意义。

2. 创业的核心是什么？为什么说开发创业机会是创业者的核心工作？

3. 根据本章内容学习，请思考：创业类型有哪些？

4. 根据本章内容学习，请思考：市场调研思维下基于因果逻辑创业和悟性思维下基于效果逻辑创业的区别有哪些？各有什么优缺点？

即测即练

自学自测　　扫描此码

第 2 章

创业团队与股权设计

【学习目标】

✓ 了解创业团队的定义和重要性；

✓ 熟悉组建一个优秀的创业团队在选择团队成员时应遵照的条件；

✓ 掌握创业团队成员的股权设计原则。

【章节纲要】

本章主要分两节来阐述与探讨创业团队建设。第一节主要讨论创业团队成员的选择与组建，主要从愿景使命相符和心智模型匹配两个方面进行阐述；第二节介绍创业团队成员的股权设计，突出创业企业股权设计的五大原则：公平开心原则、一股独大原则、股份绑定原则、股权授予原则和退出回购原则。

引导案例

从不分彼此到熟悉的陌生人：声爵创业团队的"进"与"退"

1999 年，李敏从师范院校毕业，在成长路上循规蹈矩的她，工作也遵从了父母的意愿，从事教师行业。李敏生性平和，加之家教极好，从来与世无争、性格恬淡，在工作岗位 14 年，各方面业绩出色，在家长圈内亦有口皆碑，是不可多得的教育人才。程方是李敏的初中同学，现在担任某大型企业地区经理。

昔日同窗再次相聚，很多事情都不一样了，也许是重现了昨日初中同学的情谊，程方和李敏好好寒暄了一把，一番酣畅淋漓地追忆过后，程方说到了正题。原来，程方虽然在大型企业担任高职，可是毕竟在他人手下谋生，个人感觉能力及各方面还是受到了限制，因此便产生了自己创业的想法。也许是在一个工作岗位待了太久，当老同学程方向李敏提出想要共同创业的想法时，李敏突然眼前一亮。

程方有个妹妹，叫程丽，虽然只有初中学历，但好学善问，自学了很多财务、管理类知识，与其丈夫刘文标在工作时认识。程丽夫妇二人现正在从事进出口耳机的贴牌生产（original equipment manufacturer，OEM），也就是通过合同订购的方式，承接耳机加工的订单，而且订单量较大，每年有 6000 万元左右的现金流。2012 年，全球耳机产业销量保持 25% 左右的增速，销售额达到 74.11 亿美元。就目前形势而言，耳机市场将保持增长趋势。程丽夫妇所经营的企业可以说是相当有前景。但是程丽夫妇二人没有自己的品牌，所以一直希望找到一个团队，做原厂委托设计（original design manufacturer），也就是拥有自己的品牌，自主设计产品。

程方向李敏表明了自己的想法，他认为这个项目不错，所以想投资试试，便来征询李敏的意向。初次听闻创业过程种种事项的李敏有些心动了。很快，在程方的安排下，李敏跟程丽夫妇见了一面，随后又聊了一两次，李敏觉得这也许是一次不错的机遇。在学校待了十多年，每天面对着师生交流、科研职称，平静而逼仄的生活……李敏想，也许是时候了，她决定换一种环境。

团队组建

2013 年 7 月份，李敏毅然辞去稳定且收入可观的工作，程方也辞去了某大型企业地区经理的高薪职位。经过一番合议，四人合伙注册了公司。公司名称为声爵电子科技有限公司，注册资本为 200 万元（李敏和程方分别出资 60 万元，程丽夫妇出资 80 万元），程方为公司法定代表人，公司主要经营范围为：电子、通信与自动控制技术的研究与开发；通信终端设备批发；电子元器件批发与零售；电子产品批发货物进出口；通信设备、电子产品零售等。

公司成立后，团队成员根据自身的特长和优势承担了不同的责任：李敏一口流利的英语可以帮助团队扩展海外市场，所以负责组建外贸部销售团队；程方之前在国内担任企业区域总经理，在国内有一定的人脉，所以负责国内销售团队管理、公司总体日常管理等；刘文标由于之前做 OEM 时有生产经验，主要负责生产管理。三人均在公司担任职务并领取基本的工资薪酬。需注意，程丽在成立公司之前自己有一家销售耳机的门店，有充足稳定的客源，是夫妇二人主要的经济来源，并且团队成员都知道这家门店的存在。另外，尽管公司拟定有章程，但是因为团队四人中李敏、程方对此毫无经验，而刘文标只侧重生产的管理，程丽因久经沙场，比较能把握耳机市场的大方向，虽然不担任公司职位，但参与所有决策，并起到决定性作用，实质上是整个团队的领导者和决策者。

步入正轨

做 ODM 最重要的就是自己的设计，虽然耳机看似只是一个听音乐、接听电话的工具，但内藏乾坤，要明白什么样的腔体用什么样的喇叭，什么样音质才能最好，包装要如何设计才能吸引消费者，内里全是门道。为了在众多耳机品牌中杀出一条血路，公司招聘并组建了一个 5 人的设计团队，自主设计并用自己的模具开始批量生产。

在销售问题上，公司选择了参加世界各地的展会作为销售方式。在李敏的帮助之下，公司跑了美国、法国、澳大利亚、西班牙、巴西、印度及中国台湾和香港等国家或地区的展会，可是高昂的展出费用也令人咋舌，仅 2013—2014 年的展会费用就高达 80 多万元。在如此高昂的费用支出下，也确实有了一些成效。比如，李敏带领外贸部参与国外一个小展会，5 天下来便可以拿到意向合作方的 100 多张名片，拿回来给销售人员分摊对接下去，每个人的工作量也都不小。订单虽然不多，但都是大批量。但由于当时国内消费类电子产品还没有火起来，而且是他们的耳机又是新品牌，不能跟著名的 Beats、森海塞尔、AKG 等品牌抗衡，众多经销商认为声爵公司名不见经传，小公司能有什么经验和技术，所以国内销售情况是入不敷出。

总之，第一年国内销售很惨淡，连国外销售所得也没有办法填补这部分空缺。且在创业初期，大部分都是投入，再加上为了提供更好的设计，公司支付了设计团队高昂的设计费用，哪怕只给销售团队底薪，公司资金也十分紧张，更无分红可言。可是再怎么说，公司总算是步入正轨了。

分歧日显

起初，一心扑在事业上的李敏仍然没有意识到一个严重的问题，那就是公司用一个月二三十万元的支出请设计团队设计、开模具、生产的产品，居然被程丽直接用成本价收购，放置在个人门店销售，且销售额进入程丽的个人账户。随着程丽门店生意越来越好，现金流从之前的 6000 多万元一直飙升到将近 9000 多万元。直到 2015 年 4 月，李敏才意识到这个问题的严重性：为什么所有运营成本都由公司来出，而程丽拿到个人门店销售的收入都归自己所有？并且公司去参加展会的时候，程丽也把自己门店的产品一起放到展柜上参展，甚至还接了单，却美其名曰"来帮忙、来学习"。自己身为公司的股东，程丽的做法其实是在侵害公司的利益，如果这部分收入归于公司，也许大家已经可以拿到分红了。

于是，李敏向程丽提议："既然你也把不属于公司的产品放到了展会上，那你就应该和公司一起承担展会的成本，而不是公司独自承担。"李敏给程丽的印象一直是兢兢业业、埋头做事、不提意见的人，对于这个想法，程丽有点惊讶："姐，公司运营我也投入资本了啊，我只是顺便把产品放在展会增加点曝光率而已，为什么还要再另外承担展会的费用呢？"很显然，程丽并没有区分公司和个人的意识。李敏见商谈未果，只好又给程丽提出另一个选择："那要不这样吧，你把你的门店作为公司的经销商，公司的产品可以跟着你的其他产品一起卖，否则你用成本价就买过去，钱都你拿，对我们其他人来说未免有失公平吧？"李敏此举也是为了公司利益着想，奈何程丽怎样都不同意。由于李敏是个知书达理的人，不想翻脸不认人。而且她跟程方是同学，跟程方、程丽又是老乡。再退一万步讲，程方、程丽及刘文标才是真正的一家人，李敏认为自己也无法和三人抗衡，所以虽然这事情闹得有点不愉快，但是她没有特别明确地表明态度，心里却落下了深深的芥蒂。

冲突爆发

到了 2015 年下半年，基于目前公司的销售渠道畅通，业绩势头良好，程丽召集大家开了一次会议，提出公司扩张的想法。可此时的李敏、程方已无资金再投入，百般无奈之下，李敏、程方的股份被稀释 5%，因为扩大生产，投入资金大，2015 年依然没有股东分红。

当初，公司为了扩大知名度和国际影响力，走展会是初步战略，现在公司的品牌已经小有名气，当务之急是扩大销售渠道，可是程丽不同意把自己的门店作为公司的经销商，于是李敏心里暗自有了应该让公司也像程丽一样开门店的想法。四人召开会议对此事进行商讨，为了暂时稳住李敏，程丽虽然答应李敏开门店的事情，但要求不能跟程丽的门店开在同一个电子城，也就是 A 电子城，其他的事项全权交给李敏。李敏认为这样的条件是可取的，毕竟销售门店太近的话会存在竞争关系，不利于品牌影响力的提升和规模的扩张，程丽这么打算应该只是为了避免资源的浪费。最终，公司第一家门店开在了距离程丽门店较远的 B 电子城。可是问题又悄然而生，B 电子城主要经营的是电脑、相机及相关配件，与耳机销售市场极其不匹配。而 A 电子城主要经营的是手机及耳机、电池相关配件，占据得天独厚的地理优势。所以，公司首家门店因为市场不匹配这一致命要素，在营业的第 8 个月就因无人问津而倒闭了。

在经历了一系列的事件后，李敏与程丽思想对峙的局面并没有发生任何变化，时间的推移只是不断强化了李敏想要退出的决心。终于在 2016 年开年后第一次展会结束，李敏向程丽正式提出了自己要撤资的想法。程丽乍听到李敏的想法，努力克制着自己的惊讶。她知道之前几次的事情可能让李敏产生了不悦的情绪，而且公司运营两年多还没有分红可拿。可是，令她没想到的是李敏就这样直接提出了自己的想法，而且她平静得似乎没有一丝可以商量的余地。程丽跟李敏吐露了心声，并且坦言李敏的离开绝对会给公司造成比较大的影响。李敏见状也不是铁石心肠，可是每次和程丽谈到核心问题，程丽的态度又有些许躲闪。李敏内心清楚，这个问题将会成为他们之间始终的嫌隙，是难以逾越的鸿沟。最终，李敏甚至主动提出只拿回 3 年前自己投资资金的一半离开，把自己的股份让出。但是程丽坚决挽留，此次谈判依旧未果。

痛下决心

眼看着程丽夫妇已经赚了个盆满钵满，而自己一分钱分红也没有，如果要走甚至还亏了几十万元，李敏心里的天秤实在无法平衡。别人都说"买卖不成仁义在"，可是一次次的失望后，现在李敏却突然明白了，自己和另外三人之间并不存在什么仁义。也许自己从始至终就是一个局外人，好像是一家人雇来的高级管理人员。李敏想要离开，身在公司的每一分每一秒都让李敏感到煎熬。

突破心理的桎梏后，李敏豁然开朗，随即找到其他三人进行了一次沟通。李敏再次真心诚意地与其他人袒露自己的境地，希望能够得到谅解并拿回初始投资。程方表示能够理解，刘文标则持中立态度，不过最后的决定权仍在程丽手上。其实，自李敏提出退出以后，程丽也不是非要把李敏囚禁于此，她只是需要时间好好布署李敏走后公司留下的空隙。她虽然明白李敏内心的芥蒂，但认为公司成立以来开支甚大，多数资金已投入固定资产，全部拿回是不可能的。经过商讨，以李敏拿回 15 万元投资作为最终结局。

资料来源：节选自晋琳琳等. 从不分彼此到熟悉的陌生人：声爵创业团队的"进"与"退".
中国管理案例共享中心，2018.

团队（team）是指一个具有互补技能和相同目标，共同从事某项事业的若干人。团队成员之间相互支持、相互补充，共同解决问题，能够达成更好的效果。无论是到西天取经的唐僧师徒四人团队，还是三国时期蜀国的刘关张和诸葛亮团队，都是经典的团队组合案例。创业是一种充满挑战和风险的活动，需要有强大的执行力、创新力和适应力。在这个过程中，创业团队是最核心的资源，也是最关键的因素。那么，创业活动对于团队是如何定义的呢？

创业团队（entrepreneurial team）是创业企业高层管理团队的基础和最初组织形态。在本章中，创业团队具体是指初始合伙人团队，即拥有共同目标、共担创业风险和共享创业收益的一群联合创建新事业的人。也就是说，它不包括与创业过程相关的各种利益相关者，如核心员工、外部投融资者、专家顾问等。

思考题 1：

《西游记》中唐僧师徒 4 个人是不是一个创业团队？到西天取经的团队中需要裁掉一个人，你会裁掉谁？

2.1 创业团队成员的选择与组建

创业成功的关键因素之一是创业团队成员的选择与组建。在一个合适的创业团队中，团队成员可以带来不同的技能、专业知识和观点，从而构筑团队创业的整体优势。例如，它可以增强整个创业团队的智力资本的宽度和深度。组建一个优秀的创业团队，在选择团队成员时应遵照以下两个基本条件：一是团队成员的愿景和使命相符，二是团队成员的心智模型相匹配。

微 案 例

小米的创始人团队

小米是一家以智能手机为核心的互联网公司，成立于 2010 年 4 月 6 日，由雷军、林斌、黎万强、周光平、黄江吉、刘德和洪锋 7 位科技界精英共同创立。他们都有着丰富的行业经验和创业经历，曾经在微软、谷歌、摩托罗拉等知名公司任职。他们共同致力于实现小米的愿景和使命。小米的愿景是和用户交朋友，做用户心中最酷的公司；使命是始终坚持做"感动人心、价格厚道"的好产品，让全球每个人都能享受科技带来的美好生活。

一开始，小米创始人团队的成员都希望一家公司能够通过不断的创新使科技行业发生变革。他们致力于不断突破可能性，创造出让消费者满意并赋予消费者权力的产品。这种对创新的承诺是小米成功的核心，推动了他们开发尖端技术和颠覆性商业模式的动力。他们还意识到新兴市场的巨大潜力及消费者经常面临着在价格实惠和质量之间作出选择的两难境地。所以，小米成立时就致力于把每一份精力都专心投入到做好产品上，让用户付出的每一分钱都物有所值。

小米创业团队的共同愿景是他们团结奋斗的动力和方向，在过去 10 年里，他们凭借着这一愿景，在激烈竞争的市场中取得了辉煌的成就。截至 2022 年第四季度，小米已经成为全球第三大智能手机厂商，并在智能电视、智能穿戴、智能家居等领域也占有重要的市场份额。小米还在全球 40 多个国家和地区设立了分支机构，拥有超过 2 亿的活跃用户。

案例来源：根据互联网资料整理。

2.1.1　愿景和使命相符

共同的愿景是企业制定政策的基础，愿景描述的是企业发展的方向和可能性，是企业想要实现的最终图景，只有创业团队成员对企业期望实现的愿景相一致，才能够形成共同的企业愿景，这将成为创业团队想要实现的长期目标或期望的未来状态，它阐明了创业的总体目标、方向和抱负。使命是实现愿景需要承担的具体目标、策略和行动，创业团队的共同使命概述了创业的目的、目标市场或客户，以及它为利益相关者所提供的价值。共同的愿景和使命可以让团队成员明确自己的方向和意义，也可以激发创业团队成员的积极性、创造力和协作能力，同时也有助于吸引和留住对团队愿景和使命有共鸣的人才。

创业是一种充满挑战和风险的活动，需要团队成员之间有着共同的愿景、价值观和目标。如果团队成员目标不一致，可能会导致企业在沟通、资源分配、执行力等方面出现问题。例如：如果一个团队成员的目标是追求快速的收益，而另一个团队成员的目标是追求长期的品牌，那么他们在制定产品、市场和销售策略时可能会有不同的意见和偏好，就会导致沟通上的障碍和摩擦，而沟通障碍不仅会影响团队内部的关系，还会影响团队与外部客户、合作伙伴和投资者的关系；如果一个团队成员的目标是提高产品的质量，而另一个团队成员的目标是提高产品的数量，那么他们在分配人力、物力和财力时可能会有不同的需求和优先级，这会导致资源上的浪费或不足，而资源浪费不仅会影响团队的成本和利润，也会影响团队的竞争力和可持续性；如果一个团队成员的目标是创新和变革，而另一个团队成员的目标是稳定和保守，那么他们在执行任务时可能会有不同的态度和行为，这会导致执行力上的下降或混乱，而执行力下降不仅会影响团队的效率和质量，也会影响团队的信誉和形象。

相反，如果创业团队成员的目标一致，企业就能够达到沟通顺畅、资源优化和执行力提升的效果。例如：如果一个团队成员的目标是提升用户体验，而另一个团队成员也有相同或相近的目标，那么他们在沟通上可以更容易地找到共同点，更顺畅高效地交流想法和解决问题，而沟通顺畅不仅可以增强团队内部的凝聚力和归属感，也可以增强团队与外部客户、合作伙伴和投资者的信任度和满意度；如果一个团队成员的目标是扩大市场份额，而另一个团队成员也有相同或相近的目标，那么他们在分配资源时可以更容易地协调需求、平衡优先级和避免冲突，而资源优化不仅可以降低团队的成本和风险，也可以提高团队的竞争力和可持续性；如果一个团队成员的目标是实现产品的突破，而另一个团队成员也有相同或相近的目标，那么他们在执行任务时可以更容易激发热情、集中注意力和克服困难，而执行力提升不仅可以提高团队的效率和质量，还可以提高团队的信誉和形象。

《论语》中"道不同，不相为谋"这一理念很好地诠释了创业团队成员的愿景和使命相符的重要性，所以合伙人团队必须要保证创业目标的一致性。能力互补虽然很重要，志同道合才是合伙人选择的最高准则。对于创业公司的团队成员来说，愿景和使命相一致主要能够带来以下几方面的优势。

（1）有助于提高团队凝聚力和效率。共同的愿景和使命培养了创业团队成员之间的团结感。当每个人都朝着相同的目标努力并分享相同的价值观时，它创造了一个强大的纽带，将团队团结在一起。这种一致性能够促进团队成员之间有效地沟通、减少误解、改进决策过程，从而形成一个更和谐的工作环境，提高团队凝聚力和效率。

（2）有助于激发团队创新和竞争力。创业团队要在激烈的市场竞争中脱颖而出，就需要不断地创新和改进，提供更优质、更有价值、更有特色的产品或服务。当创业团队成员与公司的愿景和使命保持一致时，他们就会在工作中找到意义和目标，这种一致性能够激发团队成员的积极性、主动性和创造性，促进团队内部的知识分享、经验交流和思维碰撞，增强团队创新和竞争力。

（3）有助于指导公司决策和优先顺序。创业团队在创业过程中，当面临挑战或机遇时，一致的愿景和使命是决策的指导原则，与创业公司的宗旨和长期目标相一致的决策确保了整个组织的一致性和连贯性。此外，基于一致的愿景和使命确定不同事项的优先级时，资源可以得到有效的分配，可以集中精力直接将资源投入到有助于创业公司成长的任务上。

（4）有助于吸引投资者和客户。投资者和客户对创业公司来说是至关重要的利益相关者。一致的愿景和使命清晰地展示出创业公司的目标和战略，能够为潜在投资者灌输信心。投资者更有可能支持具有令人信服的愿景和明确使命的企业。同样，客户也会被具有特定意义，并提供与其价值观一致的产品或服务的创业公司吸引。这种一致性建立了信任和忠诚度，使创业公司更容易获得支持，从而在市场中立足。

（5）有助于提升公司的适应能力。创业公司必须不断适应快速变化的市场和不断变化的客户需求。一致的愿景和使命使创业公司能够专注于它们的核心价值和长期目标，同时在方法上保持灵活性。随着外部条件的变化，拥有共同的愿景和使命可以让创业团队在不偏离最终目标的情况下调整策略。这种适应性对于创业公司在竞争激烈的环境中生存和发展至关重要。

总之，创业团队成员愿景和使命相符，对于创业成功具有重要的意义。因此，创业者在组建创业团队时，应该注重选择与自己有着共同愿景和使命的人才，同时也要不断地沟通和传达自己的愿景和使命，让团队成员保持一致和同步，共同为实现创业梦想而奋斗。需注意，创业团队成员之间的冲突并不一定代表愿景和使命不相符，这种冲突是公司治理中一种常见的现象，并且可能对企业的发展是有益的。例如，当团队成员之间有不同的观点和想法时，他们可以相互沟通和理解，从而增加彼此的尊重和信任，产生更多的可能性和解决方案。这种冲突可以帮助团队打破思维定式，发现新的机会和优势，从而为团队共同的愿景和使命而服务。

合伙人如何保证一致的愿景？

✓　尝试回答问题一：什么是你们（创业团队）的目标？

- 为什么要创业？
- 要满足什么样的需求？
- 最初的产品／服务是什么？
- 公司的发展战略是什么？

✓　尝试回答问题二：你们（创业团队）将如何达到成功？

- 你和你的联合创始人想从创业中得到什么？
- 你要怎么衡量自己是否达成目标？
- 如果你们的目标不同，当你们达成目标时要怎么发现这一点？

2.1.2　心智模型互补

创业团队成员不仅需要拥有共同的愿景和使命，还要求心智模型相匹配。心智模型是指个体在自身经验、知识、外部资源等多种因素共同影响下形成的，对复杂世界系统认知的心理机制。心智模型是个体世界观、人生观、价值观等各种观念和行动依据的总和。在创业团队中，心智模型相匹配是指团队成员之间的目标相一致、行为风格相互匹配，这可以增强创业团队的沟通效率、协调能力和创新能力，从而提高创业成功的可能性。

心智模型本身是对未来发展的预测，是你内心基于以往的经验对接下来要发生的事所提前写好的剧本。并且你坚信这个预测是正确的，它将指导你采取相应的行为。而行为后所获的反馈又可能反向补给经验，心智模型再根据新的经验进行不断的动态修正，如此循环往复。心智模型的运行概念模型如图 2-1 所示。

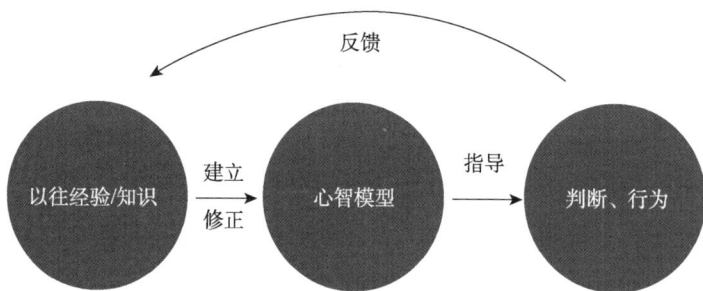

图 2-1　心智模型的运行概念模型

创业团队成员心智模型相匹配能够营造一种氛围，让团队成员能够轻松地表达自己的想法，并更容易接受新的建议。这种创造性的协同作用有利于团队成员各司其职，发挥自己的优势，也能够更好地、建设性地解决团队中的冲突，促进突破性解决方案和想法的产生。TOPK 方法为我们寻找心智模型互补的创业团队合伙人提供了一个可操作的工具。所谓的 TOPK，就是指老虎（tiger）、猫头鹰（owl）、孔雀（peacock）和考拉（koala）4 种动物分别代表 4 种行为风格在管理中的具体运用。创业团队中不同风格的搭档虽然相处起来可能存在困难，甚至工作效率会因冲突而下降，但是创新度与活力会更高，而且不容易走极端。

T（老虎）型管理者的口号是"我们现在就去做，用我们的方式去做"。他们做事当机立断，大部分根据事实进行决策，敢于冒风险。在做决策前，他们会寻找几个替代方案，更多地关注现在，忽视未来与过去。他们对事情非常敏感，而对人不敏感，属于工作导向型，注重结果而忽视过程，工作节奏非常快，因此也很容易与下属起摩擦。

O（猫头鹰）型管理者非常崇尚事实、原则和逻辑，他们的口号是"我们的证据在这里，所以我们要去做"。他们做事情深思熟虑，有条不紊，意志坚定，很有纪律性，很系统地分析现实，把过去作为预测未来事态的依据。他们追求周密与精确，如果你没有证据就很难说服他们。他们同样是对事情非常敏感，而对人不敏感，也属于工作导向型，但特别注重证据，决策速度比较缓慢，为人很严肃，难以通融。

P（孔雀）型管理者则是热情奔放，精力旺盛，容易接近，有语言天赋，擅于演讲，经常天马行空。他们做事比较直观，喜欢竞争，对事情不敏感，对人则很感兴趣。他们更关注未来，更多地把时间和精力放在如何去完成他们的梦想上，而不关注现实中的一些细节。他们行动虽然迅速，但容易不冷静。喜欢描绘蓝图，而不愿意给员工实在的指导与训练。与员工谈工作时，他们的思维属于跳跃式，员工经常难以跟得上。员工得到的多是激励，而不是具体指导。

K（考拉）型管理者喜欢与别人一道工作，营造人与人相互尊重的气氛。他们决策非常慢，总是希望与相关人员达成一致意见。他们总是试图避免风险，办事情不紧不慢，对事情不敏感，而对人的感情很敏感。他们是关系导向型，很会从小处打动人，为人随和而真诚。非常擅于倾听，属于听而不决的，也很少对员工发怒，员工很喜欢找他们倾诉，但他们优柔寡断。

TOPK 方法的核心观点是：遵照"一个好汉三个帮"的智慧。4 种类型相辅相成，成功的创业团队多是这 4 种类型的综合体。比如：携程网创业团队的四人组合中，梁建章偏理性，眼光长远，喜欢用数据说话，为猫头鹰型风格；季琦偏感性，有激情，锐意开拓，直爽，讲义气，为孔雀型风格；沈南鹏风风火火，老练果断，为老虎型风格；范敏方方面面的关系处理得体，为考拉型风格。还有阿里巴巴初创团队中的核心搭档组合马云（孔雀）、蔡崇信（猫头鹰）、关明生（考拉）和吴炯（老虎），复星集团创业团队的核心搭档组合郭广昌（猫头鹰）、王群斌（考拉）、梁信军（孔雀）和范伟（老虎）。

2.2　创业团队成员的股权设计

对于企业来讲，股权是企业宝贵的资源。股权设计是企业的根基，就像建筑物的设计图纸一样重要。搭建一间简易的小屋，或许无须设计图也可；而建造一座高楼大厦，就必须有详细的设计图。同理，经营一家小型夫妻店，或许无须股权结构也可；而企业若想发展壮大，必须有清晰的股权结构。股权设计关乎企业的兴亡盛衰，合理的股权分配设计能够团结创业团队核心成员、吸引高质素职业经理人、提高内部核心员工的能动性。

股权结构的设计并不能完全凭借主观意愿或者情感因素来确定。每个人股权结构的设计是需要参考合伙人在这个团队中的价值，包括投入的资源（资金），对于提高这件事成功率的贡献，同时还有专业能力、投入状态、在团队中的角色等一系列因素，最后进行加权得出。股权设计不仅涉及利益分配，还涉及决策权、激励机制、退出方式等方面。合理的股权设计需要遵循以下原则：公平开心原则、一股独大原则、股份绑定原则、股权授予原则和退出回购原则。这样得出的股权结构比例才会更让人信服和具有合理性。

微案例

京东的股权设计

京东商城的 CEO 刘强东因其硬气的行事风格而被戏称为"霸道总裁"，正是在这位霸道总裁的带领下，京东商城在逐年亏损的情况下生猛前行，最终于 2014 年 5 月 22 日正式登陆美国纳斯达克，成为中国电子商务领域唯一能够与阿里巴巴分庭抗礼的有力对手。

面对外界对于控制公司的质疑，刘强东回应道："京东正走在业务增长的快车道上，创业公司希望把精力全部放在业务如何增长、用户体验如何改善等问题上，这时对创始人来说，掌握公司的绝对控制权是有益的。我们可以看一些职业经理人管理的公司，他把很多精力耗费在了和股东的沟通、博弈上。京东的业务发展还有很大的压力，我们更愿意把精力放在业务上。"

事实上，在京东上市前，刘强东就已经通过投资人投票权委托的形式掌控着公司的控制权。京东的招股书显示，在京东发行上市前，京东有 11 家投资人将其投票权委托给了刘强东行使。最终使得持股只有 18.8%（不含代持的 4.3% 激励股权）的刘强东，却据此掌控了京东过半数（51.2%）的投票权。而在京东上市后，刘强东通过 AB 股设置持有公司 87% 的投票权，更为牢固地把控着对京东的绝对控制权。

案例来源：郭勤贵. 股权设计[M]. 北京：机械工业出版社，2017.

2.2.1　公平开心原则

开心原则是指创业团队秉持相同的创业目标愿景，展开创业活动。公平原则是创业团队在制订股权分配计划及股东章程时，需要充分沟通，保证各方感受到公正。股权分配的公平开心可主要考虑以下方面。

（1）资金投入：包括资金、资源等各方面的投入。

（2）时间贡献：一些团队成员可能在公司中投入更多的时间和精力，他们的时间贡献应该得到肯定，并反映在股权分配中。

（3）技能和经验：具有特殊技能、经验或专业知识的成员可能会获得更多的股权，因为他们的专业知识对公司的成功非常重要。

（4）创业团队应该根据自身的独特情况和目标来制订股权分配计划，并在律师、财务顾问和其他专业人士的帮助下拟定合适的合同和协议。这有助于确保股权分配在公平、合法和可持续的基础上进行。此外，股权分配计划应该在公司的发展过程中不断审查和调整，以反映团队成员的持续贡献和公司的变化。股东章程的讨论也必须较真。为了让所有股东建言献策，充分表达自身的声音，华耐家居第一次股东大会上，股东逐字逐句讨论股东章程，开了近 40 个小时，直到第三天凌晨。

2.2.2　一股独大原则

平分股权、没有做到一股独大是股权设计的大忌。绝对控制权 67%，相当于 100% 的权力，能够修改公司章程，分立、合并、变更主营项目、重大决策；相对控制权 51%，即相对控制线，绝对控制公司；安全控制权 34%，具有一票否决权。CEO 或者创始人，他要有比较大的股权，但同时也要有更多的担当。一般情况下，企业的创始人应该拥有足够的话语权（股份应该在 50% 以上）。

当股东有 5 位以上时，可以参考的原则是第一大股东的股份要大于第二、第三股东的股份和，第一大股东要小于第二、第三、第四股东的股份总和，这样不仅会使大股东安全，还会使小股东也感到安全。腾讯刚开始创业时有 5 位创始人，其中马化腾负责战略和产品，占有 47.5% 的股份，他在股权分配时说道："要他们的总和比我多一点点，不要形成一种垄断、独裁的局面。但如果没有一个主心骨，股份大家平分，到时候也肯定会出问题，同样完蛋。"

现实中创业公司合伙人之间可能会出于情感或公平的考虑，导致股权分配出现平均主义的情况。例如，中式快餐品牌真功夫创业团队中蔡达标和潘宇海姐弟两家各占 50% 的股份，甚至董事长的位置也是两个人轮着坐，创业初期公司业务确实发展迅速，但是矛盾也随之出现，股份均分也使两者之间的冲突愈演愈烈，最终以蔡达标锒铛入狱收尾。可见，即使在存在亲缘关系的情况下，股权均分也存在很大的隐患，这可能会导致创业团队出现没有实际控制人或实际控制人不止一个人的现象，进而激化公司内部矛盾，造成创业失败。

那么，为什么股权均分会导致如此现象呢？因为人的能力各有差异，对企业的贡献也不同。如果股份均分，能力强的人付出更多却得不到更多回报，时间久了就会失去动力。付出不同，得到的却相同，那么久而久之一定会出问题，合伙人之间的合作可以起步于"情"，但是最终还是需要靠"利"来维持。

对于创业公司的股权设计来说，一股独大原则主要有以下几个方面的优点。

（1）保持创业愿景和使命。创业公司往往是基于创始人或核心团队的某种创新理念或社会使命而诞生的，这是创业公司最宝贵的资产之一。如果创始人或核心团队失去了对公司的控制权，那么他们的创业愿景和使命可能会被稀释或改变，导致公司偏离初衷或失去方向。

（2）保持决策效率和灵活性。创业公司面临着不断变化的市场环境和激烈的竞争压力，需要快速作出正确的决策，并及时调整策略和产品。如果创始人或核心团队拥有绝对控制权，那么他们可以根据自己的判断和经验，迅速作出最佳选择，而不需要花费过多时间和精力去协调和沟通其他股东的意见和需求。

（3）保持团队稳定和凝聚力。创业公司的成功在很大程度上取决于团队的素质和协作。如果创始人或核心团队拥有绝对控制权，那么他们可以更好地激励和管理团队，确保团队成员之间的信任和默契，避免出现内部纷争或人才流失。

创业初期，公司一定需要一个绝对控制人，能够带领公司在关键时刻作出决断，推动公司快速前进。一般而言，最大责任者、最可信任者、最佳决策者一股独大。一股独大是创业公司中普遍存在的股权结构，一般是指创始人或核心团队中的某个成员持有最多股份并且能够控制公司的经营运作。这样的股权结构可以保证创始人或核心团队对公司的战略方向和重大决策有最终的决定权，避免出现内部分歧或外部干扰。

一些企业虽然无法在股份上做到超过 50%控制权，但是可以通过双层或三层股权架构来实现对创业企业的控制。主要的方式包括 AB 股的同股不同权。AB 股是以同股不同权的方式控制股东会投票权，将公司股票分高、低两种投票权：高投票权的股票每股具有 2～10 票的投票权，称为 B 类股，主要由管理层持有；低投票权由一般股东持有，每股只有 1 票甚至没有投票权，称为 A 类股。例如，2018 年 9 月在美国上市的蔚来汽车，采用了 ABC 股的三重投票权结构。从上市开始，蔚来汽车的股票共分为 A、B、C 三类，A 类股票（普通股）每股可投 1 票，B 类股票（腾讯）每股可投 4 票，C 类股票（创始人李斌）每股可投 8 票。许多科技企业到美国或中国香港上市，除融资、利润符合要求外，创始人控制权追求是一个重要原因。目前中国股市中创业板、科创板和新三板也在逐步允许 AB 股设计。

当然，一股独大原则也存在一些潜在的缺点，主要有以下几个方面。

（1）增加投资风险和难度。创业公司在发展过程中往往需要引入外部资本来支持其扩张和运营。如果创始人或核心团队拥有绝对控制权，那么他们可能会对投资人提出过高的要求或条件，导致投资交易难以达成或失败。另外，投资人也可能对一股独大的股权结构感到不安或不信任，担心自己的利益受到损害或无法得到保障。

（2）增加管理风险和压力。创业公司在发展过程中也会遇到各种各样的挑战和问题，需要不断地学习和改进。如果创始人或核心团队拥有绝对控制权，那么他们可能会过于自信或固执，忽视或排斥其他股东或专家的建议和反馈，导致作出错误的决策或失去机会。同时，他们也可能会承担过多的责任和压力，导致身心疲惫或崩溃。

（3）增加接班风险和难度。创业公司在发展到一定阶段后，可能需要进行接班计划，即寻找合适的接班人或团队来接管公司的管理和运营。如果创始人或核心团队拥有绝对控制权，那么他们可能会对接班计划感到不满，导致接班过程缓慢或困难。此外，接班人或团队也可能对一股独大的股权结构感到不适或不尊重，导致接班过程冲突或失败。

因此创业公司的股权设计没有一定的规定，需要根据公司的具体情况和目标来制定。虽然一股独大原则是创业公司股权设计中一种常见和有效的原则，可以帮助创业公司在复杂和变化的环境中，保持清晰的战略方向、高效的决策能力和强大的执行力，但创业公司在采用一股独大原则时，也需要遵照以下原则。

（1）创业公司的股权设计应该尊重和保护所有合伙人的合法利益，避免出现不公平或不合理的情况。创始人或核心团队成员在拥有绝对控制权的同时，也应该尽量满足其他股东的合理要求和期望，如提供透明的信息披露、合理的分红政策、有效的监督机制等。

（2）创业公司的股权设计应该能够激励所有合伙人为公司的发展作出贡献，避免出现懈怠或消极的情绪。创始人或核心团队成员在拥有绝对控制权的同时，也应该给予其他合伙人适当的奖励和认可，如提供合理的估值、优先的退出机会、有效的参与机会等。

（3）创业公司的股权设计应该能够促进所有合伙人之间的协作和沟通，避免出现分裂或对抗的局面。创始人或核心团队成员在拥有绝对控制权的同时，也应该尊重和倾听其他合伙人的意见和建议，如提供充分的讨论和咨询、合理的决策和执行、有效的反馈和评估等。

微案例

乔布斯被挤出苹果董事会

1976 年 4 月 1 日，苹果公司诞生。这家公司最初的创始人是 21 岁的史蒂夫·乔布斯、惠普工程师史蒂夫·沃兹尼亚克、做过老虎机的罗恩·韦恩。股权分配是乔布斯占 45%，沃兹尼亚克占 45%，韦恩占 10%。11 天后，韦恩带着用 10%股权换来的 800 美元，离开了苹果。

1976 年 8 月，马库拉以 9.1 万美元加入苹果公司，担任公司董事长职务。另外加了条件：个人对苹果公司借款不超过 25 万美元的担保。这时乔布斯占 26%，沃兹尼亚克占 26%，马库拉占 26%，预留股 22%。

1977 年，霍尔特加入，乔布斯占 30%，沃兹尼亚克占 30%，马库拉占 30%，霍尔特占 10%，苹果公司股份公司正式建立。当时，苹果公司请来了美国国家半导体公司主管斯科特担任公司 CEO。

1980 年 12 月，苹果公司上市。乔布斯占 15%，第二大股东马库拉占 11.4%，第三大股东沃兹尼亚克占 6.5%。

1981 年，苹果公司因为财务困境，资金周转困难，不得不大幅裁员。斯科特被迫辞去了 CEO 一职，马库拉改任总裁，乔布斯接任董事长。

1983 年，乔布斯连续 4 个月去拜访斯卡利，斯卡利是乔布斯的粉丝，乔布斯说出了那句流传至今的话："Do you want to sell sugar water for the rest of your life, or do you want to change the world?"（你想卖一辈子的糖水，还是改变世界？）这句话点燃了斯卡利那颗沉寂许久的心，最终答应了乔布斯的邀请。

自从斯卡利出任苹果 CEO 后，苹果的实际控制权掌握在乔布斯手里。但乔布斯的理念和当时的股东理念相悖，与 IBM 竞争失败。管理层将苹果业绩低迷的结果怪罪到乔布斯身上。

1985 年 5 月，沃兹尼亚克离职，在董事会（马库拉）的支持下，斯卡利解除了乔布斯在 Macintosh 部门的职务，只保留了董事长的虚职，同年 9 月乔布斯辞去董事长职位，离开了苹果，创立了 NEXT 软件公司。

2.2.3　股份绑定原则

创业团队合伙人中途退出是创业过程中一种常见的现象，但是如果合伙人在退出的同时带走股份，这可能会对公司的发展和股权结构产生影响，也可能使其他长期参与创业的合伙人感到不公平，其他合伙人也会没有安全感。因为留下来的合伙人为了公司的未来依然在奋斗，离开的合伙人却可以不劳而获；并且，股权掌握在非企业员工手中也存在一定风险。因此，采取一定措施使合伙人和公司长期绑定是有必要的。

创业团队需要执行股份绑定、分期兑现的原则，这能够保证团队的稳定性和激励性，避免出现股权纠纷和人才流失的风险。股份绑定是指创业团队成员在加入公司时，签订一份协议，约定在一定期限内，不得将自己持有的股份转让给第三方，或者在离职后，必须将股份返还给公司或其他合伙人。分期兑现是指创业团队成员在获得股份时，并不是一次性拿到全部的股权，而是根据自己的工作表现和公司的发展情况，按照一定的比例和时间节点，逐步解锁和实现自己的股权。如果合伙人中途退出，其未兑现的股权将被收回或作废。分期兑现原则的目的是避免合伙人在获得股份后，就失去了工作动力或者跳槽到其他公司，从而损害了企业的利益。因此股份绑定和分期兑现的原则，有利于创业团队建立长期合作的信任和共识，也有利于筛选出真正有创业热情和能力的人才，同时也可以防止一些投机取巧或者不负责任的人员占据股权资源，影响公司的发展。

在创业团队成员股权设计中采用股份绑定原则，主要能够带来以下几个方面的好处。

（1）防止股权流失。创业初期，公司的估值往往较低，而且存在很多不确定性和风险。如果创业团队成员可以随意地将自己的股份转让给第三方，那么可能会导致公司的核心技术、商业模式、客户资源等被泄露或者被竞争对手获取，从而损害公司的利益和竞争优势。另外，如果创业团队成员在离职后仍然保留自己的股份，那么可能会造成公司的决策权和利润分配权被稀释或者被干扰，从而影响公司的运营和发展。

（2）保持团队稳定。创业过程中，团队成员之间需要有高度的默契和协作，才能有效地推进项目和解决问题。如果创业团队成员没有足够的忠诚度和责任感，随时可能离开公司或者跳槽到其他公司，那么会给团队带来很大的不确定性和压力，也会影响团队的士气和凝聚力。通过股份绑定，可以让创业团队成员明确自己的利益与公司的利益是一致的，从而增强他们对公司的认同感和归属感，也可以促使他们更加专注于工作和创新。

（3）激励团队成长。创业过程中，团队成员需要不断地学习新知识、掌握新技能、提升自己的能力和价值。如果创业团队成员一开始就拿到了全部或者大部分的股权，那么可能会导致他们产生满足感或者骄傲感，从而失去了进取心和创造力。通过股份绑定，可以让创业团队成员明白自己的股权是需要付出努力和时间才能获得的，从而激发他们的积极性和主动性，也可以促使他们更加关注公司的长期发展和战略目标。

在股份绑定原则下，也需要注意一些问题。比如，股份绑定应该有一定的期限（如1年、2年或者3年等），而不是无限期或者随意解除。期限性可以保证创业团队成员在一段时间内对公司有持续的投入和忠诚度，同时也可以给予他们一定的自由度和选择权。股份绑定也可以设置一定的条件，如达到某些业绩指标、完成某些任务或者遵守某些规则等，而不是无条件或者随意变更。条件性可以保证创业团队成员对公司发展有明确的目标和要求，同时也可以给予他们一定的挑战和奖励。

总而言之，创业团队成员的股份绑定原则，不仅是一种股权设计的方式，也是一种团队建设的方式。通过执行股份绑定原则，不仅可以让创业团队成员更加紧密地团结在一起，共同为公司的发展而努力，同时也可以让创业团队成员更加积极地提升自己的能力和价值，从而为公司创造更多的价值，提高创业活动的成功率。

2.2.4　股权授予原则

股权授予原则是指创始人或公司合伙人向创始股东之外的授予对象分配或承诺分配一定比例或数量的股份或期权，以激励和留住他们。股权授予不仅代表了对授予对象的认可和激励，也代表了其对未来收益和责任的分担。

股权授予是指创业公司将部分或全部股份以某种方式赋予团队成员，使其成为公司的股东或潜在股东。创业公司进行股权授予主要有以下几个目的和意义。

（1）激励和留住优秀人才。股权授予可以让团队成员分享公司的成长和价值，增强其对公司的归属感和责任感，激发其工作积极性和创造力，同时也可以提高其对公司的忠诚度，降低人才流失风险。

（2）吸引和引入新人才。股权授予可以作为一种有效的招聘手段，吸引和引入符合公司发展需要的新人才，尤其是在人才市场紧张或竞争激烈的情况下，股权授予可以提高公司的竞争力和吸引力。

（3）调整和优化团队结构。股权授予可以根据公司共同的愿景和使命，调整和优化团队成员的比例和结构，如增加核心骨干、引入专家顾问、培养后备力量等，以适应公司的变化和需求。

（4）缓解资金压力。股权授予可以作为一种替代或补充的薪酬方式，降低公司在现金方面的支出压力，尤其是在资金紧张或融资困难的情况下，股权授予可以缓解公司的财务压力。

那么，创业企业的股权授予对象应包括哪些人呢？创业团队的核心成员是重点对象；同时，还应包括对公司发展有重大或潜在重大贡献的核心技术人才和管理人才。

对于创业团队的核心成员，股权分配是一件重要事项，因为创业团队的核心成员是创业企业的最大贡献者，股权是他们努力和投资的主要经济回报，并且与企业的权力和控制水平息息相关，如果处理不当，很可能会引发矛盾冲突或者埋下未来矛盾冲突的种子。股权分配应该反映每个人对创业项目的贡献和价值，包括资金、技能、经验、资源、时间、关系等方面；股权分配应该避免过度偏向或忽视某些人或角色，以免造成不公平感和不满情绪；股权分配应该清晰地记录在合同或协议中，并且公开透明地向所有团队成员和相关方披露；股权分配应该遵循事先约定好的规则和流程，并且及时沟通和解决任何疑问或争议。总而言之，创业团队成员之间的股权分配既需要充分考虑各成员的贡献，又需要最大限度地让合伙人感到公平合理。合伙人之间应该坦诚相待，充分表达自己对股权分配的看法和期望。只有这样，股权分配后每个合伙人才能够全心全意地为实现创业愿景和使命而共同努力奋斗。

对于核心技术人才和管理人才，股权授予可以作为一种有效的激励方式。创业团队的核心技术人才和管理人才对企业的战略方向、创新能力和竞争优势有着重要影响，将股权授予他们可以激励他们为企业的长期发展而努力。具体来说，股权授予可以提高员工的归属感和忠诚度，使员工与企业的利益更加一致，从而增强员工的责任心和主动性；股权授予可以激发员工的创新精神和创业热情，鼓励员工积极参与企业的决策和管理，为企业的发展提供更多的建议和方案；股权授予可以增加员工的收入潜力，使员工能够分享企业的成长和价值增值，从而提高员工的满意度和幸福感；股权授予可以降低企业的人力成本，减少现金流出，为企业节省资金，提高资本效率。但是股权授予也可能导致员工过分关注企业的股价波动，忽视企业的长期战略和核心竞争力，甚至出现投机或内幕交易等不道德行为。因此，企业在实施股权授予时，需要根据自身的实际情况和目标，制定合理的股权授予方案和制度，明确股权授予的对象、标准、比例、期限、条件等要素，并进行有效的沟通和培训，以确保股权授予能够达到预期的效果。同时，企业也需要建立有效的监督和评估机制，及时调整和完善股权授予方案和制度，防范和解决可能出现的问题。只有这样，股权授予才能真正成为企业与员工共同成长、共同分享、共同创造价值的桥梁。

在股权授予的过程中，创业团队还应慎重将下述人员当成合伙人：短期资源承诺者、天使投资人、兼职人员和早期普通员工。

创业初期，企业迫切需要各种资源，需要外部资源者提供或介绍资源，但是股权交换资源承诺的做法一定要慎重。因为公司在各个阶段对资源的需求都不同，但股权的授予却是长期且宝贵的，无论是从承诺的资源能否兑现来看，还是从股权授予可能带来的风险来看，将股权授予短期资源承诺者都不是明智的选择。对于短期资源承诺者，创业团队可以采取项目提成的方式与资源承诺者协商合作，或者以分红方式为其提供对等的奖励贡献。

创业公司的前期投资非常重要，但如果将过多的股权出让给外部投资者，外部投资者可能会认为企业对股权不够珍惜而不看好企业的长期发展。而且，投资者拥有过多的股权也可能会导致其干预公司的经营管理，从而影响公司的发展方向。虽然投资者投资的目的也是希望公司能够做大做强，但是其最终目的还是获得盈利，因此创业企业的股权结构设计一般对投资者股权授予的比例较小，但是会强调投资者的优先分红权。

创业团队中的兼职人员通常是兼职，他们是利用在原单位工作的业余时间来参与创业，只承担较小的创业风险，即使这些人的能力和技术水平较高，但对于此次创业也不够坚决，总想着有后路可退，最终是否能够留在企业存在不确定性，如果对他们授予股权，那么其他全身心投入的合伙人可能会觉得不公平，因此不应该对兼职人员授予股权，最起码是不授予大量股权。

普通员工通常是在某个领域或环节有基本或普通的能力或水平的人，能够为项目提供正常或合格的执行或服务。早期普通员工的流动性较大，将股权授予他们是不合理的，因为股权激励的成本很高，而且创业初期的股权对员工的激励效果有限，甚至可能达到相反的效果，他们可能会认为公司发放股权只是为了不发或少发工资，这样反而会降低他们的积极性。因此，创业初期的普通员工不一定需要占有股权，但可以通过其他方式进行激励或奖励。

2.2.5　退出回购原则

虽然股份绑定原则能够在一定程度上保证创业团队的稳定性，但是部分合伙人仍然可能会由于各种各样的原因中途退出。对于留下来的合伙人来说，如果退出的合伙人仍然持有大量的股份，那么就会失去对公司的控制权和决策权，甚至可能面临被边缘化或者被挤出的危险；对于退出的合伙人来说，如果他不能及时将股份转让，也可能会面临资金占用和风险暴露的问题。

无法及时地退出投资并获取回报，那么退出的合伙人手中的股份应该如何处理呢？如果处理不够妥善，那么股份绑定原则所带来的优势也将烟消云散，因此必须采取一个合理且有效的合伙人股权退出回购原则，以保障各方利益和公司发展。在创业团队成员的股权设计中，退出回购原则是指在合伙人因为各种原因离开创业公司时，公司或其他团队成员有权或有义务处理离开合伙人所持有股权的规则和方法。这一原则的目的是保护公司的稳定发展，避免因为股权问题引起纠纷和损失，同时也尊重合伙人的历史贡献和合理利益。

创业团队在创业初期就应该设计完善的合伙人股权退出机制。具体来说，合伙人在创业时应该采取"先小人后君子"的策略，在创业之前就签订退出回购协议，明确制定在什么情况下、什么阶段退出公司时股份处理和转让的相关规则和条款，并设定相应的违约责任。这可以防止未来潜在的冲突和不确定性，确保当合伙人决定离开创业公司时，相关方都有一个顺利和公平的保障。如果创业初期只顾及情面，没有明确规定合伙人中途退出后的应对机制，那么当有合伙人中途退出的情况发生时，公司和其余合伙人将陷于被动的境地。

一般来说，退出回购原则可以根据合伙人的退出原因和退出时间进行考虑。

（1）根据合伙人退出的原因不同，可以分为主动退出和被动退出。主动退出是指合伙人自愿离开团队，可能是因为个人原因、职业规划、利益分歧等。被动退出是指合伙人被迫离开团队，可能是因为违反协议、失职渎职、犯罪行为等。一般来说，主动退出的合伙人应该享有更多的权利和自由度，可以选择将股份转让给第三方或者回购给公司或者其他股东；而被动退出的合伙人应该受到更多的限制和惩罚，只能将股份回购给公司或者其他股东，并且可能要承担一定比例的折扣或者罚金。

（2）根据合伙人退出的时间不同，可以分为未解锁期和已解锁期。未解锁期是指合伙人还没有完成约定的服务期或者绩效目标，还没有获得全部或者部分股份的所有权。已解锁期是指合伙人已经完成约定的服务期或者绩效目标，已经获得全部或者部分股份的所有权。一般来说，在未解锁期退出的合伙人应该放弃所有或者部分未解锁的股份，并且可能要承担一定比例的折扣或者罚金；而在已解锁期退出的合伙人应该保留所有或者部分已解锁的股份，并且可以按照市场价或者协议价进行转让或者回购。

当合伙人要退出时，公司如何确定股权回购的价格是一个需要认真考虑的问题。股权回购的意思是公司用现金或其他方式收回合伙人持有的股份，这需要遵守"一个原则"和"一个方法"。一个原则是指对于打算或已经离开的合伙人，公司既可以选择全部或部分回购其股权，也要尊重其在公司发展过程中的贡献，按照一定的比例给予其溢价或折价。这个原则不仅关系到合伙人的退出，也关乎企业长远的文化建设。一个方法是指回购价格的确定要考虑两个因素：一个是回购价格的基数，一个是溢价或折价的系数。例如：可以按照合伙人入股时的价格的一定比例溢价回购，这样可以让合伙人感受到公司的信任和尊重；或者按照合伙人持有股份可参与分配公司净资产或净利润的一定比例溢价回购，这样可以让合伙人分享公司发展过程中的成果和收益；也可以按照公司最新一轮融资估值的一定比例折扣回购，这样可以让公司减轻资金压力，为未来发展留下更多空间。但是，在确定回购价格时可能出现一些问题。一方面，如果按照合伙人退出时可参与分配公司净利润的一定比例溢价回购，合伙人可能多年辛苦奋斗，退出时却一无所有，这会让合伙人感到不公平和不满；另一方面，如果按照公司最新一轮融资估值的价格回购，公司可能会承受很大的资金压力，这会影响公司的正常运营和发展。因此，具体的回购价格确定方式应根据公司的商业模式来分析并在最初签订的协议中明确规定，既要让退出合伙人能享受企业成长的收益，也要让公司有足够的资金流动性，保留一定的调节空间和灵活性。

在一些特殊情况下，为了维持与退出合伙人的良好关系，或者鼓励其继续为公司提供支持和帮助，可以允许其保留部分股权或者享有其他权益，如优先投资权、分红权等。这样可以让退出的合伙人仍然感受到公司的关怀和尊重，也可以增加公司的信誉和影响力。

在合伙人退出时，股权回购可能会涉及很多细节和问题，需要双方进行充分的沟通和协商，以达成一致的意见。为了保证沟通和协商的效率和效果，可以建立有效的沟通和协商机制，如设定专门的沟通渠道、指定专人负责、制定沟通计划和议程等。这样可以避免因为沟通不畅或协商僵化而导致退出回购过程的延误或失败。在双方达成一致的回购方案后，需要制定回购协议并履行相关手续，以保证回购的合法性和有效性。比如，可以规定：回购协议应该包含双方的基本信息、股权的数量和价格、回购的时间和方式、违约责任等内容；回购手续应该包括双方签署回购协议、办理股权转让登记、缴纳相关税费、通知其他股东或利益相关方等内容。这样可以避免因为协议或手续不完善而导致回购的无效或争议。股权回购时还应当注意相关法律法规要求，可以聘请相应的法律顾问和金融专家，帮助解决回购过程中潜在的复杂性问题，确保回购流程能够顺利进行。

合伙人退出的几点注意事项

合伙人散伙可以分 3 个阶段：一是公司成立 1 年以内；二是公司成立 1 年后，没有盈利；三是公司成立 1 年后，有盈利。

①1 年内退出，无论公司是否有盈利，按原始投入退回资金。

②成立 1 年后，没有盈利的公司，以账面净资产作为公司价值计算退出资金，最好是有形净资产，不包括无形净资产.

③公司成立 1 年后，有盈利，如果公司不是上市公司，以账面净资产的倍数作为公司价值计算退出资金。这里的倍数可以根据公司盈利能力指标来确定，或者委托第三方评估。

④合伙人退出一定要注意：如果公司现金流比较宽裕，可以一次性付清撤股资金；如果不是，一定要分期支付，如 1～3 年，签好约定。

案例分析

新东方的创业之路

俞敏洪，1962 年 10 月出生于江苏江阴，1980 年考入北京大学西语系，毕业后留校担任北京大学外语系教师。1991 年 9 月，俞敏洪从北京大学辞职，开始自己的创业生涯。1993 年，俞敏洪创办了新东方培训学校。创业伊始，俞敏洪单枪匹马，仅有一个不足 10 平方米的漏风办公室，零下十几摄氏度的天气，自己拎着糨糊桶到大街上张贴广告，招揽学员。

"任何事情都是你不断努力去做的结果，当你碰到困难的时候，你不要把它想象成不可克服的困难，在这个世界上没有任何困难是不可克服的，只要你勇于去克服它！"正是凭借着这种不怕困难、勇于克服困难的精神，新东方不断发展壮大着，俞敏洪还把"从绝望中寻找期望"作为新东方的校训。

1994 年，俞敏洪已经投入 20 多万元，新东方已经有几千名学员，在北京也已经是一个响亮的牌子，他看到了一个巨大而诱人的教育市场。在新东方创办之前，北京已经有三四所同类机构，参加新东方培训的多是以出国留学为目的。新东方能做到的，其他机构也能做到。就当时的大环境而言，随着出国热，以及人们在工作、学习、晋升等方面对英语的多样化要求，国内掀起了学习英语的热潮，越来越多的优秀教师加入到英语培训这个行业，俞敏洪认识到英语培训行业如果想要先行一步，取得自己的竞争优势，把新东方做大做强，必须拥有一流的师资。培训机构普遍做不大，是因为对个别讲师过分倚重，每个讲师都可以开一个公司，但是每个公司都做得不大。所以，俞敏洪需要找到更多的合作伙伴，帮他把控英语培训各个环节的质量。而这样的人，不仅要有过硬的专业知识和能力，更要和俞敏洪本人有共同的办学理念。他首先想到的是远在美国的王强、加拿大的徐小平等人。实际上，这也是俞敏洪思考了很久所做的决定——这些人不仅符合业务扩展的要求，更重要的是这些人作为自己在北大时期的同学、好友，在思维上有着一定的共性，肯定比其他人能更好地理解并认同自己的办学理念，合作也会更坚固和长久。

1995 年，俞敏洪来到加拿大温哥华，找到曾在北大共事的朋友徐小平。徐小平是俞敏洪在北大时候的音乐老师，也是他最亲密的朋友和合作伙伴。徐小平 1987—1995 年在美国、加拿大留学定居，并获得了加拿大萨斯卡彻温大学音乐学硕士学位。在加拿大期间，徐小平曾经做过比萨饼外卖员等各种工作，生活并不富裕。两人相见后，俞敏洪不经意地讲述自己创办新东方的经历，文雅而富有激情的徐小平突然激动起来："敏洪，你真是创造了一个奇迹啊！就冲你那 1000 人的大课堂，我也要回国做点事！"就这样，徐小平在俞敏洪的邀请下回国加盟新东方，负责出国留学、签证、移民留学等咨询工作，是留学咨询和签证咨询的专家。

随后，俞敏洪又来到美国，找到当时已经进入贝尔实验室工作的同学王强。1990 年，王强凭借自己的教育背景，3 年就拿下了美国纽约州立大学计算机硕士学位，并成功进入著名的贝尔实验室，可以说是留学生中成功的典型。在俞敏洪的邀请下，王强也回国加盟新东方，担任北京新东方咨询公司董事长、新东方学校副校长，负责基础英语培训，开创了被称为"美语思维法"的美国口语培训。

就这样，徐小平、王强和俞敏洪他们三人被称为新东方的"三驾马车"。除此之外，还有杜子华、胡敏、包凡一、钱永强等人陆续被俞敏洪网罗到了新东方的门下。

徐小平、王强、包凡一、钱永强等人分别在出国咨询、基础英语、出版、网络等领域各尽所能，为新东方搭起了一条顺畅的产品链。徐小平开设的"美国签证哲学"课，把出国留学过程中一个个人人关心的重要程序问题，上升到一种人生哲学的高度，让学员在会心大笑中思路大开；王强开创的"美语思维"训练法，突破了一对一的口语训练模式；杜子华的"电影视听培训法"已经成为国内外语教学培训极有影响力的教学方法；新东方的很多老师都根据自己教学中的经验和心得著书立说，并形成了自身独有的特色，让新东方成为一个有思想有创造力的地方。

俞敏洪的成功之处是为新东方组建了一支年轻而又充满激情和智慧的团队，俞敏洪的温厚、王强的爽直、徐小平的激情，几个人的鲜明个性让新东方总是处在一种不甘平庸的氛围当中。

与大多数合伙创业的人一样，新东方的合伙创业人一开始想得很简单，认为三个人一起合伙，每人拿 33% 的股份，合起来刚好变成 100%，但是做大后，矛盾逐渐凸显。因为利益的关系，新东方新的业务难以开展。北京的新业务还能均等掌控，但是上海和广州算谁的业绩？图书出版公司算谁的业绩？远程教育公司算谁的业绩？

此外，新东方早期管理层中有不少裙带关系。外界因此戏称新东方人力资源的特点是"三老"，老同学、老乡、老妈：当时，俞敏洪的母亲是公司的合伙人之一。这一点令从西方留学回来，视"规则为王"的王强无法容忍。

2000 年，俞敏洪对学校进行股份制改革，制定出一套统一战略。俞敏洪花了 4 年时间周旋在管理层、部门、地方之间，总算把松散合伙制变成真正股份制，但问题没有完全解决。大家对于分完股份后的权利分配仍存在分歧。到底谁是第一副总裁？俞敏洪是创始人，自然是他当第一总裁，但是徐小平和王强谁当第一副总裁、谁当第二副总裁就有了疑问，他们谁都会问"凭什么让我当第二副总裁？"

由于管理层依旧无法达成共识，最后，核心团队辞职的辞职、跳槽的跳槽、另起炉灶的另起炉灶。颇具戏剧性的情节是：一次，俞敏洪得知徐小平带员工进行"革命"，反对他的改革，便直接让人把徐小平的办公室给占了。徐小平上班一看，见到自己办公室里坐着别人，几乎说不出话来。

分歧的最后，徐小平、王强离开新东方，"战争"宣告结束。

案例来源：互联网资料整理。

问题讨论：

1. 你认为新东方创业团队成员的选择是否合理？为什么？

2. 为什么新东方取得成功后，合伙人却陆续离开？

本章思考题

1. 组建一个优秀的创业团队应如何选择团队成员？

2. 如何理解 TOPK 方法在创业团队中的应用？

3. 创业团队成员的股权设计应遵循哪些原则？

4. 如何在股权均分和一股独大之间作出选择？

5. 如何避免创业团队中合伙人的中途离开？

即测即练

自学自测　　扫描此码

第 3 章

创业机会的识别和开发

【学习目标】

- ✓ 理解创业机会是创业的核心；
- ✓ 了解创业机会开发的两个阶段；
- ✓ 理解创业机会开发的影响因素；
- ✓ 理解创业机会开发的 3 种类型；
- ✓ 了解创业机会开发情境及其对创业者的要求。

【章节纲要】

本章主要分 5 节来阐述与探讨创业机会的概念、开发过程、对创业者要求等学术前沿。第一节阐述与探讨创业机会的概念和学术研究趋势；第二节介绍创业机会开发的两个阶段；第三节介绍创业机会开发的影响因素；第四节阐述发现型、构建型和创造型创业机会开发的 3 种类型；第五节阐述了创业机会开发情境及其对创业者的要求。最后，本章从创业机会的视角分析了中国企业改革开放 45 年利用创业机会发展的轮廓。

引 导 案 例

丫米厨房：如何科学验证创业机会？

2020 年 3 月 31 日，中国最大的共享家厨平台"回家吃饭"宣布停止运营。这一消息让曾经在共享家厨赛道上拼搏过的创业者丁其骏陷入了沉思，回想起自己创立"丫米厨房"的那段充满挑战与波折的历程。尽管在创业前期进行了充分的用户调研和试运营，但丫米厨房仅仅成立一年就被迫关闭，这其中的种种经历令人感慨万千。

1. 准备阶段

丁其骏曾是喜马拉雅的产品经理，2012 年初入职喜马拉雅后，凭借自己的努力和才华，在 2014 年底带领喜马拉雅实现了用户数量达到 1 亿的突破，成为互联网圈内小有名气的产品专家。

在创业热潮的推动下，丁其骏参加了一个创业者训练营活动。在活动中，"滴滴打车"创始合伙人和一位天使投资人分享了创业和投资的经验。刚刚亲身经历过喜马拉雅初创阶段的丁其骏对他们的分享深感认同。会后，丁其骏向他们介绍了自己的情况，天使投资人鼓励他出来创业，认为有产品开发经验的创始人在当前的投资环境下很受青睐，只要有合适的项目，肯定能拿到融资。"滴滴打车"的创始合伙人则指出共享经济最近几年异常火热，建议丁其骏考虑做一款共享的产品或设计共享的商业模式，肯定能获得市场的青睐。这次交流让丁其骏开始认真琢磨创业这件事。

2. 创立丫米厨房

（1）共享赛道的选择

随着国外"共享经济"项目如 Airbnb、Uber 和 Wework 等的兴起，国内也掀起了一波"共享经济"的浪潮。在我国，2015 年被称为"共享经济"元年，这一模式在各个行业领域迅速渗透。在上海，共享网约车滴滴出行、共享单车、共享房屋小猪短租等项目已经占据了"住"和"行"两大方面的市场。相比之下，"衣"和"食"的共享还处于初期阶段。

丁其骏对市场进行调查后发现虽然饿了么和美团在 2014 年中旬分别获得了高额融资，但共享餐饮在上海还未出现行业巨头。他认为共享家厨赛道"天花板"高，瞄准的是白领订餐这一刚需且高频的市场，且竞争相对较小，有机会成为行业第一。于是，丁其骏决定进入共享家厨细分赛道，并撰写了商业计划书。凭借之前在喜马拉雅的成功经历和积累的人脉资源，他很快获得了 IDG 的 400 万元天使投资，并注册成立了上海庭味信息科技有限公司。

（2）用户调研

拿到启动资金后，丁其骏没有急于投入 App 的研发，而是先对家厨和白领客户的需求进行了验证。

在家厨端，丁其骏等人通过实地考察发现公司附近已经有人在做类似家厨的业务。在食客端，他们根据自身对白领客户订餐的需求设计了一份调研问卷，涉及是否会下单、最想吃到的菜品、能接受的价格区间及对现有外卖的不满之处等问题。丁其骏等人在陆家嘴附近的地铁站、商场、公司大厦门口和餐馆周围发放问卷，利用白领早晨上班和中午用餐的时间收集了约 200 份问卷。

分析问卷结果发现，80%以上的人表示愿意下单，希望吃到家厨做的饭菜，并且许多人对现有外卖不满，尤其是超过 70%的人认为外卖不卫生。结合外卖的实际情况及问卷结果，丁其骏决定主打"干净卫生"的家厨美食来吸引客户。

（3）市场测试

为了进一步测试共享家厨模式的可行性，丁其骏决定运行 MVP。他们在陆家嘴附近的小区里找到十几位家厨，最终选择了一位江西籍的家厨吴叔在微信平台上试运营"吴叔的厨房"。对吴叔的菜品制作环境进行实地考察并拍摄宣传短片，还定制了 400

多份传单在陆家嘴附近发放，用户扫描微信二维码进群即可下单，用餐后可在微信群中进行评价。

试运营一个多月，"吴叔的厨房"每天的订单量不断上升，复购率高达 60% 左右，每月的营业额近 3 万元。用户的认可给了丁其骏很大的信心，他决定立即开发"丫米厨房"App，同时，开始在陆家嘴附近大范围招募家厨。招募初期困难重重，后来改变策略，聚焦菜市场宣传，成功招募到近 70 位家厨，包括自由职业者、家庭主妇和退休人员。对家厨进行培训并拍摄菜品制作环境，还招募了配送员。

（4）"丫米厨房"App 上线

2015 年 6 月 23 日，"丫米厨房"App 正式上线。丁其骏打出了"告别地沟油、吃上放心饭""感受家的味道"等口号。得益于前期的宣传和市场测试，上线第一天就收获了 500 多份订单和许多正面反馈。丫米厨房还获得了戈壁投资 2000 多万元的 A 轮融资。在资金支持下，丫米厨房在上海快速扩张，成为共享家厨赛道的头部企业。但是，后来行业第一的位置被竞争对手占据了。

3. 丫米厨房的发展

（1）竞争来袭，快速扩张

上海作为餐饮行业的重要市场，吸引了众多共享家厨平台。"回家吃饭"在北京上线后获得近 2 亿元融资，迅速扩张到多个城市；"觅食"在杭州上线后获红杉资本投资，也开始在杭州和上海运营。上海家厨市场从丫米厨房一家独大变成三足鼎立，丫米厨房在竞争下变为第二。

为了不被竞争对手进一步吞噬市场，丁其骏决定加快扩张速度。仅用一个月的时间，丫米厨房就扩张到了北京、广州和深圳等一线城市。为了快速获取用户和招募家厨，丁其骏采取了用户用餐补贴和家厨介绍奖励等方式。然而，快速扩张的背后是烧钱速度的急速攀升，虽然通过合作家厨和点餐费用的提成可以获得一些收入，但远远不够。丁其骏在统筹运营的同时不断约见投资人，希望为丫米厨房争取到新一轮的融资机会。

（2）政府约谈，融资受限

2015 年 11 月，丁其骏被上海市食品监管局约谈。监管局指出共享家厨平台的家厨们无法取得食品许可证和餐饮经营服务许可证，违反了《食品安全法》的相关规定。丁其骏指出，平台规定家厨需上传健康证，并在招募时进行现场审核。同时，鼓励消费者上门自取餐食，且平台正推动家厨通过直播或录像公开制作过程，以提升食品安全透明度。尽管这可能影响短期增长，但他相信这是为了长远发展的必要之举。

然而，受资本市场影响以及投资人对共享家厨模式的政策风险存有担忧，丁其骏面见的所有投资人都只是口头承诺支持，没有一位愿意投资。眼看公司的现金只够支撑两个月，丁其骏越发不安。

（3）用户流失，何去何从

2015 年末，丫米厨房的用户流失率不断上升，复购率也明显下降。为了解原因，丁其骏等人开展用户调研，发现用户认为丫米厨房与外卖区分度不高，菜品不丰富且价格贵，配送和售后服务也存在问题。

针对这些问题，丁其骏推出了"开小灶"服务，为平台 VIP 客户提供定制化餐饮服务。同时，对售后服务部的员工进行内部培训，提高服务意识和服务水平。对于家厨，要求监控菜品制作并缩短配送时间。但一系列措施过后，用户流失的问题并没有得到真正的改善。丁其骏面临着政府、资金和竞争对手方面的压力，以及丫米厨房自身的问题，一时手足无措。

4. 尾声

2016 年 3 月，上海市食品药品监管局发布《"家厨"类网络订餐平台食品安全提示》，要求"家厨"类网络订餐平台停止服务，消费者不要订购无证"家厨"加工的食品。同年 6 月初，国家食品药品监督管理总局表明不支持网上家庭厨房类网络订餐平台，因为存在食品安全风险等问题。6 月底，上海食品药品监管局查处"丫米厨房"等家厨类网络订餐平台，上海共享家厨赛道彻底消失，丫米厨房也随之关闭。丁其骏始终不解为何共享家厨赛道会最终消失。

资料来源：本案例由上海大学管理学院于晓宇教授、硕士研究生曹港、张铖、博士研究生陶奕达和贾迎亚博士共同撰写，作者拥有著作权中的署名权、修改权、改编权。

3.1　创业的核心是创业机会

创业的根本目的是满足顾客需求。而顾客需求在没有满足前就是问题，问题在哪里，机会就在哪里。寻找创业机会的一个重要途径是善于去发现和体会自己和他人在需求方面的问题或生活中的难处。比如，阿里巴巴公司发现现有的银行信用卡支付十分不便，因此创办了支付宝。由于支付宝与传统的银行支付相比较有很多优点，于是就把原来的问题转化为创业机会。一般来说，创业机会是指创业者可以利用的商业与社会发展机会。《21 世纪创业》的作者杰夫里·A. 第莫斯教授则认为好的商业机会有以下 4 个特征：第一，它很能吸引顾客；第二，它能在你的商业环境中行得通；第三，它必须在机会之窗存在的期间被实施（注：机会之窗是指商业想法推广到市场上去所花的时间，若竞争者已经有了同样的思想，并把产品已推向市场，那么机会之窗也就关闭了）；第四，必须有资源（人、财、物、信息、时间）和技能才能创立业务。创业涉及很多关键因素，然而究竟其核心为何？

过往人们对创业机会的理解，认为人多商机就大。比如，想开一家店铺，多数创业者会选择在人流量最大的地段，因为这代表着消费者需求的商机巨大。当下，互联网、物联网、大数据和云计算等引领的技术变革正在衍生数以万计的创业机会。移动互联网的出现创造出一系列连消费者自身都根本不知道他们所需要的是何种功能或服务的产品。比如，美团外卖配送彻底颠覆了餐饮行业，现在的餐饮店可以不选择开在人流量最大的地段。

从学术研究来看，创业机会存在于外生性的客观环境中，等待有特质（Sexton et al.，1985；Krueger，1998）或者有创业警觉性（Kirzner，1973；Gaglio and Katz，2001）或者认知差异（Mitchell et al.，2002；2007）的个体去发掘。但是随着创业者个人特质论在创业研究领域的"穷途"（Low and MacMillan，1988）以及 Shane 和 Venkataraman（2000）发表在《美国管理学评论》（Academy of Management Review）的文章引领的创业机会研究的"风潮"及其日后的大范围讨论，同时整个全球的市场都在走向更自由化和更富于企业家精神，电子商务的出现让很多的市场在过往根本是不曾存在过的（Sarasvathy，2001），这些都让学者们在过去 10 多年时间不断地审视创业机会根本性问题：创业机会真的只源于外生性的客观环境吗？创业者仅仅是受到外部社会政治经济经环境变化和消费者偏好的改变才去发现那些市场上需求的空缺吗？

显然，这个问题的答案正在发生变化。Sarasvathy（2001）伴随着效果（effectuation）思维的提出，在一定程度上贡献了创业的机会创造这一新的理论视点；Venkataraman（2003）在给谢恩（Shane）新书的序言中提出了机会创造（creation）的观点被 Alvarez 等（2013）认为是最早提出"创造标签"的学者；Baker 和 Nelson（2005）从资源的角度提出了企业层面突破现有局限性，利用创造性的拼凑（bricolage）来达到企业的成长；Alvarez 和 Barney（2007）提出"机会构建"这一"实验想法"时认为创业机会不仅仅是纯粹外生的，而是创业者在外部震撼的同时由内心反复迭代式的研判达到机会的想象性创造。创造理论的提出进一步催化了创业机会的研究，引领了创业机会创造理论在哲学、经济、心理层面的大讨论。此后，2008 年 Alvarez 和 Barney 作为主编在《战略创业杂志》（Strategic Entrepreneurship Journal）杂志推出了以"机会构建"为主题的特刊，而另一个创业领域的顶级杂志《商业风险期刊》（Journal of Business Venturing）也由 Suddaby、Bruton 和 Si（2015）推出了机会发现/构建为研究对象的质性研究特刊。

总之，纵观近 20 年发表在国际知名创业学术期刊上的创业理论研究，经过比较分析，证明创业的诸多内容是围绕着创业机会来进行的。换句话说，创业的核心是机会，是创业者对于创业机会的理解与把握。尽管创业机会核心说在这几年大量被探讨，在西方也逐渐得到管理学术界的认同。创业机会的研究已经被认为是创业管理研究的核心所在。创业是一个跨学科的研究领域，经济学家、社会学家等都研究创业，但他们基本上都没有从创业机会的视角来研究创业。创业机会对于整个创业过程或众多创业内容来说，就好像是一根线，创业内容则是不同的珠子。在创业过程中，创业机会这根线把不同的珠子串在一起，共同发挥作用。

近年来，有关创业机会开发的研究取得了长足的进展，但既有文献依然存在两大缺口。一方面，关于创业机会的来源已基本明晰，但知晓机会来源而不进行行动开发不能称为创业。然而，现有研究关注机会识别而并不重视机会开发完整过程的现象较为普遍。德鲁克指出："创业既不是一门科学，也不是一门艺术，而是实践。"基于此，作为指导实践的创业研究，更应将"创业机会开发过程"作为研究焦点。换言之，创业研究的核心问题有必要从"创业机会从何而来"过渡到"创业机会如何开发"。

另一方面，基于单一的"机会发现观"解构机会开发过程不足以全面指导丰富多彩的机会开发实践。事实上，近 10 年来学界关于机会来源的探究逐步从管理学、社会学和心理学领域延伸到了哲学层面，形成了三大机会观。实证主义（empiricism）主张机会源于既有市场需求，是被创业者发现（discover）的（Kirzner，1973；Shane，2012）；建构主义（constructivism）认为机会是市场潜在的需求，是被创业者和社会环境共同建构（construct）出来的（斯晓夫，2016；Sarason et al.，2006；Ramoglou and Zyglidopoulos，2015）；而近来兴起的批判现实主义（critical realist）则提出了一个新论断，即机会是一种未实现的抽象可能性，是被创业者从 0 到 1 创造（create）出来的（Alvarez and Barney，2007；Ramoglou，2013；Alvarez et al.，2013）。简言之，既有研究对创业机会的理解至少存在发现型机会、构建型机会和创造型机会 3 种观点。而在不同观点下，创业者在进行机会开发时面对的情境制约以及所要求的行为模式和资源投入均存在差异。

3.2　创业机会开发两阶段

创业机会开发是指创业者基于市场感知，通过创新性的资源组合提供有价值的产品或服务，以满足市场既有或潜在需求的完整过程（Choi and Shepherd，2004；Wood and Mckinley，2017），包含机会识别（recognized）和机会链接（articulated）两个阶段。

3.2.1　机会识别

由主观感知主导的机会识别是创业过程起始阶段，是创业者感知市场需求的过程（Shane and Venkataraman，2000；Prandelli et al.，2016）。机会识别与创业者认知紧密相关，要求创业者通过信息加工将市场需求、机会可行性变为有意义的机会信念

（Grégoire et al.，2010）。"信息加工"是创业者通过感官输入（包含转换、减少、阐述、存储、恢复、使用等）并以用户的角度（user perspective）判断、评估市场机会的过程（Prandelli et al.，2016；Mitchell et al.，2002）。而此阶段产生的机会信念，属于"第一人称"（first-person），表现为创业者相信"我"是能进行这项创业的"第一人称"（Mcmullen and Shepherd，2006）。

不同创业者感知市场需求的敏感性并不一样，其差异来自基因遗传组成（Shane and Nicolaou, 2015）、先前知识（Prandelli et al., 2016；Shane and Venkataraman, 2000）、背景和经验以及他们对特定机会所拥有信息的数量和类型（Choi and Shepherd, 2004）。当创业者感知到某种产品或服务的既有需求得不到满足时，则将识别发现型机会；当创业者感知到可基于消费者表达出的产品或服务不足而形成潜在产品或服务的改进时，则可让创业者识别出构建型机会；而当少数与众不同的创业者，将自身的主观认知感受以及由此产生的灵感在被消费者客观认识之前解释出来，并进一步开拓出消费者的潜在需求（Grégoire et al.，2010）时，如此将识别出创造型机会。

3.2.2　机会链接

机会链接是指创业者针对识别出的既有或潜在需求，进行需求—资源的"契合（fit）"，或在需求与社会环境之间创造一个新的"契合"，体现的是切实满足消费者需求的过程。机会链接属于"第三人称"（third person）机会信念，表现为创业者为用户建立起"属于"他们的机会（Mcmullen and Shepherd，2006）。

就发现型机会开发来说，创业者需要将既有市场需求和特定资源"契合"。机会和资源是紧密相连的，柯兹纳（Kirzner）在其创业机会发现理论中指出，如果创业者认为将资源从目前的次优配置重新部署到更有利润前景的机会，他们将决定开始新的业务或扩展新的产品市场（Kirzner，1973；1985）。也即创业者将作出决策把本身用于生产 A 产品的资源用于生产 B 产品；或者，不再在 C 地生产 A 产品，而是到 D 地进行 A 产品的生产。

构建型机会和创造型机会的链接过程是一致的。它不仅需要资源的匹配，还需要在当前潜在需求与社会环境之间创造一个新的"契合"。具体来说，机会与资源的链接不仅仅是简单的创业者进行资源再配置以填补市场空白的过程，而是实现机会与社会环境的共演，进行结构化的动态构建的过程（斯晓夫，2016；Sarason et al.，2006）。这个过程中可能要求创业者创建一个与市场需求相对应的新的商业概念（Cornelissen and Clarke，2010），而这远远超出现有资源和需求匹配的调整范围，进而可能导致现有业务的重大重组或激进式创新。同时，新的重组或创新在提供优于当前产品或服务的同时，还必须让社会和用户接受（Godley，2013）。总之，构建型机会和创造型机会的链接过程表现为不断试错、塑造和迭代（Dimov，2007），它不仅仅是创业个体匹配资源，还需消解源于情境和社会的诸多不利影响与制约。

3.3 机会开发的影响因素

在明晰创业机会开发两阶段模型后，接下来一个重要问题是什么因素推动了机会开发的两个阶段。Shane 和 Venkataraman（2000）的文章中重点分析了个体心理层面的差异对机会开发的影响，包括个体容忍风险、自信、自我效能感、内在控制。实际上这些心理因素恰恰是 20 世纪七八十年代学者们试图从个体特质论判别谁是创业者的心理因素，它们所影响的主要是机会的识别阶段。基于 2005 年以来[①]发表在国内外高水平期刊上的"创业机会"主题研究成果[②]，本文从创业学四大基础理论——心理学、管理学、经济学和社会学出发，识别出所对应的机会信念、先前知识、创业警觉性和社会网络四大要素对创业机会开发两阶段的影响。

3.3.1 机会信念

机会信念概念来自心理学，是创业者考虑到未来理想状态（如利润产生或社会效益）对行为倾向的强烈确认（Wood et al.，2014）。创业机会的开发既需要创业者"第一人称"机会信念——"为什么是'我'能开发这个创业机会"——主要影响机会的识别阶段；也需要"第三人称"机会信念——创业者为用户建立起"属于"他们的机会——主要影响机会的链接阶段（Mcmullen and Shepherd，2006；Shepherd et al.，2007）。机会信念主要源于创业者的过往经历和感知所形成的深层次价值观（Wood et al.，2014；Felin and Zenger，2009）。价值观影响个体的创业信念，进而影响创业机会开发，这在社会创业机会开发中体现非常明显。研究显示，出于同理心的感同身受，他人遭受伤害时而产生的亲社会的情绪连接，是引发社会创业者开发创业机会的一个非常关键的因素（Miller et al.，2012；仇思宁和李华晶，2018）。换言之，社会创业者个人美好社会的价值观产生了自身的创业信念（"第一人称"机会信念）以及为他人减缓痛苦（如提供公共产品）的创业信念（"第三人称"机会信念）。总之，创业者的机会信念一方面能提高创业者的创业动机、减少创业拖延，另一方面能帮助创业者在感知用户需求时容忍不确定性，从而推进创业者的机会开发（Mcmullen and Shepherd，2006）。

3.3.2 先前知识

先前知识概念源自管理学。先前知识的来源包含教育和行业先前经验两方面，它

---

① 选择 2005 年作为分割点的最重要原因在于这一年机会构建观和创造观被提出。
② 作者对文献进行了整理，感兴趣的读者可以联系作者。

们会同时影响机会的识别与链接过程。教育遵循学员在创业前或创业过程中身心发展的规律，有目的、有计划、有组织地引导受教育者获得知识技能，带给创业者机会开发的显性知识。创业者先前经验中积累的有关市场、产品、顾客的知识造就了创业者的"知识走廊"（Gruber et al.，2012），带给创业者机会开发的隐性知识。研究显示，创业者先前知识的存在既影响机会的识别（张秀娥 等，2017），也会由于其特殊的人力资本、信息获得、转移能力而对机会链接阶段形成直接或间接的影响（Corbett，2007）。最新的实证研究更进一步发现，先前具有管理经验的创业者更可能开发高风险性的创业机会，而具有行业经验的创始人更可能开发低风险性的创业机会（Dencker and Gruber，2015）。

3.3.3　创业警觉性

创业警觉性概念的基础理论是经济学。奥地利经济学派著名学者柯兹纳提出的创业警觉性概念对机会开发理论产生了较深远影响。他定义了创业警觉性，并进行了 2 次修正。起初，他把创业警觉性定义为一种不进行搜寻就可以注意到此前一直被忽略的机会的能力，并认为创业警觉是一个"关注但不搜寻"（notice without search）的过程（Kirzner，1973）。1985 年，柯兹纳对自己所下的定义进行了首次修正，指出创业警觉性同时也是企业家积极构想未来的一种倾向。到了 2009 年，他进一步提出，通过创业警觉性产生的创业机会不仅是用于开发已经存在的产品，也可能是未存在的、形而上的创造性产品。从上述变化来看，创业警觉性理论影响的不仅是发现型机会的开发，其理论边界已经覆盖至构建型机会和创造型机会的开发。

3.3.4　社会网络

社会网络概念源自社会学理论。在社会网络中，成员为实现期望目标，往往通过信任与互动交换等手段获取社会网络中的信息与资源支持。创业者利用社会网络，能与拥有相同"知识频道"的人士接触，促进机会识别阶段的意义构建（sensemaking）过程。实证研究显示，无论是关系强度还是结构洞，对于机会识别均有影响，但这一结果并不具有广泛的普适性，而是受到文化情境的重要影响。既有研究显示，在美国，关系强度对机会识别具有负效应，结构洞则具有正效应。这一结果与在中国台湾开展研究得出的结论正好相反（Ma et al.，2011）。

社会网络对于机会链接也具有显著促进作用。例如，李新春等（2017）发现创业者社会网络与银行融资担保呈显著正相关关系，考虑到银行融资是创业最重要资金来源渠道之一，因此社会网络对于促进既有需求与资源的"契合"起到了重要作用。再如，Tan 等（2013）研究显示位于网络中心的企业受客观环境的影响，利用社会网络资源构建创新机会，体现了社会网络在对潜在需求与社会环境之间创造新的"契合"方面起到的作用。

3.4 三种创业机会开发实现过程比对

在明确创业机会开发两阶段和影响因素的基础后，本部分将围绕目前理论界所形成的 3 种创业机会观——发现型、构建型和创造型创业机会，在回答 3 种机会开发的实现过程机制的同时，对这 3 种机会开发过程进行创业机会开发两阶段模型的比对。

3.4.1 发现型机会之开发过程

当某个产品或服务在市场中既有需求也有供给，但在某个空间或时间出现供给不足时，将催生发现型机会。也即发现型创业机会的开发是利用市场的空缺，投入资源实现市场的均衡过程。理论上来说，发现型机会属于柯兹纳所提出的以创业警觉填补市场的空缺，进行市场的套利，此时创业机会本身便有利可图。"套利"性质的创业机会发现，在时空上往往存在较为明显的市场缺口，多数人能发现它们，也即机会识别过程要求较少的人力资本和信息加工与迁移。然而，机会链接阶段所需的资源投入导致仅有部分人能开发此种机会。贫困居民利用小额贷款进货并沿街贩卖小商品属于典型的发现型机会开发。但即便是这种"草根"式创业，也取决于小额贷款的可得性（Alvarez and Barney，2014）。

发现型机会的开发过程总体上表现为"机会外生（市场非均衡缺口）→机会-资源链接→机会发现"的相对线性的过程，如图 3-1 所示。发现型机会源起于机会本身，即外生的市场的空缺。创业者通过机会识别，考察先前收集的信息，真实地感知到创业机会的存在，并进行信息加工以及感知消费者需求。这一过程通常只需较低的人力资本和机会警觉性。进一步地，创业者将机会与其自身的先前知识和社会网络资源链接，进行特定市场需求和资源之间的匹配，最后根据风险水平和预期回报投入资源，开发创业机会。

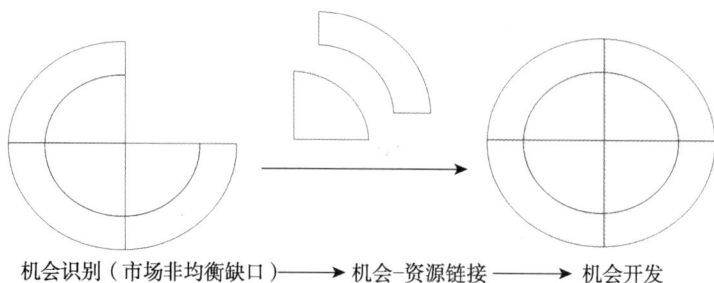

机会识别（市场非均衡缺口）——→ 机会-资源链接 ——→ 机会开发

图 3-1 发现型创业机会的开发过程示意图

微案例

2020 年一季度口罩相关企业利用发现型市场机会盈利颇丰

一场突如其来的疫情，让口罩成了全民必备品。大量订单的涌入，让口罩生产厂家利润大增。

跨界生产口罩企业天华超净 4 月 21 日公布的一季报显示，营业收入 2.32 亿元，同比增长 34.18%；归属于上市公司股东的净利润为 4753 万元，同比增长 293.32%。

天华超净称，医疗器械业务在疫情暴发后市场需求大幅增加，公司及子公司无锡市宇寿医疗器械有限公司的医用防护产品属疫情防控的保障物资，短期内医疗器械业务销售收入和营业利润增长幅度较大。

受到抗疫利好的还有口罩生产企业阳普医疗和奥美医疗。4 月 24 日晚间，阳普医疗发布一季报显示，营收 1.47 亿元，同比增长 32.81%；净利润为 1097.82 万元，同比增长 143.35%。4 月 28 日，奥美医疗发布一季报，实现营收 5.98 亿元，同比增长 16.23%；归属于上市公司股东的净利润为 9119.53 万元，同比增长 64.62%。

除了口罩生产企业，熔喷布作为医用口罩的"心脏"材料，也供不应求。熔喷布价格随行就市上涨 10 倍以上，利好了相关公司的业绩。

延江股份 4 月 27 日披露的一季报显示，营收 2.74 亿元，同比增长 17.89%；归属于上市公司股东的净利润为 3889.36 万元，同比增长 344.81%。其表示，当前市场上熔喷无纺布供应量有限，公司生产的熔喷无纺布一直处于供不应求的状态，成为本季度业绩增长的主要因素之一。

因无纺布市场需求增加业绩大增的还有欣龙控股。该公司于 4 月 30 日发布的一季报显示，实现营收 2.91 亿元，同比增长 30.04%；归属于上市公司股东的净利润为 5835.37 万元，同比增长 1545.49%。

另外，因生产口罩用熔喷布专用料备受市场瞩目的道恩股份 4 月 8 日晚间发布的一季报显示，归属于上市公司股东的净利润为 6939.89 万元，同比增长 91.60%。

疫情期间，中石化曾高呼"我有熔喷布，谁有口罩机？"作为生产口罩的关键设备，过去售价 80 万元一台的口罩机因"一机难求"，被炒到 400 万元一台，让生产厂家赚得盆满钵满。

4 月 22 日晚间，研发口罩机的拓斯达发布的一季报显示，实现营收 5.49 亿元，同比增长 70.12%；归属于上市公司股东的净利润为 1.54 亿元，同比增长 298.53%。

承接了部分口罩机零配件生产任务的昊志机电 4 月 29 日发布的一季报显示，实现营收 1.71 亿元，同比增长 115.1%；归属于上市公司股东的净利润为 1404.54 万元，同比增长 542.51%。

在口罩等相关业务的助力之下，4 月 23 日晚间，赢合科技发布的一季报也显示，营收为 5.56 亿元，同比增长 21.52%；归属于母公司股东的净利润为 1.53 亿元，同比增长 116.53%。

资料来源：https://finance.sina.com.cn/roll/2020-05-04/doc-iirczymi9726543.shtml.

3.4.2 构建型机会之开发过程

当市场上存在某种潜在用户需求，但不存在满足其需求供给时，产生的创业机会属于构建型机会。构建型机会开发，重点不在于从现有手段中筛选出最优方案以实现预设目标，而是使用已有的手段和资源与社会环境进行交织以构建出目标，最终满足潜在需求。从理论上来说，尚处于潜在和不成熟状态的需求，即构建型机会，仅能被有较高创业警觉性的创业者感知到。

在机会识别阶段，创业者一方面进行主观上的机会信息加工，进而逐步明晰用户超前需求（Autio et al.，2013）。到了机会链接阶段，创业者需要将构想的方案与社会环境链接，既要求创业者将超前需求的主观感知客观化，还要将基于创业机会构建出的商品或服务，取得社会习俗和/或制度之上认可（Cornelissen and Clarke，2010；Wright and Zammuto，2013）。也就是说，构建型机会的成功开发，不仅取决于市场需求，还取决于创业者的社会化技能，特别是在资源利用、组织设计以及制度创新三方面的链接能力（斯晓夫，2016）。例如，在优步（UBER）出现之前从来没有类似的服务存在，但用户存在更为便利的打车需求。在让用户接受优步的过程中，创业者不但要培养用户的消费习惯，而且要不断适应并满足政府的监管制度。

构建型机会的开发过程如图 3-2 所示。构建型机会存在外生属性，但机会的识别，尤其被市场接纳的过程极大地仰赖于创业者。在机会识别阶段，创业者基于潜在市场需求，经过反复循环思考和评估选择其中的一条方案（图 3-2 中的不规则曲线）；在机会链接阶段，创业者通过社会化技能，达到市场与社会环境接受产品或服务的目标。构建型机会开发主要得益于创业者一系列消费者互动，让消费者逐渐从概念化到客观化地进行产品或服务理解，以此完成创业机会的链接（Tocher et al.，2015）。

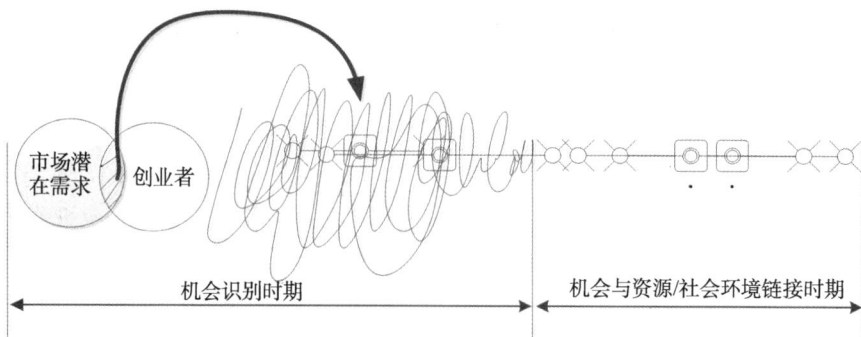

图 3-2　构建型创业机会的开发过程示意图

3.4.3　创造型机会之开发过程

当市场上还未出现对特定产品或服务的需求时，创业机会出现的根本原因不是环境的外生性，而是创业者的内心创造，这样的创业机会被称为创造型机会。它并非客观存在，而是仰赖创业者的灵感（Alvarez et al.，2013）。创造型创业机会就好像艺术家通过想象创造出一件全新的产品一样，带有"艺术品"的属性。创造型机会引导的创新属于垂直进步①，意味着要探索新的从 0 到 1 的进步道路。因此，创造型机会需要创业者尝试从未做过的事。垂直进步的本质来自科技的发展，但科技不限于高科技技术的发展，任何新方法、新工艺，只要是能使得事情更易完成的方法都是科技。

创造型机会的开发过程如图 3-3 所示。创造型机会源起于创业者。更具体来说，源于创业者的"第一人"机会信念——考虑目前"我"所拥有的渴望、资源、经验（Mcmullen and Shepherd，2006），想象"我"是能进行（某项）创业的"第一人"（Wood et al.，2014）。"第一人"机会信念是创业机会成功开发的重要因素（Wood et al.，2014；Autio et al.，2013），强大信念生成的创业灵感是创造型机会的源泉所在（Corner and Ho，2010）。创业者运用理性和灵感同时思考、判断、评估用户相关潜在需求或兴趣，最终在千百条可能的创业方案中得到"解脱"（图 3-3 中的不规则曲线），形成具体创意方案并匹配市场潜在需求或消费兴趣，完成机会的识别。

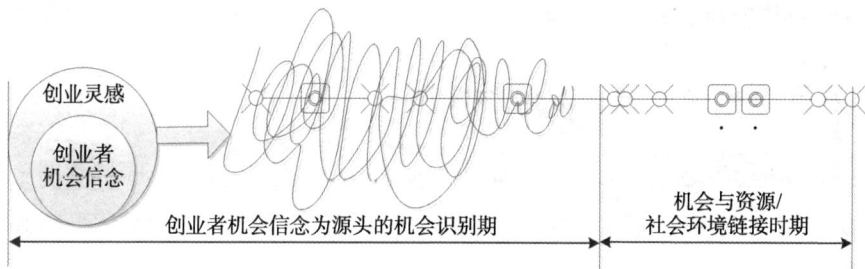

图 3-3　创造型创业机会的开发过程示意图

在机会链接阶段，创业者将创造型产品或服务所处的应用场景和位置向消费者进行概念化和客观化解释，再与社会情境和资源相链接。总体而言，创造型机会的链接过程，与前述构建型机会开发基本上是一致的（Wood and Mckinley，2017）。也就是说，构建型创业机会和创造型创业机会的链接阶段，均需要创业者历经机会概念化并最终让消费者接受的过程。可能的区别在于概念化阶段的难度并不一样。举例来说，

---

① 创业机会所引导的企业创新进步可以被分为两种类型，一是水平的进步，二是垂直的进步。水平的进步也称广泛的进步，是照搬已取得的成功经验，从 1 跨越到 *n*。可参考彼得·蒂尔、布莱克·马斯特斯所著《从 0 到 1：开启商业与未来的秘密》。

网景公司（Netscape）发布世界上首款商业意义上的网页浏览器 Navigator，这一创造型机会开发的机会链接过程，仅需要通过概念化的宣导让消费者明了 Navigator 能做到网页的浏览；而优步这一构建型创业机会的概念化，由于涉及多方主体，创业者需要把不同的商业刺激因素加以联合、概括，使消费者、私家车司机都明了软件使用的益处，乃至再让政府监管者明了该软件对于公共交通的益处（和害处）。

3.5　创业机会开发情境及其对创业者的要求

创业机会开发是在具体情境中完成的，因此后者不容忽视。情境是指影响组织行为发生的，与环境相关的机会和限制因素（Johns，2006）。而所谓创业情境，是指创业实践过程中外部发挥促进或制约作用的各种要素、条件、环境或状况（Welter，2011）。创业情境的分类有多种，本文借鉴之前学者的观点（Mcmullen and Shepherd，2006；唐靖等，2007），将创业情境分为：①风险性创业情境，即在创业行动前已知可能出现的结果和结果出现的概率；②模糊性情境，即在创业行动前知道可能出现的结果，但是每种可能结果的概率不可知；③不确定性情境，即在创业行动前可能出现的结果和结果出现的概率均为不可知。不论何种创业机会类型，对创业情境风险性、模糊性、不确定性进行降解，克服不同情境的制约是成功开发创业机会的关键。这就要求创业者具备异质的行为和能力。

3.5.1　发现型机会开发：风险性情境

在发现型机会框架下，机会本身早于创业者存在于市场或行业中，主要考验创业者的"第三人"机会信念，即针对用户开发属于用户的机会。创业者信念越高，越能提高创业的自信心和行为倾向（Davidsson，2015），实现对既有用户需求的机会开发。较之其他两类机会开发，这种具有明显市场缺口的发现型机会开发所需的先前知识相对较少，只需较低的甚至不需要人力资本（Alvarez and Barney，2014）。由于具有较明显的市场空缺，发现型机会（Tang et al.，2012）所要求的创业警觉性主要是扫描与搜索（scanning and searching）维度。创业者仅仅需要立足本行业的社会网络，获取市场信息和资源，充当"发现和处理当地小规模社会需求的创业修理工"角色（Zahra et al.，2009）。

发现型创业机会主要面临风险性情境的制约，市场缺口导致机会本身便有利可图，此时机会开发的主要制约因素在于满足需求的机会链接阶段。从根本上来说，消除情境制约的手段来自"第三人"机会信念，需要柯兹纳式的创业者通过资源投入建立属于用户的机会，满足市场需求以增加机会开发的成功概率。从这个角度来说，具有资源优势的创业者在此情境下成功开发创业机会的概率更大。

3.5.2 构建型机会开发：模糊性情境

构建型创业机会对创业者的要求较高，只能被某部分创业者掌握。构建型机会开发主要面临模糊性创业情境的制约。具体来说，创业者在创业前知道其将生产的产品——知道可能出现的结果，但对于最终会开发成何种功能、款式和形状等的产品/服务，是未知的。与此同时，用户是否接受以及政府监管者是否认可也是未知的。这使得最终各种可能结果的发生概率不可知。

为此，创业者要采取有别于发现型机会开发的策略。在机会识别阶段，创业者（Tang et al.，2012）主要利用创业警觉性的联合与连接（association and connection）维度感知潜在市场需求。这就要求创业者具有更高程度的"第一人"机会信念。也即在创业者的价值观中，首先要相信自己是机会开发的"当然人选"。同时，创业者必须在市场潜在需求与自身信念之间找到交集，开发满足潜在市场需求的"第三人"机会产品或服务。而在机会链接阶段，构建型机会开发对于创业者先前知识的要求较高，需要创业者具备高警觉性以及较多的跨行业知识与技能（Alvarez and Barney，2014）。

总的来看，模糊性情境下的构建型机会开发，熊彼特式的创业者能较好应对情境的挑战（Mcmullen and Shepherd，2006）。熊彼特式的创业者通常被认为是"国王"。而构建型机会的开发既需要推动经济增长的"国王"（"第一人"机会信念），也需要"国王们"打破惯例，破坏现存结构，与社会环境交互建立新的生产函数，产生新的生产要素组合以满足市场的需求。

3.5.3 创造型机会开发：不确定性情境

如果说发现型机会与构建型机会可以通过填补市场的空缺为创业者带来经济收益，那么创造型机会的成功开发将可能全面影响整个行业价值链甚至整合多行业价值链，催生大量新的创业与就业机会（Zahra，2008）。对于创造型机会的开发，在机会识别阶段关键在于创业者的想象和创造力灵感。创造型机会开发的基础是推出革命性的产品或服务，其机会链接过程需要创业者立足全社会网络，与外部环境互动，推广创造性的产品或服务，确立其社会合法性（Zimmerman and Zeitz，2002）。

创造型机会开发，没有历史数据可以研究，没有同行标杆可供参考，没有合适的预测模型，完全体现了创业情境的不确定性和不可预测性。创造型机会开发嵌入在奈特（Knight）式的不确定性创业情境中——事先结果是不能被预计的，而是沿着时间轴通过多阶段逐步演化选择而来（Eckhardt and Ciuchta，2008）。换言之，创造型机会开发需要的是容忍高度不确定性的奈特式的创业者。无论是机会的识别还是链接，创业者必须采取行动克服不确定性的影响。在机会识别阶段，为应对不确定性，创业者要不断地学习与思考，在调整和迭代中通过对隐性知识的开发，以自身的信念思考和判断这个世界应该出现何种产品。从一定程度上说，这要求创业者具有"觉悟""直觉"与"智慧"（Isenberg，1986），也即要利用好创业警觉性概念中提及的直觉运用最多的评估与判断（evaluation and judgment）维度（Tang et al.，2012）。在机会链接阶段，创业者也要在建立新产品或服务的概念化和合法性方面作出诸多努力。

围绕"创业机会如何开发"这一问题，首先强调创业机会开发不仅包括机会识别过程，而且涵盖了机会链接过程，而机会信念、先前知识和创业警觉性等是推进创业机会开发的关键动力。同时，围绕 3 种机会观，对这 3 种不同机会的开发过程进行了全面的比较，揭示其在哲学基础、过程（包括机会识别和机会链接）、驱动因素的影响以及创业情境等方面存在重要差异，如表 3-1 所示。

表 3-1　三种创业机会开发的比较

	发现型机会	构建型机会	创造型机会
哲学基础	实证主义	建构主义	批判现实主义
过程 1：机会识别	感知市场既有需求	市场潜在需求被创业者感知的情形判断	觉悟型创业灵感
过程 2：机会链接	重新分配资源以开发业已存在的市场	将超前的消费者需求概念化；并获取现有社会习俗和/或制度的合法性	"第一人"机会信念起决定性作用
驱动因素 1：机会信念	"第三人"机会信念起决定性作用	同时利用"第一人"和"第三人"机会信念	"第一人"机会信念起决定性作用
驱动因素 2：先前知识	较低的甚至不需要人力资本要求	较高的跨行业市场知识技能	悟性思维
驱动因素 3：创业警觉性	扫描与搜索	联合与连接	评估与判断
驱动因素 4：社会网络	立足本行业的社会网络	跨行业的社会网络	全社会网络
创业情境	风险性环境	模糊性环境	不确定性环境
创业者	经典柯兹纳式[①]	熊彼特式	奈特式

3.6　创业机会与中国企业改革开放发展

改革开放后的 20 世纪 80 年代，一改凭票供应的原则，中国百姓的既有消费需求旺盛，依靠风险承担型创业者的创业警觉性，依靠低劳动力成本搭配技术模仿，消费者需求的巨大商机得以满足，此阶段绝大多数的创业实践属于发现型机会的开发，即生产性企业家在市场均衡过程中"机会的套利"。

---

① 柯兹纳对创业警觉性曾有过修正，所谓"经典柯兹纳式"是基于柯兹纳在 1973 年提出的企业家精神是机会警觉的生产性企业家携带资产以参与一个有利可图的市场。

　　到了 20 世纪 90 年代末 21 世纪初,两方面原因导致创业机会开发逐渐由发现型向构建型转变。其一是居民可支配收入的增加带来的对商品品质要求的提升,推动了中国具有创新意识的传统企业开始进行机会的构建以满足潜在市场需求。举例来说,方太最早只是生产吸油烟机,后来逐渐从产品单一化进入到集成厨房电器的构建,推出"嵌入式厨房电器""厨房电器+家具"等新的概念,创业者对市场潜在需求的感知并由此产生的公司创业(corporate entrepreneurship)[①]使得企业开始从机会发现向机会构建转变。其二是互联网、移动互联网的兴起,构建型机会在新创企业创业实践中越发崭露头角。例如,21 世纪初的支付宝、之后的滴滴平台均属于构建型创业机会的开发。也就是说,这些创业者注意到潜在的市场需求。例如方便支付、打车、方便短距离出行,它们的兴起在很大程度上是创业机会与社会环境的连接。例如,滴滴和支付宝在刚开始阶段一方面要大量营销补贴消费者以让其接受服务;另一方面,同时更重要的也是要与政府制度监管相沟通和妥协。

　　改革开放 40 多年来中国创业的实践多数是在克服风险性和模糊性情境,克服不确定性情境以产生创造型创业机会开发并不多。过去十几年来中国互联网背景下的构建型机会开发,在很大程度属于"商业模式"上的一种模仿,而与科技创新无关。中国的创业实践多数是从 1 到 n 的模仿复制,而从 0 到 1 的创造型机会开发还不多见。从这个意义上讲,通过剖析和对比 3 种创业机会开发过程,并据此增进人们对于不同类型特别是创造型机会开发过程的认识,意义重大。未来,中国社会应重视具有悟性思维的人才,尊重创业者好奇心以提升其机会信念,帮助其在制度变迁过程中承担领导角色。这些都是激活创造型机会开发的关键。

案例分析

支付宝服务:持续的创业机会开发

　　21 世纪初在网上买东西,信任问题对购物平台来说是个相当棘手的问题。我不相信你,你不相信我,网络店铺发了货,担心收不到钱,消费者给了钱,也担心收不到货。在淘宝推出支付宝服务之前,淘宝财务部采取的是担保交易的方式,那时候没有网上银行或移动支付,买家当时在线下的银行网点或邮局以汇款方式付了款以后,要把付款凭证,或是汇款单复印一下,传真到当时的淘宝财务部,然后由工作人员核对完成后,根据这个订单号,通知卖家发货。这种纯人工的鉴别方式如果依然延续到现在,淘宝是绝不敢推出"双十一"促销的,因为在 2014 年的"光棍节"促销日中,淘宝每秒的订单数为 3.8 万单。那么,支付宝人或者说当时的淘宝人,是如何解决当时困扰消费者购物需求与支付障碍矛盾的?

[①] 本书将于第 9 章进行详细讨论。

技术问题其实非常简单，淘宝在 2003 年成立了一个三人团队，专门负责在淘宝网站中开发与添加一款淘宝网的担保交易工具，以建立和解决买卖双方的信任问题。2003年 10 月 18 日，淘宝首次推出担保交易支付宝模式，从其名字的谐音我们也可以读出，它正是要保支付的安全。马云日后的演讲中在谈到支付宝时说，支付宝服务推出的初衷非常简单，模式是"傻瓜式"的，即让买家在确认满意所购的产品后才将款项发放给卖家，降低网上购物的交易风险。彼时的支付宝植根于淘宝网购需求，充当淘宝网资金流工具角色，其流程如图 3-4 所示。

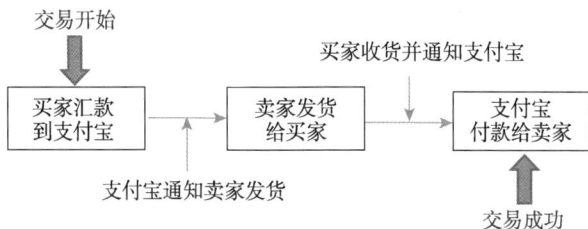

图 3-4　支付宝为买家与卖家提供担保交易的流程图
资料来源：雪球网 http://xueqiu.com/8417755168/20367069.

技术不是问题，困难在何处呢？在于改变消费者的支付习惯，让消费者认可支付宝的网上支付业务，放心、安心并且方便地通过支付宝进行支付。

"一推一拉"：改变消费者的支付习惯

2003 年，支付宝线上推出之初，消费者的付款模式仍有极大的一部分使用的是线下银行或邮政汇款。支付宝深知，支付方式习惯的改变才是下一步让消费者更便利进行网络购物的方向，而便利支付方式首选便是与国有及商业银行合作，并通过这些银行鼓励消费者使用网上银行。2004 年 12 月 8 日，浙江支付宝网络科技有限公司成立。12 月 30 日，支付宝网站正式上线并独立运营。支付宝独立商业实体的运营，为支付宝进一步自主发展并开拓非淘宝支付市场，也为阿里巴巴未来的金融战略提供了战略基础。

随着支付宝网络科技有限公司的成立，支付宝开始为切实的消费者服务做市场准备与战略布局。一方面，2005 年年初，支付宝提出"你敢用，我敢赔"的口号，推出"全额赔付"制度，推出免费手机短信通知服务，以及在 2005 年 6 月 7 日正式暂停银行柜台汇款业务，这些举措都是鼓励消费者更放心地使用线上支付的方式进行网络购物，推动和培育消费者线上支付的习惯；另一方面，支付宝抓紧与各大银行进行战略合作，拉动各大银行融入电子商务的支付大潮中，方便消费者进行网上银行的转账与支付。表 3-2 列举了支付宝与各大银行建立合作的时间。

至今，支付宝几乎与国内的所有国有、商业以及城商银行建立了合作关系，与美国、日本和澳大利亚的一些银行也建立了合作。2005 年是支付宝与银行建立合作关系

表 3-2　支付宝与银行建立合作的时间列表

2005 年 3 月 3 日	支付宝与中国工商银行达成战略伙伴协议
2005 年 4 月 20 日	支付宝与维萨（VISA）组织全面合作
2005 年 6 月 21 日	支付宝与招商银行战略合作
2005 年 7 月 5 日	支付宝牵手广发银行、浦发银行，消费者有广发或浦发银行卡，便能进行在线充值和支付业务
2005 年 8 月 2 日	支付宝合作银行新增深圳发展银行
2005 年 8 月 11 日	支付宝新增民生银行充值和支付功能
2005 年 9 月 21 日	开通对中国建设银行的直接打款，提现到建行，只需 1～2 个工作日即可到账
2005 年 10 月 24 日	支付宝开通对民生银行直接打款功能，提现加速，只需 1～2 个工作日即可到账
2005 年 12 月 9 日	支付宝开通对深发银行和兴业银行的直接打款，提现申请只需 1～2 个工作日即可到账，其余银行也大大缩短提现时间，只需 2～5 个工作日即可到账。支付宝开通对工行、招行、建行、深发、民生、兴业银行的周六对私账户付款业务
2005 年 12 月 14 日	支付宝开通对中国农业银行的直接打款，提现至农行只需 1～2 个工作日即可到账
2005 年 12 月 21 日	支付宝认证升级，新增建行、农行、兴业、民生、深发、浦发银行的提现认证
2006 年 3 月 16 日	农行与阿里巴巴战略合作
2006 年 10 月 24 日	阿里巴巴与建行共同推出国内首张专注于电子商务的联名借记卡——支付宝龙卡
2006 年 11 月 30 日	支付宝开通交通银行的充值与支付业务
2007 年 1 月 11 日	支付宝开通邮政绿卡的充值与支付业务
2007 年 2 月 10 日	开通交通银行直接提现业务，交行成为支付宝第 10 家直接打款银行
2007 年 8 月 1 日	温州市商业银行成为国内 114 家城市商业银行中首家开办"支付宝卡通"业务的银行
2007 年 12 月 4 日	"支付宝卡通"业务已正式向招商银行"一卡通"用户开通
2008 年 5 月 5 日	支付宝和招商银行联合推出"支付宝卡通"业务，将支付宝的在线支付功能嵌入招行的"一卡通"中。银行卡和支付宝实现对接后，能通过"网上刷卡"进行在线消费，选择"支付宝卡通"方式，输入支付密码就可便捷地完成交易，既不用担心网银账号和密码的安全问题，也省了转账、充值等中间手续
2008 年 12 月 5 日	浙商银行携手支付宝联合推出"支付宝卡通"业务

资料来源：作者根据支付宝官方网站内容小结。

最频密的一年，几乎每个月都有合作签约事项公布。2006 年以后，一些银行特别是商业银行开始主动与支付宝共同推出"卡通业务"，支付宝互联网支付的行业地位也为其带来了更高的议价能力。

一方面通过说服消费者改变支付习惯进行网上支付，另一方面建立与银行的合作，这"一推一拉"的举措，使得支付宝在消费者中的使用地位迅速提升，支付宝付款已经成为网络购物的"标配"，在一段时间内主导着国内互联网的支付。支付宝的注册人数和交易额自然都呈现几何级别的增长，从 2005 年 5 月至 2006 年 6 月，用户数一年内翻了 10 倍！而支付宝的交易额一直稳定在中国第三方互联网支付的一半左右份额。具体数据参见图 3-5 和图 3-6。2006 年中国 IT 用户满意度调查中支付宝被评为"用户最信赖互联网支付平台"和"互联网支付平台服务满意度第一"。可以说，支付宝的创造性出现，以及注册用户数和交易额都呈现爆发式增长，让阿里巴巴集团进一步看到其巨大的发展潜力。

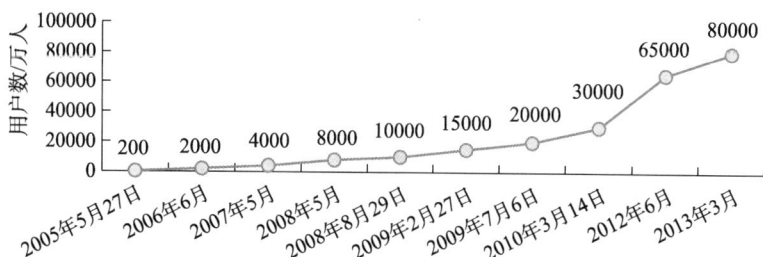

图 3-5　2005 年以来支付宝注册用户数量的增长
资料来源：作者根据支付宝官方网站不定期公布的里程碑数据绘制。

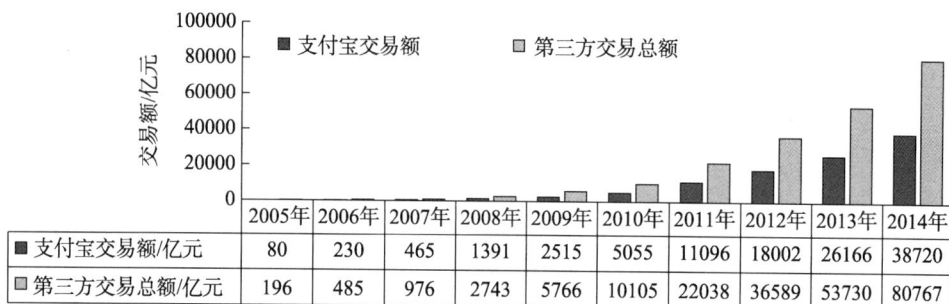

	2005年	2006年	2007年	2008年	2009年	2010年	2011年	2012年	2013年	2014年
支付宝交易额/亿元	80	230	465	1391	2515	5055	11096	18002	26166	38720
第三方交易总额/亿元	196	485	976	2743	5766	10105	22038	36589	53730	80767

图 3-6　2004—2015 年支付宝交易额及中国第三方互联网支付交易规模
资料来源：作者根据支付宝官方网站/艾瑞咨询报告绘制。

顺势而为：为线上电子商务企业用户提供支付渠道服务

2006 年前，网络消费处于初步发展阶段，消费者的购物习惯也属于培育时期，支付宝外部拓展空间有限，淘宝是其较为单一客户。但随着消费者支付习惯的养成，各式互联网支付情境和支付场景的增多，第三方支付在互联网电子商务领域的需求也就逐渐增多。在这一时代趋势下（从某种程度来说，这一时代趋势中支付宝也扮演着功不可没的推动者角色），支付宝意识到除了为淘宝服务，还应融入整个互联网电子商务的发展。因此其服务模式也从单一向多元支付发展，为各类线上电子商务网站提供支付渠道。

支付宝首先切入的是网游、航空机票、B2C 垂直网站、移动话费支付等网络化较高的外部市场，并在 2007 年 4 月推出一项营销举措，针对签约商家和非签约商家（在淘宝网和阿里巴巴网站的交易除外）按照不同的费率标准进行系统实时收费，在交易成功后自动实时扣除商家交易手续费。支付宝签约商家享受最高不超过 1.5% 的费率，同时享受更多服务。此举旨在进一步发展支付宝的电子商务合作企业用户。表 3-3 列举了支付宝的一些典型合作企业。

表 3-3　支付宝线上支付的典型合作企业

时　　间	合　作　企　业
2007 年 7 月 2 日	支付宝与中国最大的网络游戏运营商之一——第九城市达成合作意向，双方在 B2B 和 B2C 支付上共同展开合作。根据协议，支付宝将为第九城市旗下《魔兽世界》《奇迹世界》等多款网游的玩家提供在线充值服务，同时第九城市与其点卡经销商之间的资金结算，也将可以使用支付宝完成
2007 年 9 月 6 日	中国最大的网络游戏交易门户 5173.com 与第三方网上支付平台支付宝达成战略合作协议
2007 年 10 月 8 日	支付宝与中国 B2C 市场最大的 3C 网购专业平台 360buy 京东商城正式达成战略合作（作者注：2011 年 5 月京东取消了与支付宝的合作）
2007 年 12 月 18 日	支付宝正式与海南航空达成战略合作伙伴关系，双方将在促进电子客票普及、机票直销模式创新、品牌合作等多方面展开合作
2008 年 7 月 7 日	浙江省国家司法考试办公室与支付宝达成合作协议。报考司法考试的人员在进行网上预报名的时候，可以通过支付宝平台完成在线支付报名费
2008 年 7 月 15 日	支付宝和卓越亚马逊正式宣布展开战略合作。支付宝付款功能正式开通。目前国内大型的 B2C 商城如京东商城、新蛋网、红孩子等都已经与支付宝达成了合作
2008 年 9 月 18 日	支付宝联手艺龙旅行网达成战略合作关系，即日起，消费者可以通过在线支付的方式在艺龙旅行网上购买旅游产品
2009 年 1 月 13 日	支付宝（中国）网络技术有限公司宣布和携程旅行网达成合作，支付宝成为携程第一家电子支付平台提供商
2009 年 4 月 7 日	支付宝与中国移动浙江分公司启动合作。通过双方的系统对接，支付宝将作为浙江移动商城重要的支付方式之一，为中国移动客户购买号码、套餐、新机等提供便利
2009 年 12 月 14 日	中国联通全面接入支付宝，全国的联通用户都能通过支付宝在联通网上营业厅购买充值卡或给全国联通手机和固网用户直接充值，且享受 9.85 折优惠，这意味着联通网上营业厅成为运营商中首个在全国范围内支持支付宝付款的网上营业厅
2011 年 3 月 15 日	支付宝大范围开放代付功能，包括苹果官网、DELL 中国官网、卓越、诺基亚、李宁官网、博库书城等国内近百家主要 B2C 网站已支持代付
2011 年 10 月 21 日	支付宝官方通告称登录已接入电商达 4000 家，近 1/3 在线零售商家接入了支付宝登录，这一数字比前一季度大幅攀升了 130%
2012 年 2 月 22 日	支付宝宣布航旅产业开放战略，通过开放产业支付方案接口及行业数据，市场航旅票务系统可以整合支付宝支付功能
2013 年 11 月 30 日	12306 网站正式支持支付宝购票，支付宝是铁路购票唯一第三方非银支付平台

资料来源：作者根据支付宝官方网站内容整理。

人人支付宝：生活类缴费"支付宝"化

2008 年 10 月，在支付宝在各方"攻城略地"时，其注册人数已经突破了 1 亿人。也就是说有 1 亿人正在或曾经使用过支付宝进行网络购物或第三方线上支付服务。各大线上企业也纷纷投入到支付宝的怀抱中。此时的支付宝又作出一项惊艳举措，于 10 月 25 日推出的支付宝公共事业缴费（go.alipay.com）正式上线，全面支持上海地区的水、电、煤、通讯等缴费。翌年 2 月，支付宝又在杭州市推出线上缴纳水费的服务，4 月与光大银行合作使北京地区可在线上缴纳电视费、网络费、水电费等，6 月深圳也加入了这一行列。2010 年 4 月，阿里巴巴集团宣布将在未来 5 年内，继续向支付宝投资 50 亿元人民币。同年 11 月，支付宝启动"聚生活"战略，即建设无形的开放平台，从"缴费服务"向"整合生活资源"进行战略转型，实现市县级的水电煤缴费、信用卡还款、缴纳罚款、学费、行政类缴费以及网络捐赠等多项服务。至 2011 年 2 月，淘宝网宣布 2011 年为淘宝开放年，作为大淘宝生态圈的共建者，支付宝将为 3.7 亿淘宝网用户提供水电煤缴费和信用卡还款服务。

上述的种种举措，标志着支付宝要融入平常百姓家中，帮助老百姓进行各种生活缴费服务，进一步通过支付宝的平台达到"去现金"的生活方式。至 2015 年第一季度，全国已有 361 个城市开通支付宝缴水电燃气费，支付宝接入了超过 1200 家机构，而且已经迁移到移动业务支付宝钱包。2015 年 7 月，支付宝推出移动客户端 9.0，用户甚至不用记住自己的户号，支付宝利用大数据便可通过常用的收货地址去匹配相应的户号（这对于其竞争对手百度和微信支付而言是很难企及的）。这样一来，新用户首次缴费不用再手动输入户号，支付宝将自动获取账单，输入密码后整个缴费过程就完成了。不用外出、不用排队，简单操作就能让生活不受任何影响。2008 年，支付宝公用事业人均生活缴费笔数仅为 2.17 笔，到 2014 年随着移动支付的逐渐普及，这个数字已经上升为人均 5.96 笔。根据支付宝提供的数据，从 2004—2014 年，支付宝提供的生活缴费、信用卡还款、手机充值、转账等四大便民支付的交易总笔数约为 60 亿笔。普通人的生活离开支付宝可能已经会不习惯了！支付宝商家服务及其部分盈利模式可归纳总结如图 3-7 所示。

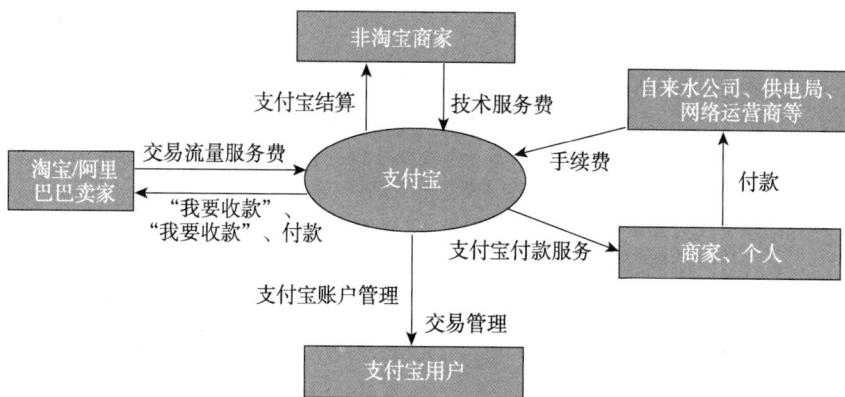

图 3-7　支付宝商家服务及其部分盈利模式

余额宝理财的崛起

很多人会认为支付宝仅仅是满足用户"挣钱"的目的，但其实这个目的的初衷也是支付宝公司为用户细心考虑的产品服务的结果。支付宝的大数据发现，虽然越来越多的用户已习惯在网购时通过快捷支付直接付款，但还是只有大约 30% 的用户习惯先给支付宝充值，再使用支付宝余额付款。而余额宝的诞生，改变了这个局面，用户可以选择将资金转入余额宝，不但能在购物或转账时方便付款，还能享受基金公司提供的投资收益。在 2014 年年初时，余额宝年化收益曾经最高达到 7%，是银行活期储蓄的 20 倍。

截至 2015 年第一季度，余额宝规模达到近 5800 亿元，用户人数突破 1.8 亿元。根据支付宝的公告，余额宝自诞生以来累计为用户创造的收益超过了 250 亿元。余额宝拥有突破以往的用户体验。前面已经言及余额宝出现的初衷是为了解决网购用户每次先向支付宝转账，过往货币基金理财往往有较高的理财资金门槛，余额宝产品设计针对性很强，充分考虑了客户的流动性需求。庞大支付宝用户的资金分布特点是个体规模小、但总体规模非常大。而且用户可以随时取现、随时使用余额宝的款项进行购物支付，余额宝的运作方式如图 3-8 所示。其 1 元起存的超低门槛、强大的 T+0 灵活性以及远高于银行存款利息的收益，支付宝这种模式的创新与用户体验使整个行业其他的货币基金理财产品以及腾讯、京东、百度、苏宁等互联网企业也推出了类似产品，就连商业银行也开始销售类余额宝产品。余额宝在给普通消费者带来了理财服务的同时，还撼动了被垄断多年的银行业。余额宝的出现对于支付宝甚至阿里巴巴集团来说意义重大。

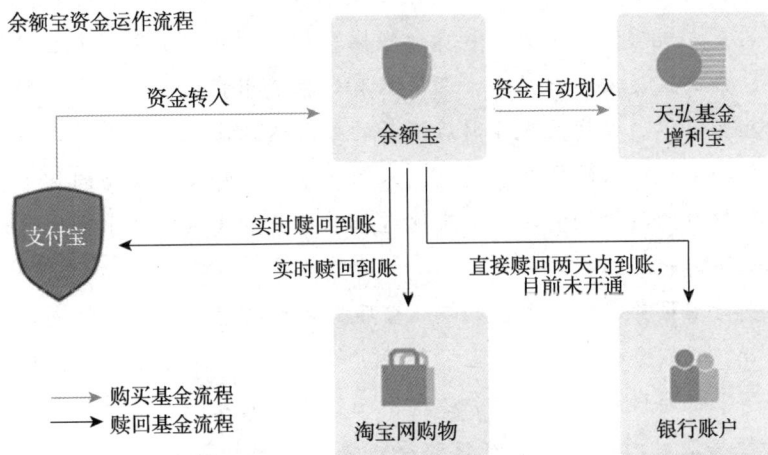

图 3-8　余额宝资金运作流程

资料来源：财新网 http://other.caixin.com/2013-07-06/100552377_all.html.

首先，余额宝是渠道的创新。这里的渠道指的是基金的销售渠道，余额宝挂钩的金融产品是一款货币型基金。严格地说，余额宝是基金公司在互联网公司销售渠道上的一种拓展。基金公司的销售渠道传统上通常有 3 种：银行代销、专业销售公司代销、基金公司直销。但是支付宝把货币基金与理财相结合，把购买货币基金这一理财产品植入到支付宝网站和支付宝钱包，是一种新型的网上基金销售模式，余额宝销售基金的超级强大能力，也在于原支付宝的庞大客户群。其快速发展，凭借的又是其给客户带来的利益收入和超强服务体验。

其次，余额宝能为阿里巴巴带来用户大数据。余额宝作为基金理财，用户必须实名认证，这就比之前支付宝注册能获取更多的用户信息，这些信息对于了解阿里巴巴、淘宝买家/卖家的用户特征、群体差异、用户偏好甚至用户的信誉情况作出贡献，为淘宝、天猫卖家营销，为蚂蚁小贷的贷款出借等都能提供数据支撑并产生巨大作用。余额宝的大数据甚至能预测国家宏观数据，天弘基金研究中心曾经通过余额宝的大数据分析观察社会经济运行情况，得到社会文化信息，如每个省会城市的基尼系数、余额宝对地区经济的渗透率（余额宝投资额占当地 GDP 的比率），该中心还精确预测了 2014 年的"双十一"的交易情况。在阿里巴巴集团 2013 年 51%控股天弘基金以及蚂蚁金服 2014 年 60.8%控股数米基金网后，余额宝和蚂蚁金服获得的用户大数据更加庞大。

再次，余额宝是移动支付的重要入口。移动支付在过去 3 年是 BAT（百度、阿里巴巴、腾讯）等大型互联网企业必争之地，如何获得移动支付的流量入口也是各大巨头绞尽脑汁思考的。从当年腾讯支持的滴滴打车、阿里支持快的打车，到微信过年红包一夜让数亿百姓绑定无线支付，再到各大巨头进军外卖送餐服务，等等，都是在抢夺用户移动支付的入口。而余额宝是支付宝最先推出的理财产品，也聚集了比其他互联网理财公司更大规模的用户数量和资金规模。如今，天弘货币基金已经是全球前三的货币基金，余额宝庞大用户数中，即使只有一半使用移动支付，也是非常庞大的用户人数。余额宝可以通过用户先理财后消费的方式达到曲线移动支付的目的。

当然，余额宝也成为蚂蚁金服的利润来源。余额宝作为理财型的货币基金，本身就需要进行稳健性的投资的需求，加上通过收取相关的手续费，余额宝可以使得蚂蚁金服更安稳地获得一定的利润来源。

至此，支付宝服务，也即目前的蚂蚁金服集团所拥有的品牌包括支付宝、芝麻信用、蚂蚁小贷、蚂蚁金融云、余额宝、招财宝等，已经囊括了支付业务板块、理财业务板块、网商银行为代表的融资业务板块，而作为国内互联网支付的老大，蚂蚁金服所拥有的以数据基础所建立起的征信业务板块、技术和数据业务板块，这些是包括 Apple Pay 乃至微信支付目前还无法企及的。

问题讨论：

1. 如果把支付宝的 2003 年的出现和之后的余额宝归于创业机会的发现+构建，你同意吗？

2. 请论述支付宝服务能从创业机会变为创业成功，其过程中的成功要素。

本章思考题

1. 请思考：为什么说创业的核心是创业机会？

2. 请阐述：机会开发的影响因素有哪些？

3. 请思考：在不同的创业机会开发的情境中对创业者各有什么要求？

4. 请阐述三种创业机会开发过程。

即测即练

自学自测　　扫描此码

第 4 章

创 业 融 资

【学习目标】

✓ 了解创业融资的需求情况；

✓ 能够区分不同的融资阶段以及掌握其特点；

✓ 学习投资人比较偏好的创业者特征。

【章节纲要】

本章分 3 节来阐述与讨论资金筹集和投资者关系。第一节主要讨论创业融资与否的判断，主要从资金需求、发展阶段、市场竞争与机会和融资渠道与成本 4 个方面进行阐述；第二节主要介绍企业融资的各个阶段及其特点；第三节主要介绍投资者眼中比较受青睐创业者的维度，从创业团队的能力和经验，洞察力与识别市场需求，热情、乐观和坚持等优秀品质，领导力和管理能力等方面来阐述。

引导案例

从机会发现到机会创造：PPT 插件 "iSlide" 的创业探索过程

2019 年 5 月 5 日，成都艾斯莱德网络科技有限公司的 CEO 刘浩得知 iSlide 的用户安装量突破 350 万，日活跃用户量超过 10 万，兴奋之情溢于言表。在这一时刻，刘浩回顾自己的创业历程，深刻感悟到创业不仅是识别和利用现有机会，更是创造机会，为人们提供真正有帮助的产品和服务。

1. 误打误撞，发现 PPT 设计商机

刘浩大学主修工业设计，对设计充满了浓厚的兴趣与热爱。2005 年，刘浩大学毕业后，因一分之差考研失败，随后应聘到中华外资网工作。然而，当他来到上海时，却发现中华外资网仅有一人在家办公。尽管与自己的预期有差距，但刘浩决定在此工作半年，以便学习中华外资网的运营模式。

2006 年初，刘浩接到了为连云港开发区板桥工业园制作项目汇报 PPT 的任务。虽然此前并未接触过 PPT 设计，但凭借着过硬的工业设计基础，刘浩花费了两周时间熟悉 PPT 制作，并最终获得了客户的高度认可。这次经历极大地激发了他对 PPT 设计的兴趣。通过网上搜索，刘浩发现国内竟然没有一家专业的 PPT 制作公司，而国外的 PPT 模板售价却高达 49 美元。刘浩敏锐地察觉到这是一个难得的机会。于是，在 2006 年末，他毅然辞职并成立了 NordriDesign 设计公司（以下简称 NordriDesign）。

公司成立之初，只有刘浩一人。他参照中华外资网的运营模式，制作了一个网站，明确公司的业务是为企业提供 PPT 制作与设计服务。同时，他还安装了电话和传真机，以便用户咨询。公司成立一周后，刘浩就接到了深圳发展银行的电话。经过多次沟通与协商，刘浩最终以 7 万元的报价与深圳发展银行达成合作，为其设计公司内部汇报的 PPT 模板。此后，刘浩在 PPT 制作与设计的道路上越走越远。

2. 与利益相关者互动，深挖企业 PPT 设计业务

深圳发展银行的订单为刘浩打开了企业 PPT 制作与设计的市场。从 2007 年开始，订单如雪花般飞向 NordriDesign，NordriDesign 的客户几乎都是国内外知名公司，如可口可乐、惠氏、麦当劳、强生、壳牌、国家电网、中国海外集团等。刘浩解释说："这些国内外知名公司对 PPT 沟通与交流的需求非常大，他们往往要求 PPT 设计要体现出专业性和统一性。然而，传统的平面设计公司并没有 PPT 制作与设计的经验，这就给了 NordriDesign 生存和发展的契机。"

随着 NordriDesign 越来越得到客户的认可，刘浩的影响力也逐渐增大。2008 年，电子工业出版社找到刘浩，希望他能够出版一本 PPT 制作方面的书籍。2009 年初，刘浩受邀参与"博文视点"系列讲座，他开设的《PPT 演说之道》讲座大获成功。随后，刘浩在上海、北京、广州等地开展 PPT 设计讲座，场场爆满。通过这些讲座，PPT 制作与设计开始进入公众的视野。

刘浩发现，在企业工作的白领群体和学生群体对 PPT 技巧的需求非常大。为了帮助 PPT 设计学习者和爱好者提高设计能力，刘浩还专门开发了 PPT 制作的线下和线上课程，广泛传播 PPT 制作的重要性、制作技巧。

2009 年 12 月，刘浩在复旦大学商学院进行了一场《信息的有效传递》的 PPT 制作分享讲座。这场讲座不仅吸引了 MBA 同学，还有很多本科生、教师都慕名前来学习 PPT 制作知识。此后，刘浩与复旦大学商学院签约，每学期都为 MBA 学院进行 PPT 制作与设计的分享。这为 NordriDesign 的快速发展带来了巨大的资源。刘浩表示，现场听讲座的 200 个 MBA 学生，他们不仅仅是 200 个个人，他们代表的是 200 个企业，这 200 个企业中绝大部分都会有 PPT 制作与设计方面的需求。

随着客户资源的不断增多，NordriDesign 的 PPT 制作业务也越来越繁重。公司员工从当初的 1 人变成后来的 10 人，所有人都集中在完成公司 PPT 制作与设计的项目

上。但由于 PPT 制作项目具有公司的个性化，每个 PPT 项目都要根据公司的个性化要求来制作完成，虽然公司人手增加了，但工作依然紧张，项目进度不可控。

为了进一步提高制作 PPT 的效率，刘浩与公司技术合伙人一起研发出一款提高 PPT 制作效率的小插件。这个小插件可以与 PPT 实现兼容，帮助技术人员快速找到想要的模板、配色和素材，大大提高了 PPT 制作的效率和标准化。插件分享出去后获得了 50 多万的安装量，深受资深用户的喜爱。

3. 合伙人加盟，公司业务转向，矛盾初现

虽然公司的订单越来越多，但刘浩也感受到公司运营方面的压力。一方面，自 2007 年推出 PPT 制作与设计网站开始，国内有不少 PPT 达人开始介入 PPT 商业制作与设计业务，企业在选择 PPT 制作公司方面有了很多选择，导致企业不断压低 PPT 制作项目的经费。加上 PPT 制作本来也是耗费时间和精力的体力活，刘浩在承担的企业 PPT 项目的利润空间越来越小。另外，公司是项目导向，刘浩不停地在各种项目、各个城市中穿梭，面对越来越复杂的客户关系与管理难题，设计专业出身的他感到力不从心。

2011 年初，刘浩在复旦大学商学院做 PPT 制作讲座时，认识了两位复旦大学商学院的 MBA 学员 Lucy 和 Lily。她们都是就职于外企的优秀职业女性，在客户拓展方面有丰富的经验。刘浩说服她们一起加入 NordriDesign。两位合伙人的加入带领 NordriDesign 进入一个全新的阶段，并大大拓展了公司的业务，改变了公司单纯聚焦于 PPT 设计的局限性。例如，以往刘浩跟客户谈项目，谈的仅仅是 PPT 制作与设计的项目，这些项目盈利空间和附加值相对较低。而两位合伙人加入后，跟客户谈 PPT 制作业务时，顺便把企业的海报、广告、视频和 PPT 的配套课程等一揽子业务全部谈下来，而这些业务的附加值远远高于 PPT 设计业务。很快，NordriDesign 突出 PPT 设计的重围，将业务拓展到视觉设计（广告、海报）、创意策划（视频设置、活动策划）、多媒体演示（PPT 设计与课程），而且两位合伙人利用自身在外企工作的资源，帮助公司获得众多世界 500 强客户。一年多的时间，公司业务发展迅速，团队成员扩大到 20 多人，办公室从原来的郊区写字楼搬到上海陆家嘴的高端写字楼，服务对象也开始越来越聚焦于跨国公司，所有的一切都显示着公司的蒸蒸日上。

然而，就在公司一切朝着盈利的方向发展时，刘浩却隐隐地感觉到担忧。首先，他发现合伙人加盟之前，公司聚焦 PPT 制作与设计，虽然在多个项目之间穿梭让人感觉很累，但做的事情是自己擅长并且热爱的。合伙人加盟之后，公司把绝大部分精力投入到附加值更高的视频制作和创意策划的业务，PPT 制作与设计在公司业务中的占比越来越小。其次，两位合伙人在对公司业务的理解和规划方面也跟刘浩有较大分歧。刘浩多次跟她们谈起内部制作的提高 PPT 制作效率的插件是一个有潜力的产品，也许开发出来能够帮助更多人快速掌握 PPT 制作与设计技巧。但两位合伙人希望公司能够

进入更高端、更时尚的品牌创意策划和广告拍摄领域，对 PPT 制作与设计不太重视，甚至流露出未来会舍弃这部分业务的想法。

这一切让刘浩感到忧虑，他经常思考："我创业的目的到底是什么，是为了赚钱，还是为了做出更好的产品或服务。"

4. 合伙人矛盾激化，坚持初心，成都二次创业

2011—2015 年期间，在两位合伙人的带领下，NordriDesign 与世界 500 强公司的合作项目越来越多，公司市值也有了大幅增长。但刘浩的疑虑并没有消失，反而随着公司的成长而越发明显。刘浩回忆说："当时我们什么都做得很好，规格很高，有朋友过来也很有面子，但我还是觉得我的价值没有得到发挥。"

特别是在四年中，刘浩持续在全国各地开展 PPT 制作与设计的讲座，也跟多个 PPT 设计达人一起交流。他感觉除了大公司，普通白领和学生群体对 PPT 设计的需求也非常明显，大部分人在做 PPT 时会遇到效率低下、专业不够、素材欠缺、设计不好等问题。除了当前的培训与讲座，市面上还没有一种产品可以帮助他们做出更专业的 PPT。刘浩想到自己团队开发的提高 PPT 制作效率的插件，该插件有潜力成为一种好的互联网产品，刘浩有些迫不及待地想开发这款插件。

然而，在公司业务梳理的会议上，刘浩开发和推行 PPT 插件的想法遭到了两位合伙人的强烈反对。她们认为目前公司客户稳定，而且业务盈利空间客观，不愿意投入精力去做有较大风险的研发投资活动。刘浩心生退意，"我非常看好这款产品，但她们不同意，当时我就有离开的想法，自己重新做，但考虑目前公司状况良好，有些纠结。"

真正让刘浩下定决心的是 2015 年末年终绩效考评时，刘浩想给 PPT 制作人员多争取一些福利，但两位合伙人不同意。刘浩倍感失望，下定决心离开，带走技术合伙人叶鹏，来到成都。

刘浩带走叶鹏是因为两人都热爱 PPT 设计，以及对 PPT 插件充满信心。刘浩说："前十年我都在了解客户的需求，我们最清楚公司喜欢的 PPT 是什么样子的，所以我要把我的经验总结出来以插件的形式分享给更多的人。在这样的前提下，我们做出来的模板就更有实用性。更重要的是，以前大家不知道 PPT 制作与设计其实有很多技巧，但这十多年我们不断跟客户互动，跟用户群体互动，知道大家需要一款怎样的产品。我们在 PPT 领域的专业度是无人可比的，那么这个插件我们不做，就没有人能够把 PPT 设计中的需求提出来。"

2016 年 3 月，刘浩在一次创业活动分享时提出要做 PPT 插件产品，很多人支持并众筹 100 万元。2016 年 4 月，刘浩与叶鹏在成都成立成都艾斯莱德网络科技有限公司，把 PPT 插件命名为"iSlide"，正式开始第二次创业。

但开发过程并不顺利。一方面，招聘技术人员遇到很大的阻力。因为是创业公司，所以刘浩希望招到的技术人员对 iSlide 技术设计的多个环节都有所精通，但现有技术

人员往往只熟悉某个节点的技术，综合型人才并不好找。其次，刘浩与叶鹏虽然都擅长 PPT 制作技术，但对于产品开发技术并非专业出身，导致他们在开发 iSlide 的过程中花费了较多时间。

原计划于 2016 年 10 月上线产品，结果技术开发进度缓慢，一直到 2016 年年底，iSlide 还没有真正地被开发出来。10 月上线的计划失败后，刘浩又将产品上线时间推迟到农历新年前，但又没有赶上，只大概确定了技术选型方案。这个阶段不断地往公司里投钱，没有收入，也没有多余的精力做项目，团队手里有大把的真材实料却没有发挥的空间，整个 iSlide 团队都陷入了焦急情绪中。

刘浩回忆说："那年过年特别担心，过年的时候还在讨论方案，压力很大。当时每个月将近支出 20 万元，虽然拿到了众筹的 120 万元，但对我来讲，这些钱都是压力。这是一波子弹，打完就没了，我们必须续上。"当时最令刘浩犹豫的就是，要不要像以前那样去接企业项目。"如果我们去接企业项目，我们可以快速赚到资金将公司运作下去，但很可能就又回到了以前的状态，一个个项目会把我们绕进去，分散我们的精力，无法继续完成产品。"再三思量下，刘浩决定坚持初心，全力完成产品的开发。

2017 年 4 月 6 日午夜，iSlide 正式上线。"我印象很深，那个时候我们团队有 8 个人，那晚有 7 个人一直留到凌晨，从计划的 10 点上线，因为追求完美，一直改到 12 点。上线之后我们就开始推公众号，还准备了一个 2000 人的 QQ 群，加群了才能下载，结果群被挤爆了，慢慢开到了 10 个群。"用户巨大的热情，是 iSlide 团队收到的最好回报，iSlide 的发展也正式走上正轨。

5. 整合利用资源，明确商业模式

iSlide 一推出，便受到众多用户的喜欢。截至 2019 年 5 月，iSlide 的安装量已超过 350 万，付费用户量超过 10 万。iSlide 主要针对于两类用户，第一类是职场人士，第二类是学生群体，采用"功能免费+部分 VIP 资源付费"的盈利模式。目前，iSlide 已经提供超过 18 万个的专业 PPT 素材，其中，VIP 资源超过 70%，所有资源都是 iSlide 团队根据市场需求独立设计的。用户只需支付 99 元，即可在一年内无限使用所有资源。

iSlide 致力于提供一套专业、便捷的 PPT 制作工具。刘浩说："PPT 是有自己的一套既定规则的，但大多数用户不知道，而我们的设计团队让规则可视化，呈现给客户的是规则下的框架，最终做出来的 PPT 想不专业都难。"iSlide 主要具有十大功能，即一键优化、设计排版、主题库、色彩库、图示库、智能图表、图片库、图标库、PPT 拼图、P 圈等。

除了个人版的 iSlide，刘浩还在以前自己做企业 PPT 制作与设计项目的基础上开发出 iSlide 企业版。企业版可根据企业特色定制专属 PPT 模板，满足企业提高效率和特色需求，还提供后续培训服务。企业版正在打通很多外部资源，比如现在正和钉钉进行对接。刘浩十分看重钉钉的 700 万个中小企业用户。

此外，iSlide 还在进行海外版业务的拓展。现在全球各地都分布着 iSlide 的用户。虽然目前还没有产生巨大的营收，但已经形成了相当庞大的用户流量。刘浩认为接下来的更大收益将会来自海外版，所以公司对海外版极其重视。

6. 未来在路上

目前，iSlide 发展顺利，个人版、企业版和海外版功能逐渐完善，用户逐渐增多。但刘浩在跟投资者交流的时候，不少投资者提出 "PPT 设计确实是个痛点，但这是一个非常小的细分行业，iSlide 后续如何进一步发展和拓展业务是未来发展的关键点"。对此，刘浩并不太担心，他相信机会是创造出来的。目前，刘浩对 iSlide 的规划体现在两个方面：一是资源阶段，即利用现有的在线文档资源，继续完善和开发企业版。iSlide 插件与深度办公相融合，把团队拥有的 18 万个资源做成应用程序接口（API）的形式并上传到网络。也就是说，将来用户可以直接在网页上操作，通过步骤化的形式选择自己需要的模板，比如第一步选一个主题出来，第二步选择主题颜色，iSlide 会自动生成一套精准的符合用户需求的 PPT 模板。另外，iSlide 正在筹备与在线文档进行对接，把现有的 18 万个资源引入在线文档，顾客可以在使用在线文档时直接在旁边选择与客户的需求高度匹配的 PPT 模板。二是平台阶段。iSlide 的 P 圈功能也是刘浩今后准备重点发展的功能，刘浩希望 iSlide 能够与更多的职场以外的人士产生联系。这种情况下，iSlide 的用户群体就可以进一步扩大。刘浩清楚地认识到，PPT 作为一个知识载体，有着易于传播的先绝优势。现在，iSlide 为大家提供资源，用户可以填充内容。填充内容之后，这个 PPT 就被赋予了更多的内容价值，但是其他人却看不到，如果已经完成的 PPT 可以传播出来，那么不仅制作者可以获得营收的分成，其他用户也可以获得自己所需的内容。进行内容传播成为刘浩对 iSlide 的未来规划之一。

刘浩认为智能美化、深度办公、内容平台这几个阶段并不是跳跃性的，而是 iSlide 发展到一定程度，就会很自然地进入下一个阶段。对于未来的规划，刘浩有十足的把握，带领团队走好属于 iSlide 自己的发展之路。

资料来源：本案例是由西南交通大学经济管理学院的苗苗副教授、刘玉焕讲师和蒋玉石教授共同撰写，作者拥有著作权中的署名权、修改权、改编权。

俗话说得好，"巧妇难为无米之炊""将军难打无兵之仗"，创业者和资金的关系就如同 "巧妇" 和 "米" "将军" 和 "兵" 之间的关系，对于创业者来说，具备资金是必不可少的。一个企业在创立之初，对资金的需求是巨大的，哪怕创业者拥有再缜密的创业计划，没有资金的支持也相当于无源之水、无本之木。但 Ebben 和 Johnso（2006）发现，大部分初创者都会面临财务上资金不足的问题。所以优秀的创业者需要去筹集足够的资金，以使得创业企业能够成长和发展。因此创业融资对于创业企业是必不可少的一个环节，本章将具体学习有关创业资金筹集的知识。

4.1　创业融资的需求判断

对于创业者而言，"缺乏资金"这一问题可以靠融资来解决。创业融资是指创业企业根据自身发展的要求，结合生产经营、资金需求等现状，通过科学的分析和决策，借助不同的资金来源渠道和方式，筹集生产经营和发展所需资金的行为和过程，体现了资金的来源和流量。企业的发展过程是和融资密不可分的，融资是任何企业都无法回避的重中之重。无论是公司的创建，还是后期公司的持续运营、业务扩张等，都离不开资金的充足保障。而且，企业的发展本身就是一个"融资—发展—再融资—再发展"的螺旋式上升过程。下面从资金需求、企业面临的市场竞争/机会进行分析。

4.1.1　资金需求

创业企业是现代商业领域中的重要一环，通常面临着各种各样的资金需求。资金是推动创业企业发展的重要动力，可以用于支持多方面的需求。资金需求的评估对创业企业的成功至关重要。下面本节将探讨创业企业在当前和未来的资金需求会有哪些。

1. 当前资金需求

评估创业企业当前的资金需求是确保企业能够正常运营的重要一步。以下是一些常见的当前资金需求的考虑因素。

1）初始资金

创业企业需要一定的初始资金来启动业务。启动资金指开办企业必须购买的物资和必要的其他开支的总的费用。这些资金可以用于注册成立公司、购买设备、租赁场地、开展市场调研、招聘团队、营销和推广产品等。这些初始资金的投入将为创业企业提供一个良好的起点，使其能够顺利运营，并为未来的发展打下坚实基础。不过，初始资金需求因企业的具体情况和行业而异，创业者应根据自身的具体情况进行评估和规划。

2）产品开发

创业企业的产品开发费用是指用于研发、设计、测试和改进产品的费用。这些费用是推动产品创新和竞争力提升的重要投入。创业企业的产品开发是一个持续的过程，需要不断投入资金来研发、改进和创新产品，这涉及原材料的采购、产品设计、研发团队的薪酬、实验室设备的购置和维护等费用。产品开发是创业企业能否成功的关键因素之一，尽管创业企业在产品开发阶段需要投入较高的费用，但这是企业发展和成功所必需的投资。通过有效而精确的产品开发，企业能够提供高质量的产品，满足市场需求，与竞争对手区别开来，并为企业的长期发展奠定基础。创业者应当在商业计划中充分考虑产品开发费用，并恰当地分配资源以实现投资回报和业务的可持续增长。

3）市场推广

在竞争激烈的商业环境中，创业企业需要投入资金来进行市场推广活动。创业企业的市场推广是指企业为了推出新产品或服务、建立品牌形象、吸引潜在客户并促进销售，采取一系列营销和宣传活动的过程。它是创业企业在竞争激烈的市场中，通过有效的营销手段来吸引客户和促进销售的重要策略。市场推广的方法包括但不限于广告宣传、公关活动、社交媒体营销、内容营销、搜索引擎优化（search engine optimization，SEO）、搜索引擎营销（search engine marketing，SEM）、活动策划和参与等，具体的推广方法会根据企业的特点、目标受众和预算来确定。创业企业在进行市场推广时，需要制定合适的推广策略，明确目标受众，选择适合的传媒渠道，并合理安排推广预算。

4）运营成本

运营成本是指为了维持企业正常运营所需的各种费用和支出。创业企业需要投入资金来支付日常运营所需的成本，包括员工薪酬、办公场地租金、设备维护费用、供应链管理和物流费用等。运营成本是企业正常运作所必需的，需要根据企业规模和业务需求进行合理的预算，确保企业的运营能够顺畅进行。

2. 未来资金需求

除了当前资金需求，创业企业还需要评估未来的资金需求。创业企业发展一段时间之后会产生新的资金需求，以下是一些常见的未来资金需求的考虑因素。

1）扩大生产能力

随着创业企业的业务增长，扩大生产能力变得至关重要，这可能包括购买新的生产设备、增加生产线、扩建厂房或增加生产场地等。扩大生产能力需要额外的资金投入，涉及设备购置、设施建设、人力资源投入等方面的支出。只有扩大了企业的生产规模，企业才能进一步发展壮大，但这个过程需要注入新的资金。

2）技术升级

技术是创业企业保持竞争力的重要因素。无论是初创企业还是成熟企业，技术的不断更新都是维持企业发展的必然要求。随着技术的不断进步和市场需求的变化，创业企业可能需要进行技术升级和创新，以提高产品质量、降低生产成本或开拓新市场。技术升级需要资金投入，包括研发费用、技术设备购置、人才培训、产品更新费用等。

3）市场扩展

创业企业的目标市场开始饱和或存在增长机会时，企业可能需要投入资金来进行市场扩展。这可能包括开拓新的地理市场、推出新的产品线、进行市场营销和品牌推广等。市场扩展需要资金来支持市场调研、推广活动、渠道拓展等。

这些未来资金需求的考虑因素并不是唯一的，因为每个创业企业具体情况各异。创业者需要根据自己的企业发展计划和市场情况，进行详细的资金需求评估，并制定相应的资金筹备计划。同时，还要考虑如何优化现有资源的利用效率，以最大限度地减少额外的资金需求。

从以上内容可以看出，无论是创业企业的当前资金需求还是未来资金需求，都是多方面的，且每一部分都意味着有不少的资金支出。尤其是在创业初期，俗话说"万事开头难"，创业初期所需要的资金一般是巨大的，创业初期依靠创业者自身自有资金以及个人固定资产的抵押贷款作为主要资金投入难免捉襟见肘，且创业者又不太可能从银行申请到较多贷款，此时就需要通过社会资本获得外部融资。创业企业有了一定的发展之后，此时取得银行贷款或利用信用融资相对来说比较容易，但由于企业的快速发展，这些资金一般还是不能满足企业继续发展扩大的需要，所以创业企业需要进一步融资。其实，在创业企业不断发展壮大的过程中，总是伴随着很多轮大大小小的融资，正是这些融资，给企业注入了必需的资金，使得企业能够不断发展。

4.1.2　从企业面临的市场竞争和机会考虑资金需求

在现代商业社会中，竞争是不可避免的。市场竞争的激烈程度决定了企业在特定市场中的生存和发展能力。同时，抓住市场机遇也是企业追求成长和成功的关键因素之一。本小节将重点探讨市场竞争态势和机遇，并分析为什么融资对于企业在竞争激烈且机遇有限的市场中具有重要意义。

市场竞争的挑战中，企业面临着来自国内外的竞争对手，它们不仅追求相同的顾客群体，还致力于提供更好的产品和服务。这种竞争推动着企业不断创新，提高效率和质量，以在市场中占据有利地位。在竞争激烈的环境中，企业需要敏锐地观察市场变化，灵活调整战略，以保持竞争力。然而，市场竞争不仅带来了挑战，也带来了机遇。在竞争中，企业能够发现和抓住新的市场机会，这些机会可能来自市场的变化、技术的进步、市场需求的变化等。例如：随着人们对可持续发展的关注增加，环保产业蓬勃发展，为企业提供了新的商机；全球化和数字化的发展也为企业创造了更广阔的市场空间和消费者群体。通过抓住这些机遇，企业能够在竞争中脱颖而出，实现快速增长和长期成功。

在这种情况下，融资在竞争激烈且机遇有限的市场中具有重要意义。首先，融资能够为企业提供资金支持，帮助企业在竞争中保持强大的资金实力。在激烈的竞争中，企业需要不断投入资金进行产品研发、市场推广和设施建设等，以保持竞争力。融资可以提供资金来源，支持企业的持续发展。其次，融资可以帮助企业实现战略转型和扩大市场份额。在市场竞争中，企业可能需要进行战略调整，以适应市场的变化和机遇的出现。而战略调整往往需要大量的资金支持，如收购其他公司、研发新产品线、扩张到新的市场等。通过融资，企业可以获得必要的资金，支持战略转型和市场扩张，从而增强竞争优势。最后，融资还可以提供企业在市场竞争中的弹性和回旋余地。在竞争激烈的市场中，企业可能面临各种意外情况和挑战，如市场波动、供应链中断、新技术的出现等，这些情况可能对企业造成资金压力和经营困难。这时，融资可以成为企业的一种应急措施，帮助其摆脱困境。企业可以通过融资来增加流动资金储备，应对突发事件，并采取必要的调整和措施以保持竞争力。融资可以提供给企业更大的灵活性，使其能够更好地应对市场竞争的变化和挑战。

因此，市场竞争是现代商业社会中不可避免的现象，而抓住市场机遇是企业追求成长和成功的关键因素之一。在竞争激烈且机遇有限的市场中，融资可以为企业提供资金支持，支持企业在竞争中保持强大的资金实力，实现战略转型和市场扩张，并提供企业在竞争中的弹性和回旋余地。然而，企业在选择融资方式时需要谨慎权衡各种因素，并确保与投资者和金融机构保持良好的关系。

4.2 创业融资的渠道

Berger 和 Udell（1998）发现，创业企业的融资来源主要包括股权和债权两种形式。股权融资是指企业通过发行股权或股票等权益工具向投资者募集资金的方式融资。投资者购买企业的股权后，成为企业的股东，享有相应的所有权和股权回报。在股权融资中，企业不需要偿还固定的本金和利息，而是向股东分配盈利或增值。股东对企业享有投票权、决策权和分享企业成果的权益。股权融资的特点是风险和收益共担，投资者获得的回报与企业的经营业绩相关。股权融资的优点在于，它可以提供无债务压力的资金，减轻了企业的财务负担，股权融资还可以分散风险，使得企业的亏损由多个股东来分担，降低了个体股东承担的风险；此外，股权融资提供长期的资金支持，有利于企业的长期发展计划和投资。然而，股权融资也有一些缺点。一方面，发行股权会导致企业股权稀释，降低创始股东的控制权和决策权；另一方面，股东有权分享企业的盈利，增加了企业的经营成本，并可能削弱企业的盈利能力。此外，股权融资涉及证券市场，可能受到监管要求的限制和监督。股权融资包括天使投资、风险投资、众筹和首次公开募股（initial public offering，IPO）等渠道。

债权融资是指企业通过借款或发行债权等形式向金融机构或个人借款的方式融资。在债权融资中，企业必须按照约定的时间偿还借款本金和支付利息。债权融资的特点是明确的借款义务和固定的偿还时间表。债权融资的资金提供方作为债权人，获得债务利息作为回报，但通常不享有企业的所有权和决策权。债权融资可以提供稳定的资金来源，但企业需要承担借款利息，并确保按时偿还债务。债权融资的优点在于，它具有明确的利息偿还义务和时间表，企业可以按时支付利息，有利于维护良好的信用记录。债权融资还可以保留所有权和决策权。此外，债权融资只需要支付利息，不需要与债权人分享企业盈利，有利于保持企业盈利能力。但是，债权融资也存在一些缺点。一方面，企业需要按时偿还借款本金和支付利息，这对企业的财务状况和现金流有较高的要求；另一方面，债权融资可能需要具备一定的信用评级，否则可能无法获得较低利率的借款条件。此外，债权融资通常会附带一些债务条款和限制，对企业经营活动可能产生一定的限制。债权融资包括亲友借款、银行借款、融资租赁和债权发行等渠道。

1. 亲友借钱

统计数据显示，许多成功的创业者在创办企业初期曾向家人或朋友借过资金。新兴企业由于存在较高的不确定性、规模较小且知名度不高，很难吸引投资者和银行提供资金支持。例如，Li（2006）发现创业者，尤其是创业新手难以获得银行贷款，因为银行发放贷款的对象主要为低风险客户。事实上，家人、亲戚和朋友才是创业者获取资金的重要来源。Conning（1999）就认为来自亲友和其他团队的借贷会是创业者资本积累的主要方式之一。一般来说，家人、亲戚和朋友对企业的投资主要基于他们对创业者的爱、对其能力的尊重以及互相之间的信任。然而，这种借贷方式也存在一定风险。如果创业失败，创业者可能无法偿还贷款。由于这种借贷关系往往将亲情友谊和金钱纠缠在一起，可能给家人、亲戚和朋友带来很多麻烦。在中国，就有许多因创业者无法偿还借款而导致亲兄弟反目、友谊破裂的案例。

在从家人、亲戚和朋友那里借贷资金创业时，需要注意应该书面记录借贷的数额、时间和条件，并按照当时的银行利率支付借贷利息。在中国，人们往往对这些问题不太重视，但事实上，正是这些问题成为破坏亲情和友谊的重要原因。有些人认为，向家人、朋友和亲戚借钱不需要书面借据，随时都可以还款。然而，这种看法是不妥当的，因为它不符合一般的商业规则。法律注重证据，一旦出现债务纠纷，借据可以成为解决问题的重要依据。此外，资金具有时间价值，如果没有支付利息，实际上就是剥夺了他人的财富。因此，创业者在私人借贷时都应该支付利息。

2. 天使投资

天使投资者通常是富有经验、寻求高风险高回报机会的个人或团体，他们愿意投资初创企业的早期阶段，提供资金、经验和行业资源，以帮助企业实现增长和成功。Sahlman（1990）认为，天使投资者比创业投资机构（包括创业投资基金和各类创业投资公司）投资的还要多。但与实践领域对风险投资活动的普遍关注相比，学者们对天使投资的关注还远远不够（Drover et al.，2017）。天使投资发生在初创企业的早期阶段，通常是在种子轮或天使轮。这是企业成立初期，产品或服务尚未完全开发或商业化的阶段。天使投资通常是企业获得其他类型投资前的第一轮资金。天使投资者对投资的回报期望通常较高，因为他们承担了高风险。他们希望通过投资初创企业来实现丰厚的投资回报，可能通过股权增值、退出时的股权转让或公司并购等方式获得收益。天使投资通常以股权投资的形式进行，投资者获取企业的股份。这使得投资者成为企业的股东，与创业团队共同分享企业的风险和回报。除了资金，投资者还可能提供战略指导、业务联系和行业经验等非金钱价值。天使投资者在初创企业的早期阶段发挥着关键的作用，提供了资金和资源支持，帮助企业克服起步阶段的挑战，并实现可持续增长。通过天使投资，创业者得以实现创意的商业化，同时投资者也有机会获得丰厚的回报。不过天使投资者的个人素质良莠不齐，创业者在选择天使投资者时要考察清楚，选择正确的天使投资者。

3. 银行借款

银行借款是指创业企业从银行或其他金融机构获取一定金额的资金，以满足其资金需求。创业企业可以通过签订借款协议从银行获得资金，并按约定的条件进行还款。创业企业在寻求银行借款之前，通常需要进行市场调查和准备工作，包括评估企业的融资需求、制订详细的融资计划、准备财务报表、商业计划书以及其他与融资相关的材料。选择银行借款时，寻找合适的银行是创业企业进行债权融资的重要一步。创业企业可以与多家银行进行接触和洽谈，评估它们的贷款产品、利率、还款期限、还款方式、服务质量等方面的差异，从而选择最适合自身需求的银行。一旦确定了合适的银行，创业企业可以向银行提交贷款申请。申请过程中，创业企业需要提供相关的资料，如企业财务状况、商业计划书、债券融资相关文件等。需要注意的是，银行借款通常需要创业企业提供相应的担保物或提供第三方担保。此外，创业企业还需要确保按时偿还贷款本息，以维护良好的信用记录和银行合作关系。

4. 风险投资

风险投资是快速成长的创业企业的一个重要资金来源，风险投资的起源可以追溯到 20 世纪二三十年代的美国。风险投资是指投资者将资金投入新兴或高成长潜力的企业或项目中，并接受未来可能发生损失的风险，以期获得更高的回报。这种投资通常发生在初创企业或有创新性业务模式的公司中，这些公司可能面临着市场竞争、技术风险、财务不稳定等风险。创业企业在享受风险投资带来资金支持、行业知识和经验、商业网络和资源的同时，还要注意以下几点：首先，风险投资者通常会获得一定的股权份额，这可能导致创始人和创业团队丧失对企业的控制权。Gompers（1996）就认为风险投资在代理问题上会比天使投资更复杂。其次，风险投资者通常对回报预期较高，对企业的发展速度和财务业绩有一定的压力，这可能导致创业企业在短时间内追求高增长和盈利，对创业团队和企业运营产生一定的压力。最后，在后续的融资轮次中，如果企业未能达到投资者的预期或未能获得更多的资金支持，投资者可能选择解约或转让股权，因此会面临着解约的风险。正如 Tian 和 Wang（2014）所发现的，引入风险投资的创新企业会面临着重大的失败风险。

5. 众筹

近年来，一些创新型企业或个人开始依托互联网平台直接向大众寻求融资，这种新兴的融资模式被称为"众筹"，其创造性在于将融资对象扩大化至社会大众（Lambert and Schwienbacher，2010）。传统的股权融资通常是由少数投资者提供资金给企业，并获得相应的股权份额。而众筹则将这一过程开放给更多的投资者，使更多人有机会参与到初创企业的投资中。在股权众筹中，创业企业会在众筹平台上发布项目，详细说明企业的商业计划、目标和预期收益等信息。投资者可以通过平台浏览项目，并决定是否投资。投资者通常可以通过购买股票、认购股份或其他股权形式来参与企业的股权融资。股权众筹的优势在于它的开放性和参与度，它可以帮助初创企业在早期阶段获得资金支持，尤其是在传统融资方式难以获得的情况下。此外，股权众筹还可以扩大企业的声誉和知名度，吸引更多的潜在投资者和客户。然而，股权众筹也存在风险和挑战。投资者需要认识到初创企业的风险性，并且可能面临投资资金无法退出的风险。对于创业企业而言，成功获得资金可能会涉及法律合规和监管方面的挑战，同时也需要在项目上提供透明和详尽的信息，以吸引投资者的信任。总的来说，股权融资中的众筹为初创企业提供了一种创新的融资方式，并且为更多的投资者带来了参与创业投资的机会。然而，投资者和企业在参与众筹时都需要谨慎并做好充分的尽职调查。

6. IPO

IPO 是指一家创业企业将自己的股份首次出售给公众投资者，来融资并将公司股份交易到股市上的过程。IPO 对一家企业来说是一个重要的里程碑，同时 IPO 对创业公司来说有许多好处，包括融资能力增强、提高公司知名度、奖励早期投资者、提供股权流动性等。然而，IPO 也需要公司承担一定的成本和义务，如制定公开的财务报告、遵守证券法规、披露重要信息等，同时也可能面临市场波动和监管审查等风险。

　　融资方式有许多，对于创业企业来说，选择正确的融资方式是至关重要的。Denis（2004）认为对众多融资途径的选择会对创业企业各方面产生很深远的影响。所以创业者应该全面考虑融资成本、股权分配、投资者关系等因素，并向专业人士进行咨询，以确保作出明智的决策，为企业的成功发展提供坚实的资金支持。

4.3　创业融资的各个阶段分析

微 案 例

字节跳动的融资阶段

　　字节跳动是一家总部位于中国的知名信息科技公司，成立于 2012 年。该公司致力于开发和运营各种创新的移动互联网应用程序，其中最著名的产品是社交媒体平台抖音（TikTok）和新闻聚合平台今日头条（Toutiao）。在种子轮融资阶段，字节跳动成功融资了数百万美元。这笔资金被用于产品研发、初步市场推广和用户增长。字节跳动通过不断改进和创新，成功地打造了抖音和今日头条这两个备受欢迎的平台。随着抖音和今日头条在国内和国际市场上的快速普及，字节跳动吸引了一系列知名投资者和风险资本。在天使轮融资中，字节跳动筹集了数千万美元的资金，这些资金用于进一步发展和扩大市场份额。此外，字节跳动还积极寻求合作和投资，与多家公司建立战略合作关系，进一步提升其产品和用户基础。进入 A 轮融资阶段，字节跳动获得了数亿美元的投资。通过 A 轮融资，字节跳动进一步加强了研发和创新能力，推动了其业务拓展和技术改进。这使得字节跳动成为全球范围内最有价值的初创公司之一，也为其在移动互联网领域的领先地位奠定了基础。通过种子轮、天使轮和 A 轮融资的成功，字节跳动不断扩大其全球用户基础，为人们提供了独特且有趣的移动互联网体验。该公司的产品和服务在社交媒体、新闻聚合和短视频领域中赢得了广泛的认可和用户支持。

　　案例来源：作者互联网资料整理。

1. 种子轮

　　种子是植物的萌芽状态，种子轮也就是项目最开始的投资。创业者在企业种子期需要资金的时候，往往由于产品还未成熟、商业模式尚未健全，多半无法获得创投公司的青睐而募到资金或进行 A 轮融资。因此，创业者在创业初期多半是向亲戚、朋友或小规模的基金等"天使投资人"募集小额资金。这个 pre-series A 的阶段称为种子阶段（seed stage），而这个阶段所做的融资称为种子轮融资（seed round financing）。

种子轮的融资规模通常较小,项目估值不超过 1500 万元,出让 10%～20% 的股份,具体金额取决于企业所需的资金和市场情况。在种子轮融资中,资金一般主要来自创业者自己及其亲朋好友,这个阶段的投资其实是为创业者的梦想买单,看重的是创业者本人与团队。另外在种子轮阶段,投资方可能还包括天使投资者、种子基金、风险投资基金等。这些投资方一般具有丰富的创业投资经验,能够为企业提供资金和战略支持。

种子轮的融资一般用于以下几个方面。①团队建设,包括招聘核心团队成员、聘请顾问等,构建一个强大的团队;②技术开发,用于产品的研发和技术验证,包括原型开发、产品测试等,以确保产品的可行性;③基础设施建设,包括办公场地租赁、设备购置等;④市场推广,用于建立品牌形象、进行市场营销活动,吸引用户和客户。

种子轮融资的周期相对较短,通常在数月到半年之间,但也有可能更长或更短,取决于企业的具体情况和投资方的决策速度。种子轮融资是早期阶段的融资,风险相对较高,公司的前景和盈利能力都尚不明确。因此,投资方通常要求相应的回报,如要求一定的股权比例或增值期权等。融资成功的关键因素包括:①独特的创意和技术,吸引投资者的关键是具备差异化的创意和技术,能够在市场上有竞争优势;②优秀的团队,投资者希望看到有能力、有经验的团队,具备创新和执行能力;③市场认可度,企业需有清晰的市场定位,并展示出足够的市场规模和增长潜力。

总的来说,种子轮融资的特点如下。

(1)种子轮融资是公司在种子期阶段所进行的融资行为。种子期是指公司发展的一个阶段,在这个阶段,公司只有创意却没有具体的产品或服务,创业者只拥有一项技术上的新发明、新设想以及对未来企业的一个蓝图。

(2)种子轮融资所需的资金并不多,资金主要用于新技术或新产品的开发、测试。

(3)种子轮融资一般源于创业者自己、亲朋好友、天使投资者和种子基金等。

(4)种子轮融资主要是靠独特的创意和技术来吸引投资者。

(5)种子轮融资周期比较短,风险也相对较高。

种子轮融资对于初创企业的发展至关重要,它为创业者提供了必要的资金和支持,帮助他们实现创意的商业化,并推动公司发展的早期阶段,为后续阶段的融资和成长奠定基础。

2. 天使轮

天使轮也是创业企业初期的融资阶段,它是一种非公开的融资,是指个人出资协助具有专门技术或独特概念而缺少自有资金的创业家进行创业，并承担创业中的高风险和享受创业成功后的高收益，或者说是自由投资者或非正式风险投资机构对原创项目构思或小型初创企业进行的一次性的前期投资。下面是天使轮融资的一般过程。

1）寻找潜在投资者

在天使轮融资开始之前，创业团队首先需要寻找潜在的天使投资者，这可以通过个人关系、社交网络、创业活动或投资机构的介绍等方式来实现。创业团队可以主动与潜在投资者取得联系，向他们介绍自己的项目，并表达对他们的兴趣。

2）商业计划书

一旦与潜在投资者建立了初步联系，创业团队需要准备商业计划书和路演材料。商业计划书是一份详细说明企业商业模式、市场机会、竞争优势、团队背景和财务计划等内容的文件。同时，团队需要准备路演材料，通过演讲形式向投资者展示和解释商业计划书的内容。

3）路演和面谈

创业团队将商业计划书和路演材料用于路演和面谈过程中，与潜在投资者面对面交流和演示。路演是在特定场合进行的演讲，演讲内容通常包括对企业背景、市场机会、竞争优势和财务状况等方面的介绍。面谈是路演之后的深入交流，投资者会进一步提问和了解项目的细节。

4）谈判和尽职调查

如果潜在投资者对项目感兴趣，双方将进入谈判阶段。在谈判中，创业团队和投资者一起商讨投资金额、估值、投资条件和退出机制等要求。在谈判之后，投资者通常会进行尽职调查，对创业企业的技术、市场、法律和财务等方面进行审查，以确认项目的可行性和投资风险。

5）投资协议和资金到位

一旦谈判和尽职调查都顺利完成，创业团队和投资者将达成最终的投资协议。该协议将明确双方的权益和责任，并约定投资者提供的资金金额和时间表。一旦投资协议签订，投资者将向创业企业提供资金支持。

6）资金使用和跟进

获得天使轮投资后，创业企业可以利用资金进行各项工作，包括但不限于产品开发、市场推广、团队建设和基础设施建设等。同时，创业团队需要与投资者保持沟通，并及时向其汇报企业的运营状况和进展。

总的来说，天使轮的融资特点如下。

（1）早期阶段：天使轮发生在初创企业的早期阶段，通常在种子轮之后。创业团队可能已经有一个产品原型或初步市场验证，但还需要资金支持来推动业务的进一步发展和增长。

（2）相对规模小：天使轮的融资规模相对较小，通常在数十万美元到数百万美元之间，具体金额取决于企业的需求和投资者的承诺。相对于后续融资阶段的融资轮次，天使轮的资金规模较为有限。

（3）感情色彩明显：天使投资往往带有较强的感情色彩。创业者说服"天使"的过程常常需要一定的感情基础，创业者与"天使"之间大多是志同道合的亲朋好友，或者得到了熟悉人士的介绍等。

（4）高风险高回报：天使轮的投资风险相对较高，因为初创企业在早期阶段往往面临多方面的不确定性。天使投资者愿意承担较高的风险，以期待未来企业成功时所带来的回报。因此，天使轮的融资条件通常会涉及较高的股权出让或较高的回报承诺。

（5）资金外支持：与普通的融资不同，天使轮的投资者往往不仅仅提供资金支持，还可以为初创企业提供战略指导、业务联系和行业资源等方面的支持。他们可能与创业团队建立紧密的合作关系，积极参与企业的发展和决策过程。

（6）快速决策：相对于后续的融资轮次，天使轮的决策过程通常较为迅速。天使投资者常常独立作出决策，不需要经过复杂的决策层级或董事会批准。这使得初创企业能够更快地获取所需资金，并在市场上迅速行动。

天使轮融资对于初创企业来说是非常重要的一步，它不仅提供了资金的支持，还为企业带来了更多的资源和合作伙伴。通过天使轮融资，初创企业可以加速业务增长，扩大市场份额，并为后续的融资阶段奠定基础。

3. A、B、C 轮等融资阶段

A 轮融资：与天使轮相比，A 轮融资是指私募基金等创业投资公司在创业公司成功运行一段时间后进行的投资。通常这个时候，创业公司已经建立了较好的业务拓展能力和关键员工团队，在开发市场和推广产品方面已经取得了较大的成功。A 轮融资是开始推广商业计划、盈利和持续扩大业务的阶段，这需要投资者加入其中，并提供更大的金额资本，以帮助公司扩大业务的发展。

B 轮融资：B 轮融资一般在创业公司经过持续几年高速发展后进行，此时公司已经具有良好的市场和良好的财务基础，并能快速扩大规模。此时，公司已经可以占主导地位，股权价值明显上涨。B 轮融资的主要目的是进一步扩大市场份额、提高公司的盈利能力、加速产品研发和团队扩张。B 轮融资的投资金额比 A 轮融资要大，投资者多为风险资本和私募股权基金。在进行 B 轮融资时，创业公司需要提供详细的市场分析报告、商业计划、财务报表以及用户增长和盈利能力的数据。

C 轮融资：C 轮融资通常是在创始人创立公司 3 年或更久之后进行的。C 轮融资的主要目的是进一步扩大市场份额、加速产品创新和团队扩张、推进国际化战略等。C 轮融资的投资金额通常比 B 轮融资要大，投资者包括风险资本、私募股权基金和一些战略投资者。在进行 C 轮融资时，创业公司需要提供详细的市场扩张计划、产品创新规划与路线图、财务报表以及市场占有率和用户增长的数据。

D 轮、E 轮、F 轮融资——简单来说，其实就是 C 轮的升级版，C 轮、D 轮一般都是持续扩展的资金。D 轮、E 轮以及 F 轮可以统称为 C+轮。C 轮融资后，效益好的企业即可完成上市，进行股票市场融资，因此也就不需要融资了。但如果无法完成上市，就会有接下来的 D 轮、E 轮、F 轮，甚至更多轮的融资。

微案例

张磊陪跑刘强东 11 年，京东物流终成正果

京东物流是京东集团旗下的物流子公司，成立于 2007 年。作为中国领先的综合物流服务提供商，京东物流致力于为广大用户提供全程、多渠道、多层次的优质物流服务。2021 年 5 月 28 日，京东物流在港交所成功 IPO，发行价为 40.36 港元/每股。在这场资本盛宴的背后，京东物流的投资方高瓴资本，早在 10 多年前就已开始投资京东。

2010 年京东正在苦苦挣扎，每年连续亏损，刘强东焦头烂额，必须连续拿到融资才能活命。这个时候，市场一致看好的是淘宝的轻资产模式，一致看空的是京东的重资产模式。因为京东既要打造自己的直营网店，又要打造自己的仓储中心，还要打造京东物流。为了给少部分人更好的用户体验，如此烧钱，导致市场一致不看好京东。无奈之下，刘强东找到高瓴资本，面对中国人民大学校友张磊，刘强东小心翼翼地说出一个数字：7500 万，"我需要 7500 万美元"。刘强东是在试探，因为他以为张磊会砍价，因此往大了说，给张磊砍价空间。可刘强东不知道的是，张磊极其看好京东的重资产模式。他曾经说过能从淘宝、天猫包围中杀出来的电商，不能再走轻资产模式的老路。于是就在刘强东绞尽脑汁思考怎么和张磊讨价还价时，张磊的一句话让整个会场屏住了呼吸，所有人都瞪大了眼睛："3 个亿，我给你 3 亿美元，要拿就全部拿走，只拿 7500 万不行。"2017 年 4 月，京东物流集团正式成立。2018 年，京东物流开放了唯一一轮融资，融资额高达 25 亿美元，创造了中国物流行业最大的单笔融资。高瓴资本参与了本轮融资，其他的投资方还有招商局资本、腾讯投资、红杉资本等。

案例来源：作者根据互联网资料整理。

4.4 创业者（团队）受投资人青睐的优秀品质

创业认知研究认为，创业者的认知结构和认知过程的差异影响着创业行为（Mitchell et al.，2007）。创业者是一个公司的灵魂人物，尤其是在创业初期公司成员较少的时候。在创业初期，创业者主管着公司的所有重大决策，且创业者个人的价值观会无形地渗透到公司里，从而对公司理念和员工行为产生影响，更深远地会进一步影响到公司的企业文化。除此之外，还会影响到投资者对企业的投资，投资者在投资时也会考虑到创业者的自身素质，以及创业者的想法创意是否能够盈利，下面就来看投资者比较注重的创业者维度有哪些。

4.4.1 创业团队的能力和经验

创业是一项充满风险和不确定性的冒险，因此投资者十分重视创业团队的能力和经验。创业团队的能力和经验对于创业公司的成功与否具有至关重要的影响。投资者在选择投资创业公司时，一般关注创业团队能力和经验的重要方面有以下几个。

首先，在创业团队的能力方面，投资者会关注团队成员的技术能力和专业知识。这是因为在各行各业的创业过程中，技术能力和专业知识是关键的竞争优势。投资者希望看到团队成员具备深厚的领域知识，并能应用这些知识解决具体问题和挑战。此外，团队成员的创新能力和解决问题能力也是投资者所看重的。他们关注团队是否具备发现并解决市场需求和痛点的能力，以及能否创造出独特的产品或服务。

其次，在创业团队的经验方面，投资者会关注团队成员的创业经验和行业经验。团队成员是否有过创业经验，以及是否曾经在相关行业工作过，这些都是投资者所重视的。创业经验可以让团队成员更加了解创业过程中的挑战和机会，并且能够更好地应对风险。行业经验则意味着团队成员对于所在行业的了解更加深入，能够更好地把握市场动态和趋势。

最后，投资者还会关注团队成员之间的协作能力和领导能力。一个成功的创业团队需要具备良好的团队协作能力，团队成员之间需要能够相互信任、合作无间。领导能力也是至关重要的，投资者希望看到团队中有能够带领团队向前发展的领导者，并且能够在竞争激烈的创业环境中保持团队的稳定和成长。

投资者在选择投资创业公司时，会对创业团队的能力和经验进行综合评估，包括创业团队的技术能力和专业知识、创业经验和行业经验以及团队协作能力和领导能力等，这些都是投资者所关注的。一个强大的创业团队不仅能够提供有竞争力的产品或服务，同时还能够应对市场变化和挑战，实现可持续的业务增长。因此，投资者对创业团队的能力和经验非常重视，创业者在选择创业时，首先要组建好能力和经验充足的创业团队，这对在融资阶段去吸引投资者至关重要。

4.4.2　创业者的洞察力与识别真正市场需求的能力

在投资者青睐的创业者维度中，洞察力和识别真正市场需求的能力是两个至关重要的品质。

洞察力是指创业者敏锐的观察力和深入思考的能力。一个有洞察力的创业者能够捕捉到市场中的细微变化和趋势，并将其转化为商机。他们能够从日常生活、社会变革和技术创新中发现问题，并提出创新的解决方案。洞察力使创业者能够提前预见市场的需求，抢在竞争对手之前采取行动，从而占据先机。同时，市场需求识别是指创业者能够准确理解和满足消费者的需求。这需要创业者投入大量的时间和精力去研究市场、了解目标用户的行为和心理，以及分析竞争对手的优势和不足。通过深入洞察和数据分析，创业者能够识别出真正的市场需求，并有针对性地开发出创新的产品或服务。只有真正满足了市场需求，创业者才能够获得用户的认可和持续的增长。

那么，如何培养洞察力和识别真正市场需求的能力呢？以下是一些建议。

（1）拓宽视野：创业者可以通过广泛阅读行业资讯、参与行业会议和展览，与专业人士和行业领袖交流，来扩大自己的知识面和视野。多角度、多层次地了解行业变化和消费者需求，有助于培养洞察力。

（2）倾听用户：创业者应该主动与目标用户进行沟通和互动，如组织用户调研、参加用户反馈会议等。通过与用户的直接交流，创业者可以深入了解他们的真实需求和痛点，从而更好地满足他们的期望。

（3）关注数据：创业者需要善于利用数据来分析市场趋势和用户行为。通过收集和分析大量的市场数据、用户行为数据和竞争对手数据，创业者可以更准确地识别市场需求，并基于数据作出明智的决策。

（4）不断学习和创新：创业者应该持续学习行业最新的技术、趋势和研究成果。同时，他们也需要灵活思考，勇于尝试新的理念和方法。通过不断学习和创新，创业者可以保持对市场的敏感度，并找到满足市场需求的创新路径。

（5）与专业人士合作：创业者可以与专业人士、行业专家和顾问合作，共同探讨和解决问题。专业人士的经验和见解可以为创业者提供宝贵的指导和建议，帮助他们更好地培养洞察力和识别真正市场需求的能力。

4.4.3　创业者的热情、乐观和坚持等品质

创业成功的人或多或少都会有一些超出常人的品质，也正是这些品质，大大提高

了创业的成功率。所以，投资者会比较喜欢有这些品质的创业者，这些品质包括但不限于热情、乐观和坚持等。

热情是创业者内在驱动力的体现。创业是一项充满挑战和风险的旅程，而创业者的热情能够激发内在动力，坚定对事业的执着和追求。投资者看重创业者的热情，因为热情使创业者能够克服困难、面对挑战，并持续推动企业的发展。创业者的热情不仅能够激励自己，也能够鼓舞团队成员和吸引投资者的支持。

乐观是创业者必备的心态之一。创业过程中会遇到许多困难和挫折，但乐观的创业者能够以积极的态度面对这些挑战，并寻找解决方案。投资者看重创业者的乐观态度，因为乐观的创业者往往更具有应变能力和创造力，能够在困境中找到机会，实现业务的突破和增长。

坚持是创业者取得成功的关键要素之一。创业过程中会遇到失败和挫折，但坚持不懈的创业者能够从失败中吸取教训，并不断调整和改进自己的策略。投资者看重创业者的坚持精神，因为坚持的创业者往往更能够保持目标的清晰和战略的连贯性，最终实现企业的成功。

总之，投资者对创业者的热情、乐观和坚持给予高度的重视。这些特质体现了创业者的积极态度、内在动力和永不放弃的精神，能够持续驱动创业者克服困难，追求事业的成功。创业者应该保持热情、保持乐观，坚持不懈地朝着自己的目标前进，以吸引投资者的支持和信任。

4.4.4 创业者的领导力和管理能力

领导力也是个人魅力的体现，"一个好汉三个帮，一个篱笆三个桩"，"独木难成林"，资源整合最高的层次就是人力资源的整合，优秀的创始人都善于组织和领导有凝聚力和向心力的团队，能够深入挖掘团队优点，拥有启发所有人的潜能的能力，让大家各司其职，各得其所。而管理能力强调个人组织、协调和控制资源以实现预期结果的能力。

领导力和管理能力对于创业企业能否进一步发展至关重要，若只有完美的创业计划却无法正确管理团队，那这个企业终究会走不下去。首先，领导力对于创业者来说至关重要。在一个创业过程中，创业者需要能够明确愿景并为团队提供明确的方向。领导者能够鼓舞人心，激发团队成员的潜力，并帮助他们实现个人和团队的目标。创业者应该具备推动创新、承担决策风险和处理复杂问题的能力。他们需要协调不同的利益相关者，建立良好的团队合作氛围，并引导团队在竞争激烈的市场中迎接挑战。其次，管理能力在创业过程中也起到至关重要的作用。创业者需要具备良好的组织能力，能够规划和分配资源以实现公司的战略目标。最后，管理能力还涉及有效的沟通和决策能力，以及对财务管理、人力资源和市场营销等领域的了解。创业者应该能够处理复杂的业务问题，并能够适应快速变化的环境。管理能力还包括领导艺术，即能够理解和适应不同的团队成员，激励并帮助他们取得成功。

创业者怎样才能具备领导力和管理能力？除天赋之外，后天的习得也至关重要。首先，也是最基本的，通过不断学习和提升自己的领导和管理技能。这可以通过学习相关的课程和培训，参与实践项目并与成功的创业者交流来实现。其次重视在社会中学习。要向他人学习。孔子说："三人行，必有吾师焉。"作为领导者，要重视学习，敢于借鉴别人的好思想、好作风、好方法，取人之长，补己之短。例如，在融资的过程中，可能会遇到一些具备丰富经验的投资者，创业者可以把他们当作学习的对象。最后就是在管理和领导的过程中，要注重和实际情况相结合，选择适合自己企业和员工的领导和管理方式。

4.4.5　创业公司的商业模式和盈利能力

商业模式和盈利能力是投资者投资时考虑的重要因素之一。一个具有可行商业模式和良好盈利能力的创业公司通常能够吸引更多的投资，并在竞争激烈的市场中取得成功。

商业模式描述了一个公司如何组织资源、经营活动以及与顾客、合作伙伴和其他利益相关者进行交互，以实现盈利目标。一个良好的商业模式应该能够解决以下几个关键问题。

（1）客户需求和市场定位：创业者需要清楚地了解他们的目标客户群体，包括客户的需求、偏好和购买行为。商业模式应该能够满足市场需求并为客户创造价值，从而确保市场份额和可持续的盈利。

（2）价值主张和竞争优势：创业公司需要明确确定自身的价值主张，即为什么客户会选择他们的产品或服务。商业模式应该能够突出公司的竞争优势，使其在市场上区别于竞争对手，如技术创新、低成本等。

（3）收入模型：创业者需要定义公司的收入来源和盈利模式。这可能包括产品销售、订阅费用、广告收入、许可费用等。商业模式应该明确规定如何实现收入，以确保公司的盈利能力。

（4）成本结构和运营效率：商业模式应该考虑到公司的成本结构，并寻求最大程度地降低成本、提高运营效率。这包括生产成本、人力资源成本、市场营销费用等。经济高效的商业模式有助于提高利润率和竞争力。

当投资者评估一个创业公司的商业模式时，他们通常关注以下几个方面。

（1）可扩展性：商业模式是否具有可扩展性和增长潜力。投资者希望看到一个创业公司有足够的市场规模和增长空间，以实现长期盈利能力。

（2）盈利模式的可行性：商业模式是否能够实现盈利，并且是可持续的。投资者会评估收入模型和成本结构，以确保公司能够在市场上获得持续的竞争优势和盈利能力。

（3）创新性和竞争优势：商业模式是否具有创新性，是否能够为公司带来竞争优势。投资者通常喜欢投资那些具有差异化和独特性的商业模式，这有助于保持市场地位并抵御竞争风险。

（4）风险管理和可持续发展：商业模式是否考虑了风险管理和可持续发展的因素。投资者会关注公司的商业计划和战略，以确保它们具备应对变化和风险的能力以及长期的可持续性。

因此，商业模式的可行性和盈利能力是投资者决定是否投资一个创业公司的重要依据。创业者需要展示他们的商业模式如何创造价值、获得利润，并具备持续发展的潜力。以下是一些可以进一步加强商业模型和盈利能力的方式。

（1）产品创新和差异化：通过不断创新并为市场提供独特的产品或服务，创业者可以在竞争激烈的环境中脱颖而出。投资者通常看重具有创新能力和差异化竞争优势的创业公司，因为这可以帮助他们在市场上占据有利地位并吸引更多的客户。

（2）多元化的收入来源：创业者可以考虑开拓多个收入来源，以减弱对单一收入渠道的依赖。这可以包括附加值服务、订阅制模式、附属产品等。多元化的收入模型可以缓解市场波动对公司盈利的影响，增加盈利稳定性。

（3）持续的市场调研和客户反馈：创业者应该密切关注市场趋势和客户需求的变化，并通过市场调研和客户反馈不断改进产品或服务。投资者通常关注企业是否具备灵活性和适应能力，以及他们是否能够不断满足变化的市场需求。

（4）有效的成本控制和资源管理：创业者应该注重成本控制和有效的资源管理，以实现更高的盈利能力。这包括合理的成本结构、高效的供应链管理、人力资源的合理配置等。投资者通常看重企业是否能够在不影响质量和效率的情况下最大限度地降低成本。

（5）合作伙伴和战略联盟：与合适的合作伙伴建立战略联盟，可以加强创业公司的市场地位和竞争力。合作伙伴可以为创业者提供资源、市场渠道和专业知识，有助于扩大公司的影响力和盈利能力。

案例分析

"饿了么"创始人张旭豪：我的融资感悟

"饿了么"是中国餐饮线上线下（online to offline，O2O）平台，成立于2009年4月，由上海交通大学机械与动力工程学院硕士研究生张旭豪等人创立。"饿了么"的创立就是要解决高校学生与白领的一个"痛点"，同时也能够帮助中小型商户解决他们的问题。

　　为了给网站带来更多的资源，张旭豪不停地参加各种创业大赛，以扩充创业本金。2009 年 10 月，"饿了么"网站在上海慈善基金会和觉群大学生创业基金联合主办的创业大赛中获得最高额度资助 10 万元全额贴息贷款。12 月，网站在欧莱雅大学生就业创业大赛上获得 10 万元冠军奖金……通过创业竞赛，团队总共赢得了 45 万元创业奖金。获得资金的"饿了么"如鱼得水，到 2009 年年底，订餐平台已有 50 家餐厅进驻，日均订餐交易额突破万元。2010 年 11 月，手机网页订餐平台上线，订餐业务不仅覆盖了全上海，目标还直指杭州、北京等城市。2011 年 3 月，"饿了么"注册会员已超过 2 万人，日均订单 3000 份。这一战绩，很快引起了美国硅谷一家顶级投资公司的高度关注，接洽数次后，"饿了么"成功融得风险投资 100 万美元。这是"饿了么"一次至关重要的融资，为其此后的业务拓展以及下一步的融资奠定了成功的基础。

　　经历了数轮融资后，"饿了么"蓬勃发展，创下外卖 O2O 行业新高。下面就是张旭豪自己的感悟。

选择合适的时机开始融资，越早未必越好

　　2008 年年底，国家开始有政策鼓励大学生创业。从那时起，大学生可以零元注册资本成立公司，我们当时很兴奋，也注册了一家。此后全国整个创业的气氛也越来越好，2008—2009 年，我们用自有资源和运营资金维持了整个公司的发展。我们当时不想过早融资，因为担心越早融资会越早被稀释。

　　在我看来，融资就是卖你的血肉，以此谋求发展。我们当时希望能先把商业模式打造出来，有一定的数据和竞争力后再去融资，这样会稀释得更少。到 2011 年的时候，"饿了么"开始第一轮的融资，这个时候我们的商业模式已经比较清晰。但我们当时是初出茅庐的大学生，很多投资人不敢投。毕竟我们没有工作经验，投资人质疑我们自己创业到底行不行。所以当时要花很长时间去向投资人证明，我们可以把这件事情做成。

酒香不怕巷子深

　　如果一种新产品能够被市场认可并且可以复制，可以快速成长，风险投资会很快进来。2011 年，"饿了么"模式在上海交通大学附近获得成功时，虽然我们没有写过任何商业计划书，但是风投就找到我们了。他们的工作就是找项目，中国好项目不多，只要把你的产品做好，在一个区域内有很好的数据支撑，我觉得很多投资人会来找你。2011 年有很多投资人找我们，但是我们自己是有选择标准的。"饿了么"是一个互联网项目，未来可能在海外上市，因此我们更偏向于美元基金。我觉得美元基金更加专业化，而人民币基金更注重于短期利润。在美元基金里面要选择一些在价值观、战略、战术上比较契合的投资人做合伙人。每一个投资人的风格都是不同的，要了解他以前

投资的案例。

A 轮融资很重要，要防患于源头

我们在融资的时候，对整个投资协议的框架，包括核心条款，都有一定的认识。融资估值是很重要的，但是除估值以外，很多条款相对来说也是比较重要的。特别是第一轮融资，它是整个公司未来投资架构的基础。如果第一轮融资很多条款不好，未来要付出很大代价去修正，并且基本上修正不了，除非公司的业务有非常大的变化，或者你有非常强的话语权。好的投资人会站在你的角度看，在第一轮的时候会为你做一些妥协，帮你把很多核心条款搭建好。如果第一轮融资条款很苛刻，那对后几轮融资也是不利的。我今天觉得，在第一轮融资的时候，可以请一个律师，帮你把这些东西把好关，这不会花太多钱，而且可以让整个融资过程更加顺利，千万不要省这些钱。

第二轮融资后，你的企业开始进入成长期。如果你公司增长速度足够快，而且你的商业模式也在复制当中被验证，那么会有更多投资人加入进来。2011 年整个资本市场比较低迷，2012 年慢慢回暖，只要你有一个比较好的项目，基本上能够脱颖而出。

除了财务的投资，我们同时有战略投资人，如腾讯、京东、大众点评。跟战略投资人的沟通，更多是一些战略资源上的合作。一般来讲，战略投资协议要比财务投资协议更花点精力，战略投资人更看重的是战略资源的合作，对于你们怎么能拿到彼此的一些资源，都做了一些绑定。里面有一些条款不必谈得太细致，如果很细，整个谈判周期会很长。不过，如果有一些条款在战略上会有冲突，还是要细谈。

总而言之，所有的战略投资最终在业务上是不是有互补性，光靠一个合同来约束双方，并不是一个很有力的保障。只有当你的业务足够强劲、彼此确实存在互补性的时候，双方的合作才会越来越好，分歧也不会那么大。

资本都是锦上添花，没有雪中送炭

融资的关键在于你的业务有成长，资本基本上都是锦上添花，很难有雪中送炭。如果你发展不够好，最终会被抛弃；如果你永远有增长的话，你就是受人追捧的项目。

对于融资来说，业务还是最核心的。如果你不擅长跟人交道，你可以让专业的人帮你做，毕竟现在有很多专业机构和律师。你要把更多的精力放在业务上，把你的用户体验做扎实，这样自然而然会获得融资。关于融资金额，很多人问我到底融多少钱才最合适，我觉得融多少钱这里有一个比较好的算法：融你未来 16 个月需要的钱。如果你想要更安全的现金流，你可以从 16 个月扩大到 18～24 个月。每轮融资关键还是要通过董事会，整个公司的业务不要因为股东的加入而拖慢，你的业务要在未来 16 个月里面有爆发式的增长才可以。融了钱之后，公司发展要按照你的轨迹来进行。如果不是这两个目的，任何融资都要更谨慎一点。

如果资本市场足够好的话，还是要多融。因为你有更多钱，在市场上就能有更好的形成垄断的机会。你可以迅速占领市场份额，特别是在互联网领域，你没有很高速的成长，或者钱成为你每天在考虑的一个因素，你这家公司的发展会达不到预期，未来会被市场淘汰。

业务是中心，钱都不是事

你做业务的时候，不要为钱而担忧，钱不是事，融到以后要把重心放在业务本身。如何占领核心资源，垄断一些核心业务，这是非常重要的。所以融资千万别说融了钱放在银行里面很开心，这完全是错误的。因为资本要把钱给你，就是因为你赚钱的效率比资本更高。所以你融完钱要迅速把钱花掉，花的时候要达到你预期的目标，取得高速的成长，所以融资是来花的。

今天 O2O 市场发展越来越快，整个市场也很热，潜力很大。整个发展不是靠几轮融资就可以结束的。在市场好的时候，要多从私募市场融到钱，不要关心什么时候上市。如何能够在行业里面形成垄断，这是最重要的。

垄断以后的上市才是好的，如果上市之前还没有把这个市场打下来，未来作为上市公司会非常被动。如果真正想做一件大事，今天是很好的时代，这些年来，甚至今后 5～10 年是资本最好的时代。当资本好的时候，大家要尽情狂奔。

A 轮能否融到很多钱没有关系，你还有 B 轮、C 轮。很多投资人未来会帮你跟投，重要的是在 A 轮你的条款要搭建好，要足够健康而不要太苛刻。比较弱势的投资机构给你的估值高一点，同时你希望有高的估值，并且条款更好，投资机构是不是很有钱不太重要，你可以在 B、C 轮再来弥补。

A 轮融资相当于建立起一个整体的资本架构，如果第一轮融资被人家坑了，以后要花九牛二虎之力才能弥补回来。在 A 轮虽然可能没有融到很多钱，但是你的律师要找好，因为这个律师团队未来可以帮你一直走下去。可能早期收费有点贵，但是这可以帮你打好基础，对未来发展还是很有价值的。

饿了么的融资记录如下。

- 2009 年上线，2011 年获金沙江 100 万美元 A 轮融资。
- 2012 年，获得经纬中国 300 万美元 B 轮融资，金沙江跟投。
- 2013 年 11 月，获得 2500 万美元 C 轮融资，红杉资本领投，经纬中国、金沙江跟投。
- 2014 年 5 月，获得大众点评等既有投资人 8000 万美元 D 轮融资，与大众点评达成战略合作。
- 2015 年 1 月，获得中信产业基金领投，腾讯、京东、大众点评 3.5 亿美元 E 轮融资。
- 2015 年 8 月，获得中信产业基金、华联股份等多家 6.3 亿美元 F 轮融资。
- 2015 年 12 月，阿里巴巴和饿了么签署投资框架性协议，阿里巴巴投资饿了么 12.5 亿美元。投资后阿里占股饿了么 27.7%，成为第一大股东。

问题讨论：

1. 张旭豪能够融资成功的因素有哪些？

2. 在创业融资过程中，有哪些需要注意的问题？

本章思考题

1. 创业企业的发展可以分为几个阶段？每个阶段有什么样的融资特点和需求？

2. 创业企业的融资渠道有哪些？债权融资有哪几种？

3. 简述种子轮、天使轮和 A 轮的融资特点。

4. 投资者比较愿意给什么样的创业者投资？请阐述原因。

即测即练

自学自测　　扫描此码

第 **5** 章

商业模式的设计与创新

【学习目标】

- ✓ 了解商业模式的内涵；
- ✓ 理解从创业机会到商业模式，再到商业计划的过程；
- ✓ 掌握商业模式改进与创新的方式；
- ✓ 了解商业计划如何为风险投资者提供决策依据。

【章节纲要】

本章主要分 3 节来阐述与探讨商业模式的设计与创新。第一节主要讨论商业模式是将创业机会潜在价值明确化；第二节介绍了商业模式改进与创新的方式；第三节主要讨论商业计划如何为风险投资者提供决策依据。

引 导 案 例

得物：何以令年轻人中"毒"？

随着美国职业篮球联赛（National Basketball Association，NBA）体育赛事在国内的蓬勃兴起，许多男生产生"球鞋情怀""球鞋文化""sneaker 文化"。自 2017 年开始，国内系列综艺的火爆，更是带动了潮流文化的兴起，追赶潮流开始成为新一代年轻人社交的资本。

杨冰至今还记得自己在大学时代得到第一双麦克格雷迪签名球鞋时的感觉："不时地试穿一下、摸摸鞋面，还研究鞋带可以有几种系法。然后把鞋子包好，准备睡觉，但躺了 10 多分钟还是兴奋得睡不着。"杨冰不是那个时代的唯一，却代表了中国 21 世纪初无数的篮球疯狂爱好者。

应运而生

"打工还是创业？"毕业之际的杨冰，在人生的十字路口面临着抉择，陷入沉思。在百般思考掂量之下，狂热的少年心最终驱使杨冰选择了"梦想"。他想："最糟糕的结果，无非就是为了自己最爱的体育和互联网全身心地投入这几年时间，这就够了。"

由此杨冰开始了自己的创业之路。作为得物 App 的创始人兼 CEO，18 岁时的杨冰是个妥妥的篮球发烧友，一直坚持"为爱发电"。除在球场上打球外，他也迫切想要掌握新鲜体育资讯，和志同道合的球友讨论分享。然而，当时并不成熟的体育媒体所进行的报道，无法满足其对相关体育资讯的需求。因此杨冰决定自己搭建篮球论坛。2004年，杨冰与朋友合伙创立了虎扑篮球论坛（HoopChina.com），顿时许多球迷粉丝闻讯而来，展开热烈的讨论交流。

刚刚创建的虎扑论坛，主要为用户提供第一手的最新体育资讯，由此吸引了众多志同道合的体育爱好者聚集。对虎扑而言，核心内容便是"关于体育赛事的用户观点"，而且多是专业用户之间进行的讨论。论坛内部少数用户凭借对球鞋的认知和经验，逐渐积累了自己的人气和口碑，成为许多人口中的"鉴定大神"。外界的许多球鞋爱好者在通过海淘、代购等方式购买限量版球鞋后无法辨别真伪，便到虎扑社区寻找"大神"帮忙。随后虎扑逐渐吸引体育领域的高质量用户，以"高垂直、高黏性"为特点形成独特的小圈子。

在杨冰的引领下，虎扑如火如荼地开始了 10 年的扩张运营。至 2015 年，关注潮流事物很久的杨冰发现，球鞋交易真伪难鉴、品质难保的问题一直困扰着大家，这主要因为市场上缺乏具备公信力的正规平台。于是，他开始二次创业，利用现有的虎扑资源解决这一问题，即利用积累的种子用户和"大神"资源，从虎扑内部进行孵化。2015 年 9 月上线了毒 App。所谓"毒"，寓意"沉迷""疯狂"，它代表着一种特立独行、标新立异的态度，"勇敢"直面自己的热爱。一个"毒"字，简单却有力地展现了青年人所热衷的不羁和叛逆，极具个性化，与 sneaker 文化相得益彰。

成功出圈

刚刚上线的"毒"，并没有急着进行营销变现，而是选择积累种子用户。从虎扑创立所提供服务的对象不难看出，其服务对象聚集在热爱篮球等运动的年轻人，因此积累了许多垂直的高质量用户。许多男生作为资深篮球爱好者，收藏球鞋是他们的一种文化、一种情怀。比如，许多人以 sneaker 自称，并衍生了 sneaker 文化，他们愿意为自己的情怀买单。因此，初创的"毒"，将目标用户定位于热爱篮球运动、追求时尚的年轻男性。

球鞋市场鱼龙混杂，假货现象频繁发生。消费者在线下实体店、海淘、代购或者淘宝等线上渠道购买球鞋后，想要对其真假进行鉴定，却苦无门路。而凭借虎扑的"大神"这一鉴定师资源，"毒"提供了渠道，破除了长久以来球鞋领域的这一服务顽疾，在一众潮流平台中成功出圈。

2015 年 12 月，"毒"的鉴定功能上线。针对用户从其他渠道购买的球鞋，平台有专门的鉴定师提供鉴定服务。"毒"从用户体验出发，通过球鞋鉴定功能，挖掘了用户最大痛点，也奠定了其良好的用户认可度基础。与前期的鉴定属性相比，正式上线鉴定功能的"毒"打造了专属的服务特点。首先，不同于虎扑论坛装备区人人都可以自由发言的鉴定模式，"毒"开创了平台鉴定师的模式，遵循标准化流程进行鉴定，专门打造出平台提供真伪鉴别的服务。其次，前期的"毒"主要特征是"在交流中鉴定"。球迷在体育赛事的互动交流过程中，因为同一话题而聚集，随着讨论热情程度的增加，"大神"基于自身经验而免费为同好帮忙鉴定。而 2015 年"鉴定"功能的上线，寓示着平台方包揽鉴别服务并进行有偿鉴定，这意味着平台开始将该服务标准化、商业化，用户有了专门的统一渠道满足鉴别需求。

自此，消费者在线下或线上渠道购买球鞋后，有了鉴别真伪的靠谱方式了。尽管鞋类市场没有统一的鉴定标准和绝对的防伪标识，但"毒"的鉴定水准得到了球鞋迷的一致认可。购买了球鞋去哪里鉴定？80% 的人会选择"毒"，"球鞋过毒"更是成为当时鞋圈的共识。

创新商业模式

"什么，李宁韦德之道涨到 99999 元了？这么夸张！"直逼 10 万元一双的球鞋引起了网络的轩然大波。逐渐地，"毒"与"炒鞋"话题扯在一起，意识到这一问题，杨冰分外重视。通过与团队的讨论分析，杨冰认为不能将眼光局限于小众的球鞋，要想走得更远，需要进一步探索商业模式。

为摆脱市场对"球鞋平台"的刻板印象，"毒"意图变革，试图寻求更多增长点。2020 年 1 月 1 日，"毒"正式更名为"得物"，寓意"致力于帮助用户获得美好事物"，一如杨冰创业的初衷。

为了面向更多的用户，得物开始迈向更大的舞台。杨冰首先意识到目标群体的上升空间。自 2017 年开始一系列综艺的播出，带来了潮流文化的崛起，潮流市场开始扩大，覆盖更多人群。除了热爱体育的男性，更多喜爱穿搭的女性进入潮流圈，开始进行时尚消费。为满足更多潮流人士的潮流需求，得物开始着手进行品类的拓展，产品品类从"球鞋"到"潮品"，具体包括潮服、美妆、潮玩、数码等，消费者可以在得物进行众多潮品品类的浏览、选购。这一举措满足了垂直用户的周边需求，得物实现了从"玩鞋，一个毒就够了"到"弄潮，一个得物就够了"的战略转变。

在明确了平台的经营范围，做足了前期系列工作铺垫之后，得物构筑起了完整的 C2B2C 电商模式。在该模式下，得物的交易特点是商家需要先将商品邮寄到平台，由平台的鉴定师进行鉴定，鉴定为真再向消费者发货，卖出成功平台方便抽取一定比例佣金，然后将剩余款项返给卖家，鉴定不通过，则退回卖家。作为中间鉴定方和第三平台方，得物将买卖双方精准对接，由此形成独特的 C2B2C 的商业模式。

1. 供应端的别开生面

2016 年 4 月—2016 年 9 月平台开始上线直播、小视频、发现、得物币等功能，这些功能的上线引导着用户进行用户生成内容（user generated content，UGC）创作，这意味着用户之间不再单一地依靠其他媒体生产的资讯进行交流，而是通过用户的亲自操作参与其中，借此社区活跃度显著提高。为了激励用户不断输出优质内容，提高社区内容质量，间接起到提高老用户活跃度、参与度、成就感以及拉新用户的作用，得物上线创作者中心，并不断设置并优化收益、创作，以此激励创作者不断输出优质内容。通过精心打造社区内容，合理进行社区管理，得物成功令年轻人在互动实现高效"种草"。社区发布的大部分帖子附有商品链接或标签，方便用户先在社区被"种草"，再到购物区"拔草"，进而去社区晒单分享，打通了平台中用户需求的闭环。年轻人通过购买自己热爱的商品，然后分享消费体验与真实感受，实现了品牌资产的持续沉淀。用户完成了"种草""拔草""再种草"的热爱循环，得物构建了从"了解"到"获取"再到"交流"的年轻消费新生态。

得物的卖家分为品牌/企业卖家和个人卖家，其主要目的是获取利益，从买家利益角度考虑，得物制定严格的卖家准入体系。作为企业卖家，他们的入驻需要填写相关证明信息，缴纳保证金且通过平台审核。个人卖家入驻平台也需要经过多步骤：实名认证、选择服务、填写信息、确认协议，体系严谨，从源头保障货物的品质，因此在潮品这个细分领域，得物给了用户足够的信任感。个人卖家主要是将自己的闲置进行转卖，通常是一些限量款或者官方渠道买不到的产品，虽然"闲鱼"也是国内二手商品转卖的主要平台，但与得物相比，其准入机制不够严格，且没有对产品真伪的鉴定功能，因此许多个人在处置潮品这些高价产品时，得物变成了首选。

2. 平台端的鉴定升级

在 C2B2C 模式下，得物在将商品发给买家之前，要经过平台鉴定师的层层把关，最终同商品一起寄出去的还有"防伪四件套"，分别是鉴别证书、防伪扣/贴、包装盒、品牌胶带，以此作为正品的保证，它们代表着平台对用户的品质承诺。防伪扣和鉴别证书上都有独一无二的专属编号和二维码，这是通过鉴别查验的身份证明，而且防伪功能不断升级。目前鉴别证书已经全新升级为"AR 鉴别证书"，扫码后会呈现球鞋的AR 模型；防伪扣也升级为"真香扣"，增添夜光和香氛工艺。

得物对鉴别服务始终秉持严谨的态度。平台签约了数百位业内顶尖、具备多年经验的潮流商品鉴别师，打造了以潮流商品研究为核心的"鉴别实验室"。鉴别师除了是"骨灰大神"级 sneaker 玩家和潮人，更是潮流商品的"研究人员"。通过对海量球鞋、服装、配饰、潮玩、美妆等产品进行系统性研究，包括资料收集、数据对比、档案建立等，以严谨科学的态度力保鉴别的准确性。此外，得物与中检集团奢侈品鉴定中心达成战略合作，致力于创造良性潮流消费市场环境。

得物的人工鉴别经历了许多争议。例如，有外界质疑平台鉴定师的资格，是否有足够的资质保证权威，也有人认为人工鉴别或多或少会存在误差。为了解决这一问题，自 2018 年开始，得物搭建了人员和技术并重的查验鉴别体系，并组建算法团队自主研发人工智能（artificial intelligence，AI）鉴别。经过多年的持续投入，得物 AI 鉴别在部分商品可以达到 99.99% 的准确率。

3. 用户端的黏性培养

为了让平台用户得到更好的购物体验，得物不断深入探索科技应用领域，提升新消费场景的体验水平。2020 年 4 月,得物在行业内率先上线"AR 虚拟试穿"功能,用户通过一部手机就能体验到沉浸式的购物乐趣,虚拟试穿是鉴定服务之外的另一个特色功能,解决一部分用户"不好看怎么办"的心理,戳到了用户的痛点,让平台年轻用户感受到了数字经济下创新科技带来的潮流体验。渐渐地,用户不仅可以享受"云试鞋",更是可以进行"云试妆""云试戴"。此外,三维(3-dimension, 3D)扫描技术的应用允许用户 720 度无死角地浏览产品细节,通过技术赋能,极大弥补了线上购物的不足,给用户带来极致沉浸式购物体验。

作为重要的品牌标识,得物的包装箱相当有特色。独特的极光蓝为底色,搭配上具有极高辨识度的黑色醒目字体,再加上有着 LOGO 印花的黑色胶带。2020 年一经问世,许多用户直呼"高颜值""太酷炫了"。极光蓝由此成为年轻人的潮流标识,它象征着社交特权,代表着潮、酷、高价值,让年轻人倍儿有面子,深受年轻人的喜欢。得物的极光蓝,为潮流生活增添了一抹亮色,给用户带来极佳的开箱体验,让许多消费者倾心不已。包装的升级无疑快速提高了得物在"潮人心中的"品牌知名度。

未来可期

据久谦中台的数据,截至 2021 年 5 月,得物 App 的月活跃用户数量(monthly active users, MAU)为 8100 万,日活跃用户数量(daily active users, DAU)达到 1200 万人次,给自己交了一份满意的答卷,这一成绩源自得物的稳扎稳打、踏实前进,每一步都抓住用户的需求和痛点,朝着潮流电商巨头的方向不断成长。

2022 年年初,得物宣布接入数字人民币支付,引导年轻人加入绿色低碳的生活,并且推动数字经济与实体经济的融合发展。得物 AR 功能的应用范围也持续拓展,从最初的云试鞋,到现在的 AR 试妆、AR 试戴手表、试挂艺术品等更加多元化的场景,得物不断给消费者带来惊喜。通过创新应用数字技术,得物为年轻用户带来了品质体验。随着潮流文化不断出圈、数字技术和数字经济的持续发展,得物不忘初心,积极探索数字创新,以更好地满足年轻人的美好生活。未来的得物还会有什么创新性的举措?我们拭目以待……

资料来源:节选自高记和张田田. 得物:何以令年轻人中"毒"? 中国管理案例共享中心, 2023.

创业初期,许多创业者仅凭着创业的欲望和冲动,没有对市场和客户进行详细的调查分析,缺乏实现目标的模式与计划,这很可能会导致最终创业的失败。一般来说,创业者识别创业机会后,要想把它转化为可行的商业实践,就必须设计出合适的商业模式,把创业机会的价值主张、客户群、收入来源等要素清晰地表达出来。然后,创业者还需要将商业模式纸面化为商业计划书,详细说明创业项目的目标、市场分析、营销策略、财务预测等内容,这样才能让创业项目更具有说服力和可执行性,从而增加成功创办企业的可能性。

5.1　商业模式是将创业机会的潜在价值明确化

从创业机会到商业模式，是一个不断探索的过程，需要创业者具备敏锐的洞察力、灵活的思维方式、持续的学习能力和坚韧的执行力，发现并把握市场上存在的或潜在的需求，提供满足这些需求的产品或服务，从而获得收益和成长。然而，并非所有的创业机会都能成功转化为可持续的商业实践，很多创业项目在初期就遭遇了失败或困境，这是因为创业者没有充分理解和评估创业机会的潜在价值，没有构建出合适的商业模式来实现这个价值。商业模式是将创业机会的潜在价值明确化的有力手段。通过商业模式的构建，创业机会的潜在价值与组织的运作流程得到了有效的配合，使得创业者能够通过系统的思维方式思考创业机会的开发过程。

假如张三打算通过运营出租车进行创业，那么他的商业模式可以包括如下几种。

模式一：个体户模式。张三自有资本 20 万元，买一辆车，自己每天开 10 小时，每天净赚 666 元，每月赚 2 万元。比较辛苦，但一年赚上 24 万元。

模式二：自营模式。张三有 220 万元资本，买 11 辆车，自开 1 辆，外请 10 位司机，每位司机年工资 18 万元，从每位赚 2 万元共 20 万元。加上张三自己赚 24 万元，年收入 48 万元。

模式三：租赁模式。张三租赁 1000 辆出租车，雇 1000 个司机，每位司机年工资 18 万元，去掉各种费用后，张三从每位司机赚 1 万元，全年共赚 1000 万元。此模式下具有规模优势，可以与加油站、汽修厂谈判优惠，换句话说，汽油费有折扣、张三公司车多、修车费有折扣、汽车配件有折扣，等于每辆车成本降低。

模式四：股份有限公司模式。买 1000 辆车，雇 1000 个司机，由于买的车数量大，折价 15%（即每辆 17 万元），共支付 1.7 亿元。张三跟朋友筹资 3000 万元，剩下的车价 1.4 亿元，通过银行贷款。"规模是王"：不仅享受修车、汽油、配件折扣价，而且汽车价格也能打折。

模式五：滴滴模式。自己不买车，不拥有车，而是让别人拥有车、开车滴滴"烧钱"，跟出租司机说："如果通过滴滴 App 载客，每拉一客，里程费给你，再多加 20%!"出租司机乐坏，怎么不干呢？于是，滴滴很快占领市场份额，品牌名声大涨。滴滴公司哪有这么多钱去烧？此即资本市场带来的商业模式革命：市场份额高了、品牌大了，股权估值就高，卖一点股份就融到大量资金；有了新资金，又可以烧更多钱。股权估值高了，无须从银行借债，卖股权就够。

通过上述开出租车创业的案例，可以看出商业模式对一个组织，以及该组织如何在实现其目标（如盈利能力、成长性、社会影响等）中发挥的巨大作用，它涉及产品或服务的设计、目标市场的选择、客户关系的建立、收入来源的确定、成本结构的分析、合作伙伴的寻找等方面。

　　商业模式的设计是一个创造性的过程，它需要创业者不断地思考、试验、调整和优化。商业模式设计的本质是跨越组织的边界，整合中心企业、供应商、消费者和合作者，使其在系统内有目的地从事互补性的活动，从而创造价值、共享价值。通过设计商业模式，创业者可以清晰地认识到自己要解决什么问题，为谁提供什么价值，如何实现这个价值，并且如何从中获得收益。商业模式可以帮助创业者有效地利用资源，降低风险，提高竞争力，实现创新。

5.1.1　商业模式设计的工具

　　为了方便创业者进行商业模式的设计，有一些方法和工具可以参考和使用。其中最著名和最流行的工具是商业模式画布（business model canvas，BMC），它是由瑞士管理学者亚历山大·奥斯特瓦德（Alexander Osterwalder）提出的，它将客户细分、价值主张、渠道通路、客户关系、收入来源、核心资源、关键业务、重要伙伴、成本结构 9 个核心要素用一个简单的画布图来表示，如图 5-1 所示。

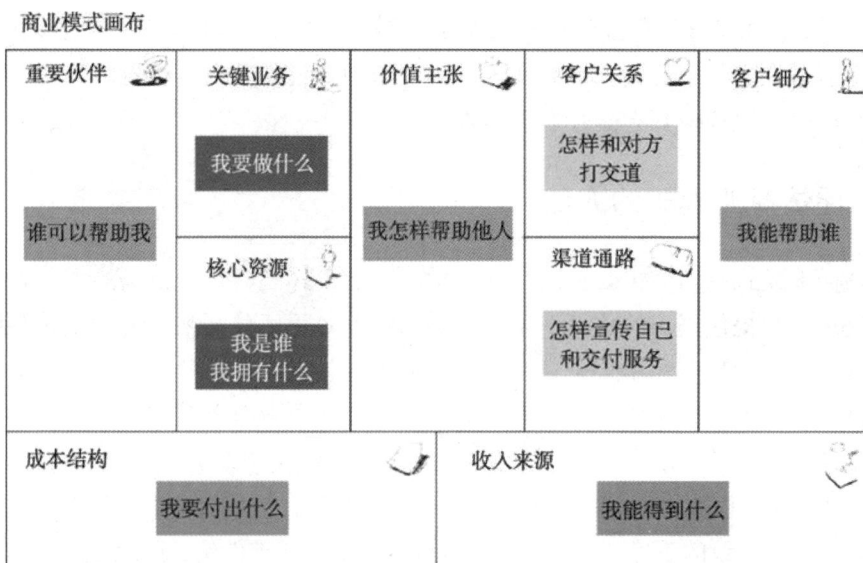

商业模式画布

重要伙伴	关键业务	价值主张	客户关系	客户细分
谁可以帮助我	我要做什么	我怎样帮助他人	怎样和对方打交道	我能帮助谁
	核心资源		渠道通路	
	我是谁 我拥有什么		怎样宣传自己和交付服务	

成本结构	收入来源
我要付出什么	我能得到什么

图 5-1　商业模式画布

　　客户细分是指企业要服务于哪些类型或群体的客户，以及这些客户有什么样的特征、偏好、行为等。价值主张是指企业为目标客户提供什么样的产品或服务，以及这些产品或服务能够解决客户什么样的问题或满足客户什么样的需求。渠道通路是指企业通过哪些方式来与客户沟通、接触、分发和售卖产品或服务。客户关系是指企业与客户之间建立什么样的互动和联系，以及这些互动和联系能够带来什么样的效果。收入来源是指企业从哪些来源获得收入，以及这些收入来源有什么样的特点和规模。核心资源是指企业为实现价值主张所需要拥有或获取的物质、人力、知识、技术等资源。关键业务是指企业为实现价值主张所需要进行的核心的或重要的操作、流程、任务等活动。重要伙伴是指企业与哪些外部组织或个人进行合作，以及这些合作能够带来什么样的好处或优势。成本结构是指企业为实现价值主张所需要承担的各种费用或开支，以及这些费用或开支有什么样的构成和比例。这些要素相互关联，构成了一个完整的商业模式。

商业模式画布中预设的 9 个方格代表以上 9 个核心要素，每一个方格都代表着成千上万种可能性和替代方案，使用者可以在方格内画上相关构造块，来描绘现有的商业模式或设计新的商业模式。商业模式画布可以帮助创业者以一种直观和系统的方式来设计商业模式，它有以下几个优点：①它可以让创业者清晰地看到自己的商业模式的全貌，以及各个要素之间的关系和影响；②它可以让创业者快速地生成和修改自己的商业模式，只需要在画布上填写或修改相应的内容即可；③它可以让创业者轻松地与他人分享和讨论自己的商业模式，只需要展示或发送画布即可；④它可以让创业者有效地比较和评估不同的商业模式，只需要对比或分析画布上的差异即可。商业模式设计完成后，并不意味着创业过程就结束了。事实上，商业模式只是一个假设或计划，并不一定能够在实际中得到验证或实现。因此，创业者需要对自己设计的商业模式进行评估和改进，以确保其有效性和可行性。

5.1.2　评估商业模式的方法

评估商业模式有两个主要目的：一是检验商业模式是否符合市场的需求和变化，是否能够为客户提供真正的价值，是否能够与竞争对手区分开来，是否能够持续地获得收益等；二是发现商业模式中存在的问题或不足，是否有某些要素缺失或不合理，是否有某些要素冲突或矛盾，是否有某些要素可以优化或改善等。

评估商业模式的方法有很多，其中一个常用的方法是假设测试（hypothesis testing）的思维，即将商业模式中的每一个要素都视为一个假设，然后通过设计和实施一系列的实验来验证这些假设的正确性。这些实验可以是定量的或定性的，可以是线上的或线下的，可以是小规模的或大规模的，关键是要能够收集到有效和可靠的数据来支持或否定这些假设。例如：为了验证价值主张的假设，创业者可以制作一个最小可行产品，并且让一部分目标客户使用并反馈意见，以检验产品或服务是否能够解决客户的问题或满足客户的需求；为了验证客户细分的假设，创业者可以进行一些用户访谈或问卷调查，以了解目标客户的特征、偏好、行为等，以及他们对产品或服务的态度和反应……

通过这些实验，创业者可以得到一些数据和信息来评估自己设计的商业模式。如果实验结果支持商业模式中的假设，则说明商业模式是有效的和可行的，可以继续执行和推广；如果实验结果否定商业模式中的假设，则说明商业模式是有问题或不足的，需要进行改进和优化。改进商业模式有两个主要目标：一是解决商业模式中存在的问题或不足，是否有某些要素需要添加或删除，是否有某些要素需要修改或调整，是否有某些要素需要重新设计或创新等；二是提升商业模式中的价值和优势，是否有某些要素可以增强或扩展，是否有某些要素可以差异化或特色化，是否有某些要素可以协同化或整合等。

　　总而言之，商业模式是一种将创业机会潜在价值明确化的工具，它可以帮助创业者清晰地认识到自己要解决什么问题，为谁提供什么价值，如何实现这个价值，并且如何从中获得收益。商业模式的设计是一个创造性的过程，它需要创业者不断地思考、试验、调整和优化。商业模式的评估和改进是一个验证性的过程，它需要创业者不断地收集、分析、应用和优化数据和信息。通过设计、评估和改进商业模式，创业者可以有效地利用资源，降低风险，提高竞争力，实现创新。

微案例

诺誓的商业模式解析

　　世界上玫瑰的优质产地首先是厄瓜多尔，其次是荷兰、肯尼亚、越南、中国。过去，占据全球市场比例 3%～5% 的厄瓜多尔玫瑰，消费市场主要集中在欧洲和日本，从未被进口至中国。厄瓜多尔玫瑰产自亚马孙流域，生命力旺盛，冷冻后通过海运到荷兰拍卖，仍然可以保持一周时间花开不败。与国内鲜切花市场上几毛钱至数元钱成本、花期短的玫瑰不同，厄瓜多尔玫瑰的特性奠定了打造极致产品的基础，可以在 B2C 模式下保证玫瑰的品质。

　　诺誓（ROSEONLY）创始人蒲易在厄瓜多尔找到一家经营了几代人的家族企业。他们拥有年产值 5000 万美元的玫瑰园，通过供给欧洲皇室而发家，因此把产品叫作皇家玫瑰。在那里，每剪一朵玫瑰就要换一把剪刀，玫瑰达到了德国等国家的绿色环保标准，是可食用级别。这家企业一直在寻找终身合作伙伴。当远道而来的蒲易提出，需要花朵足够大、花茎长度超过 1.5 m 的玫瑰进口到中国时，引起了供应商的重视。

　　诺誓模式开始运转。诺誓一出场就与众不同。2013 年 1 月 4 日，诺誓成立，取"爱你一生一世"的好意头。2 月初，诺誓官网上线，预售限量 99 束、单价 999 元、12 支装情人节玫瑰。蒲易调动自己的圈内人脉，在微信朋友圈卖力吆喝，搜狗 CEO 王小川、新希望集团创始人刘永好的女儿刘畅、世纪佳缘创始人龚海燕都参与了转发。2 月 10 日，其情人节玫瑰被提前抢购一空。对于物流方面，顾客完全不用顾虑线上店在配送过程中花的损坏问题。玫瑰采摘后 48 小时内通过空运进口，再通过联邦快递、顺丰速运在 2 小时内送达全国 300 个城市。为了使产品外观与市场上的鲜花礼品实现差异，诺誓还特邀著名设计师独家设计产品外观，包装则全部采用高档纸材和花盒。优质的产品和外观，让一束畅销单品的价格可以卖到 1999～2399 元，远远高于日常快消类鲜花的售价。预售模式+第三方配送使得诺誓基本实现零库存。进口的纸材、花盒，通过诺誓的设计，成为产品的一部分。蒲易在第一时间为诺誓的花、花盒、外观等设计申请了专利。

考虑毛利和成本，以及诺誓作为情侣间礼品的定位，999 元、1314 元、520 元等定价得以确定。简洁的样式，4 种颜色的玫瑰不断组合搭配，伴随"一生只送一人"的用户购买设置，诺誓的面貌与市场上的鲜花礼品完全实现差异化，在口碑传播中迅速直击人心。

同供应商的沟通逐渐加深，蒲易了解到，诺誓对玫瑰提出的标准，意味着要在厄瓜多尔玫瑰这样"玫瑰里的劳斯莱斯"中再百里挑一。在玫瑰园供应量有限的情况下，诺誓付出了最高的采购价格，而诺誓订单的暴增也给了供应商足够的信心。双方签订了独家协议，诺誓售卖的颜色品种其他渠道商不能再售卖，在 2 月 14 日这样的关键时刻，玫瑰园优先供应诺誓。

对供应链端的稳固控制，支撑着诺誓快速崛起。外界却流传着诺誓模仿国外网络花店模式的说法，蒲易对此完全否认。他了解到，澳洲有一个花店叫 Rose is only，韩国有域名为 roseonly.com 的网络花店。除名字相似以外，它们都是线下传统卖花的企业，线上仅是销售渠道，互联网基因没有诺誓强。此外，它们售卖的是自己种的玫瑰花，最小存货单位（stock keeping unit，SKU）多，定价便宜，"它们还是卖花，我们卖的是坚持爱情的理想。"蒲易强调，诺誓最与众不同之处，是诺誓在世界上首创了"爱情唯一、一生只送一人"的理念。

案例来源：节选自《独家专访：roseonly 商业模式全解析》. https://www.tianxiawangshang.com/articledetail/232170.

5.2 商业模式改进与创新的方式

5.2.1 商业模式改进的方法

改进商业模式的方法也有很多，其中一个常用的方法是使用创新技巧（innovation techniques）的思维，即运用一些创造性的技巧来激发和产生新的想法或方案。这些技巧可以是结构化的或非结构化的，可以是逻辑的或直觉的，可以是分析的或综合的，关键是要能够打破思维定式，发现新的机会和可能性。例如：为了改进价值主张，创业者可以使用"头脑风暴"的技巧，即邀请一些相关或不相关的人员，围绕一个主题或问题，自由地提出尽可能多的想法或建议，不受任何限制或批评，然后从中筛选出最有价值或最有创意的想法或建议；为了改进客户细分，创业者可以使用"用户画像"（persona）的技巧，即根据一些数据或信息，为目标客户创建一个具体而生动的虚拟形象，包括他们的姓名、年龄、性别、职业、家庭、兴趣、需求、问题等，然后根据这个形象来设计或调整产品或服务……

通过这些技巧，创业者可以得到一些新的想法或方案来改进自己设计的商业模式。然后，创业者可以将这些想法或方案应用到自己的商业模式中，并且再次进行评估和改进，直到找到一个最适合自己的商业模式。

在不断发展的商业环境中，创新不仅仅局限于产品或服务，商业模式也是最有力的创新形式之一。换言之，在商业模式方面寻求创新是实现可持续竞争优势的最佳途径。传统的商业模式专注于优化生产、分销和营销，以实现规模经济，收益通常与产品的销售和服务费用密切相关。然而，在当今充满活力和竞争的市场中，在日新月异数字化工具的使用下，传统商业模式的寿命正变得越来越有限，不能创新商业模式的公司可能会落后于更灵活、更有创造力的竞争对手，最终陷入停滞状态或者面临淘汰。因此，商业模式创新对于寻求创造新价值并保持竞争力的创业者来说至关重要。商业模式创新是通过对各种资源的优化配置来创造更大的价值、通过对目标顾客需求和市场竞争状况分析来区分已满足的需求、未满足的需求和潜在的需求，通过对企业内部价值链分析来明确企业进行创造价值的内部核心资源能力以及通过对供应链分析来把握与企业价值创造和价值转换有关的外部资源能力。在这 4 个方面分析的基础上，以顾客需求的变化为中心，找出创新的可能区域，进而优化整合各种资源来实现价值活动的创新。

当前，线上电子商务已经占据了零售业的半壁江山，互联网和移动互联网下的线上零售商业模式层出不穷。事实上，传统线下零售行业，也经历过多次的商业模式演变。下面以百货零售为例。

（1）找寻优质地段开店阶段。例如，在家用汽车出现之前，美国拥有两家家喻户晓的公司：超市型零售公司凯马特（Kmart）和高档百货公司梅西百货（Macy's），这两家公司最大的特点就是占据了众多城市的核心地埋位置。

（2）打造全品类、低价策略模式的沃尔玛。家用汽车出现后，零售业不需要依附于原来的物流体系了，沃尔玛逐渐成为主流。汽车的出现使得商场本身位置的重要性在下降。沃尔玛打出了天天低价的概念（everyday low price，EDLP），店长没有涨价权，只有降价权，而且品类最齐全。

（3）使用会员制模式的好市多（Costco）。首先，好市多明确提出要让最想买东西的客户进来——实施会员制；其次，简化供应链——只采购 3000 个商品品类，让自己与供应商的议价能力提高；再次，按成本价卖给消费者，不赚产品进销货差价，赚会员费；最后，后面消费者甚至不相信价格有这么便宜，将产品价格制定在略高于成本但略低于竞争对手的范围。

（4）培育自主品牌压低品牌溢价的德国奥乐齐模式。首先，奥乐齐在品种种类下手，相对于沃尔玛大卖场三四万个品类 SKU，一家典型的奥乐齐超市只有约 700 种产品，且全是生活必需品，一般每个奥乐齐超市的营业面积只有 750 m²，每个奥乐齐连锁店内一般只有 4～5 名员工，远远低于普通超市 15 名员工的平均数字。其次，奥乐齐甚至只卖自有品牌的东西，不卖其他品牌的商品。奥乐齐在全球范围寻找生产商，按照一流品牌的产品品质生产，但是贴奥乐齐自己的品牌；奥乐齐企业文化最核心的内容就是最高的质量和最低的价格。1997 年，沃尔玛以 12 亿欧元的价格收购 Wertkauf 旗下的 21 家自助店正式进入德国，到了 2006 年，沃尔玛亏损达 10 亿美元，不得不宣布退出德国。最后，沃尔玛同意向奥乐齐和麦德龙（MetroAG）出售其位于德国境内的 85 家百货商店。

5.2.2　商业模式创新的 4 种方式

商业模式创新包括重新思考和重组公司经营方式的基本组成部分，它不仅仅是完善现有战略，还要求对公司如何创造、传递和获取价值进行彻底的重新构想。商业模式创新的需求主要有以下几个关键驱动因素。

（1）技术进步：技术的快速发展为企业创造创新产品和服务提供了新的机会。例如，互联网和移动技术的兴起推动了数字平台的激增，改变了企业与客户互动和运营的方式。

（2）不断变化的客户需求：消费者的偏好和期望是不断变化的。为了和客户保持关联，企业必须不断调整其商业模式，以满足目标客户不断变化的需求和愿望。

（3）全球化和市场混乱：当今全球经济联系越来越紧密的本质意味着企业面临着来自本地和国际参与者的竞争，新进入者或创新型初创企业造成的市场混乱可能会挑战现有的商业模式。

（4）可持续性和社会影响：随着环境和社会问题日益突出，公司被迫将可持续性和社会影响视为其商业模式的重要方面，循环经济、社会企业等新模式应运而生。

商业模式创新可以分为 4 种方式，分别是改变收入模式、改变企业模式、改变产业模式和改变技术模式。

1. 改变收入模式（revenue model innovation）

收入模式是指企业如何从其提供的价值中获得收益。收入模式可以分为多种类型，如销售收入、租赁收入、订阅收入、广告收入、佣金收入等。改变收入模式的商业模式创新是指企业通过调整定价策略、增加或减少收费项目、提供不同的付费方式等手段，来增加收入或降低成本。这要求创业者重新思考和修改公司从其产品或服务中产生收入的方式，目标是找到创新的方式从客户那里获取价值。

改变收入模式的商业模式创新有以下几种常见的方法。

（1）从单次销售转变为订阅或会员制。这种方法是指企业将其产品或服务从一次性购买转变为周期性付费，从而增加客户忠诚度和预测性收入。例如，美国奈飞公司

（Netflix）是一家在线视频流媒体服务提供商，它最初的收入模式是通过邮寄 DVD 光盘来向顾客收费，类似于传统的租赁店。然而，随着互联网技术的发展和顾客需求的变化，Netflix 在 2007 年推出了在线视频流服务，让顾客可以通过网络观看电影和电视节目。这一举措使得 Netflix 的收入模式从按次付费转变为按月订阅，从而大大增加了其收入和市场份额。

（2）从固定价格转变为动态定价。这种方法是指企业根据市场需求、供应情况、客户特征等因素，实时调整其产品或服务的价格，从而提高利润率和资源利用率。例如：优步（Uber）根据乘客和司机的数量、路况、天气等因素，实时调整其打车服务的价格；亚马逊根据商品的库存、竞争对手的价格、用户的购买历史等因素，实时调整其电子商务平台上的商品价格等。

（3）从直接销售转变为平台化。这种方法是指企业将其产品或服务从自己生产或提供转变为连接第三方生产者或提供者和消费者，从而获得平台费用或佣金。例如，爱彼迎（Airbnb）不再只是提供住宿服务，而是搭建一个连接房东和房客的在线社区，让双方可以自由地发布、搜索和预订房源，将其业务从自己拥有或管理住宿设施转变为连接房东和旅客。Airbnb 通过网站和移动应用，让用户可以方便地浏览、比较和选择各种类型的房源，并且通过平台化使得闲置的房屋资源可以被有效利用，为房东创造收入，为房客节省费用，为社区带来活力。

（4）免费增值模式。许多软件公司提供功能有限的免费版本，吸引用户升级到功能完整的付费版本，这种方法可以利用更大的用户基础，同时从特定的客户群体中获利。例如，WPS 是一款国产的办公软件，提供了免费的个人版和企业版，满足了大部分用户的基本需求，同时也提供了一些增值服务，如超级会员、稻壳儿内容平台、云服务等，让用户可以通过付费获得更多的功能和资源。这种模式既能吸引用户使用WPS，又能通过增值服务实现盈利。

另外，还有一种免费模式，是指企业通过将成本在不同时间、空间、产品、对象之间转移及协同定价机制，以达到快速进入市场、争取潜在消费者群体或提升企业在价格—价值体系中的位置的目的。具体可分为以下几种。

（1）直接交叉补贴：用免费吸引用户掏腰包为焦点企业的后续产品买单。例如，电信运营商依靠赠送手机或话费来吸引用户，赚取通信用户未来的流量和话费等。

（2）三方市场：即一类顾客补贴另一类顾客，典型的案例包括一些展览馆，对儿童免费，对成人收费。

（3）免费加收费：即某些客户补贴其他客户，典型的案例如淘宝开店免费，搜索排名收费。

改变收入模式的商业模式创新可能为企业带来以下几种好处。

（1）增加其产品或服务的附加值，提高其价格优势，扩大其市场份额，增加其交易频率，拓展其客户群等，从而增加其总收入。

（2）降低其产品或服务的生产成本，减少其库存风险，优化其运营效率，减少其营销费用，节省其资金流等，从而降低其总成本。

（3）创造出与众不同的价值主张，满足不同的客户需求，适应不同的市场环境，抵御不同的竞争威胁，建立不同的品牌形象等，从而提高其竞争力。

但是改变收入模式的商业模式创新可能也会面临以下挑战。

（1）改变收入模式需要基于对客户的深刻洞察，了解他们的需求、偏好、行为、支付意愿等，从而设计出符合他们期望的收费方式。如果没有足够的客户数据和分析能力，企业可能无法准确判断客户的反应和影响。因此，数据与洞察需求方向将发挥越来越重要作用，详情见第 7 章。

（2）改变收入模式需要对企业的内部结构进行相应的调整，包括组织架构、流程管理、人力资源、财务制度等，从而适应新的收入来源和成本结构。如果没有足够的变革管理和执行力，企业可能无法有效地实施和运营新的收入模式。

（3）改变收入模式需要面对来自外部的各种压力，包括竞争对手的反应、法律法规的限制、社会舆论的影响等，从而保护和维护自己的市场地位和声誉。如果没有足够的战略规划和危机应对能力，企业可能无法有效地应对和解决外部问题。

2. 改变企业模式（enterprise model innovation）

企业模式是指一个企业在产业链的位置和充当的角色，它决定了企业的价值创造方式和盈利模式。产业链描述的是一个产业之间相互联系的企业群体的概念，它涉及从原材料到最终产品的整个过程，产业链中最重要的两个环节分别是生产和销售：一部分包括生产相关的所有活动，另一部分包括销售相关的所有活动。企业可以通过合理利用产业链中活动的不同组合进行商业模式创新。不同的企业模式有不同的优势和劣势，适合不同的市场环境和竞争策略。

根据上述定义，企业模式可以分为 3 个基本要素：价值创造、价值传递和价值获取。这 3 个要素相互关联，共同构成了企业模式的核心内容。价值创造指企业为客户提供什么样的产品或服务，以及如何通过自身或合作伙伴的资源、能力、活动等来生产这些产品或服务。这一要素涉及企业在产业链中所处的位置和所扮演的角色，以及其产业链中活动的不同组合。价值传递指企业如何通过渠道、关系、品牌等方式，将产品或服务提供给客户，并使客户感知到企业的价值主张。这一要素涉及企业与客户之间的交互和沟通，以及其价值传递中的效率和效果。价值获取指企业如何从客户或合作伙伴那里获得收入或利润，以及如何分配这些收入或利润。这一要素涉及企业的盈利模式和收益模式，以及其价值获取中的收入来源和成本结构。这 3 个基本要素之间存在着一种内在的逻辑关系，即价值创造决定了价值传递，价值传递决定了价值获取，而价值获取又反过来影响了价值创造。

改变企业模式就是改变一个企业在产业链中的定位，改变其价值定义中"造"和

"买"的搭配，一部分由自身创造（make），其他由合作者提供（buy）。一般来说，企业模式可以分为以下几种类型。

（1）产品型企业模式。这种企业模式以产品为核心，通过生产和销售产品来创造价值和收入。产品型企业通常需要有较强的研发能力、生产效率和品牌影响力，以保证产品的质量、成本和市场占有率。例如，苹果公司就是一个典型的产品型企业，它以创新的设计和技术为特色，生产了 iPhone、iPad、Mac 等受欢迎的产品。

（2）服务型企业模式。这种企业模式以服务为核心，通过提供专业的服务来解决客户的问题或满足客户的需求。服务型企业通常需要有较高的服务质量、客户关系和信誉度，以保证客户的满意度和忠诚度。例如，星巴克就是一个典型的服务型企业，它以优质的咖啡和舒适的环境为特色，提供了消费者喜爱的咖啡体验。

（3）平台型企业模式。这种企业模式以平台为核心，通过搭建一个连接供需双方的平台来促进交易或互动。平台型企业通常需要有较强的网络效应、规模效应和数据分析能力，以保证平台的吸引力、活跃度和价值。例如，阿里巴巴就是一个典型的平台型企业，它以丰富的商品和服务为特色，搭建了淘宝、天猫、支付宝等多个平台。

（4）生态型企业模式。这种企业模式以生态为核心，通过构建一个涵盖多个行业和领域的生态系统来提供综合性的解决方案。生态型企业通常需要有较强的整合能力、创新能力和协同能力，以保证生态系统的完整性、多样性和协调性。例如，腾讯就是一个典型的生态型企业，它以社交为基础，构建了微信、QQ、腾讯视频等多个娱乐、信息、教育等领域的生态系统。

改变企业模式可以从产品型企业模式转向服务型企业模式。如之前的 IBM 由出售电脑转为软件服务商。之前提到的奥乐齐由传统的产品型百货转向了生态型企业模式，提升了产品多样性。

3. 改变产业模式（industry model innovation）

改变产业模式是最激进的一种商业模式创新，它要求一个企业重新定义本产业，进入或创造一个新产业。这种创新往往会颠覆现有的市场格局，给消费者带来全新的价值，同时也给企业带来巨大的竞争优势和盈利空间。

改变产业模式要求创业者挑战并重塑产业的基本特征，拥抱风险，并设想超越当前范围的可能性。他们试图打破传统的行业惯例和市场规范，创造新的交易规则、价值链及生态系统。这可能包括引入新的分销渠道，促进合作伙伴关系，或利用技术为客户提供前所未有的价值。通过改变产业模式，创业者可以重新定义市场边界，将自己与竞争对手区分开来，最终推动增长和竞争优势。这可能涉及去中介化、价值链重构或利用数字平台直接连接客户和供应商。传统零售向线上"新零售"模式转变是典型的改变产业模式案例。

随着互联网和移动互联网终端的普及，消费者越来越习惯于在网上购物和获取信息，但是线上购物的产品和沟通体验始终不及线下购物的实体，传统电商曾经享受的用户增长和流量红利正在逐步消失，传统电商的增长遇到了"瓶颈"的挑战。"新零售"是基于互联网的一种商业模式概念，"新零售"的3个基本特征为：①以消费者为中心，而不是以渠道为中心；②通过大数据和云计算等技术手段，实现线上线下的深度融合；③重塑商业结构和社会生态，让生产、流通和消费更加高效和协同。其核心思想是通过数字化技术和智能化手段，形成线上和线下的融合，打造一个全渠道、全场景、全时段的消费体验。新零售不仅是对传统零售业的改造和升级，也是对电商行业的颠覆和创新。新零售的目标是通过技术驱动，实现消费者、商家和服务商之间的无缝连接，构建一个以消费者为中心的数字化商业生态系统。比较成功的新零售模式案例包括盒马鲜生、美团优选等。

在一个以科学技术快速进步和客户期望不断变化为特征的世界里，改变产业模式是商业模式创新的缩影。敢于挑战现状并设想新的可能性的公司有可能重塑行业，创造新市场，并留下持久的财富。虽然这个过程充满了挑战，但对公司和整个行业来说，回报都是革命性的。

微案例

美团优选的运营模式

2020年7月，美团成立"美团优选"事业部，入驻社区团购领域，重点针对我国下沉市场，采取"预购＋次日达＋自提"的模式，为社区家庭用户精选高性价比的蔬果、肉禽蛋、乳制品、酒水饮料、家居厨卫等品类商品。

2020年9月，美团优选相继在济南、武汉、广州、佛山、成都等城市上线后，推出"千城计划"，旨在2020年年底覆盖全国县级市场。根据美团发布的2020年度报告，截至2020年第四季度，美团优选已经在全国2000多个市县进行布局，覆盖全国超过90%以上的地区。

通过分析美团优选整个流程，可以看到美团优选依靠"O2O＋O2B"的模式，拥有对上游供应商的议价约束力，可以甄选生鲜百货的供应商，与其建立合作关系，然后再将产品信息发布到平台上；又可以不通过团长直接接触到消费者，帮助消费者根据需求在平台上直接下单，美团优选根据消费者下单情况，准备好从供应商处购买的产品，按照区域配送至团长自提点，最后由各个区域团长针对消费者进行分拣，于次日通知消费者提货。

美团优选的下单渠道以美团App为主。打开美团App可以发现"美团优选"在首页非常显眼的位置。这既可表明"美团优选"是美团战略布局的重点，又可以推断美团优选是依靠自己的原有平台"美团"进行引流，在一定的客户基础上去运营该模式。

消费者点击进入美团优选平台后，可以发现优选平台所涉及的种类较多，从蔬菜、水果、肉禽蛋奶到粮油百货，品类较为丰富，而且价格较低。除此之外，美团优选的界面还常常会有"限时秒杀、整点秒杀"等促销活动，低价促销意味着对消费者更具有吸引力。

案例来源：王馨怡. 社区团购电商平台运营模式分析：以美团优选为例[J]. 对外经贸，2022(8)：33-36.

4. 改变技术模式（technology-driven innovation）

改变技术模式的商业模式创新是指企业通过引进激进型技术来主导自身的商业模式创新，激进型技术是指那些具有突破性、革命性和颠覆性的技术，它们可以改变现有的产品、服务、流程或行业，从而带来巨大的社会和经济影响。

技术的进步为创新提供了前所未有的机会，伴随着科学技术的飞速发展，越来越多的创业公司试图建立新颖的商业模式，在极短时间内重塑行业格局并创造成长神话。创业者可以利用尖端技术来改进他们的产品、流程或客户体验。这可能包括采用新兴技术，如人工智能、物联网、区块链或虚拟现实来增强产品。此外，创业者可以通过引入颠覆性技术来颠覆现有行业，取代过时的方法，改变企业运营和与客户互动的方式。

技术驱动的商业模式创新为创业者提供了变革行业、重新定义客户体验和创造新价值主张的工具。通过利用技术的力量，创业者可以在充满活力和竞争的商业环境中获得前所未有的增长、差异化和长期成功的机会。例如，特斯拉等公司将电动汽车与先进的软件、网络连接和自动驾驶功能相结合，彻底改变了汽车行业。

特斯拉是一家美国电动汽车和清洁能源公司，它通过引入电动汽车和自动驾驶等激进型技术来颠覆传统汽车行业的商业模式。特斯拉最初是以生产高端电动跑车为主要产品，但后来逐渐扩展到中低端市场，并推出 Model S、Model 3、Model X、Model Y 等多款车型。特斯拉不仅生产电动汽车，还生产电池、充电桩、太阳能板等清洁能源产品，并提供软件更新、远程诊断、数据分析等服务。特斯拉通过采用先进的电池技术，提高了电动汽车的续航能力和性能表现；通过采用创新的自动驾驶技术，提高了电动汽车的安全性和智能性。特斯拉通过引入激进型技术，不仅改变了汽车的产品形态和功能，还改变了汽车的销售和技术服务模式，其不依赖传统的经销商网络，而是直接通过网上或线下的自营店进行销售，从而节省了中间环节的成本和时间，并提高了客户的满意度。特斯拉还通过建立自己的充电网络和维修中心，为客户提供便捷和优质的后续服务。总之，特斯拉通过引进激进型技术来主导自身的商业模式创新，使得其在电动汽车市场上占据了领先地位，并对传统汽车行业产生了巨大的冲击和挑战。

改变技术模式的商业模式创新需要企业具备强大的技术开发能力、敏锐的市场洞察能力和灵活的组织调整能力。这种创新也给企业带来了巨大的竞争优势和市场份额，但同时也给企业带来了高度的不确定性和风险性。因此，企业在进行改变技术模式的商业模式创新时，需要充分考虑激进型技术的可行性、需求性、合法性等因素，并做好应对各种挑战和变化的准备。

在考虑商业模式创新时，重要的是评估与每个方面相关的潜在风险和收益。目标是在为客户创造价值、实现可持续收入增长和适应不断变化的市场动态之间找到平衡。成功的商业模式创新需要对客户需求、行业趋势和组织能力有深刻的理解。商业模式创新是一个持续的过程。随着市场条件、技术和客户偏好的发展，创业者必须继续探索适应和改进其商业模式的机会，以保持竞争力和相关性。

在当今快节奏和竞争激烈的商业环境中，商业模式创新不是一种选择，而是一种必要。对于任何寻求长期成功的创业公司来说，拥有持续创新的心态，对新想法和新技术保持开放的态度是至关重要的。通过积极探索和实施新的商业模式，创业者可以使他们的公司保持在行业趋势和客户需求的最前沿，为增长、影响和成功创造新的机会。

5.3   商业计划书是吸引风险投资者的重要环节

在大众创业的时代背景下，虽然扩大创业范围和群体可以增加就业岗位，激发创新活力，促进社会经济发展，但这也可能会出现很多问题。对于创业者来说，盲目跟风导致创业失败的概率更是大大增加，其中商业计划的缺失是创业失败的一个重要原因。

商业计划是指创业者收集关于某个创业机会的信息，并详细说明这些信息将如何被用于创建一个新的组织以把握该创业机会的书面文件。商业计划书是在商业模式的基础上，加入了更多的细节和数据，它将一个企业的价值创造、传递和获取的逻辑，具体化和量化为一个详细的文档，以便向潜在的投资者、合作伙伴或客户展示一个创业项目的可行性和吸引力。一份高质量的商业计划书也可以作为企业决策的路线图，它提供了一种结构化的方法来应对挑战和机遇。创业者可以参考该计划作出明智的选择，评估风险，并有效地分配资源。因此，从商业模式到商业计划书的过程，就是一个从概念到实践、从简单到复杂、从抽象到具体的过程。大部分商业计划书都包含以下几个方面的内容：摘要、公司或项目简介、业务背景、产品或服务、市场分析、运营方式、管理团队、商业提案、财务背景、风险分析、结论、附录。

撰写商业计划书时，应遵循以下原则。

（1）清晰明了。如果投资者在阅读商业计划书时感到无聊，就不太可能去支持创业者的创意项目，因此应该尽量精简，只留下需要告知阅读者的要点，剔除过于深入的描述内容。

（2）言简意赅。阅读商业计划书的人通常很忙，因此，会有意识或无意识地通过商业计划书的表达方式来判断创业者，因此，商业计划书需要保证语言简洁且能够清晰地表达出要点内容。

（3）合乎逻辑。商业计划书如果能够按照逻辑顺序呈现事实和想法，就会更容易被吸收，从而产生更大的影响。

（4）求真务实。商业计划书中不要夸大创意项目。

（5）用数据说话。投资者善于用数字思考，商业计划书中要有尽可能详细精确的数字作为支撑，才会给投资者留下深刻的印象，因此应尽可能通过量化来阐述项目内容。

通过帮助公司创始人作出决策，平衡资源供给和需求，并将抽象目标转化为具体的操作步骤，商业计划减少了初创公司解散的可能性，并加快了产品开发和新创企业组织活动的进程。商业计划既能够为创业者明确创业目标、指导创业实践、阐明创业公司的愿景和使命，又能够吸引合作伙伴，成为创业者筹集资金而与投资者沟通的重要工具。

在创业管理过程中，推动初创公司成功的一个关键因素是其从风险投资者那里获得资金的能力。风险投资者是指那些愿意为具有高风险、高回报潜力的创新项目提供资金支持的投资者，他们希望从自己的投资中获得可观的回报。因此，对于寻求风险投资的创业者来说，提供一个结构良好、全面的商业计划是至关重要的。

风险投资者经常收到大量的投资项目推荐，这使得创业者从人群中脱颖而出至关重要。风险投资者通常会对项目进行严格的筛选和评估，以确定是否值得投资。一份精心制作的商业计划能够阐明创业者的愿景，概述公司的长期目标。它提供了一个清晰的路线图，说明创业公司打算如何实现其使命、解决市场差距和满足客户需求。一份全面的商业计划展示了创业者对企业的承诺和愿景，使风险投资者能够评估企业长期成功的潜力。

风险投资者热衷于了解创业公司所面临的市场机遇。一份强有力的商业计划包括深入的市场分析、确定目标市场、评估竞争、分析行业趋势。它提供了一个令人信服的理由，阐明为什么计划书中的创业公司市场时机成熟，以及该公司计划如何获取市场份额。这种分析有助于风险投资者衡量企业的增长潜力和可拓展性。

商业计划为创业者提供了一个能够概述他们所选择商业模式的平台。它解释了创业公司打算如何产生收入和维持盈利能力。风险投资者会仔细评估所提议的商业模式的可行性和生存能力，确定它是否符合市场需求和趋势。详尽的商业模式可以让风险投资者了解企业的收入流、成本结构和竞争优势。

商业计划的一个组成部分是财务预测。这些预测为风险投资者提供了对公司财务未来的预见，包括收入预测、费用估计和预期盈利能力。风险投资者通过分析这些财务预测来评估创业公司的增长潜力和投资回报。此外，商业计划应该解决企业可能遇到的潜在风险和挑战，展示创业者的意识和准备。

风险投资者不仅投资创意，也投资团队有效执行这些创意的能力。一份精心制作的商业计划介绍了管理团队，突出了他们的技能、专业知识和过往成就。此外，它概述了执行策略，展示了创业公司的运营计划和里程碑。这些信息使风险投资者能够评估团队将商业计划成功变为现实的能力。

对于希望从风险投资者那里获得资金的有抱负的创业者来说，一份全面的商业计划是决定交易成败的关键文件。商业计划是风险投资者的决策基础，能够帮助他们评估创业公司的潜力、市场机会、财务可行性和团队的能力。一份准备充分的商业计划展示了创业者的奉献精神、愿景和应对未来挑战的能力，大大增加了获得创业公司成长和成功所需资金的机会。

微 案 例

Airbnb 的商业计划书

Airbnb 是一家联系旅游人士和家有空房出租的房主的服务型网站，它可以为用户提供多样的住宿信息，用户可通过网络或手机应用程序发布、搜索度假房屋租赁信息并完成在线预定程序。官网显示及媒体报道，Airbnb 平台在 191 个国家、65000 个城市为旅行者们提供数以百万计的独特入住选择，不管是公寓、别墅、城堡还是树屋。Airbnb 被时代周刊称为"住房中的 EBay"。当 Airbnb 开始第一次融资时，却也同普通创业者们一样，遭遇过不被理解的无奈，也承受过融资困难带来的焦灼。

以下是 Airbnd 2009 年商业计划书的主要内容：①欢迎（welcome），即开篇用一句话简明扼要地说清楚项目定位；②痛点（problem），即描述现有的客户需求哪些没有被满足，市场痛点在哪里，什么原因造成的；③解决方案（solution），即通过哪些方法与方式，去解决市场痛点，能给用户带来什么体验；④市场验证（market validation），即通过现有产品的相关数据来证明市场需求，真实且有说服力；⑤市场规模（market size），即从宏观维度来计算未来的市场规模；⑥产品（product），即展示产品的核心链路；⑦商业模式（business model），即盈利模式，就是如何赚钱的问题，通过哪些产品、渠道赚钱；⑧推广方案（adoption strategy），即如何推广；⑨竞争对手分析（competition），即通过价格和模式（线上还是线下）两个维度划分了 4 个象限，通过 4 个象限分别列举了竞争对手；⑩竞争优势（competitive advantages），即列举了竞争对手后，最重要的还是要展现出竞争优势；⑪团队（team），介绍公司的主要领导人和达成的成就；⑫媒体报道（press），即主要是一些大的媒体的评价，用作背书；⑬用户反馈（user testimonials），即通过故事来验证前面的痛点得到了解决，解决方案带来了新的客户价值；⑭融资条件（financial），即融资诉求和目标，这部分分为融资金额、释放股权、股权结构、资金用途及所占比例。

Airbnb 计划融资 50 万美元，最终凭借一份教科书级别的商业计划书融资 60 万美元。

案例来源：作者根据互联网资料整理。

案 例 分 析

新华教育 Learning Mall 未来路往何处去？

引言

2021 年 7 月 24 日晚上 11 点，江西新华教育总经理王雨在办公室逐字逐句地阅读完了中共中央办公厅、国务院办公厅印发的《关于进一步减轻义务教育阶段学生作业负担和校外培训负担的意见》（简称"双减"）。新华教育——这个刚刚成立 5 年，曾经一度被外界认为是教育培训创新标杆的儿童培训平台企业，不可避免将受到政策环境的影响。刚过 30 岁，在"撤店风波"后临危受命担任了两年总经理的王雨百感交集，踌躇在办公室，夜虽已深，她脑子里思考着依然是刚刚稳定的业务模式该往何处去。

1. 公司诞生与儿童教育"Learning Mall"

江西新华教育咨询有限公司是江西新华出版集团的子公司。彼时 2016 年年初，出版集团在做战略规划时认为：2015 年国家宣布二孩政策全面放开，国民生活水平逐步提高，2016 年出生总人口预计达 1780 万，"风口"机会来临，江西出版集团决定打造学龄前素质教育航母。1 个月后，江西新华教育咨询有限公司注册成立，江西新华出版集团出资 95%，另 5%用于股权激励授予了公司总经理胡开，公司董事长由出版集团领导担任。此时，王雨还只是新华教育从市场中猎聘过来的副总经理。出版集团出资 800 万元并提供了一块 4000m^2 的场地，作为开展学龄前素质教育综合体项目的试点基地。

场地和资金有了，紧接着的问题是要做什么类型的儿童教育？两个总经理和董事长都有自己的想法。王雨之前做英语培训，她认为应该做少儿英语；胡开提出做艺术类培训；董事长认为应该将公司的业务核心放在美育开发领域。根据市场调查结果，每个人都有一定的道理。

有没有可能在场地里把儿童培训的业态都做起来？作为一名女性，董事长经常逛购物中心（shopping mall），购物中心给了她启发："我们已经有场地和资金，是否可以借鉴 shopping mall，通过招商，把一些教育品牌招进来，成为'Learning Mall'呢？"董事长的点子提出来，大家眼前一亮。讨论再三，团队认为做成 Learning Mall 有几点好处，对平台自己来说，一是不用自己进行学员招生，只要招到培训机构入驻即可；二是能保证现金流（商场固定收租金）稳定。对家长来说也有几个优势，一是 Learning Mall 平台涵盖了不同的教育机构，解决家长、孩子周末东奔西跑去不同地点接送小孩的麻烦；二是新华教育团队的专业筛选，能帮助家长找到最优质的教育机构；三是家长缴纳的学费在结课前托管在新华教育账户，资金有保障。对入驻机构的优势，一是Learning Mall 给它们前期提供装修，让其省心入驻；二是提供复杂的办证服务帮助；三是协助它们一起招生，Learning Mall 内的学员还能相互介绍学员，产生连带培训消费。当时讨论认为，做成一个教育培训平台可谓一举三得。由此，儿童教育"Learning Mall"的思路雏形基本成型。

2.0 租金、拎包入驻

"开始打算像商场一样收机构的租金，这样能保证现金流的稳定。"王雨后来回忆道。但很快，团队又受到了互联网免费模式启发，提出了商业模式进一步改良——0租金、拎包入驻。"2016 年互联网公司很火，它们免费商业模式给了我们启发，我们也可以 0 租金入驻。但是世界上没有免费的午餐，虽然不收取租金，入驻机构总会以其他形式为免费买单。""买单"主要包括两项——第一项是入驻培训机构须缴纳 10~40 万元保证金，具体数额根据招生规模及场地使用面积协商确定；第二项是入驻机构所收学费经过新华教育财务，抽取入驻机构每年 20%~30%的营业收入提成，与机构签订对赌协议，每年的营业收入无法达到某个数值，将扣除保证金进行补偿（图 5-2）。"当时还有一个更长远的想法，通过机构学员缴费，获取培训机构的用户数据，这些数据将为后续价值再开发奠定基础，虽然，当时也没有想清楚以后具体怎么进行价值再开发。"王雨事后回忆道。

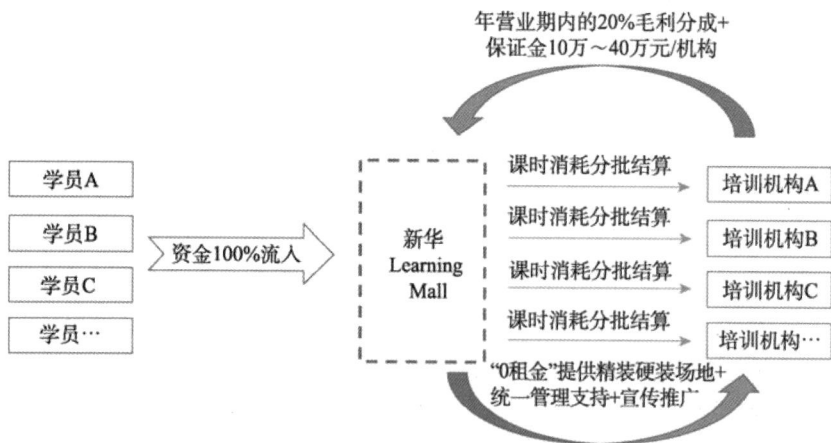

图 5-2　新华 Learning Mall 经营模式图示例

刚开始在一些朋友圈、行业群把"拎包入驻、0 租金、帮助招生"的口号抛出去，试探市场反应。前来咨询的很多，但普遍都有顾虑和担忧——"同行是冤家，引进更多的同业竞争者怎么办？我们的利益谁来保证呢？"在陆续收到意向机构的反馈后，团队及时调整方向，确定只会引入业态中唯一的机构培训，杜绝同业恶性竞争。确定了上述"引商"思路后，新华教育创业团队决定综合考察机构实力，以机构竞聘的形式选取入驻的培训机构。也就是说，"一个业态只有一个培训机构，我们要看培训机构的实力、知名度等，综合挑选"。

为扩大挑选范围，新华教育在 2016 年 6 月举办学龄前教育培训论坛。王雨事后回忆说："办一场高峰论坛，将有意向入驻的培训机构召集过来，现场解惑答疑。"通过这个方案，峰会共计 200 多位机构校长和投资人出席，解惑答疑之后，现场即签约商户 8 户。

Learning Mall 最终有 13 家培训机构入驻，涉及业态包括英语、乐高机器人、美术、手工、击剑、钢琴、舞蹈等。"当时全国没有这种模式，所有东西都是摸索出来的，套用购物中心商户合同，一字一句优化修改，制定了第一版招商合同。"王雨事后回忆道。在敲定入驻机构后，机构向新华教育提出装修需求，新华教育从 2016 年 7 月开始投入资金进行装修。

装修等待期，一方面创业团队配合培训机构进行宣传推广，另一方面团队思考如何进行机构内儿童用户的二次开发。通过走访二、三线城市大量培训机构，考察归来团队瞄准了境外游学。与沿海城市已盛行几年的境外游学相比，江西还是一片"处女地"，团队看好境外游学潜在市场，又属于"零资产"业务，不需要提供新的设施场地，只需对接好游学机构和自己的生源即可。为了挑选游学机构，新华教育创业团队在全国范围挑选了多家做询价与比较，最终挑选了一家国内顶尖的公司设计了路线。

3. 亏损状态中的人声鼎沸

2017 年 1 月，新华教育的 Learning Mall 正式营业。在上半年最高峰时 13 家培训机构招收了共计约 1500 名学生，年营业额超 1800 万元，归公司的收益约 25%（见图 5-2）。但 2017 年及 2018 年新华教育却分别亏损了 280 万元、220 万元。原因何在？王雨认为一是高昂装修成本拖累——Learning Mall 聘请知名设计团队，选用环保材料，前后投入近千万元的固定装修，形成了长期待摊成本；并且在装修上，由于没有考虑好消防需要，导致 2017 年完工后重新投入了几十万元进行消防改进以获得消防许可证。二是人力成本支出，2017 年开业后，新华教育人员扩编，从 6 人扩展到 15 人，包括财务、前台、教务和销售（图 5-3）。三是游学市场惨淡，"出境游学的价格太高，这么好的开阔眼界的机会，受众客群可能还没有这个意识。"王雨解释道。花费了半年的时间，境外游学项目最终不到 10 个人参加。

图 5-3 新华 Learning Mall 各业态营利收入占比

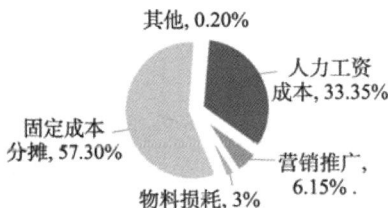

图 5-4　新华 Learning Mall 各部分成本占比

4. "跳单"风波引发培训机构撤店

如果 Learning Mall 稳健持续经营，2～3 年后扭亏为盈不无可能。但是，一步棋的走法导致陷入开业以来大危机。在营业 1 年后，总经理胡开认为有培训机构直接接触学员，私下收费（这种情况大概率存在）。为杜绝"跳单"，加上出于场地安全性考虑，新华教育决定在入口处安装刷卡进出的道闸，学员需录入身份信息才可进出。然而，安装道闸遭到大部分培训机构反对，个别商户们感觉利益受损，而且认为自身受到"冒犯"，开始为期半月的联名抵抗，有些平台内知名的不愁生源的机构开始找下家。机构撤店序幕随后拉起。2018 年 10 月，第一家乐高机器人培训机构撤店；2018 年 12 月，第二家美术机构撤店……机构们陆续撤出 Learning Mall，有的甚至连保证金都不要了。到 2019 年最少的时候，Learning Mall 仅剩 2 家在经营，不到 500 个学生。

一边是账面亏损，一边是机构陆续撤店，Learning Mall 逐渐失去生气，加上 2020 年的新冠疫情，新华教育中止营业将近 4 个月时间，中基层管理人员们看不到希望，大量出走，新华教育 Learning Mall 遭遇前所未有的危机。鉴于当时局面和消防装修问题，新华教育董事会作出决定，总经理胡开离职，由王雨接任总经理职务。

5. 何去何从？

摆在王雨面前的是一个烂摊子。声誉下降导致再走大规模招商模式已不太现实，团队决定尝试自营为主+招商为辅的模式。首先，对尚在场地内的 2 家机构进行合同查漏补缺，制定违约跳单责任，规范管理；其次，挑选幼小衔接、少儿英语 2 个板块进行自营试水。对于幼小衔接项目，其本身是培训的"大熔炉"，包括艺术、英语等，符合之前新华教育"一站式"的理念；少儿英语培训则是王雨之前的工作优势，为此还把她之前合作的同事老李聘请回来做少儿英语培训"校长"。为了激励员工，她还决定在 2 个项目上使用阿米巴经营模式，2 个项目团队作为独立利润中心，将赚得的利润更大化"据为己有"，同时形成内部良性竞争，使员工与企业共繁荣。到 2020 年年底新华教育 Learning Mall 里，3 家自营，3 家招商，自营已占据新华教育利润收入的85%。场地已开始不太够用，王雨的办公室甚至都贡献出来用作教室。幼小衔接和少儿英语培训走上了正轨，尤其是自营少儿英语，在 2020 年利润里贡献了超 500 万元的营业收入。

　　然而，2021 年"双减"政策的出台明确规定"不得开展面向学龄前儿童的线上培训，严禁以学前班、幼小衔接班、思维训练班等名义面向学龄前儿童开展线下学科类（含外语）培训"，让王雨和其团队再次心头紧锁，需面临业务的再次重大调整，新华教育的未来将何去何从？王雨甚至夜不能寐……

　　问题讨论：

　　1. 新华教育 Learning Mall 初始商业模式针对客户的价值主张是什么？

　　2. 结合上述价值主张，分析"免费"模式下的新华教育 Learning Mall 的价值创造活动。

　　3. 新华教育免费 Learning Mall 模式如何获得利润？你如何评价新华教育开展的境外游学业务？

　　4. 总结新华教育的商业模式画布，并从商业模式画布中分析：下一步新华教育有哪些出路？

本章思考题

　　1. 什么是商业模式？请试着阐述商业模式的重要性。

　　2. 商业模式画布包括哪些模块？

　　3. 为什么商业计划能够成为风险投资者的决策依据？

　　4. 商业模式创新有哪些方式？

即测即练

自学自测　　　　扫描此码

第 **6** 章

精益创业与产品迭代

【学习目标】

- ✓ 了解精益创业的时代背景与传统创业思维和精益创业思维的联系与区别；
- ✓ 掌握精益创业的方法论和最小可行产品（minimum viable product，MVP）
- ✓ 了解用户体验设计（user experience design，UX 设计）和用户测试的定义、原则和步骤等；
- ✓ 了解产品优化和版本迭代的定义、原则和步骤等.

【章节纲要】

本章主要分 3 节来阐述与探讨精益创业和产品迭代。第一节介绍敏捷开发方法和最小可行产品，从传统创业思维导入到精益创业思维，阐述精益创业的"四步创业法"、原则、最小可行产品、开发—测量—认知循环和精益创业画布；第二节介绍用户体验设计和用户测试的目标、步骤等基本内容；第三节介绍产品优化和版本迭代的核心概念、原则和具体步骤。

引导案例

李东的二次创业如何转败为胜？

李东，多年从事建筑、培训、电商等行业。2020 年 3 月，李东来到杭州，正式开始了第一次创业，组建了一支 4 人的创业团队，队员们共同筹资数百万元。

李东团队赢得了国内上市企业"苏泊尔"大型家电的天猫经销代理权，主要销售吸油烟机、嵌入式灶具等大型的厨房电器。他们借助"苏泊尔"的影响力，认为成功水到渠成，将筹集的数百万元资金全部投入项目运营中去。首先，李东选了一个地段好、面积大的办公场地，一年的租金及装修费用就花了 80 万元，之后招募客服、美工、运营等工作人员也是一笔不容小觑的开销。虽然李东有较为充足的电商运营经验，也预料到大家电的产品品牌竞争和品牌内部竞争情况，但是竞争的激烈程度还是远远超过了李东的预期。电商平台的流量获取成本高昂、产品的转化率低，让他大失所望、营销费用竟占到营收的 40% 以上，每 100 万元的销售就需要 40 万元的营销投入。短短一年时间，李东团队就基本消耗殆尽了筹集的数百万元资金，项目也难以盈利，最终项目破产，团队解散。

创业失败，李东转变心态。在偶然的一个装修定制烤漆家具柜体环节时，李东发现欧派、索菲亚等各大柜材的品牌价格昂贵到令他诧异。"一个柜门，一平方米的面积，近 2000 多元的价格"实在是夸张，他走访到家具板材的批发市场，获取到柜门的原材料成本因材料不同价格低的有 75～99 元/m²，价格高的有 120～140 元/m²，但这与柜门成品近 2000 元/m² 的零售价相差巨大，这不合理的价格，让李东嗅到了不同寻常的商机。

但是李东的第一次创业失败已让他囊中羞涩、犹豫不决。李东的资金和风险意识让他再不能承受巨大的变数，他学习过精益创业的原理。精益创业强调的是科学快速地试错和验证假设，不可过早优化和思维定式。第二次创业，他拟定了以下一个低风险低成本的创业计划。

第一，不招聘人手。李东前期亲力亲为，与市场和客户们面对面交流，深度把握客户们的需求和痛点。

第二，不生产柜门产品。不从产品出发，而是与当地的工厂合作，由本地工厂提供定制柜门、上门测量、安装及售后一条龙服务，尽可能地节省成本、降低风险和提高效率。

第三，只做杭州市场。注意力聚焦杭州本地市场，单点突破。

第四，聚焦烤漆柜门定制。虽有不同类型的柜门板材和工艺，但烤漆柜门定制异质化强、竞争力大，极易进入市场。

第五，聚焦网络营销渠道。李东前期优先选择自己熟悉且擅长的淘宝销售渠道。

最终，李东的淘宝网店总投入仅 1 万元左右。

这一次创业，李东的产品上线才一周，便有了客户咨询，并且客户成交转化率高达 85%，这还是在没有任何广告营销的前提下的数据。仅仅前期投入 1 万元，店铺首月就有了 25 万元的营收。李东立即对烤漆柜门定制项目深入拓展，增加销售渠道，上线多个相关产品，预计第一年实现 500 万元的营收目标。

如今，李东已经成为杭州好的网络科技有限公司创始人，他不断地优化产品和供应链，寻求新的创业者，向全国市场不断开拓迈进。

李东的两次创业经历，为什么第一次创业靠着极具影响力的"苏泊尔"并投入数百万元的资金还是惨烈失败？第二次创业仅依赖 1 万元的投入和顶着欧派、索菲亚的垄断巨头的压力，却能迅速获得成功？

从李东第一次失败的创业经历中，表现出来的就是传统的创业思维，我们可以看见他的创业思维存在一个明显的误区：未进行用户反馈、试错和验证。在商业模式和用户痛点高度不确定的情况下就已经产出了最终产品，固化了产品开发路径，一旦计划启动，便像瀑布一般不可中断直至结束。因此，就算李东预料到大家电的产品品牌竞争和品牌内部竞争激烈，提出了改进方案，也改变不了失败的结局。

与此对应，在第二次创业中，李东运用了精益创业的原理，意识到未来难以预测，用户痛点、解决方案存在极高的不确定性，需要不断地进行用户体验设计和测试，不断地进行产品优化和迭代，才能真正把握用户的需求，提出切实可行的解决方案。

精益创业并非提出一个假设或计划，而是行动导向，主张从行动开始，不断用试错来验证假设去获取认知，由行而知，由知而行，知行合一，不断循环地进行团队学习，最终形成认知和产品的不断迭代。

资料来源：改编自聂锟等. 创业机会选择进阶：李东的二次创业如何转败为胜. 中国管理案例共享中心，2022.

6.1　敏捷开发方法和最小可行产品

6.1.1　从传统创业思维到精益创业思维

在 20 世纪，传统创业思维模式是创业者们的主要指导原则。传统创业思维是指在过去长期的商业实践中形成的传统的创业方法和经验。这种思维模式通常包括以产品为中心、准备充分的商业计划、完善的市场研究、详尽的资源规划和相对稳定的产品开发周期。在传统创业中，创业者们会在市场推出产品之前进行全面的预测和规划，尽可能减少风险，追求长期的稳定和成功。这种传统创业思维产品的导入模式如图 6-1 所示。

图 6-1　传统创业思维产品导入模式

传统创业思维产品导入模式主要包括以下几个阶段。

1. 概念萌芽阶段

概念萌芽阶段是产品导入的第一阶段，也是整个导入过程的起点。创业者根据自身的认知将出现的想法概念整理成一个创业"金点子"，为此想法撰写一个创业计划书。在此阶段，创业者对于创业点子的"落地生根"进行系统思考和全面策划。因此，创业者需要对市场进行深入调研，了解目标客户的需求和偏好，同时分析市场竞争状况。通过市场调研和数据分析，创业者可以明确产品的市场定位、核心竞争优势、市场营销计划及定价策略。

2. 产品开发阶段

产品开发阶段是产品导入的第二个阶段，重点是将产品按照规划阶段的定位和策略进行实际开发和准备上市。在传统创业思维中，这个阶段通常是比较重要且耗时的阶段。创业者会投入大量资源进行产品研发和设计，以满足目标市场的需求。在产品开发阶段，需要注意保持与目标市场的紧密沟通，不断收集用户反馈，以确保产品能够符合市场需求。

传统创业思维的产品开发是一个"瀑布式"的开发流程，每一个流程都是紧密衔接的。其具体过程为：明确客户需求、制作产品计划、实施产品计划、验证产品效果和维护产品开发。第一个流程开始至最后一个过程结束，若出现重大误差或利于产品开发的创意，流程也不可中止。李东第一次创业的"苏泊尔"项目运营就是"瀑布式"产品开发，虽然意料到大家电内外部品牌竞争激烈，也不可中止此项目运营，使得最终几百万元的项目资金付之一炬。

3. 内外部测试阶段

内外部测试阶段是产品导入的第三个阶段，重点是对产品进行多次的内部和外部的测试和改进，确保产品的质量和性能达到预期水平，并为首次客户交付日期安排具体的开发进度。

4. 产品发布和首次客户交付阶段

产品发布和首次客户交付阶段是产品导入的最终阶段，重点是进行市场推广和销售渠道建设，尽快将产品变现，筹集足够资金维持项目运营。

李东第一次创业在产品发布阶段时，难以将产品从销售渠道卖出变现，获得维持项目运营的资金，最终导致项目清算，团队解散。

传统创业思维指导产品开发模式，传统的创业活动（Mcmullen and Kier，2016）是创业者在理想状态下将自己的愿景变成现实的过程。传统创业思维有一个基本的假设：未来是可以预测的，因此产品的商业模式、用户痛点和解决方案都具有极高的确定性。但未来是瞬息万变、难以预测的，缺乏敏捷性和忽视用户反馈的传统创业思维在很大程度上会导致产品和需求脱节，产品难以售出。

6.1.2　敏捷开发方法与精益创业思维

基于对传统创业思维的反思，高度不确定性和快速变化的商业环境成为当代创业新趋势，各国的创业失败风险都在急剧增加。为了弥补传统创业思维的局限性，硅谷的精益创业思维引起创业新潮流。精益创业（朱秀梅等，2021）能够帮助创业企业实现快速成长，是兼具理论前沿性和实践价值的新兴话题。

"精益创业"概念最早是 2008 年由美国埃里克·莱斯（Eric Ries）提出的，定义在已有的创业系统中利用敏捷开发和客户开发来消除冗余的浪费。随着企业实践不断扩展，精益创业的理论也逐渐成熟。埃里克·莱斯于 2011 年在出版的《精益创业》中提出精益创业理论，他将精益创业概念重新定义为：精益创业是在高度不确定环境下创建和管理创业活动的过程，通过主动试错并进行科学实验和验证假设，尽快创造顾客价值和消除创业过程中的浪费。精益创业的核心思想是：先在市场中投入一个极简的原型产品，然后通过不断的学习和有价值的客户反馈，对产品进行快速迭代优化，以期适应市场。其理念可以追溯到软件行业的敏捷开发管理。

敏捷开发方法是一种以快速迭代、持续学习和灵活性为核心特点的软件开发方法。它起源于 20 世纪 90 年代，当时传统的瀑布式开发模式在面对快速变化的软件需求时表现不佳。敏捷开发的目标是让开发团队更加高效、适应性更强，以便及时交付高质量的软件产品。敏捷开发方法的一些关键原则包括以下 5 点。

（1）小团队协作：敏捷开发鼓励小而高效的开发团队，成员之间紧密合作，互相支持。

（2）快速迭代：通过将开发过程分成多个短期迭代，每个迭代交付一个有用且有价值的部分产品，以便快速获得用户反馈。

（3）用户导向：强调深入了解用户需求和期望，通过频繁地与用户沟通，不断优化产品。

（4）灵活应对变化：敏捷开发接受需求的变化是正常的，并且能够及时作出调整。

（5）持续改进：开发团队通过持续学习和反思，不断改进开发过程和产品质量。

精益创业源于敏捷开发方法，注重快速迭代和持续学习。精益创业是一种以快速迭代、灵活学习和持续优化为核心的创业方法，旨在帮助创业者以更低的风险和成本，更高效地验证商业假设，推动项目向成功发展。精益创业思维相对于传统创业思维有不同的假设：创业所涉及的变量很难度量，未来不可预测，因此用户痛点和解决方案具有极高的不确定性，从而需要通过不断迭代来积累认知，逐渐逼近真实的用户痛点和得到有效的解决方案。

李东第一次创业失败就是假设已知确定的用户痛点和解决方案，未将假设进行科学的试错验证后就已大规模执行了"苏泊尔"大家电项目运营，最终未能成功。而他第二次创业成功就是科学运用精益创业理论，假设用户痛点与解决方案存在极高的不确定性，因此不断地进行用户体验设计和测试，不断地进行产品优化和迭代，最终转败为胜。

对于新兴时代的创业创始人，一个重要的方法就是精益创业。精益创业包括以下三部分。

第一部分，基本的商业计划。像传统创业思维一样，不是说基本的商业计划不再重要，而是将所有的计划都作为前提和假设，以行动为导向，主张从行动开始，不断地用试错来验证假设、迭代产品和认知。

第二部分，客户开发。精益创业不再像传统创业思维一样，以产品开发为中心，而是以客户开发和产品开发齐头并进，甚至更看重客户开发。精益创业不同于传统创业思维将产品的设计和开发在完成测试阶段才公之于众，它坚信客户反馈问题比保守产品秘密更重要，更强调从客户的及时反馈中获取关键信息。

第三部分，精益研发。在产品开发和创新过程中，采用精益创业理念和方法，以快速迭代、持续学习和优化为导向，高效地实现产品的研发和创新。

传统创业思维主导的创业模式虽然看起来非常完美，但是在与客户的第一次接触中就可能会分崩离析，因为再完美的创业计划只是一个假设。创业计划关键不是产品或服务，而是从客户反馈得来的认知，由行而知，由知而行，知行合一。

6.1.3　精益创业"四步创业法"

硅谷创投教父、PayPal 创始人彼得·蒂尔（Peter Thiel）在《从 0 到 1》书中提出新创企业一般会经历 4 阶段：第一、第二个阶段是探索商业模式；第三个阶段是放大商业模式，也就是说，此时商业模式基本确立；第四个阶段是进入正常的运营状态。精益创业聚焦于前两个阶段，也就是说如何从 0 走到 1。商业模式的放大是在第三个阶段，即如何从 1 到 100，而最后一个阶段——如何从 100 到 110，是传统商学院所覆盖的内容。蒂尔在书中强调，传统的竞争模式和改进型创新只能带来有限的回报，真正的商业成功来自从无到有的独特创新，即从 0 到 1 的跃迁。

基于从 0 到 1 的探索商业模式，精益创业运动发起人史蒂夫·布兰克（Steve Blanc）为帮助创业者更加系统和有条理地进行市场验证和商业模型构建，提出"四步创业法"，该方法分为两个阶段 4 个步骤。该方法论的核心观点是，创业者应该在着手开发产品或服务之前，首先聚焦于深入了解目标市场和客户，以确保创业方向与市场需求相符。如图 6-2 所示。

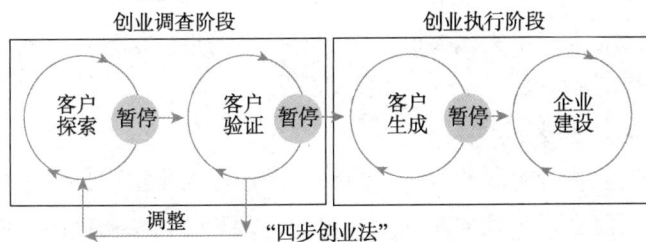

图 6-2　史蒂夫·布兰克"四步创业法"

"四步创业法"是一种基于客观验证的创业方法，强调对市场需求和客户反馈的关注。该方法采用 4 个关键步骤，以增加创业成功的机会，并减少风险。

第一阶段：创业调查阶段。该阶段共有客户探索与客户验证两大步骤，聚焦于验证产品的价值主张和商业模型是否成立，不需要成立公司。

第一步骤：客户探索。

在此步骤需定义基本用户痛点假设和解决方案假设，中心工作是进行客户细分，寻找天使客户，确定产品方向。创业者注重于深入了解目标客户，明确客户的真实需求和问题。通过与潜在客户交流和开展调研，创业者将建立对市场的深刻理解。通过与客户的交流与倾听客户的反馈来不断探索和迭代认知，把握客户的真实痛点。

第二步骤：客户验证。

在客户验证步骤中，中心工作是开发 MVP 产品验证假设，若不成功，就转到第一步。创业者将通过系统性的调查和分析，确认是否存在一个真实的问题或需求。这个阶段着眼于验证初步的用户痛点假设和解决方案假设以及验证市场假设，确保解决方案的方向与市场需求是一致的，有助于验证商业模型的可行性和市场适应性。

验证的方法非常直接，找到愿意购买最初代产品或半成品的客户，推销你的产品。最初代产品或半成品成为 MVP 产品，购买此类产品的客户被称为"天使客户"。"天使客户"是对初代产品乐于提供改善产品的建议或者抱怨产品不足的客户。与此同时，销售产品时要注意准备完备的销售材料、制定初步的销售策略以及确定正式的产品发布日期。

第二阶段：创业执行阶段。该阶段共有客户生成和企业建设两个步骤，这一部分是传统商学院教育的重点。

第三步骤：客户生成。

在客户生产步骤中，中心工作是投入营销资源，开拓客户渠道。同时帮助潜在用户认识产品，耐心且认真地培养一个稳定的客户群，等待市场的自然增长。

在执行此步骤时，大部分创业者见到成功的曙光便急于冒进，在最短的时间扩大产品营销。但此时，客户大多数面对的是一个细分市场和全新市场，而在市场中的现成客户很少，此时给予大规模推广是收益不足的。此时，客户生成的要点是产品精准发布，借助关键人物如"天使用户"、媒体作家与网络大 V 的特殊地位、影响力与人际关系等把产品推广出去。关键人物的对产品的推广信息可以精准地发布给潜在用户。

第四步骤：企业建设。

企业建设是创业执行阶段的最后一步，也是创业四步法的最后一步。在此环节，要完成客户从"天使客户"到大众主流客户的过渡和公司从初创团队向正规企业的过渡。这个步骤的中心工作是成立公司，建立组织架构。

在第一个过渡中，大众的主流客户与"天使客户"购买动机不同。"天使客户"愿意接受新事物，接受不完善的新产品；主流客户更讲究产品的实用，注重产品的性价比。

在第二个过渡中，初创团队向正规企业过渡。过渡需要成立一个编制完整的，建立以目标为中心管理模式的企业结构与规章制度完善的正规公司。

总体而言，史蒂夫·布兰克基于精益创业理论提出的"四步创业法"强调市场导向和客户驱动的创业方法，帮助创业者在创业过程中更加理性地验证商业假设，并最大限度地减少资源浪费。该方法论主张，在投入营销资源之前，必须先验证产品的价值主张和商业模式的成功。它强调在初代产品推出后，应通过不断的反馈和迭代来优化效果，以积累对产品和市场的深入认知。"四步创业法"在创业教育和实践中得到广泛应用，并为创业者提供了一套系统性、科学化的创业指导框架。

6.1.4　精益创业的原则

精益创业是由埃里克·莱斯提出的一种创业方法论，强调通过快速迭代和持续创新来验证商业假设，降低创业风险，实现高效率的创业过程。精益创业的原则有以下几点。

1. 最小可行产品原则

精益创业的核心原则之一是最小可行产品，它强调在尽可能短的时间内，开发出一个最简化的产品或服务，以验证关键假设和满足基本客户需求。最小可行产品不仅帮助创业者尽早收集用户反馈，还有效避免了资源浪费和开发过度。

2. 以客户为中心原则

精益创业强调将客户需求和反馈置于首要位置。创业者应该积极与潜在客户进行沟通，了解他们的真实需求和问题。这种客户驱动的方法有助于构建出更符合市场需求的产品和服务。

3. 快速迭代和学习原则

精益创业鼓励创业者采用快速迭代的方式进行实验和测试。创业者应该持续收集数据和用户反馈，并在此基础上进行快速调整和改进。通过不断学习和优化，创业者能够更好地适应市场变化和客户需求。

4. 持续创新原则

精益创业鼓励创业者不断寻求新的创新和改进。创业者应该保持开放的思维和创意，不断探索新的商业模式、产品特性和市场机会。

5. 开发—测量—认知循环

这是精益创业的核心方法，创业者在这个循环中不断迭代优化产品和商业模型。首先，创业者建立最小可行产品并将其推向市场；其次，衡量市场反应和用户反馈去验证产品的成功和失败；最后，从学习中获得有关市场、用户和商业模型的认知，并作出相应调整。

6. 精确度优先原则

精益创业鼓励创业者在初期关注精确度而非完美准确性。创业者应该尽可能快地得到实验结果和用户反馈，而不是过度纠结于详尽的数据和计划。

精益创业的原则强调迭代、学习和客户驱动的创业方法，通过最小可行产品和快速实验，降低风险并加速创业过程。精益创业是行动导向而非计划导向，不断地用科学试错来验证假设，由行到知。同时，将所获认知投入行动，由知而行，知行合一。循环往复以上过程，最终达到产品和认知的不断迭代和行动的不断调整。

6.1.5　最小可行产品与开发—测量—认知循环

最小可行性产品是精益创业中的一个关键概念，它是一种在创业过程中用于快速验证商业假设和获得用户反馈的策略性产品或服务。它是一个简化版本，包含核心功能，以满足早期用户的基本需求，同时最大限度地减少开发成本和时间。例如，一首歌曲在正式发行前，作者会将其小样（demo）版本发布给听众，虽然小样版本并不完善，但反映该歌曲的主要内容，并对完成最终歌曲作品产生重要作用。此时歌曲中的小样版本就是最小可行产品。最小可行产品的目标是尽可能快地将产品或服务推向市场，以便创业者可以从早期用户的反馈中了解客户需求和市场动态，并通过不断迭代和优化，逐步完善产品。

最小可行产品的主要特点包括以下几点：

（1）最小化功能：最小可行产品只包含产品或服务的核心功能，主要是直接满足客户需求或解决问题的关键功能，而不包含任何冗余或不必要的功能。

（2）快速开发：最小可行产品的开发应该迅速、高效，并专注于核心功能的实现。创业者应该采用敏捷开发和迭代方法，以快速推出最小可行产品。

（3）学习和验证：最小可行产品的目的是测试和验证创业假设。通过让早期用户使用最小可行产品，并收集用户反馈和数据，创业者得以了解产品的优势、缺陷和市场需求，从而进行迭代和优化。

（4）适应性：最小可行产品是一个灵活的概念，其形式可以根据不同产品和市场的需求来调整。它可以是一个简单的原型、演示或是有限功能的产品。

（5）资源节约：最小可行产品的开发需要尽量节约资源，包括时间、资金和人力。通过最小化投入，创业者可以在早期阶段验证商业模型和市场假设。

微 案 例

Airbnb 如何应用最小可行产品

Airbnb 这个产品大家可能不太熟悉，但国内人们一提到订酒店用的美团、飞猪、同程艺龙等 App，大家就熟知了。线上订酒店这个业务最早就是 Airbnb 开始实行的。

当时在美国有两个年轻的创始人，布莱恩·切斯基（Brian Chesky）和乔·盖比亚（Joe Gebbia）住在旧金山的一个阁楼公寓里。他们发现有些人需要住宿却碰到酒店满房，恰巧另外一群人家里有空的房间，于是就想如何将家里空的房间租给那些需要房子的人。这样既帮助了那些需要住宿的人的问题，也解决了空房闲置的问题，还赚了一笔钱，一举三得。

为了验证这个订酒店的功能是不是客户需要的，布莱恩和乔拍了几张阁楼的照片，准备了 3 张气垫床，创建了一个简单的网页（图 6-3），很快就有 3 位客人快速预订了酒店并每位支付了 80 美元。于是，通过这个方式，初步地验证了他们想法的可行性，他们开始扩大规模迭代产品，并逐步搭建起 AirBNB 的商业帝国。

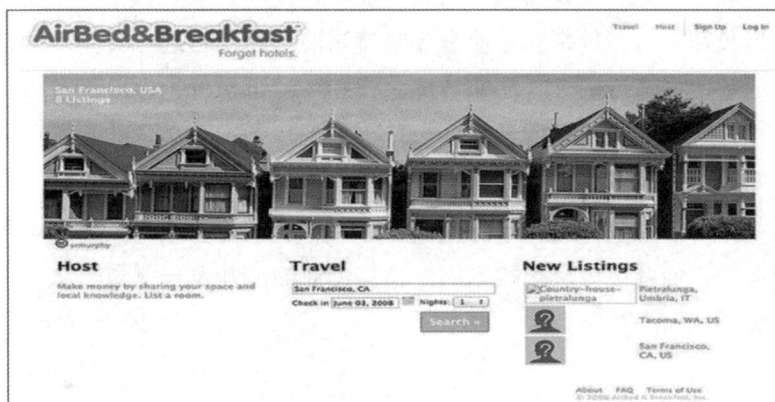

图 6-3　Airbnb 的初代网页

案例来源：https://zhuanlan.zhihu.com/p/620038219.

3 张气垫床和一个简易网页就是 Airbnb 从 0 到 1 的关键，这就是 Airbnb 的最小可行产品。精益创业理论强调：不需要花大量的人力、物力和时间去产出一个完整的产品，只需将产品的核心功能展现出来。

微信 1.0 版本也是一个非常经典的最小可行性产品。当时微信针对传统运营商短信很贵，且短信群发不容易这一痛点，推出只有免费短信和短信群发功能的 1.0 版。在第二版中，微信才加入了照片分享功能。之后，微信才逐渐加入摇一摇、语音、录音以及其他一些功能。

精益创业反馈循环是由埃里克·莱斯在丰田公司的"精益生产"的哲学思想和理论实践基础上发展的创业方法论。该方法论以"开发—测量—认知"3 个核心环节构成一个反馈循环，整体过程包括 6 个步骤：概念（idea）指创业者的商业创意；开发（build）是要构建"用户痛点假设"和"解决方案假设"并尽快向"天使客户"推出最小可行产品；产品（product）是指最小可行产品；测量（measure）是建立一个创新的评估体系，及时对每一个不足和所有的阶段性心得与进展进行测试；数据（data）可以是定律的指标测量结果，也可以是定性的评估结论；认知（learn）不是指市场调查或讨论，而是"经过证实的认知"，即通过测试体系对创新和发展策略假设进行检验后获得的对事实的认知（李春华，2021）。

"开发—测量—认知"反馈循环起始于概念环节，旨在依靠初步的认知提出商业创意和用户痛点与解决方案假设。提出概念后便进行最小可行产品开发环节，将最小可行产品投放市场以检验客户反应。此时的最小可行产品是用最快的方式、最低成本的付出完成的表达创业者想法的核心功能产品（Mcgrath，1999）。产品环节位于循环的第三阶段，积极将最小可行产品推入市场，提供给"天使用户"测试使用。第四阶段的测量要注意以下 3 点：一是用最小可行产品确定当前的真实数据，二是通过多次尝试提升企业增长动力，三是判断企业是要坚持当前产品还是进行转型。测量后所获得的数据需要的是"可执行指标"而非"虚荣指标"，"可执行指标"更有力支持创业核算。认知环境是认知迭代循环的最后一个环节，也是下一个循环的起始环节。每一次经证实的认知都会让我们离正确方向更近一步，这是测量实验真正收获，精益创业做的所有努力都是为了加快"开发—测量—认知"反馈循环，获得更多的认知。这也是企业一直强调快、强调小步快跑的原因。精益创业的"开发—测量—认知"反馈循环如图 6-4 所示。

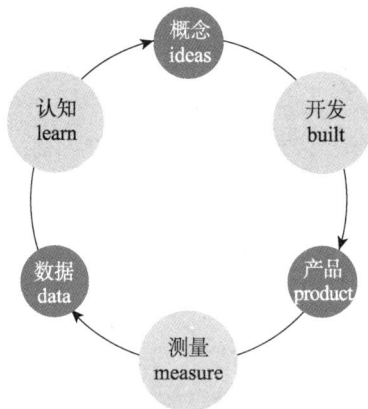

图 6-4　精益创业的"开发—测量—认知"反馈循环

"开发—测量—认知"反馈循环在高度不确定的用户痛点和解决方案的创业环境中进行迭代认知，指导创业者推进创业活动，在降低风险和成本方面发挥积极作用。具体表现在以下几点。

（1）快速验证商业假设："开发—测量—认知"反馈循环通过快速构建最小可行产品并将其推向市场，使创业者能够迅速验证商业模式和产品假设。这有助于避免将资源投入到不受欢迎或无效的解决方案中，同时让创业者更早地发现和修正问题。

（2）数据驱动决策：循环中的测量阶段鼓励创业者收集和分析客观的市场反馈和数据。这使得创业者能够基于实证数据作出决策，而不是依赖主观猜测或直觉。数据驱动的决策可以降低决策风险，提高成功概率。

（3）持续学习和改进：认知阶段强调从测量收集到的数据中吸取教训。创业者通过不断学习，发现并纠正错误，改进产品或服务。这种持续学习和改进过程有助于不断提高产品或服务的质量和竞争力。

（4）降低成本和资源浪费："开发—测量—认知"反馈循环鼓励在早期阶段尽快发现问题并及时修正，从而避免在错误的方向上过多投入资源。通过持续迭代和快速学习，创业者能够以更低的成本实现创新，减少资源浪费。

（5）提高市场适应性：循环使创业者保持与市场的紧密联系，能够更快地适应市场变化和用户需求。通过不断优化产品或服务，创业者能够更好地满足市场需求，增强竞争力。

（6）激励团队学习和合作："开发—测量—认知"反馈循环强调学习和改进的文化，鼓励团队成员参与到持续优化的过程中。这种学习和合作的氛围有助于提高团队的创新能力和协作效率。

总之，"开发—测量—认知"反馈循环在精益创业中具有积极作用，它通过快速验证商业假设、数据驱动决策、持续学习和改进、降低成本和资源浪费、提高市场适应性以及促进团队学习和合作，帮助创业者更有效地实现商业创新和成功。这种循环性方法在不断变化的市场环境中具有应对挑战和取得竞争优势的重要作用。

6.1.6　精益创业画布

精益创业画布来源可以追溯到商业模式画布，由亚历山大·奥斯特瓦德 2004 年首次提出，旨在帮助企业清晰地了解和沟通他们的商业模式。阿什·莫瑞亚（Ash Mounya）在商业模式画布的基础上，将其精简和优化，创造出精益创业画布，使之更适用于初创企业和创业者。精益创业画布是一张可视化的、简洁的商业计划书。

精益创业画布由 9 个模块组成，其基本框架如图 6-5 所示。

（1）问题：目标用户最需解决的 3 个问题是什么？这一部分旨在描述要解决的用户问题或需求。创业者应该清楚地定义目标用户群体，并说明他们在现有市场中面临的主要问题或痛点。可以做一次优先级的排列组合进行创业早期的产品蓝图规划。

（2）用户群体分类：创业者需要将目标用户群体细分，并说明不同用户细分的特点和需求。

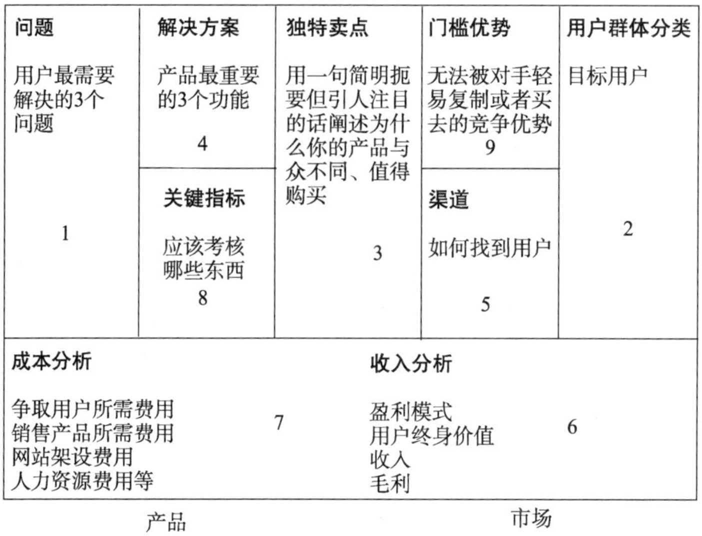

问题	解决方案	独特卖点	门槛优势	用户群体分类
用户最需要解决的3个问题	产品最重要的3个功能 4	用一句简明扼要但引人注目的话阐述为什么你的产品与众不同、值得购买 3	无法被对手轻易复制或者买去的竞争优势 9	目标用户 2
1	**关键指标** 应该考核哪些东西 8		**渠道** 如何找到用户 5	
成本分析 争取用户所需费用 销售产品所需费用 网站架设费用 人力资源费用等 7		**收入分析** 盈利模式 用户终身价值 收入 毛利 6		

产品　　　　　　　　　　　　　　　市场

图 6-5　精益创业画布

（3）独特卖点：创业者需要清楚地表述其产品或服务的独特价值，即为什么用户会选择他们的解决方案而不是竞争对手的产品或服务。（4）解决方案：在这部分，创业者需要说明他们提供的解决方案或产品。解决方案应

该明确地与前面提到的问题相关联，并描述它如何满足目标用户的需求。

（5）渠道：主要包括销售渠道、市场推广渠道等。

（6）收入分析：创业者需要描述他们的收入来源，即如何通过销售产品或服务来获得收入。

（7）成本分析：这里需要列出运营业务所需的主要成本。这有助于创业者了解业务的运营成本和盈利潜力。

（8）关键指标：这里涉及衡量业务成功的关键指标。创业者需要确定最重要的业务指标，以便监测业务的进展和绩效。

（9）门槛优势：创业者要找到自家产品不会被对手或竞品轻易复制的竞争壁垒。

在阿什·莫瑞亚商业创业画布的基础上，我国"精一公社"进一步结合中国创业实践优化完善了精益创业画布，如图6-6所示。

"精一公社"结合中国创业实践的精益创业画布的模块分解[①]如下。

①项目名称——为你的产品或项目起一个比较简洁又容易记住的名字，要能让人想到你的产品或项目大概是什么行业，针对什么用户，产品形态是什么样的。

②服务人群——创业一定要从用户细分开始，创业者要列出具体的细分，如收入、年龄，工作、行业等，而且要评估规模有多大，太大无处着力，太小定位太窄，以后企业很难做得很大，投资人也不会太感兴趣。

_____

① 资料来源：http://www.leanone.cn/

和谁合作?	解决方案的主要功能:	独特卖点(一句话):	用户的痛点:	你要服务的人群:
1. 非竞争战略联盟 2. 竞争战略联盟 3. 业务合作互补型 4. 长期供应关系型 获得什么? 1. 商业模式优化 2. 形成规模经济降低成本 3. 降低风险 4. 获取特定的资源	1. 创业早期功能一定要少,不超过3个 2. 功能要直击用户痛点 3. 思考如何开发对应的最小可行产品 现有解决方案: 如果痛点存在,那一定已经有了解决方案,关键是现有方案的缺点是什么?价格高?体验不好?等等	最难讲的一句话,也是最有价值的一句话,可以从以下方面入手: 1. 颠覆什么 2. 专注什么 3. 把什么做到极致 项目门槛: 1. 已有门槛 2. 可以建立的门槛	1. 如果问题被准确地描述,问题已经解决了一半 2. 痛点的程度:1~5 (1: 无法忍受;5:稍有不爽) 3. 痛点是否经过验证	1. 创业一定是从用户细分开始的 2. 要列出具体的细分项目,如收入、年龄、工作类型等 市场规模: 用户细分决定了市场规模,规模太大落地难,规模太小无法做大
团队介绍 1. 创始人是否全职 2. 团队人数 3. 缺失的主要能力 4. 团队能力	主要度量指标(1~2个): 1. 初创公司只能关注1~2个关键指标 2. 初创公司必须快速增长,5%~10%的周增长率 3. 避免装机量等虚荣指标 4. 寻找自己的增长引擎	时间窗: 1. 整个画布对应的周期 2. 大概的计划	你做过哪些产品探索性实验? 1. 访谈过多少人验证痛点存在 2. 是否愿意为痛点使用你的解决方案 3. 是否愿意花钱解决问题 4. 是否制作过最小可行产品 5. 是否已经有产品?多少日活跃用户	天使用户定义和渠道: 1. 你如何定义天使用户 2. 你如何找到天使用户

成本结构:		收入模型:
固定成本: 1. … 2. … 3. … 4. …	可变成本: 1.客户获取成本 2. … 3. … 4. …	预计收入: 1. 没有收入就没有商业模式 2. 要具体到收入价格和频率 3. 要根据用户痛点来定价,而不是根据你的成本定价 4. 要估算客户会使用多久,1天、1个月,还是1年 5. 早期时,定价模型要简单 6. 对于免费模式,建议从收费环节开始验证,把免费作为渠道

图 6-6　"精一公社"结合中国创业实践的精益创业画布

③用户痛点——如果一个问题能被准确地描述,那么你的问题已经解决了一半。所以能发现问题,并准确描述问题,是非常重要的。同时,要评估这个痛点的程度,1~5 也是不一样的,不同级别的痛点,你的产品的做法是不一样的,而且不能想当然地认为这是用户的痛点,一定要去和用户交流,做一些小规模的实验去验证这个痛点确实是存在的。

④解决方案——创业早期功能一定要少,不超过 3 个,因为创业者的资源有限,人也有限,能力也有限,钱也有限,要将资源集中在最关键的那个功能上。功能要直击用户的痛点,而且要思考对应的最小可行产品,尽早发布你的产品。另外,创业者要相信所有问题都已有了解决方案,你要看看你的解决方案跟现有解决方案的区别,是否更便宜、获取用户更容易,还是比它体验好?

⑤天使用户定义和渠道——如果你的创业是对的,你一定能找到一批用户,就是在你的产品还不完善的时候,他们就愿意花时间跟你探讨你的产品,甚至花钱购买你的产品,这些人就是你的天使用户。如果你找不到他们,要么是你的方法不对,要么是你的创意有问题。

⑥探索性实验——在创业开始,你是否为你的产品做过一些探索性实验,这很重要。最小可行产品的 3 个要素,假设、用户和度量。针对商业模式中的一个假设,它能够交付到用户手里获得用户的一线真实反馈,可量化地度量用户反馈,然后评估你的假设成立还是不成立。它的形式有很多种,视频最小可行产品,登录页最小可行产品,众筹最小可行产品,单一功能最小可行产品、虚拟最小可行产品等。

⑦度量指标——针对你产品的主要功能，要有相对应的度量指标，但是创业者要避免虚荣指标。什么是虚荣指标？比如：App 装机量，如果创业者肯花钱做推广那么就有装机量；还有就是你订阅号的粉丝数也是虚荣指标，因为粉丝数不代表你的阅读数，你只要做任意绑定式推广就能获得粉丝。要找到真正反映创业公司真实状况的关键指标。

⑧团队介绍——对于早期创业团队，你的创始人是不是全职很关键，创始人不全职一般投资人是不考虑的。你的团队人数也是很重要的，有些孵化器是不接受一个人的创业项目的，创始人要具备能把人吸引到你身边的能力。一般团队人数越多，你的估值也会越多。大多数孵化器不接受一个人的创业项目是有道理的。

⑨项目门槛——项目门槛分为两类：一类是已有门槛，就是你的团队先天具备的资源，别人不具备的；另外一类是后天建立的门槛，就是在你产品开发、成长中建立的，可以弥补你先天的不足。比如，你有的独特资源实验室、某项专利，这些都是先天门槛，像你的社交产品的黏性、你培养的某种使用习惯等是后天建立的门槛。

⑩和谁合作——合作者的类型是你需要考虑清楚的，非竞争的战略联盟、竞争战略联盟、业务合作互补型、长期供应关系型，每种合作的方式和策略都不一样。尤其对于初创企业而言，创业者们去看投资者的资源一定要清楚自己需要什么，再去衡量投资人的资源对你有什么价值。

⑪时间窗——每一个计划都是有时间窗的，尤其是对于早期项目，创业者希望这个画布的计划不要超过 12 个月，最好在 6 个月。

⑫成本结构——只要有了时间窗，下面讨论的成本结构和预计收入才有的放矢。成本结构包括两部分，固定成本和可变成本。比如，做一个网站，研发人员成本就相当于固定成本，你有 10 个用户和 20 个用户，你的研发成本不会有明显变化，但你的服务器和带宽成本跟用户量就有很大关系，这就是可变成本。

⑬预计收入——每个创业项目开始的时候都要思考盈利模式，要在合适的时机去验证你的盈利模式。

⑭独特卖点（一句话）——这个是最短却是最难说的一句话。这句话就是所谓"电梯演讲"的一句话，你在电梯中遇到一个投资人，你有 30 秒时间来说明你的项目，也就是你的独特卖点，来引起他的兴趣，你才有机会与他进一步交流。

精益画布体现的商业模式要创造价值，即产品或服务是满足用户需求的；要传递价值，即产品或服务通过何种渠道到达用户；要获取价值，在向客户创造和传递价值的过程中收获自己的价值。精益画布相对于传统的商业计划书而言，更加简洁明了，是一种快速验证假设和数据驱动决策的工具，它整合了精益创业的原则，适合初创企业和创业者，有助于促进团队合作，提高团队的创新能力和协作效率。

6.2　用户体验设计和用户测试

在当今竞争激烈的商业环境中，创业者们面临着前所未有的挑战。面对高度不确定的市场环境，企业创新的速度不断加快，市场需求不断演变，而成功的创业往往取决于创业者是否能够深入了解和满足用户的需求。在这样的时代背景下，用户体验设计和用户测试成为精益创业过程中的两大关键要素。

微案例

以司机为中心的用户体验设计
——细看如何从零开始重制 Uber 司机端 App

相比于普通乘客关注的通过 Uber 可获得舒适出行体验，司机群体眼中的 Uber 截然不同。在全球，有超过 100 万人在使用 Uber 司机端 App，并以此为重要谋生手段，对这些人来说，Uber 司机端不仅是接单和做生意的工具，还是在每一次出车前后获取相关信息的重要渠道——总而言之，Uber 司机端 App 是他们营生中不可或缺的依赖。

设计 Uber 司机端的 App，不仅要满足全球用户不同的要求，还要具备易用性和简便性。因此 Uber 的设计者走进司机用户群体，了解司机们的使用体验。

首先，Uber 司机端软件的设计者通过与司机客户的实地考察研究和用户访谈，获取用户反馈，了解到当时产品中存在的欠缺。当时的 Uber 司机端 App 功能是接上乘客和送乘客至目的地。通过用户调研，发现许多司机在车中备有手抄本，如图 6-7 所示。司机们喜欢将每一单的收入记账，和记下乘客们的坐车反馈，以便衡量报酬和改进服务评价。设计者们将用户调研的结果汇集起来，找出 Uber 司机端用户痛点，并着手改进产品。

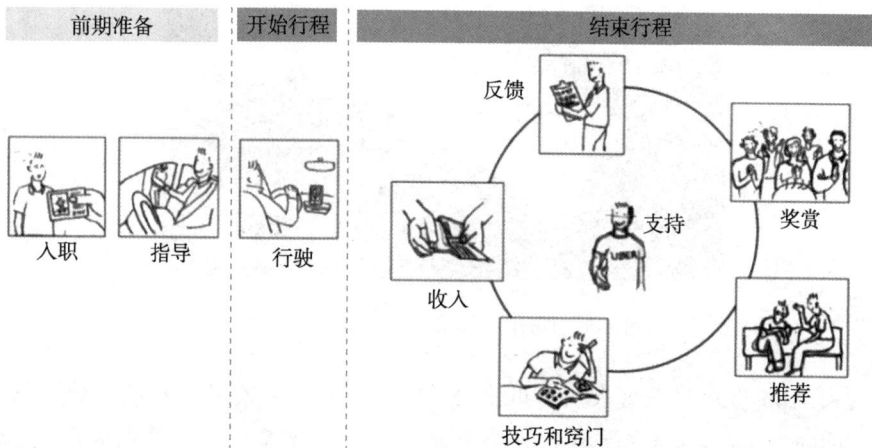

图 6-7　Uber 司机用户行为路径图

其次，Uber 设计者基于用户调研作出最终的设计方案，反映司机用户最关心的以下几项内容。

（1）知晓何时何地需要出车，并获得实时资讯（主页）。

（2）了解收入状况（收入页）。

（3）获知乘客反馈（评价页）。

（4）管理信息（账号页）。

依据最终的设计方案，Uber 司机端 App 设计者完成了低保真原型的制作，随后进入高保真原型制作阶段。在这一阶段，设计者将着手深度打磨视觉设计和交互设计。例如，调整在可查看内容的地图上，滚动操作的手感。不论在制作高保真原型之前收集的信息多么全面，第一轮完成的作品必定存在瑕疵。因此，设计者让真实用户不断试用原型，以反复测试端到端流程（例如，一个用户能否顺利地找到收入账单）和核心功能交互（例如，一个用户能否明白"上线接单"的含义）是否正确可用。

之后，设计师们完成了新的 Uber 司机端 App 的开发之后，便进行用户测试。在此阶段的 App 核心功能完备，但原型中一些试验性的动画效果被暂时放到了设计优化清单中，根据用户测试的实际情况再做调整。例如，用户从"离线模式"转为"在线模式"并开始接单的按钮动画便是其中之一。用户测试阶段中用户提意见说，按钮没有反馈，这让人很困惑；设计开发者们立刻加入了一个动画，让"上线接单"这一过程变得直接明了。

最后，Uber 司机端 App 设计开发者们强调从用户中学习。在印度，文化普及率参差不齐，甚至很多人第一次接触 Uber 司机端 App 时也是他们第一次接触智能手机。这些用户在使用 App 时重度依赖图形信息，对他们来说，文字配以图标和图像可以大大降低信息理解的难度。为了身处低网络覆盖地区的用户更好地理解功能，设计开发者将收入页的图标从条形图状换成了货币状，如图 6-8 所示。

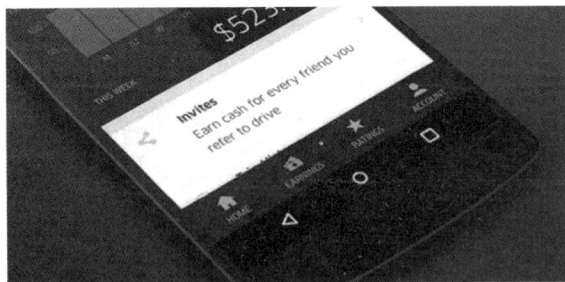

图 6-8　Uber 司机端 App 更新图标设计

针对新 App 用户的调查表明，用户满意度相比以往均有普遍提高，但这仅仅是一个开始，Uber 产品工作远未完成。随着新版 App 逐步覆盖更多的司机用户，设计者将不断借助数据和用户反馈，不断迭代产品，持续优化用户体验。

通过用户体验设计和用户测试，Uber 持续改进产品和服务，为用户提供优质的出行体验。这种持续优化的方法使得 Uber 能够迅速吸引用户，扩大市场份额，并在竞争激烈的出行领域取得了巨大成功。

案例来源：https://zhuanlan.zhihu.com/p/20862294.

6.2.1　用户体验与用户体验设计概述

用户体验是指用户在使用产品或服务的过程中建立起来的心理感受，涉及人与产品、程序或系统交互过程的全方面。对于产品的真正价值体现，用户体验是产品成功与否的关键。用户体验并不是指产品或服务本身是如何工作的，而是人们如何"接触"和"使用"它。因此用户体验有极强的主观感受，有较多的不确定性因素。

用户体验概念起源于 20 世纪 40 年代的人机交互领域，早期的软件开发过程中，人机界面开发是位于整个开发过程的尾声且独立于核心功能的开发。这种开发方式的结果是高风险的，限制人机交互的设计。因为最后再修改核心功能代价巨大，所以只能牺牲人机界面。这种猜测性和赌博性开发是难以获得满意的用户体验的。因此，用户体验以可用性和"以用户为中心设计"为基础，反映产品或服务被用户用于特定用途所具有的有效性、效率和主观满意度。

《用户体验要素》中写道：一个好的用户体验绝对是基于用户自身的心理感受和行为去设计的，兼顾视觉和功能的因素，同时解决产品所面临的其他问题。举一个互联网产品的例子：饿了么 App 的订单页面不仅显示预期送达时间，而且非常直观地显示商家准备餐品、骑手前往商家、骑手接到餐品、距离用户距离和用户接到餐品。整个流程非常直观，给足了用户心理时间预期，包括天气的变化在订单页面骑手行驶的地图上也会随之变化，使用户容易产生情感化的购物休验。

在创业者制作的产品满足人们的需要时，该产品会受到赞扬，反之，则会受到指责。在产品开发过程中，人们更多地关注产品用来做什么，而经常忽略产品如何工作，而这恰恰是决定产品成败的关键因素。

用户体验设计是指通过深入了解用户需求和行为，关注用户感受和反馈，在产品或服务的设计过程中，以用户为中心，以用户需求为目标，创造出令用户满意的体验。用户体验设计过程中，要保证对用户体验有正确的预估；认识用户的真实期望和目的；在核心功能还能以低成本加以修改时对设计进行修正；保证核心功能同人机界面间的协调。因此，用户体验概念贯穿用户体验设计过程的始终。

在精益创业中，用户体验设计是至关重要的，因为它可以客观评估产品质量、提升竞争力、降低后期成本、增加用户参与感并直接影响着产品的市场接受程度和用户忠诚度。怎么打造好的用户体验和以低成本的方式进行试错呢？假设要设计一个新的电商公司购物车页面，需要提高用户购物体验。电商公司购物车页面用户体验设计在精益创业中的具体步骤如图 6-9 所示。

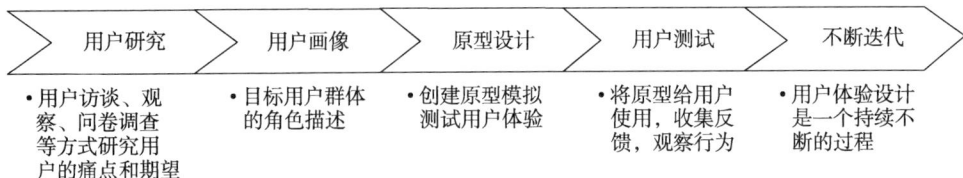

用户研究	用户画像	原型设计	用户测试	不断迭代
• 用户访谈、观察、问卷调查等方式研究用户的痛点和期望	• 目标用户群体的角色描述	• 创建原型模拟测试用户体验	• 将原型给用户使用，收集反馈，观察行为	• 用户体验设计是一个持续不断的过程

图 6-9　用户体验设计具体步骤

（1）用户研究：创业者可以通过用户访谈、观察、问卷调查等方式深入研究用户的需求、问题和行为，了解他们的痛点和期望，从而为用户创造更有价值的产品或服务。而在进入设计环节前，需先走出办公室，产品应该开发什么功能，不存在进行头脑风暴的会议室里，也不存在老板的要求之中，而存在用户的想法中。创业者应更好地去和用户接触，与用户进行面对面的沟通，去验证所想的假设。

设计购物车页面时，通过与用户近距离沟通询问最关心哪些信息，如购物车中物品数量、价格总和、节日优惠活动预告、物流公司选择、是否有运费险等。

（2）用户画像：将用户研究的结果整理成用户画像，这是一个代表目标用户群体的角色描述。用户画像可以帮助整个团队更好地理解用户，概括用户群体的特征，并确保在设计和开发产品时始终以用户为中心。

通过用户调研，可以将用户根据性别、年龄、职业、购物习惯、购物偏好、购物频率等方面进行用户细分，更好地理解用户。

（3）原型设计：在产品开发之前，通过创建原型来模拟和测试用户体验。原型可以是低保真的草图或高保真的交互式模型，可以帮助团队发现问题并快速迭代改进。

基于用户调研和对用户进行画像，可以开始设计购物车页面，设计时要考虑以下几点。

第一，页面布局。考虑页面的信息架构和布局。例如，是一栏还是两栏产品图推送，使用户对购物车中的产品有更加详细和直观的理解。

第二，可视化设计。页面的可视化设计要满足大众用户的审美要求和使用习惯。

第三，易用性。例如，不同店铺的多件产品集中放置、产品的价格波动趋势、产品所属店铺活动、添加商品、修改数量、删除商品等。

第四，用户反馈。购物车页面设计需提供及时反馈，如添加商品成功的提示、下单成功的提示、删除商品的确认提示等。

（4）用户测试：用户测试是评估产品或服务的关键步骤。将原型交给真实用户使用，并收集他们的反馈和观察其使用行为。通过用户测试，可以发现潜在问题，验证假设，并根据用户反馈进行优化。

在设计购物车页面时，可以采用 A/B 测试来评估不同方案的设计方案的效果。例如：A 方案是将每一款产品的图片信息是放置在右边，详细产品信息放置在左边；B 方案是将每一款产品的图片信息是放置在左边，详细产品信息放置在右边。通过两个方案的购物车页面点击量来评估不同设计方案的效果。还可以采用用户反馈和数据分析等方法发现用户使用问题，并进行修改和优化。

（5）不断迭代：用户体验设计是一个持续不断的过程。根据用户测试的结果和反馈，不断迭代改进产品，以确保产品能够真正满足用户的需求和期望。

在购物车页面使用之后，根据用户反馈和数据分析，进行购物车页面的不断优化和持续改进，以提高购物车页面的完善度和用户满意度。

精益创业中的用户体验设计首先会根据用户调研对其想法进行验证，之后才会设计开发产品。推出产品后通过数据进行分析，得到新的认知，由新认知产生新想法，进而不断迭代更新与优化。

6.2.2　用户测试概述

用户体验设计是一种计划，经过撰写计划，找出计划中风险最高的部分和最关键的部分，接下来就是测试计划，即对最小可行产品进行用户测试。

用户测试（user testing）是以用户为中心设计流程中的一种验证性的研究方法。通过与真实用户进行互动和反馈，评估产品或服务的可用性、用户体验和市场需求，并了解用户需求和喜好，进而发现问题和改进产品。用户测试在产品开发的早期阶段易发现产品的潜在问题，减少产品设计风险，因此进行用户测试是至关重要的。作为精益创业中的一项重要的实践方法，用户测试有以下目标。

（1）确认市场需求：用户测试帮助创业者验证他们的创意或产品是否真正满足用户的需求和痛点，从而避免开发无人问津的产品。

（2）确定用户喜好：用户测试让创业者了解用户对产品的偏好和期望，以便进行产品迭代和优化，提供更符合用户心理的解决方案。

（3）发现问题和改进：通过用户的反馈和行为，用户测试帮助创业者发现产品的问题和不足之处，从而优化产品设计和功能。

（4）降低市场风险：用户测试能够在投入大量资源之前，早期发现问题，减少失败风险，节省时间和成本。

用户体验设计和用户测试是精益创业中的一大工具，是一种有效的验证和改进方法，用户测试在精益创业中发挥以下关键作用。

（1）验证假设和风险降低：创业过程中充斥着许多假设，包括市场需求、用户行为和产品特性等。通过用户测试，创业者可以快速验证这些假设，减少错误决策的风险。例如，一个初创公司可以创建一个最小可行产品，然后将产品提供给用户进行测试，从而验证市场是否真的存在对产品解决方案的需求。

（2）提供实时用户反馈：用户测试使创业者能够获得来自实际用户的实时反馈。这种反馈可以帮助他们了解产品的优势、存在的缺陷以及改进的机会。这样，团队可以及早发现并修复问题，以更好地满足用户需求，从而提升产品的用户体验。

（3）快速迭代和持续改进：用户测试鼓励持续迭代和改进。通过在不断的测试和反馈中进行产品优化，创业团队能够快速适应市场变化，从而更好地满足用户需求，提高产品的竞争力。

（4）节省时间和资源：用户测试可以帮助创业者避免在错误方向上投入大量时间和资源。通过及早获得用户反馈，创业者可以避免开发出不受欢迎或不符合市场需求的产品，从而节省时间和金钱。

（5）增强市场洞察力：用户测试可以让创业者对有关用户行为、偏好和需求有深入了解。这有助于他们更好地定位市场，优化产品营销策略，并创造出更具吸引力的价值主张。

（6）增加投资吸引力：在创业过程中，投资者往往关注团队是否具备敏锐的市场洞察力和快速迭代的能力。通过展示用户测试获得的有关产品市场适应性和改进历程的数据，创业者可以增强自己在投资者眼中的吸引力。

6.2.3 用户测试步骤

用户测试是一项关键的实践方法，用于验证创业想法、产品或服务是否满足用户需求和市场需求。用户测试有以下步骤。

第一，确定测试目标和假设。在用户测试之前，明确研究的目标，确定要测试的关键问题和假设。同时，要明确测试的任务和评估指标。例如：想达到什么目标，为什么要达到这个目标，怎么样才算达到这个目标等。这有助于指导后续测试的设计和分析过程。

第二，设计测试场景和任务。根据测试目标，设置合适的测试场景和任务，例如安静的办公室或咖啡馆，以便用户在真实或模拟环境中使用产品，确保测试场景的切实可行和代表性。

第三，招募参与者确定用户样本。招募适合目标用户群体的参与者，确保他们能够代表所需的潜在用户，一般参与者3～5个为宜。可以通过社交媒体、在线调查平台、行业活动等途径寻找参与者。

第四，进行测试。在测试过程中，让参与者使用产品并完成测试任务。观察他们的行为、交互方式和反馈。不要干预他们的操作，让他们自由地使用产品。

第五，数据收集。通过多种数据收集方法，如面对面访谈、问卷调查、观察行为等，收集用户的反馈和意见，保证数据收集过程严谨可信，有效获取用户观点。

第六，数据分析。对收集到的数据进行分析，运用适当的统计方法寻找与假设相关的模式、问题点和改进机会，识别哪些假设已得到了验证，哪些仍需要进一步优化。

第七，迭代产品。基于测试结果，开始优化最小可行产品。对于已经验证的假设，可以在产品中加强这些特性；对于未经验证的假设，可能需要重新考虑产品的某些方面。

第八，再次进行用户测试。继续进行用户测试，验证改进后的产品是否能够满足用户需求。这次测试将验证之前的问题是否得到解决，如果仍然有未解决的问题，不断进行测试和改进。

第九，持续循环。用户测试和产品迭代应该是一个持续的循环过程。随着时间的推移，可以逐渐优化产品，使其更好地满足市场需求。

第十，倾听用户反馈。在每次迭代中，倾听用户的反馈非常重要，可在每次测试环节结束后，询问参与者是否有意见要补充。他们的意见将帮助创业者更好地理解市场需求，并指导下一步的改进。

用户测试的步骤也称用户测试迭代循环，通过用户测试迭代循环，可以更加逼近用户痛点和解决方案，创造出更加适配用户的产品，并在不断的创新中建立起成功的创业项目。用户测试迭代循环可以降低风险，优化产品体验，同时保持对市场变化的敏感性。

6.3　产品优化和版本迭代

精益创业中创业者通过制作最小可行产品后，对最小可行产品进行用户体验设计和用户测试，根据测试后得出的用户反馈，对最小可行产品进行产品优化和版本迭代，不断逼近用户痛点和得出可行高效的解决方案，满足多样的用户需求。

微案例

狗民网的产品优化和迭代

狗民网是由清华校友、美国耶鲁校友和天使投资人共同创办的宠物社交平台，在2006 年上线为广大爱宠人士提供服务。如今，狗民论坛已成为国内知名度和影响力最大的宠物综合性论坛。

在狗民网的产品功能更新过程中，2016 年 10 月，狗民网研发者在 App 里面做了一个用户原创内容的瀑布流，每天更新 30 条优质的用户原创内容。起初发觉浏览量不高，经理建议去除这部分用户原创内容，但研发者认为用户已经形成使用这部分数据的习惯，删除会导致用户流量下降。

于是，狗民网做了个简单的试验，去除用户原创内容这一部分后，发现用户点击量不降反升，在持续观察两个星期后，发现用户流量有了大幅提升。通过简单的测试，问题得到了很好的验证和解决，如图 6-10 所示。

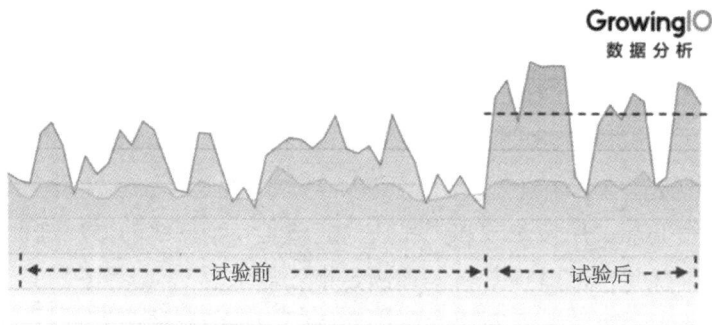

图 6-10　狗民网 App 产品迭代试验结果

同时，狗民网又发现 App 中的注册转化率过低。通过用户调研和用户反馈，狗民网得知用户注册时无法及时收到短信验证码而进行重复点击，并且第三方账号如微信、QQ、百度网盘等账户因为数据库难以兼容等常常无法登录狗民网 App。设计开发者加快产品更新迭代和优化产品后，新用户转化率提升近 5%，如图 6-11 所示。

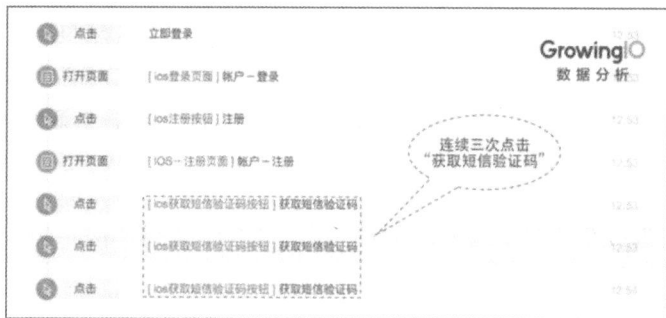

图 6-11　狗民网 App 注册时无法及时获取验证码

在产品迭代过程中，狗民网分析了不同用户分群的留存率，希望找出能提高用户黏性的方法。通过对狗民网 App 各个产品功能板块的用户留存率进行数据分析，发现"养宠问答""俱乐部""养宠学院" 3 个板块的用户留存率更高。因此在之后的产品迭代过程中，更注重这 3 个板块的产品迭代。例如，在"养宠问答"板块引进专业的宠物医生、权威的宠物训练师和经验丰富的养宠人士。经过 3 个月的产品迭代，用户次日留存率提升 24%。

狗民网从成立之初，整合宠物行业资源，建立垂直宠物社交平台，从 2016 年起，狗民网注重软件的产品优化和版本迭代，从单一的宠物社交平台向宠物主人综合服务平台转型，最终搭建宠物行业生态圈。

案例来源：https://www.growingio.com/

6.3.1　产品优化概述

产品优化（product optimization）是指在不改变产品性质的情况下在产品结构上进行调整，通过不断地改进和调整产品的功能、性能、用户体验等来提升其质量和价值。精益创业中的产品优化更强调通过数据驱动的方式进行产品优化，优化的过程中，最重要的不是盲目专注于产品功能的更新换代，而是要聆听用户的心声，注重满足用户的需求和提高完善的用户体验。例如，曾经 Windows 11 版本出现时，优化消失了任务栏的移动功能。这一项产品优化，导致大量用户不乐意，最终微软在 2021 年年底又恢复了任务栏移动功能。如果产品优化脱离了用户需求，就算版本更新后的产品极具特色、功能完备，客户也不会满意。

产品优化有以下几点核心概念。

（1）市场导向：产品优化应始终以市场需求为导向，从用户的角度出发，了解他们的需求、痛点和偏好，以便更好地满足他们的期望。

（2）持续改进：优化是一个持续的过程，随着市场和技术的变化，产品也需要不断进行改进，以保持竞争力。

（3）多维度考量：优化不仅仅局限于单一维度，需要综合考虑产品的功能、性能、设计、成本、交付等多个方面。

在进行产品优化时，有一些重要的原则可以帮助创业者在创业或商业环境中进行决策。以下是一些产品优化的核心原则。

（1）价值导向：产品优化的首要目标是为用户创造更大的价值。创业者应该不断关注用户需求和痛点，确保每次优化都能够直接或间接地提供更好的解决方案，满足用户的期望，从而增加用户满意度和忠诚度。

（2）简化复杂性：复杂性是产品使用中的一大障碍。通过简化用户界面、流程和功能，产品更易用、易懂，从而降低用户的学习曲线，提升整体用户体验。

（3）快速迭代：采用敏捷的方法，通过快速原型和小规模测试，迅速验证新的想法和改进方案。这种迭代的方式可以更早地发现问题并进行调整，减少失败的风险。

（4）数据驱动：数据是优化的重要基础。通过收集和分析用户行为数据、市场趋势数据和用户反馈，创业者可以更准确地了解用户行为、需求和偏好，从而作出更有根据的优化决策。

（5）团队合作：产品优化需要多个部门和角色的合作，包括设计、开发、市场营销等。建立一个协作的团队文化，确保各个团队之间的沟通和协调。

对于精益创业中的创业者来说，在进行产品优化前，要首先清楚自己的用户画像以及用户痛点是什么，用户需要急切满足的目标是什么。如果创业者的客户是普通大众人群，那就需要优化出更加易于使用和理解的产品；若创业者的客户是专业小众人群，那就需要优化出具备创新和技术功能的产品。产品优化有以下几个步骤。

第一，收集用户反馈和数据：创业者需要收集关于产品的各种信息数据。这可能包括用户的反馈、市场趋势、竞争对手的表现等。这些信息可以帮助创业者了解产品当前的情况和存在的问题。狗民网 App 就是发觉注册转化率较低，根据经验怀疑是注册流程出现问题，于是去收集用户反馈和路径检查等一系列的信息数据。

第二，分析问题：对收集到的信息数据进行分析。创业者要弄清楚哪些地方需要改进，哪些问题需要解决。这可以帮助创业者确定优化的方向。

狗民网就是对收集来的用户反馈的信息数据进行分析，发现是因为许多用户注册时无法及时收到短信验证码而进行重复点击，短信更新延迟，并且发现因为数据库不兼容导致第三方账号无法登录的情况。这两个问题导致用户的注册转化率低。

第三，设定目标：一旦创业者知道了需要改进的地方，就可以设定优化的目标。这可以提高产品的性能、改善用户体验、降低成本等。狗民网的产品优化目标就是快速注册流程的优化，让用户们简便迅速地完成注册并进入狗民网 App。

第四，制订计划：创业者需要制订一个详细的计划，说明要采取哪些措施来实现优化目标。这可能涉及设计新的功能、改变产品的外观、优化生产流程等。

第五，实施改进：要逐步地将改进措施付诸实践，确保每一步都朝着优化目标前进。

第六，测试和评估：在实施改进后，需要进行测试和评估。创业者要看看改进是否产生了预期的效果，是否达到了自己设定的目标。

第七，调整和改进：如果测试结果不如预期，或者有新的问题出现，需要进行调整和改进。这是一个持续的过程，可以多次进行。

第八，持续优化：一旦创业者达到了优化的目标并不会停止。市场和用户需求会不断变化，所以创业者需要保持持续优化的态度，不断改进产品。狗民网在优化注册流程、提高用户注册转化率后，也在不断地迭代产品，对于用户留存率指向的用户黏性问题进行持续优化，不断改进产品满足顾客需求。

在创业者进行产品优化过程中，会有一些因素导致产品优化无法达到理想水平。例如成本因素，成本是限制产品优化成功的关键因素。因此创业者强调以精益创业为指导思想，在成本有限的情况下，制作一个最小可行产品，科学高效地进行优化，快速得到用户反馈。除此之外，还有排序因素。创业者需要对各种优化方案进行优先级排序，优先考虑那些对用户价值最高、最有潜力产生影响的方案。

优秀的产品优化方案通常表现为是以用户为中心、可以提升用户体验、有对应的技术和供应链支持、合理预算之内和将产品的生命周期考虑到未来的优化方案之中。但在产品优化过程中，若出现以下现象，创业者便要重新考虑自己的产品优化方案：①产品优化后与竞品相似；②超额预算；③产品优化过程比预期长。这些现象并不代表创业者需要放弃产品优化，而是表示需要重新评估优化方案。最后一段至关重要，优化过程若是比预期长，再好的产品用户可能也难以耗时等待，自身产品易被竞争产品替代。

6.3.2　版本迭代概述

迭代是重复反馈过程的活动，目的是逼近所需目标或结果，每一次对过程的重复都称为"迭代"，每一次迭代的结果会成为下一次迭代的初始值。

版本迭代（version iteration）是指通过一系列小规模的、渐进的改进和更新，逐步提升产品、服务或项目的质量、性能和功能，以满足用户需求和市场变化的过程。这种过程强调持续的、循序渐进的改良，每个阶段都针对特定的目标进行调整和优化，从而不断逼近更高的标准和更优越的状态。

在精益创业中，要做出出色的版本迭代，需坚持以下原则。

（1）小步快走：版本迭代倡导小步快走的方法，将大的目标分解成小的、可管理的任务，逐步实现。

（2）数据驱动：版本迭代强调数据的重要性。通过收集用户行为数据、市场反馈等，企业可以基于事实进行决策，减少主观猜测，从而提高产品的成功率。

（3）持续改进：版本迭代是一个持续不断的过程，每个版本都应该带来一些改进，每个迭代都是一个机会，可以通过用户反馈和数据分析，识别问题、解决缺陷，从而不断提升产品的质量和性能。

（4）灵活性和适应性：版本迭代需要具备灵活性，随时根据市场变化和用户需求进行调整和改进。

（5）用户参与：鼓励用户参与版本迭代过程，提供反馈和建议，使产品更贴近用户需求。

微案例

苹果公司的 iPhone 版本迭代史

需求收集与初代发布（2007 年）：苹果公司于 2007 年发布了首款 iPhone。这款手机在市场上引起了巨大的轰动，但也存在一些局限性，如缺乏 3G 网络支持和应用程序商店。

用户反馈和改进（2008—2009 年）：苹果公司在接下来的版本中对 iPhone 进行了改进，添加了 3G 支持，推出了 App Store，使用户能够下载各种应用程序。这些改进是基于用户反馈和市场需求的。

提高性能与创新（2010—2012 年）：iPhone 4 引入了高分辨率 Retina 显示屏和更强大的处理器，提高了用户体验。随后的版本继续增加了新功能，如 Siri 语音助手和 Touch ID 指纹识别。

适应市场变化（2013—2015 年）：随着竞争的加剧和市场趋势的变化，苹果推出了不同尺寸和定位的 iPhone 模型，如 iPhone 5C 和 iPhone SE，以满足不同用户群体的需求。

重塑设计与增强功能（2016—2017 年）：iPhone 7 引入了防水设计和去掉耳机插孔等变化，而 iPhone 8 和 iPhone X 则增加了无线充电和面部识别等创新功能。

持续创新与生态系统建设（2018 年至今）：最近的 iPhone 版本继续引入创新技术，如更强大的处理器、多摄像头系统和 AR 功能。同时，苹果还不断扩展 iPhone 的生态系统，与其他产品（如 Apple Watch、AirPods）和服务（如 Apple Music 和 Apple Arcade）集成。

苹果公司的 iPhone 版本迭代过程展示了如何通过持续改进、用户反馈和创新，不断提高产品的性能和功能。每个版本都根据市场趋势、技术创新和用户需求进行调整，以适应不断变化的环境。这种持续迭代的方法使得 iPhone 在竞争激烈的市场中保持了持续的领先地位，并获得了用户的高度认可。

在高度不确定的市场环境下，用户需求快速变化，企业更加强调产品版本的快速迭代。谷歌每 3 个月就升级一次 Android 版本，微信在推出的第一年就经历 45 次的迭代开发。谷歌和微信的版本迭代快速适应了市场的需求，并通过核心功能不断辐射出相关功能。例如，IBM 公司起初产品是磅秤，通过不断地改进产品和版本迭代，竟成为世界上最大的计算机公司。

为了快速适应市场需求和变化，提升用户体验和满意度，提升创造企业的竞争优势，需要对产品进行持续改进和优化，对最小可行产品不断地进行版本迭代。以下是版本迭代的阶段步骤。

第一，需求识别和定义阶段。

版本迭代的起点是准确识别和定义需求。在这一阶段，创业团队应与目标用户密切互动，收集用户反馈和建议，分析市场趋势，确定产品或服务的优化方向。此外，明确版本的愿景、目标和范围，确保每个迭代都有明确的焦点。

第二，优先级排序与规划阶段。

基于收集到的需求和信息，创业团队需要对不同需求进行优先级排序。在这一阶段，确定每个版本的关键特性、功能或改进，制订详细的迭代计划，包括任务分配、时间表和资源规划。在进行优先级排序时，最重要和最紧急的放在下一个产品迭代周期的开发之首，再对新的产品原型做用户测试和迭代。

第三，迭代开发与实施阶段。

在这一阶段，团队开始根据迭代计划进行开发和实施工作。每个迭代通常会有一个明确的目标，如改进特定功能、优化用户界面或提高性能。团队应遵循敏捷开发原则，将开发过程拆分成小的、可管理的任务，以便迅速地迭代。

第四，内部测试与验证阶段。

在实施阶段结束后，进行内部测试和验证。团队应检查新功能或改进的稳定性、性能和兼容性，确保其达到预期的标准。内部测试还有助于及早发现和修复潜在的问题。

第五，用户测试与反馈收集阶段。

发布版本给一小部分用户进行测试，收集他们的反馈和体验。用户反馈是版本迭代过程中的关键元素，可以揭示出不同用户群体的需求、问题和建议。

第六，数据分析与效果评估阶段。

基于用户测试的结果和数据分析，评估每个迭代的效果。这可以包括用户参与率、用户满意度、转化率等关键指标。分析结果可以指导下一轮迭代的优化方向。

第七，调整和优化阶段。

根据评估结果，对下一轮迭代计划进行调整和优化。这可能涉及重新安排优先级、修复问题、增加新功能或调整策略，以确保产品或服务持续向更高水平发展。

第八，持续循环与学习阶段。

版本迭代是一个持续循环的过程。通过不断的迭代和学习，创业团队可以逐步提升产品的质量、用户体验和市场竞争力。随着市场变化和用户需求的演变，版本迭代应保持灵活性和适应性，不断推动创新和改进。

案例分析

蓝河科技通过用精益创业 10 个月成功实现从 0 到 1

蓝河科技（Blue River Technology）是一家成立于 2011 年的农业机器人公司，总部位于硅谷，主营业务为设计、生产和销售农业机器人，提供农业机器人租赁业务和相关技术运维服务。蓝河科技公司的两名创始人 Lee Redden 和 Jorge Herand 相遇在精益创业课堂上，他们希望结合计算机和机器人技术，让农业生产更加智能化，于是萌生创业构想"生产高尔夫球场草坪机器人，降低大型绿化公司的人工成本"。他们用刚学来的精益创业方法：通过创意构想、产品原型设计、验证迭代、用户访谈等关键流程，快速验证了草坪机器人并不被市场认可，却在访谈中发现新的商机并迅速开发了需求量巨大的生菜间苗机器人，实现创意构想的商业模式验证。本案例将分析蓝河科技如何应用精益创新的商业创新，它的整个创业构想以及验证过程是怎样的。

阶段 1：抓核心痛点构想新方案。

蓝河科技最初的创业构想是设计一款自动割草机，帮助商业草坪所有者和风景园林服务商免去雇用割草的工人的费用。然而在与潜在用户沟通过程中，他们发现目标用户并不愿花费高额的机器人购置费替代廉价的割草工人。但是在访谈过程中，他们意外发现很多胡萝卜种植大户都被杂草深度困扰，每一季胡萝卜必须锄草多次才能保证胡萝卜的品质。然而锄草是一件非常累的活，很少有人愿意做这件事，他们只能雇用那些无证的劳工，一旦无证劳工的政策改变他们将没有工人来锄草，这些农业种植大户将失去整个季节的收成。通过与胡萝卜种植大户和多家大型农业企业交谈，他们发现杂草是这些企业面临的重大问题。通过市场调查发现定位的有机胡萝卜的市场非常小，也即胡萝卜锄草机虽然能解决客户的问题，但无法在市场立足。

阶段 2：快速痛点方案验证。

通过进一步市场调研发现，有机胡萝卜的市场规模很小，其种植面积仅占胡萝卜总体的 5%～10%。加上胡萝卜是一种容易储藏的蔬菜，一年只需要种植一季即可。接着他们又对西兰花、洋葱、西红柿等多种蔬菜的种植规模和种植方式进行了市场调研，他们发现生菜的需求量非常大，每年种植面积约 200000 hm²，而且生菜不易保存，必须一直循环种植。在美国，有 5 家大型农业生产公司控制着 50% 的生菜种植，他们只需要搞定这 5 家公司就可以占据 50% 的市场，是非常难得的一个机会。

向多位生菜种植大户详细了解后，他们发现生菜种植过程中必须进行间苗才能保证品质，而间苗劳动量巨大，此项工作的人工成本占据生菜利润 10%～20%。他们非常希望有一款自动机器人帮助进行间苗工作。于是，Jorge 和 Lee 的创业模式的构想已经从胡萝卜锄草机器人转变为生菜间苗机器人。

阶段 3：产品市场验证。

Jorge 和 Lee 通过绘制精益创业画布来对产品市场进行验证。蓝河科技制定的精益创业画布如图 6-12 所示。在不断的用户访谈和市场调研中，Jorge 和 Lee 不断验证商业模式的各模块，在进行客户问题匹配阶段，原本的客户目标大型商业草坪所有者和风景园林服务商已经被划去，并且将雇用技术顾问作为主要收入来源。多种收入来源将满足不同需求的客户，也可以加快他们与用户的互动和产品反馈。

进行了方案问题匹配后，Jorge 和 Lee 开始着手他们的生菜间苗机器人设计。他们构想的间苗机器人是相机、计算机视觉、机器学习算法的结合，通过扫描识别单株生菜，确定要杀死的植株，然后对其喷洒高浓度肥料，致使其过度生长而死亡。

然而在正式开始编写一系列代码和搭建机器人构造前，他们向多名高管进行了宣传，用 PPT 讲解他们即将设计的机器人的功能，估算能为农业公司节省的人工成本和降低的劳动风险，最后告知高管们这款机器人正在出售，他们只需要付款，其他事情交由 Jorge 和 Lee 进行。没过几天，几名高管便带着支票来找 Jorge 和 Lee。这时，Jorge 和 Lee 更加确定了他们未来的市场，告知高管们真实情况，并在后续专心研发生菜间苗机器人。

主要合作伙伴	关键活动	价值主张	客户关系	客户细分
·农业服务提供商 ·3~4个主要农场 ·研究实验室 ·推销网络	·技术设计 ·市场营销 ·演示和客户反馈 **主要资源** ·IP-专利 ·摄像机 ·机器人技术	·定制化草坪修理机器 ·减少劳动力 ·减轻劳动力负担 ·更高资产利用率 ·降低污染风险	·农业转型 **渠道** ·农产品销售商 ·农业服务供应商 ·割草机经销商	·大中型有机农场场主 ·大中型传统农民 ·锄草服务商 ·手工锄草农民 ·农业企业
成本分析 ·科学研究与实验发展 ·机器的材料 ·培训与服务 ·销售		**收入** ·受雇用技术顾问(每公顷核算) ·机器销售 ·直接服务+设备租赁		

图 6-12　蓝河科技生菜间苗机器人项目精益创业画布

接下来，每一周，他们便迭代机器人最小可行产品一次，并带到农田让农夫使用，通过收集农夫的反馈和需求，不断调整修改，最终用 10 个月时间构造出可大规模应用的生菜间苗机器人。

Jorge 和 Lee 在斯坦福课堂上的创业构想，在 10 个月时间里经历 3 次构想转变，最终成功创立蓝河科技。不到 1 年便成功融资 310 万美元，成立 6 年被美国最大的农业机械制造公司 Deere 以 3.05 亿美元的价格收购。成立的几年时间里，蓝河科技获得的奖项也非常之多，如 2015 年获 "世界经济论坛的技术先锋"、2016 年 Ag Funder 的 "创新奖"、2017 年全球农业技术峰会的 "颠覆式创新奖项"、2017 年快公司的 "最具创新性的机器人公司" ……

案例来源：https://runwise.co/.

问题讨论：

1. 对于蓝河科技公司绘制的生菜间苗机器人项目精益创业画布内容，你觉得还有哪些方面可以进一步改进？

2. 从精益创业和产品迭代角度回顾蓝河科技公司整个创业构想及验证过程，你能得到哪些经验启示？

本章思考题

1. 传统创业思维和精益创业思维指导下的创业模式有什么联系和区别？

2. 如何理解最小可行产品?

3. 如何理解开发—测量—认知循环? 开发—测量—认知反馈循环有什么积极作用?

4. 精益创业画布包括哪些内容? 怎么使用?

5. 产品优化和版本迭代的具体步骤分别是什么样的?

即测即练

自学自测　　扫描此码

第 7 章

数据驱动：洞察需求与决策

【学习目标】

- ✓ 了解数据分析的工具与技术；
- ✓ 熟悉如何基于数据洞察需求与识别机会；
- ✓ 熟悉如何基于数据驱动获取创业融资；

【章节纲要】

本章主要分 3 节来阐述数据驱动。第一节主要介绍关于数据分析的工具和技术；第二节主要介绍基于数据的需求洞察与机会识别；第三节主要介绍基于数据驱动的创业融资获取。

引导案例

内修外攘：协同数码借力大数据分析破解成本控制之厄

西安协同数码公司 SY 部门 2022 年年初的庆功会上，部门经理张岩高举酒杯，看着眼前公司同事们其乐融融的情景，回想起同样的地点两年前天差地别的沉闷气氛，心中不由得感慨万千。从两年前 SY 部门的百废待兴到如今的欣欣向荣，这一切的改变都源于部门实行大数据分析之道，对产品推广的成本进行了有效控制，在大数据分析思维的加持下，实现了基于大数据驱动的产品推广成本动态和实时控制的目标，间接增加了企业的业绩。

2020 年年中的一天，SY 部门办公室内，部门经理张岩憔悴的脸颊上愁云密布——这是他近几个月的工作常态。半晌，他无奈地叹了口气，反思起 SY 部门面临的困境。2020 年年初新冠疫情暴发以来，市场对移动游戏的需求量激增，这给 SY 部门带来了极大的机遇。但在市场需求陡增的情况下，潮水般的业务涌入公司，这让之前习惯于小规模业务处理的 SY 部门登时难以招架。在庞大的业务数据、频繁的线上交易冲击下，SY 部门处理业务的效率竟然不增反降。仅仅一个月的时间张岩就接到了不下 10 通合作企业与客户的投诉电话，有抱怨他们业务员水平不熟练，不清楚产品细节的；

有责备他们拖延工期，迟迟不反馈产品数据的；更有广告渠道商反馈 SY 部门提供的产品数据单一，无法进行推广的……

多事之秋

在各级人员工作汇报的会议上，张岩向大家和盘托出了公司面临的投诉问题和成本困境，向各部门人员征询意见。

在张岩的带动下，采购部的小陈率先发言：“我们部门负责采购，可是我们每次上门谈产品的时候，供应方对我们的信息知根知底，可我们对于产品数据细节的了解大都只源于供应方提供，每次谈判都依赖于商务人员的工作经验，非常容易在谈判中陷入被动。”

同部门的小郭点点头：“我们平常用分析部门提供的产品鉴定报告去谈项目，结果经常出现对方的报价比我们预测的价格还低的情况，我认为可能是分析部门的工作还不到位。”

“我们分析部门每天的工作量并不小，可我们收到的数据质量不高，每天要耗费大量时间甄别其他部门上传的各种业务数据，留给数据分析的时间和精力实在有限。”

“我认为部门的推广环节也有问题，我们发出去的推广广告总是难以突出产品的细节和亮点，每年花费了大量成本在推广上，但是收效不明显。”

刘厉是公司近年提拔的才俊，曾就读于本省 A 大学的大数据管理专业。再三思考后，刘厉开口说道：“张总，我觉得大家所说的都有道理，但我觉得公司的产品采购推广的成本问题和近来收到的这些投诉，不能割裂来看。处理业务效率低下，说明公司对大量数据的消化能力还不够；业务人员不熟悉产品，说明公司给予的数据支持不到位；采购人员得不到准确的数据支持，不了解产品细节和市场行情，只凭经验去谈，势必容易花费更多的采购成本。从广告投放端来看，公司现有的广告投放策略也只是根据游戏种类做了简单的分类，没有办法应对现在复杂的市场需求，产生了不少无效投放。现在是大数据时代，公司现有的数据分析手段在产品采购、广告推广的各个阶段给我们带来的帮助有限，错误的分析甚至会产生误导，让公司不得不花费大量精力去手动甄别数据，这里又消耗了大量的人力、时间成本。这边成本一高，我们又不得不控制花费在数据上的预算，这就形成了恶性循环。所以，我认为我们有必要从大数据分析的角度入手，从根本上解决成本控制的难题！”

刘厉的分析使得张岩纷乱的思维渐渐明晰。SY 部门作为分管游戏推广的部门，日常工作中需要依托数据的情况并不少，虽然公司的产品推广过程存在着一定数据依托，但主要还是依靠推广优化师的推广经验和推广能力。在大数据分析技术蓬勃发展的今天，在网络上发生的各类活动，如注册网站用户名、访问网站的日期和内容以及浏览网络链接等的情况下，均通过大数据分析进行了记录，而这种海量的用户数据分析能够帮助发行商更精确地找到现有的市场和潜在的消费群体，和消费者之间形成良性的双向的互动关系，并获得消费者的积极反馈，从而评价营销成效；另外，巨量化数据分析也是广告投放者精准广告的充要条件……从这些方面来看，SY 部门在大数据分析思维方面确实还有待提高。此外，随着工业和信息化部在 2021 年发布《"十四五"大数据产业发展规划》，标志着党中央、国务院高度重视大数据产业发展，企业进行大数据化改革也能够得到充分的政策背景支持。

最后，刘厉补充道："移动游戏市场需求量的激增给我们带来了不少困难，但是用减少业务换取效率就是自废武功。只有我们建立了成熟的大数据分析体系，才能游刃有余地应对这些激增的业务量，变挑战为机遇！"一定要把公司的大数据分析工作做好！张岩下定了决心。第二天，他就成立了 SY 部门大数据分析体系构建的项目组，任命熟悉大数据相关理论知识的刘厉担任联络员，并聘请了刘厉的导师王诚担任了顾问，一场轰轰烈烈的改革悄然拉开了帷幕……

"外"搭骨架

在项目组成立的第一次例会上，王诚向大家说道："饭要一口一口吃，公司要进行大数据分析体系的搭建，不能急于把技术细节先拿出来过度关注。既然我们要做大数据分析，就得先关注大数据从哪里来的问题。"

在王诚教授的宏观把控下，SY 部门把第一步重点放在了数据的收集上，数据采集是构建成熟的大数据分析体系的第一步。信息显示，有高达99.4%的数据无法被挖掘利用，这在很大程度上是因为过去缺乏大数据采集的技术基础，而目前随着硬件技术的发展，采集大规模的数据已经成为可能。

数据采集工作的当先要务是要确定采集数据的范围。以推广环节的数据分析为例，经过多方调研，王诚了解到，SY 部门游戏产品的推广全部是通过网络媒体，推广相关数据全部来自广告媒体渠道。因此，经过深思熟虑后，王诚将数据采集的范围初步敲定在推广广告媒体数据上。

广告媒体作为用户流量的入口，其自身本来就维护了大量的用户资源，掌握了大量的用户相关行为特征数据，所以获取广告媒体数据除可以将整个推广过程数据链路完善以外，还可以帮助 SY 部门掌握用户的行为特征。获取广告媒体数据主要有两个部分，广告点击数据和广告数据报表。前者的数据流程是用户点击广告后，广告媒体会获取用户的设备信息，再将这些信息通过广告主在广告媒体后台填写的监测广告链接发送给 SY 部门数据服务器，获取广告数据指标；后者则为 SY 部门通过广告媒体提供的接口功能主动获取的产品广告投放相关数据，包括广告组、计划、创意、视频等。公司通过精准分析这些数据，得到广告投放效果，科学优化广告投放流程，减少广告投放环节烦琐的成本浪费。

广告媒体的推广数据收集还算顺利，但很快团队就发现仅依靠优化广告媒体的投放环节只能在流程上做出一定简化，对于投放成本的控制非常有限，对于广告投放成本的优化还要溯源到对游戏产品本身的关注，而目前公司在游戏用户本身产生的产品数据上关注过少。SY 部门过去对数据的关注重心是广告媒体的数据，无视了游戏产品本身用户行为所带来的数据价值。以公司合作代理的某游戏产品为例，通过对用户在游戏中上下线行为的监测，可以发现在工作日 55%的用户上线时间是在一天中的19:30—20:30 之间，在线时长大约在 3 h 左右。通过用户上线时间和在线时长，公司就能够动态地调整产品广告推广的时间范围，增大产品广告的曝光率，降低广告的曝光成本。

随着将产品用户行为数据纳入到数据收集的范围中，SY 部门把从广告渠道媒体处得到的广告推广数据和从游戏研发商处得到的用户产品数据为引，将这两部分数据经过特定的算法归因匹配到一起，形成一个完整的产品推广数据链，同时也打通了各方的数据孤岛，解决了数据互通的难题，从而降低了公司业务人员与广告媒体商、游戏产品方的数据交流成本。

SY 部门产品推广数据采集采用的工具是阿里云的日志服务（log nice，SLS），主要是基于日志文件来收集数据信息。选择阿里云的日志服务作为数据采集的工具，是王诚经过深思熟虑后的结果，他给了张岩以下 3 点理由：第一，SY 部门服务器设备90%都是使用阿里云 ECS 云服务器，可以与日志服务实现无缝连接；第二，SY 部门产品推广数据涉及多元化设备，数据种类复杂繁多，数据源类型差异化大，日志服务产品架构正好可以解决这些难题；第三，日志服务基于日志文件，无侵入式地收集日志，对现有工程项目无须多大改动，且支持 Web 端可视化配置，操作简单。

经过项目团队的多方调查与斟酌，根据企业产品推广目标数据量级，以及企业对海量数据的多维度、实时数据分析能力和高可靠性的考虑，SY 部门决定选用阿里云对象存储服务（object storage senice，OSS）业务以应对元数据存储的需求，采用AnalyticDB MySQL 版（简称 ADB）作为目标数据存储的方式，以此满足 SY 部门多维度业务数据关联查询、毫秒/秒级对海量数据进行查询和计算等能力，数据存储能力上升的同时，存储成本也能够控制在可接受的范围。

经过数据采集、存储后得到大数据体系中原始数据资料，只能说让 SY 部门打下了大数据分析的地基，为了让这些海量的原始数据变成公司可以用来分析的价值数据，还需要对原始数据按照企业的业务需求进行抽取、清理和转换，得到想要的目标数据。王诚形象地把这一过程称作数据融合。

项目团队原本决定采用自建的 Hadoop 计算系统进行数据融合，将采集到的数据放入 Hadoop 集群中，但在试运行不久后，就有员工纷纷到刘厉那里反馈意见。员工小杨表示，采用 Hadoop 集群分析，能力是足够了，但是工作效率实在太低，"业务在高峰时期，我们不得不增加集群的组件来应对涌入的数据信息；但在业务的低谷期，如果我们不去掉多余的组件，就会造成计算资源的浪费，加大了成本开销。"而更多的员工则表示采用的 Hadoop 框架实在是不够友好，学习成本太高。刘厉仔细记下员工们的意见，在项目组例会时做了汇报，王诚立刻把问题锁定到 Hadoop 的弊端——弹性差，运行复杂。经过团队多方调研，重新考虑，他们选择放弃自建 Hadoop 集群，使用新工具——云原生数据湖。SY 部门数据融合最终采用的工具敲定为云原生数据分析湖（data Lake analytics，DLA）。DLA 是新一代大数据解决方案，其架构特点是计算与存储完全分离，实现数据库与消息实时归档建仓。DLA 提供弹性的处理框架，满足在线交互式查询、流处理、批处理等诉求。

"内"寻方法

在公司上下的大力支持和项目组成员的共同努力下，SY 部门成功走出了一条通畅的大数据分析路径。但此时对于 SY 部门而言还只是搭建好了大数据分析的"骨架"，主要还是从数据处理流程的简化角度优化了数据在采集、存储、维护传输层面上的管理成本。而要从业务本身的角度出发，深层次控制成本，还需要根据不同的业务需求选用合适的数据，构建出一套完备的大数据分析方案，选用合适的数据分析方法作为大数据分析体系的"骨肉"。

数据挖掘算法是 SY 部门在新体系下常用的大数据分析方法。SY 部门利用大数据分析技术，将产品推广各个环节的推广状况都进行了数据量化，形成了各种数据指标，再结合挖掘算法对每项数据指标的变化进行监测，从而清晰地知道该环节的产品推广情况，及时地发现哪里存在问题，并且制定解决的方案，降低问题所造成的损失。

"修正与预测是我们产品广告推广方面的工作重心。"刘历介绍道，"在新的大数据分析框架下，我们在创建新的推广计划时会先建立推广成本控制计划，这些推广计划就是每条推广计划的成本控制体系，当推广过程中发现某一数据指标与我们的成本控制体系存在较大的偏差时，就可以针对性地对该环节的内容做出调整，以保证整条推广计划的成本在合理范围。"为了应对未来短期的推广市场的不确定性，SY 部门借助大数据分析框架，根据统计分析的历史推广数据趋势来对未来短期的推广做一个预测性的推广发展规划。这些推广历史数据趋势包括推广渠道效果趋势、推广地区效果趋势、用户年龄分布效果趋势等。

数据可视化的意义是将分析完成的数据以直观的形式展现出来以便于分析人员使用。在 SY 部门大数据分析的实施背景下，有必要选用合适的数据可视化平台应对琳琅满目的数据的冲击。

"我们迫切需要一个功能完备的可视化平台，不仅仅是为了分析人员分析的便利，也是为了打通上游游戏研发商和下游推广媒体渠道。"张岩向大家强调了可视化平台的重要性，"在当下互联网广告竞争如此激烈的市场中，产品与推广广告的契合度直接决定了推广广告的展示量和点击率。在过去的推广模式下，负责对接研发商和推广媒体的是不同职能的工作人员，双方对彼此的工作内容数据不了解，负责产品的人员不了解推广市场，负责推广市场的人员对产品了解不够深入，不仅浪费了时间、人力资源，阻塞了信息交流渠道，更会导致产品和推广广告无法做到高度契合，造成'数据孤岛'的难题。而可视化平台就能提供这样一个互通有无的机会。"

项目团队选用了成熟的商用智能分析平台 QuickBI 作为可视化分析平台。QuickBI

可以协助 SY 部门更有效地处理过去的一些诸如取数不易、报告产出效率低下、数据维护不易的难题。但最重要的是，通过 QuickBI 平台，产品数据和推广数据能够联通在一起，产品人员能够实时监控到推广数据，推广人员也能够实时监控到产品数据，实现数据共享。

在 QuickBI 的普及利用下，就连外出谈项目的商业人员也能充分享受到它的便利："有了这个可视化平台，我们出门谈产品再也不用拿着各种各样的文件报表，想知道什么信息直接自己查询，还能评估对方产品的价格，把采购出价的主动权牢牢攥在自己手里，有了这些数据支撑，在报价的时候也能更有底气。"

拨云见日

张岩被庆功会上热烈的鼓掌声拉回了现实，原来该轮到他讲话了，他大踏步地走到台上，向大家介绍 SY 部门大数据分析项目的工作成果。在项目团队的帮助下，SY部门大数据分析体系建设项目进展神速，成果斐然。张岩从产品采购和产品推广两个角度向大家分享起了项目运行的成果。

张岩从"内"和"外"讲述了 SY 部门大数据分析体系搭建的历程。从"外"部合作成本、"内"部推广成本的难题，到"外"搭方案、"内"寻方法的大数据分析框架搭建，再到"外"收业务数据、"内"控成本数据的大数据分析方法落地。协同公司借助了大数据时代的东风，在游戏产品采购推广成本控制上取得了良好的效果，但张岩心中明白，这只是万里长征的第一步，公司大数据分析体系仍然残存着一些尚未解决的风险，就如之前王诚教授所提及的"数据沼泽"问题。这些风险依旧等待着被发现、预防……

案例来源：节选自薛建武和宋东岳. 内修外攘：协同数码借力大数据分析破解成本控制之厄. 中国管理案例共享中心，2023.

数据分析（data analysis）是指用适当的统计分析方法对所收集的大量数据进行分析，将它们加以汇总、理解并消化，以求最大化地开发数据的功能，发挥数据的作用。数据分析是为了提取有用信息和形成结论而对数据加以详细研究和概括总结的过程（陶皖，2017）。

7.1 数据分析工具和技术

数据分析工具是一种可以帮助个人和企业快速处理数据、进行数据分析，为组织决策提供参考、实时把控运营，并作出更精准的市场预测，从而改善组织发展的软件系统。

数据分析工具类软件，大体可以分为以下五类：Excel 生态工具、数理统计工具、BI 工具、数据库工具、编程工具。

每个类别的代表工具分别如下。

Excel 生态工具：Excel、VBA、PowerQuery、PowerPivot、Power View、Power Map。

数理统计工具：SAS、SPSS、MATLAB、Stata、Minitab、Eviews、Statistica、Mathematica。

数据库工具：MySQL、PostgreSQL、Oracle、SQLServer、MongoDB、Hive。

编程工具：Python、R、Julia、Scala、Spark、Java、Hadoop。

BI 工具：PowerBI、Tableau、Qlikview、SAP BI、Oracel BI、FineBI、Yonghong BI。

数据分析技术是指使用一定的技术手段和方法研究数据，从中挖掘出潜在的信息和洞见，用于辅助决策和问题解决的过程（汤效琴和戴汝源，2003）。数据分析技术可以帮助企业和个人发现问题，预测未来，优化过程，控制风险。

从数据分析所涵盖的学科领域来讲，数据分析主要包括数据采集和清洗、数据存储和管理、统计分析、机器学习、数据挖掘、自然语言处理技术、数据可视化等技术。

（1）数据采集和清洗

数据采集和清洗是数据分析的前置工作，其目的是从不同的数据源中采集、整合和清洗数据，使其符合分析的要求。常用的数据采集和清洗技术包括 Web 抓取、应用程序编程接口（application programming interface，API）调用、数据抽取、ETL（extract-transform-load）等。

（2）数据存储和管理

数据存储和管理是指将采集到的数据保存到数据库中，并对其进行管理、备份和维护。常用的数据存储和管理技术包括关系数据库（如 MySQL、Oracle、SQL Server）、非关系数据库（如 MongoDB、Cassandra）等。

（3）统计分析

统计分析是数据分析的核心技术之一。它涉及分析数据的分布、中心趋势、离散程度和相关性等方面。统计学的主要工具包括描述性统计分析、推论统计分析和回归分析。描述性统计分析旨在描述数据的分布和特征，推论统计分析则通过对样本数据的分析来推断总体数据的性质，回归分析则用于探索变量之间的关系。

（4）机器学习

机器学习旨在让计算机从数据中学习知识和规律。机器学习通常分为监督学习、无监督学习和半监督学习 3 种类型。监督学习通过给定输入和输出的训练样本，让计算机学习输入和输出之间的映射关系；无监督学习则不需要训练样本，而是让计算机自己从数据中发现规律和模式；半监督学习则结合了监督学习和无监督学习的优点。

（5）数据挖掘

数据挖掘是从大量数据中发现模式、关系和知识的过程。数据挖掘的主要任务包括分类、聚类、关联规则挖掘和异常检测等。分类是将数据分为不同的类别，聚类则是将数据分为不同的群组，关联规则挖掘则是发现不同变量之间的关系，异常检测则是发现异常数据点。

（6）自然语言处理技术

自然语言处理是指对文本数据进行处理和分析的技术，以便从中提取有用的信息。常用的自然语言处理技术包括文本分析、词云生成、情感分析、文本分类等。

（7）数据可视化

数据可视化是将数据通过图表、图形和图像等方式呈现出来，以便更容易地理解和分析数据。可视化技术包括条形图、饼图、折线图、散点图、热力图、地图等。可视化可以帮助数据分析师更好地理解数据，发现数据之间的关系和趋势，并为数据驱动的决策提供支持。

微 案 例

ZARA "快而准" 的大数据

ZARA 是 1975 年设立于西班牙，隶属 Inditex 集团旗下的一个子公司，既是服装品牌，也是专营 ZARA 品牌服装的连锁零售品牌。ZARA 是全球排名第三、西班牙排名第一的服装商，在 87 个国家设立了超过 2000 多家的服装连锁店。

2016 年 9 月，根据《福布斯》杂志，当地时间 7 日 Inditex 股价上涨 2.5%，奥尔特加个人财富在一天内增加 17 亿美元，达到 795 亿美元，超越比尔·盖茨成为世界首富。虽然仅仅维持了 10 分钟，这仍然让很多人感到吃惊。从小裁缝到世界首富，我们不得不重新认识 ZARA。

ZARA 深受全球时尚青年的喜爱，设计师品牌的优异设计，价格却更为低廉，简单来说就是让平民拥抱 High Fashion。"大数据"已经不再是新鲜的事物，大众时尚总是依靠数据说话，快时尚品牌擅长在高端品牌的产品上进行模仿、再创造，打造出价格更亲民的时尚产品。当一款香奈儿的缝制包引领时尚潮流时，ZARA 或者 H&M 总会跟风推出相近款式的产品。Magnetic 数据公司 CEO James Green 说："零售业，尤其是利润微薄的快时尚公司，必须逼迫自己不断地创新，同时他们也更重视营销的产出。"如今，在大量数据的支持下，时尚行业的零售商已经可以走在市场的前端。不难想象，当他们掌握着数百万条社交网络中的对话信息时，数据可以帮助他们预测流行趋势并且抢占先机。

"快而准"的市场应对方法，将成为衡量服饰品牌核心竞争能力的标尺。企业领导准确地了解各分店销售情况和库存状况，做到准确配货，准确地进行销售预测与分析，及时准确地做出营销决策是这两家公司成功的关键，而在"快而准"的背后离不开适时有效的数据支持。数据可以帮助企业制定具体的、有创意的营销策略。要想一直站在时尚的前沿，就要在了解消费者的前提下不断推出好的营销方案。这些营销方案不能只是基于不同人群的"消费意愿"，还需要针对目标人群过去的购买习惯，品牌忠诚度和其他的数据。

　　快时尚巨头 ZARA 的成功以"快"出名，灵敏的供应链系统、多品种少量、制售一体的效率化经营，使众多服装企业难以望其项背。除了台面上的设计能力，台面下的资讯/数据大战，也是重要的隐形战场。ZARA 推行的海量资料整合，通过线下实体店和线上网店的信息收集分析，最终各方信息被分类处理，成为设计、生产、销售的指引。

　　案例来源：作者根据互联网资料整理。

7.2　基于数据的需求洞察与机会识别

　　随着信息技术的发展，数据正在以几何倍数的速度增长，数据挖掘也成为当前颇为热门的学科。在现代商业应用中，通过挖掘数据，可以快速而准确地分析顾客的需求，识别市场机会，从而为企业生产增值。

微 案 例

抖音的快速崛起

　　2016 年 9 月，一个名为"抖音"的 App 悄然上线，这是一个面向全年龄段的短视频社区平台，用户可以通过这款软件选择歌曲，拍摄音乐作品形成自己的作品。谁也没想到，这款短视频 App 后来成为中国现象级 App，甚至风靡海外。

　　抖音的快速崛起得益于抖音基于数据的算法。2017 年，字节跳动把最核心的算法优势用到了抖音上，在产品层面加入算法推荐模型保证内容分发效率，这一举措大大提升了用户体验，使得用户更容易发现自己感兴趣的内容，进一步激发了用户的活跃度。抖音收集了大量数据，包括用户行为、视频内容、用户互动、地理位置等方面的数据。这些数据以结构化和非结构化形式存储，经过数据挖掘与机器学习算法，以提供需求洞察和机会识别。例如，抖音通过对用户生成的内容进行深入分析，识别热门趋势和话题。这包括追踪特定挑战、流行音乐或话题标签，以满足用户的兴趣。利用推荐算法，抖音通过分析用户的浏览历史和互动行为，为每个用户提供个性化的视频推荐，提高了用户留存率和互动。通过分析地理位置数据和事件日历，抖音能够提供时机敏感的内容。例如，在特定城市的音乐节期间，抖音可以推送相关视频和话题，以提高用户参与度。

　　凭借着推荐算法的优势，抖音在短短几年实现了飞速的发展。截至 2022 年年底，抖音的全球用户数量已经超过 20 亿，其中海外用户占比接近 80%。抖音在中国市场的用户规模更是遥遥领先，拥有超过 6.8 亿的活跃用户，日活跃用户超 5 亿。同时，抖音也在全球范围内展开了快速的扩张，进入了欧美、印度、东南亚等多个国家和地区，获得了广泛的用户认可。

　　案例来源：作者根据互联网资料整理。

7.2.1 基于大数据的需求洞察方法

大数据分析在创业企业中具有重要的作用,可以帮助创业者更好地满足分析需求,提高企业创新能力,从而增加初创企业的竞争力(余菲菲和蒋庆,2023)。大数据分析对创业企业的作用主要有以下几个方面。

1. 市场研究和定位

创业企业需要深入了解市场情况,包括竞争对手、目标受众和市场趋势等。大数据分析可以帮助创业者了解竞争对手的市场份额以及他们在市场中的定位。通过比较不同竞争对手的数据,创业者可以识别出竞争对手的强项和弱点,以制定更有效的竞争策略(Mikalef et al.,2019)。通过大数据分析,创业者可以深入了解目标受众的行为、偏好和需求,可以识别不同的市场细分,从而更有针对性地定位和营销产品或服务,可以监测社交媒体上关于产品或服务的反馈(Mikalef et al.,2019)。创业者不仅可以借此了解用户的意见和感受,以及可能需要改进的方面,还可以通过分析用户调查和反馈数据来识别问题,并采取措施提高用户满意度。这有助于更好地定制产品或服务以满足他们的需求。通过监测市场趋势和数据,创业者可以作出更具预测性的决策,以适应市场的变化。包括价格调整、产品特性改进等。

总之,大数据分析可以帮助创业企业更全面、深入地了解市场情况,有助于制定更明智的决策、更有效的市场策略,有助于提高企业创新能力,从而提高企业的成功机会。这对于企业在竞争激烈的市场中脱颖而出和持续发展至关重要。

2. 风险管理

创业企业面临各种风险,包括财务、市场和法律风险(Mikalef et al.,2019)。例如,大数据分析不仅可以帮助创业者预测和规划财务风险,通过分析历史财务数据和市场趋势,进行预测和模拟,从而制定合适的财务策略和预算计划;还可以帮助创业者识别潜在的欺诈行为和风险,通过监测异常交易模式和非法活动,及时采取措施减少财务损失。大数据分析可以帮助创业者识别和管理这些风险,从而降低潜在的损失。

3. 决策支持

创业者需要不断作出关键决策,如融资、扩张和建立合作伙伴关系等。大数据分析可以为这些决策提供数据支持,使创业者能够更明智地选择路径和战略(余菲菲和蒋庆,2023)。在融资方面,创业企业通常需要外部融资来支持其增长和发展,大数据分析可以帮助创业者评估不同融资选项的可行性,包括债务融资和股权融资。通过分析市场趋势、竞争情况和企业财务状况,创业者可以确定最适合他们的融资策略,以确保获得足够的资金,同时降低财务风险。在业务扩张方面;创业者在决定扩张业务时需要谨慎考虑市场机会、目标市场、竞争情况等因素,大数据分析可以帮助创业者识别潜在的增长机会和市场趋势。通过分析客户数据、市场调研和地理信息数据，创业者可以更好地了解目标市场，并制订更精确的扩张计划。

4. 成本控制

创业企业通常需要在有限的预算内运营。大数据分析可以帮助创业者监控成本，并找到降低成本的机会，以确保企业的可持续发展（Albergaria and Jabbour，2020）。在供应链方面，通过大数据分析，创业者可以监控供应链中的流程和成本，并找到优化供应链的机会（孙楚绿和于丽艳，2021）。例如，通过分析供应商的交货时间和成本，创业者可以选择最具成本效益的供应链合作伙伴，降低采购成本和运输成本。在库存管理方面，大数据分析可以帮助创业者更好地管理库存，避免库存积压或缺货。通过分析历史销售数据、市场需求和供应链信息，创业者可以预测需求并优化库存水平，降低存储成本和损失。在运营方面，通过对业务流程的大数据分析，创业者可以发现流程瓶颈和低效环节，并采取措施提升运营效率。例如，通过分析员工的工作时间和任务分配，创业者可以调整工作流程，提高生产效率并降低人力成本。

总之，大数据分析在创业企业中可以提供成本监控和降低成本的支持。它帮助创业者实时了解业务运营状态并找到潜在的成本节约机会，有助于创业企业在有限的预算内实现可持续发展。

综上所述，大数据分析对创业企业来说是一个有力的工具，可以帮助他们更好地理解市场、客户和竞争环境，从而更明智地作出决策，降低风险，提高成功的机会。它可以帮助创业者更好地满足各种业务需求，提高企业的创新力，增加创业企业的竞争力，从而为企业的成长和发展提供支持。但是，在现实中，大部分企业无法很好地通过主观感受或是简单数据来理解市场需求。这可能是由于市场中客户数量较大而且彼此不同，每位顾客的需求也各不相同。因此，企业需要使用数据挖掘算法来帮助其洞察市场需求并制定相应的战略。

数据挖掘是从大量的、不完全的、有噪声的、模糊的、随机的实际应用数据中，提取隐含在其中的、人们事先不知道的、但又是潜在有用的信息和知识的过程。从企业角度看，数据挖掘的主要功能是对商业数据库中的大量业务数据进行抽取、转换、分析和其他模型化处理，从中提取辅助商业决策的关键性数据。数据挖掘的广泛应用已经开始赶上企业应用，它的繁荣与日俱增，尤其是在在线分析处理（on-line analytical processing，OLAP）和产业分析等领域，数据挖掘技术越来越被人们青睐。主要的数据挖掘技术包括以下几种，它们是数据挖掘技术中运用得较多的技术。

根据数据挖掘的特点，可以使用以下几种算法进行用户需求分析。

1）分类算法

分类算法是最常用的一种算法，其主要目的是将数据集划分成不同的类别，以便对数据进行分析和预测。在实际应用中，分类算法被广泛应用于文本分类、情感分析、图像识别、信用评级等领域。常见的分类算法如下。

①K-近邻算法（k-nearest neighbor，KNN）

KNN算法是一种基于实例的学习算法，它是最简单的分类算法之一，也是最常用的分类算法之一。KNN算法的基本思想是：对于一个未知样本，找到与它最相似的k个已知样本，然后根据这k个样本的类别来判断未知样本的类别。KNN算法的优点是简单易懂、适用于多分类问题和非线性分类问题，但是它对数据集的大小和维度很敏感，且需要大量的计算时间。

②决策树算法（decision tree）

决策树算法是一种基于树形结构的分类算法，它通过一系列的二元分裂来构建一棵树，每个分裂节点都是一个判断条件，每个叶子节点都是一个分类结果。决策树算法的优点是易于理解和解释，但是如果树的深度过大，就会导致过拟合。此外，决策树算法对于连续型变量的处理较为困难。利用树形结构来表示决策集合，这些决策集合通过对数据集的分类产生规则。

比如，信用卡公司根据顾客的信用记录，把持卡人分成不同等级，并把等级标记赋予数据库中的每个记录。对于每一等级，找出它们共同点。比如，"年收入在10万元以上，年龄在40~50岁之间的外企白领"总体上信用记录最高。有了这样的挖掘结果，客户服务部门就知道一个新客户的潜在价值，在客户服务投入上就心中有底，这就为企业获取并稳定新客户提供了新的服务机遇。

③朴素贝叶斯算法（naive Bayes）

朴素贝叶斯算法是一种基于贝叶斯定理的分类算法，它假设特征之间相互独立，即朴素贝叶斯分类器将样本的特征看作独立的变量，然后根据贝叶斯定理计算每个类别的概率。朴素贝叶斯算法的优点是计算速度快、适用于大规模数据集和高维数据集，但是它对于特征之间的相关性较强的数据集效果不佳。

④支持向量机算法（support vector machine，SVM）

SVM算法是一种基于最大间隔的分类算法，它的主要思想是将数据集映射到高维空间，然后在高维空间中找到一个最优的超平面，使得不同类别的数据点距离超平面最大。SVM算法的优点是对于高维数据集和非线性数据集具有很好的分类能力，但是它对于大规模数据集的训练时间较长，且对于噪声和异常值较敏感。

⑤逻辑回归算法（logistic regression）

逻辑回归算法是一种基于概率的分类算法，它将样本的特征与类别之间的关系建立为一个逻辑回归模型，然后根据模型的输出值来判断样本的类别。逻辑回归算法的优点是计算速度快、适用于二分类问题和线性分类问题，但是它对于非线性分类问题效果不佳。

⑥神经网络算法（neural network）

神经网络算法是一种基于生物神经系统的分类算法，它通过多层神经元的连接来模拟人脑的功能，然后根据神经元之间的权重和偏差来计算样本的类别。神经网络广泛地应用于预测模型的建立，它是从结构上模拟生物神经网络，以模型和学习规则为基础，建立 3 种神经网络模型：前馈式网络、反馈式网络和自组织网络。神经网络算法的优点是对于非线性数据集具有很好的分类能力，但是它对于大规模数据集的训练时间较长，且需要大量的计算资源。

例如，用神经网络建立信用评分模型，结合决策树等方法，建立预测模型来显示哪些客户将对邮寄作出响应，据此来识别企业的潜在客户，提高营销活动的响应率，同时向这些潜在客户提供其感兴趣的个性化服务，不断获得新客户发现企业新的销售机遇。

⑦随机森林算法（random forest）

随机森林算法是一种基于集成学习的分类算法，它通过将多个决策树组合起来来提高分类的准确率。随机森林算法的优点是对于高维数据集和非线性数据集具有很好的分类能力，且对于噪声和异常值的鲁棒性较强，但是它对于连续型变量的处理较为困难。

⑧梯度提升算法（gradient boosting）

梯度提升算法是一种基于集成学习的分类算法，它通过将多个弱分类器组合起来来提高分类的准确率。梯度提升算法的优点是对于高维数据集和非线性数据集具有很好的分类能力，且对于噪声和异常值的鲁棒性较强，但是它对于大规模数据集的训练时间较长。

⑨XGBoost 算法（extreme gradient boosting）

XGBoost 算法是一种基于梯度提升的分类算法，它通过对梯度提升算法进行优化来提高分类的准确率。XGBoost 算法的优点是对于高维数据集和非线性数据集具有很好的分类能力，且对于大规模数据集的训练时间较短，但是它对于噪声和异常值的鲁棒性较弱。

⑩高斯混合模型算法（Gaussian mixed model，GMM）

GMM 是单一高斯概率密度函数的延伸，就是用多个高斯概率密度函数（正态分布曲线）精确地量化变量分布，是将变量分布分解为若干基于高斯概率密度函数（正态分布曲线）分布的统计模型。GMM 是一种常用的聚类算法，一般使用期望最大算法（expectation maximization，EM）进行估计。

⑪模糊聚类算法（fuzzy clustering algorithm）

将数据划分为不同的簇，并通过模糊理论来确定数据与簇的隶属度，最终得到数据分类结果。在众多模糊聚类算法中，模糊 C-均值算法应用最广泛且较成功，模糊 C-均值聚类算法（fuzzy c-means algorithm，FCMA，或称 FCM），通过优化目标函数得到每个样本点对所有类中心的隶属度，从而决定样本点的类属以达到自动对样本数据进行分类的目的。

⑫深度学习算法（deep learning，DL）

深度学习通过建立多层神经网络，对大量数据进行训练，得到最优模型进行数据分类。深度学习是学习样本数据的内在规律和表示层次，这些学习过程中获得的信息对诸如文字、图像和声音等数据的解释有很大的帮助。它的最终目标是让机器能够像人一样具有分析学习能力，能够识别文字、图像和声音等数据。深度学习是一个复杂的机器学习算法，在语音和图像识别方面取得的效果，远远超过先前相关技术。

分类算法广泛应用于客户群体分析、行为分析等领域。通过应用分类算法，可以将顾客分成多个群体，可以根据这些群体制定特定的营销策略。例如，将网上商城的顾客群体分成男性和女性两大类，然后可以进一步分析出他们的购买习惯，如哪类产品较受欢迎，购买间隔时间，购买金额等，这样可以为商家提供更具针对性的促销方案。

2）关联规则算法

关联规则算法被广泛应用于市场分析、在线商店和销售数据分析等领域。该算法可以根据数据特征及其关联性，发现存在相同或相似特征的顾客群体，从而提炼出顾客的痛点，为企业提供改进的方向或产品。

例如，在某在线商店中，若发现大部分购买电视的客户都会选择订购机顶盒，那么在推广电视时，就应该加大对机顶盒的推广力度，以吸引更多的顾客购买。

3）聚类算法

聚类算法是将一组数据分成多个群体，让每个群体里的数据彼此更加相似。在用户需求分析中，聚类算法可以帮助企业更好地理解用户的行为特征和心理特点。例如，在某企业中，分析顾客月度购买记录，可以使用聚类算法将其归类为"经济型顾客"和"豪华型顾客"两类，然后可以根据这些特定特点制定产品或服务的策略。

聚类和分类（classification）的不同在于聚类并不决定于事先定义好的种类。聚类是一种强大的间接知识发现技术，它大大减少了数据的复杂性，增大了数据挖掘成功的可能性。

比如，面对数据库中"消费额""购买频率""收入水平"等多个评价指标，没有办法按照一个指标去分类，就可以通过聚类按照数据间的自然联系把分散的记录"聚"成几"堆"，然后再对每堆进行深入分析，为发现影响客户购买行为的各因素之间的关联关系提供了新的营销机会。

总之，采用数据挖掘技术进行用户需求分析，在现代商业应用和营销活动中已经变得越来越重要。同时，这些算法也在不断发展，在未来应用中，会为商业决策带来更多的便利和效益。

7.2.2　基于数据的创业机会识别

通过对数据运用数据分析的工具与技术，可以帮助企业从以下几个方面来识别潜在市场机会。

（1）分析市场需求与趋势。市场需求是企业开拓市场、发掘潜在机会的重要依据。通过数据分析，企业可以了解市场的规模、增长率、分布情况等，以及市场中的主要竞争对手、产品特点和趋势等。这些数据可以帮助企业更好地了解市场需求和趋势，为企业寻找潜在市场机会提供依据。此外，通过分析历史销售数据和市场趋势数据，企业可以了解产品在不同季节、地区、市场和目标客户群体中的表现。基于这些数据，企业可以预测未来的需求和趋势，并调整生产和存货策略以满足未来需求。

例如，企业可以使用市场调研数据和销售数据等，分析不同地区、不同消费群体的需求特点和偏好，以便更好地开拓新的市场。

（2）竞争分析。竞争对手是企业寻找潜在市场机会的重要参考。通过数据分析，企业可以了解竞争对手的市场份额、产品定位、价格策略等，以及竞争对手的强项和弱项等（宋京坤等，2021）。此外，企业还可以通过社交媒体监控和在线评论来了解客户对竞争对手的看法和反应，以了解如何进一步改进自己的产品或服务（戴泽钒等，2018）。这些数据可以帮助企业制定更加精准的市场策略和促销活动，以便更好地发现潜在市场机会。

例如，企业可以使用市场份额和销售数据等来分析不同竞争对手的产品特点和销售渠道，以便更好地了解市场竞争情况。此外，企业还可以通过分析竞争对手的价格策略和促销活动等，以便更好地制定自身的价格策略和促销活动计划，提高市场份额和竞争力。

（3）分析用户调研数据。用户调研是企业了解客户需求和偏好的重要工具。通过调研，企业可以了解客户对产品或服务的看法、使用体验以及改进意见等信息。这些信息可以帮助企业更好地了解客户需求和市场趋势，制定更具针对性的产品或服务方案，提高产品或服务的质量和用户满意度。而数据分析可以帮助企业更好地理解用户调研数据，找到其中的规律和趋势，发现最常见的需求和偏好，以及挖掘用户使用产品或服务时的痛点和优点。通过数据分析，企业可以更快地作出决策，确定产品或服务的最佳改进方案，从而找到新的市场机会（Lin and Kunnathur，2019；董海林和陈菊红，2023）。

（4）分析消费者行为。消费者行为是企业寻找潜在市场机会的重要参考。通过数据分析，企业可以了解消费者的购买习惯、偏好、需求和心理等，以及消费者的反应和意见等。这些数据可以帮助企业更好地了解消费者需求和趋势，为企业寻找潜在市场机会提供参考。

例如，企业可以使用消费者调研数据和购买记录等，分析不同消费群体的购买习惯和偏好，以便更好地开拓新的市场。此外，企业还可以通过分析消费者的反应和意见等，了解产品的优缺点和改进方向，以便更好地提高产品质量和满足消费者需求。

通过对市场需求与趋势、市场竞争情况、用户调研数据、消费者行为数据等方面进行数据分析，可以帮助企业识别市场机会，并制定相应的市场策略。然而，数据分析并不是一种静态的过程，它需要不断地更新和改进。随着市场和技术的变化，企业需要及时收集新的数据，并对数据进行新的分析，以保持对市场机会的敏锐度和洞察力。

通过数据分析，企业可以更好地了解市场和客户，发现潜在的市场机会。利用数据分析来识别潜在市场机会的具体步骤如下。

（1）收集数据。企业可以通过各种途径收集数据，如客户调查、市场研究、销售记录等。这些数据可以帮助企业了解客户需求、行业趋势、竞争对手等信息。数据的收集应该是全面的和系统的，以确保数据的质量和可靠性。

（2）对数据进行清洗和预处理。数据中可能存在错误、缺失值、异常值等问题，这些问题需要在数据分析之前得到解决。在数据预处理过程中，可以使用各种技术，如数据清洗、缺失值填充、异常值处理等。

（3）探索和分析数据。数据分析技术包括统计分析、机器学习、数据挖掘等。通过这些技术，企业可以探索数据中的模式和关系，如客户购买行为、产品特征、市场趋势等。数据分析过程中需要进行可视化，以便更好地理解数据。

（4）解释和评估分析结果。企业需要对分析结果进行解释，以便理解发现的潜在市场机会。在解释分析结果的同时，需要评估分析结果的可靠性和有效性。如果分析结果不可靠或无效，企业就需要重新调整分析过程。

（5）利用分析结果来识别潜在市场机会。企业可以根据分析结果发现潜在市场机会，如新产品的需求、新客户的需求、新市场的机会等。企业需要对潜在市场机会进行评估，以确定是否值得进一步开发和投资。与此同时，企业还需要制定具体的营销策略和实施计划来开发潜在市场机会。营销策略和实施计划需要考虑客户需求、竞争对手、市场环境等因素，并根据实际情况不断调整和优化。

7.3　基于数据驱动的创业融资获取

当前，以互联网、大数据、人工智能为代表的新一代信息技术日新月异，系统性降低了信息交易的成本，将深刻改变金融交易的方式（涂咏梅等，2022）。而以数据开放和共享为基础，强化数据源头治理，依靠数据技术驱动，积极探索精准对接小微企业金融服务需求，有望系统性缓解小微企业融资难题。

数据驱动融资将从成本和风控两个方面为系统性降低小微企业融资成本提供新思路。从成本看，以小微企业多个纬度海量数据为基础，通过大数据技术进行精准挖掘和深入分析，可以系统性降低小微企业调查成本，帮助金融机构真实全面了解相关信用信息；从风控看，通过人工智能技术对历史海量小微企业融资数据的挖掘，通过建模并校验，可以开发出适用于小微企业风险管理特征的风控模型，逐步由"人控""机控"向"智控"转变，将系统性提升小微企业融资风控能力（张一林 等，2021）。

随着科技的不断进步和应用，以数据驱动创业融资的智能融资正在成为融资企业贷款领域的新趋势。智能融资通过运用人工智能、大数据分析和区块链等前沿技术，为创新创业项目提供更高效、便捷、精准的融资服务。

微 案 例

金蝶信科的数字供应链金融 SaaS 服务平台

金蝶信科于 2022 年创新推出的数字供应链金融软件即服务（software as a service，SaaS）服务平台——金蝶效融，通过将供应链交易场景中的数据转化为其链上小微企业的数字信用资产，改变核心企业增信或担保的角色，让上下游小微企业成为授信主体，构建起真正无担保、纯信用的数字供应链金融服务，解决金融机构供应链金融"线上难、跨区域服务难、获客难、风控难、接入难"问题。

金蝶效融同时链接资产端和资金端，一端将以核心企业为枢纽，深度挖掘供应链交易场景中的数据价值，实现信用穿透；另一端连接招商银行、网商银行等超 40 家金融机构，实现小微融资需求与信贷产品的精准匹配，帮助金融机构打造"批量获客""精准风控""高效转化"的新兴供应链金融服务。

作为旗下拥有中国人民银行备案征信机构的科技公司，金蝶信科将自研的数字信用评分模型植入金蝶庞大的生态企业应用场景中，通过大数据风控平台"泾渭云"，将供应链场景中的交易数据、企业税票数据以及外部工商、司法、黑名单等多维数据进行勾稽、清洗、建模，转化成链上小微的数字信用资产，无须受核心企业担保限制，帮助金融机构实现对不同行业、不同区域、不同层级小微企业的实时风险预估以及全生命周期的信贷资产质量把控。

在场景化获客和快速识别客户风险的基础上，平台将金融机构信贷产品的审批标签植入到业务场景，依托数据征信形成的小微客群信用画像，能更高效地为金融机构精准匹配优质的客户资产。同时，金蝶信科还为金融机构提供平台与核心企业的联合运营方案，帮助金融机构提升触客和转化效率。

数据和场景是金蝶信科的资源禀赋。金蝶效融平台已接入核心企业的电子商城、集采平台、招标平台及内部交易平台，通过标准化的数据对接及数据模型验证，从场景端、流量端到数字风控端，为合作金融机构持续提供优质资产。金蝶信科数据显示，到 2022 年 9 月，金蝶效融平台已帮助蒙牛、山西路桥、帅丰电器、东方雨虹、科顺股份等龙头企业供应链上的数十万家企业获得融资服务，累计授信金额超 500 亿元，单笔最高审批额度超 2000 万元，审批通过率达到 90.66%。

案例来源：作者根据互联网资料整理。

7.3.1 智能融资的定义和特点

数据驱动融资是指利用人工智能等技术手段，通过对企业数据、市场信息和投资偏好等进行智能化分析和匹配，实现融资方与投资方之间的快速撮合和精准对接（张一林等，2021）。智能融资的特点包括以下几个方面。

（1）自动化：智能融资利用人工智能技术，实现对融资流程的自动化处理，从项目筛选、尽职调查到合同签署等环节，大幅提升了融资效率。

（2）数据驱动：智能融资依靠大数据分析和挖掘技术，对海量数据进行深度挖掘和分析，为投资方提供更准确、全面的项目信息，降低投资风险。

（3）精准匹配：智能融资通过对投资偏好、行业特点等进行个性化分析，实现投资方与项目方的精准匹配，提高融资成功率。

（4）风险控制：智能融资通过对项目方的信用评估和风险预测，帮助投资方降低风险，增加投资回报。

7.3.2 智能融资的工作原理

智能融资的工作原理主要包括数据收集与处理、智能分析与匹配、融资流程管理等几个关键步骤。

（1）数据收集与处理：智能融资通过数据爬取和企业自主提交等方式，收集和整理企业的基本信息、财务数据、市场分析等数据，并对其进行清洗和建模。

（2）智能分析与匹配：智能融资利用人工智能技术和大数据分析算法，对收集到的数据进行智能分析和挖掘，提取关键信息，为投资方提供精准的项目匹配。

（3）融资流程管理：智能融资通过建立融资流程管理系统，实现对融资过程的全程监控和管理，提供项目跟踪、合同管理等功能，确保融资流程的顺利进行。

7.3.3 智能融资的应用场景

智能融资广泛应用于各个行业和领域，为创新创业企业提供了更多的融资机会和便利。以下是智能融资的几个典型应用场景。

（1）创业项目融资：智能融资能够帮助初创企业快速找到合适的投资方，提供种子轮、天使轮等不同阶段的融资支持，助力项目快速发展。

（2）科技创新融资：智能融资可以为科技创新企业提供风险投资、股权融资等多种融资方式，推动科技创新成果的转化和商业化。

（3）小微企业融资：智能融资为小微企业提供了更多的融资渠道和机会，帮助其解决融资难题，推动经济和就业。

（4）区域产业融资：智能融资可以通过对区域内企业和项目的智能化分析和匹配，

实现区域产业的融资支持，促进区域经济发展。

7.3.4　智能融资的价值和前景

智能融资为创新创业企业带来了巨大的价值和机遇。首先，智能融资能够提高融资效率，缩短融资周期，降低融资成本（郭金录等，2023）。其次，智能融资能够为投资方提供更准确、全面的项目信息，降低投资风险。最后，智能融资可以促进创新创业企业的成长和发展，推动经济的转型升级。

展望未来，智能融资有望在创业融资领域发挥更重要的作用。随着技术的不断创新和应用，智能融资的智能化程度将进一步提高，为创新创业企业提供更精准、个性化的融资服务。同时，智能融资还有望与其他金融科技领域的发展相结合，实现更广泛的金融创新和服务创新（张一林等，2021）。

智能融资作为融资企业贷款领域的新趋势，以其高效、智能的特点，为创新创业企业带来了巨大的机遇和价值。随着技术的不断发展和应用，智能融资有望在未来发挥更重要的作用，推动创新创业的繁荣和经济的发展。

案例分析

便利蜂便利店：大数据驱动运营

当前，电商、资本和新品牌蓬勃发展，将数字化改造的趋势引入各个行业，便利蜂就是便利店行业数字化的代表。在这个大数据的时代，做新零售是风口，便利蜂便利店就是数据驱动运营的典范。

快速扩张，千店千面

成立之初，便利蜂打出"1 年 100 家"的旗号，2017 年 2 月，北京中关村首批 5 家店开业之后，便利蜂走上了急速扩张之路。以北京为主战场，多区域并行拓展，两年开店超 620 家。截至 2019 年 2 月 27 日，便利蜂已经在全国范围内布局了 625 家门店，其中 348 家在北京、119 家在天津、72 家在南京、9 家在廊坊、75 家在上海，还有两家在无锡。

便利蜂的门店很有意思，有的相距不到 500 m，有的相距只有 100 米。中关村创业大街是很多创业者慕名前来参观的"宝地"。如果你站在中关村创业大街的入口，一转头，便可以看见一家便利蜂与吉野家等快餐连锁品牌一起"守住"了创业大街的南侧入口。从这里出发穿过中关村大街，左转就可以看到紧挨着的另一家便利蜂的门店——银科大厦店。这两家店都属于便利蜂最早开始布局的 5 家门店之一。其距离之近，让你会觉得是不是有点自相残杀的感觉？既然初期只有 5 家店，这样布局合理吗？

"两家店确实很近，不到 500 m。"便利蜂 CEO 王紫说。如果按照传统门店开店的经验，这样开可能会有一定问题。密集布点已经是便利店开店的常用战术，但是北京毕竟还没有到上海那种竞争"白热化"的阶段。便利蜂这样开店的根本原因，是大数据指挥的结果。便利蜂的看法是这样的：中关村地区的地理情况决定了这两家店的布局。这里从北向南贯穿苏州街，从东向西贯穿中关村大街，两条街交会于银科大厦。而这里的两家门店一个正对着苏州街，另一个正对着中关村大街，中间隔着一条马路。"从数据的角度看，虽然距离很近，但是可以看作是两个独立商圈。"王紫解释说。

便利蜂在开店时考虑了诸多因素，这个过程中的利器就是大数据。

何为利用大数据选址？大数据选址与以往的选址有何不同？大数据时代下的精准选址是指通过大数据进行整合分析，获取用户的喜好和行为需求，对商圈消费群体的购买力进行分析，找出适合店面的绝佳位置。

为了快速达到开店数量，便利蜂的策略是"重选址，不重店铺大小"，只要位置适合，从 $30\sim400\ m^2$ 的铺面都可以，哪怕一个铺面的前身是快餐店、面包房，这都无所谓。根据王紫所说，便利蜂在选址时综合考虑了许多因素，包括当地的地理特征、附近的商圈情况、辐射范围内社区的特征、门店面向的客群的构成、附近居民区的面积大小等。这些因素经由系统综合考虑给出运营模型，包括选品、陈列和最小存货单位（stork keeping unit，SKU）等方面的独特要求，最终使得便利蜂各个门店间实现了适合于当地情况的差异化经营。

快速起量确实是便利蜂追求的，这样的开店速度，既是为了抢占优势铺位，更是为了更快地形成规模效应与协同效应，同时也是为了"跑数据"。毕竟便利蜂的终极目标是要做一个大数据及算法驱动的便利店系统，尽可能减少人工在其中的参与，但在一开始，便利蜂并不掌握足够大量的用户行为数据，加速开店、调整算法势在必行。

为什么便利蜂在第一年能够实现比较快的展店速度呢？外界很容易把这个原因归结为资本的推动。不可否认，资本的推动是一方面，但是另一方面，这也和便利蜂的数据模型建模速度有关。其实，在传统零售中，选址和门店规划有时候并不是同步的。选址展店人员看到一个地方人流不错，消费力不错，可能首先要做的是尽快拿下铺子，避免被同行抢走，而具体的门店规划是拿到铺子后面的事情。但是在便利蜂的门店扩张过程中，这两步走之间不敢说同步，至少时间差是大大缩短的，开店决策的周期也大大缩短。

此外，和传统的便利店模板化选址不同，便利蜂的门店选址策略更富弹性。这种适应性显著增强了便利蜂应对中国复杂国情的能力，从而获得了更好的业务扩展性。对于各个门店的经营情况，便利蜂采取了网格化的管理模式，这一管理模式可以细化到每个平方米的范围，便于系统实现对于门店销售情况的实时监控，这些情况经过加工与研究，会进一步用于指导门店的销售策略。此外，便利蜂还会根据门店所处环境和辐射范围的特征对其运营模型进行修正，从而提升门店的运营效果。

数据的推动不仅影响选址，还会直接影响到选品和店面陈列。在门店运营过程中，便利蜂会实时监控各种产品的销售情况，并根据结果更新优化各个门店已有的运营模型，调整销售策略。举例来说，过去便利店的选品参考的是全店销量这个单一维度，销量不好的商品直接剔除。这种理念虽然合理，但也会导致选品的头部化和趋同化。在消费升级的浪潮下，消费者的需求已从过去解决饿了、渴了等方面的需要越来越多地转向自我满足和消费理念表达。因此，便利蜂认为每个用户的个性化需求也应得到满足。落实到选品上，便利蜂会在销量的基础上再加一个复购率的指标。如果一个商品销量不高但复购很高，说明有用户很喜欢这个商品，便利蜂仍然会予以保留。

便利蜂重视每个用户可能存在的个性化需求，他们相信这一举措和经营理念最终可以实现"千店千面"的愿景，与用户保持紧密的联系，给便利店行业带来更多的可能性。以银科大厦店和创业大街店为例，从门店布局和商品陈列看，两家店有不少差异。有些差异是物业条件造成的。比如，银科大厦店是二层结构，创业大街店是一层，这是被动差异。而主动差异可以从咖啡的角度来看，两家店都把咖啡机置于门口处，只不过银科大厦店主要是自助形式，与收银台在一侧；创业大街店则是在门口收银台的对面，有专门工作人员和价格显示牌，处理的方式更像麦当劳的"麦咖啡"，独立吧台，独立服务。

此外，便利蜂还一改一般的便利店在入口的第一列货架上放置一些日化等商品的惯例，代之以一些销量较大的小包装食品。比如蓝堡国际店和银科大厦店的入口货架上摆放着一款叫"毛毛虫橡皮糖"的小食品；此外，在很多家门店的入口货架上都可以看到五香素牛肉，看起来应该是比较畅销的商品，但是在 SOHO 的一家门店，五香素牛肉换成了同一品牌的麻辣素牛肉。这些细节的微小变化，正是数据分析选品的结果。王紫解释说，便利蜂的核心思想就是依靠大数据来推动门店运营。在第一年，门店商品的差异化主要体现在非鲜食商品方面，其背后的考虑是供应商的选择范围大小。依靠数据来做门店的运营差异化可能还不那么明显，但是未来，门店的差异会越来越大。

当人们谈新零售如何要为消费者"千人千面"时，王紫说，便利蜂首先努力的方向是利用大数据给每个门店画像。这个画像不仅可以选址，同时还可以通过用户的购买数据信息来确定便利店的定位、商品结构等一系列问题，真的可谓是数据驱动运营，虽然便利蜂离所谓的"千店千面"仍旧遥远，但一定是未来的方向。

数据助力，满足顾客需求

便利蜂首先追求的是能够有效满足服务半径内不同消费者各种丰富的品类需求。便利蜂建立了行业里规模最大的全品类库，根据终端数据将商品智能分发到各家门店，通过优化陈列提供尽可能多的品类，做到消费者想要的都有，没想到的也有，暂时没有的也能快速补位。通过建立新型便利店、推进智能货架普及等多种举措，努力构建含有多个数字化密集节点的便利店行业新模式，以"15 min 生活圈"为目标发展将线上销售与线下服务融合在一起的即时购物送货服务，发展新技术，开发新模式，便利蜂为实现顾客"即购即拿即走"的购物体验进行了许多努力。

在选品方面，便利蜂对各个品类的商品进行精细化管理。以便利蜂新恒基国际店为例，这家门店将休闲食品细化到 7 个品类，每个品类都具有可以优化的头部商品。收集每种商品的销售情况并使用便利蜂自主开发的系统进行实时分析，从而筛选出最能满足门店辐射范围内消费者要求的商品。由此，便利蜂的商品迭代速度基本达到同行业便利店的 3 倍。

同时，货物来源也是便利蜂努力的着力点之一，其试图打通整个运营系统的各个环节，构建智能、柔性、敏捷的供应链体系和物流体系。便利蜂执行严格的供应商准入审核制度，和业内顶级的供应商达成深度合作，并安排专人对产品加工过程进行现场评估，对于不合格的供应商一票否决。同时，便利蜂还着力研发自有的品牌产品，其采用"较小批量，更多款式，快速出货"的研发策略，使其自有商品能够保持较高的竞争力，并能保持足够迅速的终端响应。在商品运输上，便利蜂所采用的"多温层运输体系"可以达到严于国家标准的效果，它们给所有的运输车辆都安装了自动温度追踪装置，全程实时监控全车的运输环境，并使用自己研发的算法对配送路径和频次不断进行优化。

在便利蜂的发展过程中，对如何满足新时代下消费者"多、快、好、省"的需求做了很多的思考和讨论，最终形成了"便利＋"战略。便利蜂曾在人民日报撰文做过专门阐述。便利蜂认为，结合实际看，"多、快、好、省"在新型便利店的优先级应该是"好、快、多、省"。

便利蜂所提的"便利＋"，首先是"品质＋"，解决"好"的问题。便利蜂认为，中国不缺零售服务，缺的是有品质的零售服务。因此，便利蜂提出了"品质生活便利中国"的愿景，这既是便利蜂的创业初心，也是便利蜂的战略决策。便利蜂认为，对便利店进行数据化不能仅仅停留于对线下的流量和数据资产进行争夺，不能仅仅把点位数量或者商品交易总额（gross merchandise volume，GMV）作为评判标准，而应该将消费者体验作为最终目标，做能给用户提供最好的商品和最好的消费体验的便利店。便利蜂有个很小的愿望，消费者进到便利蜂的门店，不论有没有购物，他能有哪怕很小的幸福感，便利蜂就觉得这事做成了。

其次，便利蜂提出"便利＋"是为了解决"快"的问题。注重运用互联网思维是便利蜂的特点，自主开发 App，实现线上支付、线下自助购物、线上购买后自提、送货上门，升级消费体验。便利蜂在 App 中提供了自助购物（扫码商品条码加入购物车，可在 App 内自助结账，同时生成离店码）、店内点餐（在 App 内选择商品完成支付后，现场叫号提醒取餐）、门店自提（提前下单预订商品，由店员给准备好，到店直接提货，秒速离店）等服务。便利蜂的智能便利店通过数据的核算使其在距离、营业时间、购买商品以及购物流程（智能化服务）上都有很大的便利性。用户的能动性增强的同时，逐步减少了排队等购物流程，极大地增加了用户便利性。

同时，便利蜂打造了业内领先的、围绕"数据驱动运营"理念的信息管理系统。成立一年多来，基于互联网的前沿技术，便利蜂成功开发出了领先业内的信息技术系统，成功构建了高效的供应链系统和物流网络。通过大数据和智能软硬件，便利蜂突破了过去固有的便利店购物印象，做到了将用户放在中心位置，着力为每个用户提供独特适配服务。传统的便利店所使用的 POS 终端仅仅记录用户的姓名、性别、年龄等最基本信息，对于更加重要的用户身份、个人喜好等信息则只能依靠店员人工识别，这会导致用户信息扁平化、无法做到一一对应、对店员要求较高等各种问题。而便利蜂开发了云端系统，与终端系统相互补充，使数据体系更加翔实有效，由此可以记录并准确识别顾客的身份，将对顾客的了解程度从系统的基本信息拓展到了消费习惯、交易频率、生活范围等更富个性化的多个层面，对于用户的掌握更加具体生动。同时，这个系统还保持了较好的可拓展性，他们正在将人工智能与人脸识别技术应用其中，必将进一步提高对整体消费趋势和用户需求的理解和把握准确度。

打造招牌鲜食

在当下的市场环境中，便利蜂所着力创造的是一个更加值得消费者信赖的鲜食产品安全体系。换句话说，鲜食产品的安全问题与品质控制是便利蜂发展鲜食体系的最核心举措。

便利蜂建立完善鲜食体系的一大举措就是数字化的运营。便利蜂自主开发了一个"鲜度 PAD"系统，专门管理鲜食产品中的热餐。每份热菜的需求量、何时运输至门店、最佳贮存环境条件、何时需要废弃，这些数据都会被系统实时显示，并以数据的形式保存下来。它还会对每份热餐进行自动化的管理，到了时间及时提示门店的员工进行操作。比如，一份热菜加工完后，贮存 4 小时之后必须立即废弃。这套系统的使用让门店的鲜食业务运营趋于标准化和自动化。一方面，它可以减少人为主观操作的随意性可能带来的损失，有效减少可能存在的出错概率；另一方面，这套系统实际上也是给消费者看的，在店内展示这些信息，让消费者直观地看到便利蜂鲜食产品的每个环节都是严格按照规定来做的，极具专业性，助力提高消费者信任度。由于鲜食的毛利比较高，便利蜂也做了贴射频识别（radio frequency identification，RFID）码的智能货柜，来覆盖市场容量不足以开店等不同场景市场。这一套系统下来，再结合门店端的自助收银、扫码购、电子价签等智能化硬件、系统，便利蜂成功实现了产业互联，门店业务流程、用户数字化，流通环节数字化，管控数字化，上游供应数字化，各个环节都能实时沉淀数据。

在运营模式上，便利蜂采用了直营店模式。在严格的管理约束下，总部的理念和政策可以被各个门店最大程度地落实，数字化的运营模式也逐渐深入发展。但存在争议的地方在于：直营店很难控制租金成本和人力成本。直营意味着是由公司总部去跟房东谈物业租金，而只要是公司总部去谈租金，各种因素作用下，房东容易"坐地起价"，租金成本很难控，在人力成本方面也很难做到灵活处理。就目前来看，便利蜂的直营店模式与数字化策略是内在地联系在一起的。直营店模式保证了数字化的有效落实，并反过来为数字化的开发和完善提供指导；数字化策略的逐步完善则为直营店的建立和发展提供具体的标准和指导，有效提升其运营效率。直营店模式与数字化策略相辅相成，二者的"共振"将有利于建立更加规范和稳定的鲜食品控体系，实现更具效率的经营。可以说，这套体系帮助便利蜂在餐饮业中找到了自己的位置。

尾声

支撑便利蜂又好又快发展的，是其"数据驱动运营"的核心理念。便利蜂通过自主研发的智能便利店运营系统实现了业务的全局数字化，全部直营确保品质和标准作业程序（standard operating procedure，SOP）的严格落实。在城市化的浪潮下，正如东亚其他国家走过的道路，中国零售体系已开始呈现出"大卖场走出去，便利店走进来"的深刻变化，这种变化将对快消品的渠道战略产生巨大的冲击，同时也将酝酿新的机遇。在一二线都市圈，便利店将成为越来越主流的商品交易渠道。也正是因为引领了这个零售趋势，便利蜂的巨大潜力正被越来越多的快销巨头认知。便利蜂正走向中国便利店新时代！

案例来源：节选自郭名媛和张琳鑫. 便利蜂便利店：大数据驱动运营. 中国管理案例共享中心，2019.

问题讨论：

1. 通过梳理便利蜂便利店的开店过程，分析便利蜂是如何运用大数据来帮助自己进行选址的，并深入分析选址所考虑的因素。

2. 便利蜂是如何更好地管理用户信息，利用数据选择商品，洞察用户需求的？

3. 便利蜂是如何利用信息化数据，打响自己鲜食的金字招牌的？

4. 在大数据时代的背景下，其他企业如何从便利蜂的运营中吸取经验？

本章思考题

1. 数据分析主要包括哪些技术？

2. 数据分析可以从哪些方面识别机会？

3. 如何通过数据洞察市场需求？

4. 通过数据工具及技术，还能对创新创业起到哪些作用？

即测即练

自学自测　　扫描此码

第 8 章

平台思维：用户参与共创

【学习目标】

✓ 理解以用户为中心的思维模式，学习如何识别客户真正的需求，并将其放在业务决策的核心位置；

✓ 学习传统的双边交易模式与多边交易模式之间的差异，并理解多边交易模式如何为企业创造更大的价值；

✓ 了解基于平台的创业企业能够采取哪些创新策略突破瓶颈，学习用户体验改善、众包创新以及数字技术等带来的优势和潜在挑战。

【章节纲要】

本章内容主要分 3 节。第一节主要探讨以用户为中心的思维模式在创业管理中的重要性和应用，介绍其核心原则和实施步骤；第二节深入探讨多边交易模式的概念、特点、要素和未来趋势，帮助读者更好地理解和应用交易模式创新的核心思想和实践方法；第三节将探讨平台对于创业企业的重要性和基于平台的创新应用策略，并分享实践经验。

引导案例

让交易更容易：e交易平台的价值共创探索

2017 年 5 月 19 日，在常州隆重举行了江苏易交易信息科技有限公司揭牌暨 e 交易平台新网站上线仪式，国内非标交易市场进入了"网购"时代。易交易公司由常创集团下属常州领创创业投资有限公司与产全云公司发起设立，该公司的设立意味着其在平台建设发展上迈出了关键性的一步，进一步完善了平台的运营管理体系，同时引导各地交易机构形成互联网思维，推动产权市场联合、协同发展更进一步。

e交易平台按照国务院提出的"四统一"要求，确定了"共建、共享、共用、共治、共赢"的"五共"理念，通过联盟合作与"众筹"出资的合作方式，以各地交易机构拥有的项目资源积累和市场公信力优势为依托共同建设。其市场定位和功能是建设成为一个集产（股）权交易、金融资产处置、政府采购、招投标、拍卖功能于一体的全流程、多维度、支持多机构用户的全国性综合型互联网交易平台，平台上可进行跨区域交易的要素资源种类丰富，包括股权、房地产、二手车、设备物资、粮食、花木、艺术品等。通过平台的建设，旨在稳步推进全国范围内的市场融合，改变之前全国市场割裂分散的情况，进而实现各类要素资源在更大范围、更高层次、更宽领域的优化配置。

e 交易平台在设计上充分考虑各地入驻机构的需求，进行人性化设计，可以根据不同交易机构的需要，形成一个以 e 交易产权门户平台、各区域频道和各专业频道为三点支撑的统一站群系统。在这个统一站群系统中，各地方机构实现互通互联机制，形成统一信息管理、共享信息资源和统一信息发布的良性平台运营环境。充分利用 e 交易母平台的包容性和延展性，迅速延伸到各类交易品种的子平台，各要素经平台整合，延展商品价值的"物质承担者"，创新产权交易发现价值的功能。所有机构的资源被平台整合后，各机构可以依托平台共享其他兄弟机构的各类硬件、软件资源，从封闭行动转变为联合行动，联合起来开拓市场和操作业务，实现市场业务增量，改变过去依靠市场存量的竞争格局，在理论上每一家交易机构都能成为全国性交易所。

业务流程实现全程网络信息化，所有的操作都在平台系统完成并留有痕迹。e 交易平台完美地将信息技术和标准化的业务流程融合在一起，使有技术支撑的产权交易流程更加阳光、标准，通过"物理隔绝"最大限度地防止暗箱操作，杜绝了权力"网外循环"。平台针对产权交易、招标采购和自主采购业务均提供了相应的操作指南，小到会员注册、缴费、投标文件制作，大到竞价开标、CA 申领，一系列流程都提供了详细的介绍和指导，方便用户操作，提升体验感和用户满意度。企业可以根据业务需要选择公告模板进行信息编辑，经平台审核人员审核通过后发布公告，有交易意向的企业借助平台实现双方需求匹配，动态的报价竞价全过程在线上公开透明地呈现给大众，遵循了交易的公开、公正、公平原则。

e 交易平台积极拉动产权市场的不同参与方进入平台，加强平台多元性和全面性，合力搭建价值平台。参与主体涉及交易机构、标的企业、决策机构、审计、评估、金融机构、银行、工商等多个机构和部门，按照特定逻辑关系实现多环节、多机构、多服务的汇聚，随着云平台底层数据的规模不断扩大，参与主体的多样性越来越广，按照互联网思维，平台的创新盈利模式也逐渐成形。各主体与其费尽心力收集和整合资源，不如考虑如何利用好平台的聚集效应和放大效应来创造价值。当入驻平台的企业基于平台规则开放自己的数据（如产品和服务的相关信息、交易信息等）时，这些数据经过处理会储存在 e 交易平台云端数据库，这些数据被整合到平台之后，其他参与方可以经过不同程度的利用产生一系列的应用服务，为自身和平台的利益相关者创造贡献和便利。

在错综复杂且变化多样的国内环境下，面向平台的交易机制能够有效实现机构和用户的互联互通，在与用户和客户机构的交互中，平台整合能力进一步升级，无论是新企业还是大公司，都需要依靠平台思维和平台经济去构筑动态能力和获取竞争优势构建属于自己的市场生态圈。

案例来源：中国管理案例共享中心，http://www.cmcc-dlut.cn/Cases/Detail/6077。

8.1　基于平台共创的底层思维：由"以产品为中心"到"以用户为中心"

过去，许多公司在新产品设计和市场营销中主要关注产品本身的功能和特点，忽视了用户的实际需求和体验。以产品为中心的思维模式往往导致产品与消费者之间的脱节和不匹配，导致许多产品难以真正满足用户的期望和需求。随着市场竞争的加剧和消费者需求的多样化，以用户为中心的思维逐渐崭露头角，这种思维模式强调深入了解用户的需求、期望和行为，将用户的需求作为产品设计和企业决策的核心要素。

本节将探讨以用户为中心的思维模式在创业管理中的重要性和应用，介绍其核心原则和实施步骤。通过深入理解和应用以用户为中心的思维模式，企业将能够更好地满足用户需求，提供卓越的用户体验，形成与用户基于平台共创的基础，实现市场的持续增长和商业的可持续发展。

微案例

迎合用户需求的元气森林

元气森林成立于 2016 年 4 月，短短 6 年时间靠着互联网打法成功成为饮料行业最大的黑马。与传统饮料以产品为中心的宣传设计不同，元气森林创始人唐彬森通过线下＋线上的宣传方式使得元气森林迅速出现在 Z 世代用户的视野中，线下网络的快速铺盖以及对各大型综艺和电视剧的大力赞助使得在其快速发展的历程中，元气森林的品牌形象逐渐深入人心，并受到了众多 Z 世代用户的支持与喜爱。

除宣传策略之外，对于新世代消费者偏好的把控是其获得成功的重要原因。"Z 世代"，该词语的称谓最早可以追溯到发表于 1999 年的《中国青年研究》，指在 1995—2009 年出生的人，中国是世界上最大的"Z 世代"国家，人群有 2.75 亿，他们赶上中国经济腾飞的年代，几乎没有上一代"拮据、收敛"的消费观，而且沉浸在社交媒体中，受全方位多元文化的熏陶，兴趣消费的属性很明显。在 Z 世代积极活跃的小红书中可以看到，有关控糖、戒糖、断糖等关键词合计有超 10 万＋笔记，除此之外，"热量"一词有 36 万+笔记,"卡路里"一词也有 10 万 + 笔记。这些关键词的搜索记录充分表明 Z 世代用户对于健康的担忧,他们需要的不仅仅是一款健康好喝的饮料,更是一个与其他品牌有所区别、和自己调性相合的品牌。

唐彬森深知新消费品牌的打造需要利用数字化的打法进行"降维打击,内容为王"。元气森林开始了线上跑量内容营销,传播完整覆盖了"90 后"人群日常聚集的全媒体平台,包括线上"双微一抖"、B 站、头条、小红书、百度搜索、知乎等广告投放,线下则与楼宇、车身、地铁、户外等大众媒介战略合作。大量曝光保持声浪,最终超越区域限制,将销售触角伸到电商深处。Z 世代用户纷纷涌入了元气森林创造的"小空间"里。

拥有互联网基因的唐彬森成立元气森林之后,线上方面大量投放广告在综艺、电视剧以及各大互联网平台上,线下方面选择入驻了同样拥有互联网基因的连锁便利店。得益于双管齐下的打法,元气森林的产品如雨后春笋般全方位出现在 Z 世代用户的视野中。随后,其通过主打"0 糖 0 脂 0 卡"的气泡水以及精致的包装充分迎合了 Z 世代用户的需求,使得元气森林受到了众多 Z 世代用户的喜爱和追捧。殊不知,一场针对增加 Z 世代用户黏性的精心策划才刚刚开始……

案例来源:中国管理案例共享中心,http://www.cmcc-dlut.cn/Cases/DetDet/7079。

8.1.1　以用户为中心的思维模式

随着科技的迅猛发展和市场的竞争加剧,企业在产品设计和市场营销中逐渐认识到以用户为中心的思维模式的重要性。传统的以产品为中心的思维模式已逐渐失去对消费者的吸引力,而以用户为中心的思维模式则将用户的需求和体验摆在首位,成为创新和商业成功的重要因素。以产品为中心的思维模式和以用户为中心的思维模式在创业管理中有着明显的区别,主要体现在以下几个方面。

(1)关注点不同:在商业领域中,关注点的差异往往能够决定一个公司的成功与否。传统的以产品为中心的思维模式,注重将产品的功能和特性放在首位;在此模式下,企业的主要关注点是如何设计和制造出一个高质量的产品,以迎合市场需求;而以用户为中心的思维模式强调的是关注用户的真正需求和体验,以满足用户的需求来创造价值。

(2)参与程度不同:以产品为中心的思维模式偏向于内部驱动,由企业内部的产品开发团队主导产品的设计和开发,用户的参与程度相对较低。而以用户为中心的思维模式注重用户参与和反馈,将用户置于产品开发的核心位置,通过用户研究、用户测试和持续的用户反馈循环来指导产品的改进和升级。通过这种方式,企业可以建立起与用户的紧密联系,提高用户的忠诚度和满意度,从而推动企业的持续发展。

（3）目标导向不同：以产品为中心的思维模式更倾向于追求产品自身的完美和优越性，企业的目标主要是在市场中占据竞争优势；而以用户为中心的思维模式注重满足用户的需求和期望，企业的目标则是提供出色的用户体验和创造持续用户价值。以产品为中心的思维模式更加注重产品的研发和改进，追求产品自身的完善。企业在这种思维模式下，主要目标是在市场中占据竞争优势，通过不断提高产品的质量和性能来吸引更多的用户。与以产品为中心的思维模式相比，以用户为中心的思维模式更加注重用户体验的全过程。企业需要在产品设计、功能开发、交互设计等方面精心打造，以确保用户在使用产品的过程中能够获得愉悦的体验。

（4）价值观不同：以产品为中心的思维模式更强调内部的技术和产品能力，追求技术上的突破和创新；而以用户为中心思维模式更注重用户价值和用户满意度，企业需要透过用户的眼光看产品，持续提供符合用户期望的解决方案。以产品为中心的思维模式强调技术的突破和创新，企业会投入大量的资源和时间来提升产品的性能和功能，并且通常会将技术和研发置于首位，认为产品的质量和功能是最重要的。在以用户为中心的思维模式下，企业通过深入了解用户的期望和需求，来提供符合用户期望的解决方案，这种思维模式认为用户的满意度是企业成功的关键因素，只有满足用户的需求，才能够获得用户的认可和忠诚度。在此思维模式下，企业会将用户放在核心位置，通过与用户的紧密互动，了解他们的需求和痛点，并将这些信息融入产品研发和营销策略中。

8.1.2　对用户的研究

在创业过程中，用户研究是一项至关重要的工作，能够帮助创业者了解和掌握用户的需求、行为和体验，为产品或服务的开发提供有力支持。用户研究与洞察通常包括以下几个部分。

（1）研究方法的选择：在进行用户研究之前，创业者需要选择适当的研究方法。常用的方法包括用户观察、访谈、问卷调查、焦点小组讨论等。不同的方法能够提供不同层次的洞察，因此创业者需要根据自身需求和资源来选择合适的方法。用户观察是一种常用的研究方法，通过观察用户在特定环境下的行为和互动，创业者可以获得直接的洞察力。这需要创业者的悟性。访谈是另一种常用的研究方法。通过与用户进行面对面的深入访谈，创业者可以获得用户的主观意见和体验，可以了解用户对产品或服务的看法、使用体验以及存在的问题。访谈还可以提供一些意想不到的洞察，帮助创业者发现用户未曾表达的需求和期望。问卷调查也是一种常见的研究方法。通过设计合理的问卷并广泛分发给用户，创业者可以收集大量的定量数据。问卷调查可以帮助创业者了解用户的基本特征、购买行为、满意度等方面的信息。这种方法可以提供全面的数据支持，有助于创业者进行市场分析和用户群体的细分。焦点小组讨论是一种集体讨论的方法。创业者可以邀请小组用户参与到这种讨论中，讨论特定的问题和话题。焦点小组讨论可以促进用户之间的交流和互动，帮助创业者获取对产品或服务的集体意见和观点。

（2）用户需求的调研：用户需求调研是用户研究的核心内容之一。创业者需要通过与用户的交流和观察来了解用户的痛点、需求和期待。可以通过开展深入访谈、观察用户行为、分析用户反馈等方式来获取用户需求的相关信息。深入访谈的方式是调研的基本手段之一，创业者可以通过深入访谈的方式与用户进行沟通，了解他们的真实需求，帮助创业者更加深入地了解用户的想法和要求。创业者还可以通过观察用户的行为来获取用户需求的相关信息。通过观察用户在现实生活中的行为举止，创业者可以洞察到用户的实际需求，从而为其提供更加贴合用户需求的产品或服务。创业者还可以通过分析用户的反馈来获取用户需求的相关信息，用户的反馈可以是来自产品的评论、问卷调查或是社交媒体上的留言等形式。通过分析这些反馈，创业者可以了解用户对产品或服务的评价和期望，从而及时调整产品或服务的策略。用户需求调研并非一蹴而就，而是一个持续的过程。创业者需要不断与用户进行交流和观察，以及时获取用户需求的变化。随着时间的推移，用户需求会不断变化，因此创业者需要保持敏感，不断调整产品或服务的策略，以适应市场的需求。

（3）用户画像的创建：通过研究用户，创业者可以形成画像，即对目标用户群体细致描述。用户画像可以包括用户的特点、兴趣、偏好、习惯信息，通过对用户画像，创业者可以更好地了解核心用户，并为产品或服务的设计、定位提供参考。创业者需要了解用户的年龄、性别、职业等基本信息，从而更好地定位目标用户群体。通过了解用户对哪些事物感兴趣以及他们的喜好和偏好，创业者可以更好地定制产品或服务。用户的习惯信息也是用户画像的重要内容之一。创业者需要了解用户的消费习惯、使用习惯及购买习惯等，以更好地为他们提供产品或服务。用户画像不仅可以帮助创业者更准确地满足用户的需求，还可以帮助他们预测用户的行为和购买决策，以提供更个性化的产品或服务，进而实现商业成功。

（4）用户旅程的构建：用户旅程描述了用户在使用产品或服务的过程中经历的各个阶段和节点。通过构建用户旅程，创业者可以深入了解用户的使用场景、需求变化以及与产品交互的关键点。通过对用户旅程的分析，创业者可以有针对性地进行产品设计和用户体验的优化，从而提升用户的满意度和忠诚度。此外，用户旅程还可以帮助创业者预测用户未来的需求变化。通过了解用户在使用产品或服务的过程中所经历的阶段和节点，创业者可以更好地把握用户的发展轨迹和需求演变。这种对用户需求变化的敏锐感知和及时改进，可以使创业者在竞争激烈的市场竞争中保持优势。总之，构建用户旅程对于创业者来说具有重要意义，它可以帮助创业者更深入地了解用户的使用场景、需求变化以及与产品交互的关键点，从而有针对性地进行产品设计和用户体验的优化。通过对用户旅程的分析，创业者可以提升产品的竞争力，满足用户的需求，并在市场竞争中取得成功。

8.1.3 甄别用户的个性化和定制化需求

在创业实践中，个性化和定制化是一种重要的营销策略，它能够帮助企业提供与众不同的产品或服务，满足不同用户的个性化需求，创造更好的用户体验和增加用户忠诚度。完整的个性化和定制化策略往往需要根据行业和个体的情况而定，合理的个性化定制化策略大致需要经历以下步骤。

（1）用户定位。在实施个性化和定制化策略之前，创业者首先需要进行用户定位。通过深入了解目标用户群体的特点、需求和偏好，创业者可以将用户划分为不同细分市场，并为每个细分市场提供个性化的解决方案。

（2）个性化产品或服务设计。根据不同用户的需求和偏好，创业者可以开发个性化的产品或服务。创业者可以通过特定功能、定制选项、个性化定价等手段，满足用户对个性化的追求。创业者可以通过调研和用户反馈，不断改进和优化产品或服务，提供更贴近用户需求的解决方案。

（3）客户关系管理。实施个性化和定制化策略需要与用户建立密切的关系，了解用户的喜好、习惯和反馈。创业者可以通过各种方式与用户互动，如定期发送问卷调查、开展个性推荐、提供专属咨询客服等，以建立稳固的客户关系。

（4）迭代和优化。个性化和定制化策略是一个持续的过程，需要创业者不断迭代和优化产品或服务。通过收集用户反馈、关注市场趋势，创业者可以及时改进和优化产品的个性化程度，以保持竞争力并满足用户不断变化的需求。

在市场竞争激烈的环境下，通过个性化和定制化的策略，创业企业可以赢得更多的用户和市场份额。通过为用户提供与众不同的产品或服务，创业企业可以在激烈的竞争中脱颖而出，树立自己的品牌形象，并与竞争对手形成差异化竞争优势。此外，通过收集和分析用户数据，创业企业可以快速调整产品或服务的定位和设计，以适应市场的变化。个性化和定制化策略有助于提高企业的市场敏感性和反应速度。通过个性化和定制化的策略，创业企业可以更加精准地利用有限的资源，通过深入了解用户需求和偏好，避免资源的浪费，将有限的资源投入到对用户最有价值的领域中去。

8.1.4 用户参与和反馈

用户参与和反馈是一项重要的活动，它能够帮助企业了解用户需求、改进产品或服务，在创业初期，如何与用户进行有效互动，及时收集和分析用户的反馈并进行相应改进是影响用户对于产品或服务满意的重要因素，用户反馈通常以用户研究与洞察为基础，用户研究与洞察在第一节已有详细描述，故在此不赘述。

用户参与和体验设计是用户参与的关键环节，这要求创业公司引入用户参与的理念，在产品或服务的设计过程中让用户充分参与进来，增强用户对于产品服务设计的参与感。通过用户界面的测试、用户体验的反馈收集与分析，创业者可以快速了解用户的真实感受，及时调整和改进产品或服务的设计，以提高用户的满意度。

用户反馈渠道也是增强用户参与感重要的环节，创业公司可以建立多种用户反馈的渠道以打通用户和公司的联系，通过社交媒体互动、后台客服答复体系、客户服务热线等鼓励用户主动及时地提供反馈意见，通过用户反馈的收集与分析，认真对待用户的意见和建议，及时解决用户的疑问并利用数据分析结果，优化产品或服务的设计，以提供更贴近用户需求的解决方案。

为了更好地收集和处理用户的意见和建议，产品用户社区建设也是必不可少的一环，创业者可以积极开展用户参与活动，建立用户社区或论坛，与用户进行互动交流，通过举办用户分享会、用户体验作坊等活动，创业者可以更好地了解用户的需求和诉求，与用户建立良好互动关系，进一步提升用户的满意度和忠诚度。

微 案 例

小米的用户参与策略

小米公司正式成立于 2010 年 4 月，经过 10 年的磨砺，现发展成为一家以手机、智能硬件和物联网（internet of things，IOT）平台为核心的互联网公司，2018 年 7 月 9 日在香港主板上市。小米将"以用户为中心"写进企业文化，以"和用户交朋友，做用户心中最酷的公司"为企业发展的终极目标。从诞生到上市乃至发展到如今的规模和态势，作为少数拥有"粉丝文化"的互联网企业之一，并且也是典型性用户型企业的小米，在其成长发展过程之中，相较其他企业有着显著的不同之处——用户更多地扮演了朋友的角色，而并非传统商业活动中的"上帝"。

在互联网时代，小米较早认识到企业和用户之间不仅仅是单纯的卖方和买方这样的关系，消费者通过产品和服务与企业紧密联系在一起，并且不再是简单的功能和利益上的联系。重视粉丝是小米成功的重要因素之一，而真正实现重视粉丝这个目标的最重要渠道是利用社会化媒体。所谓社会化，就是指在某个交流平台，用户和动态发布者之间的关系不是静态不变的、单向的，而是相互的。线上顾客通过小米商城、抖音 App 等线上渠道订购小米产品，通过与客服聊天、网评方式实现交流和反馈；线下顾客通过小米之家实时体验新品，并随时与员工沟通，反馈体验感受，增强了顾客黏性。小米实现用户参与不仅体现在信息沟通，更体现在生产创新的各个方面。例如：在讨论组、小米社区，顾客可以参与设计手机的主题、外观和系统，满足他们对产品的个性化需求；MIUI 功能区设有的开发组、内测组等都是由技术能力强的米粉组成，他们会及时提供意见，参与产品研发创新。

在产品研发方面，研发人员能够通过小米社区进行小规模群体的测试活动，组建跨部门的项目团队进行可行性研究。若讨论结果证明项目具备一定的可行性，则研发团队继续贴合用户意见与建议，最终达成对用户参与创新的推动效果，实现用户深度参与，满足用户需求，将其转化为有效的产品。以这种方式进行产品的研发创新，有利于产品最大程度贴合最广泛且精准的用户需求，并在这个互动交流过程中提高用户的品牌体验，逐步建立起对小米社区乃至小米品牌的认同感和归属感。

案例来源：作者根据互联网资料整理。

8.2　基于平台战略的商业模式创新：由"双边交易"到"多边交易"

在全球化和数字化的背景下，商业环境发生了巨大的变革，传统的商业模式已经无法适应快速变化的市场需求和竞争压力。在这样的大环境下，商业模式创新成为企业突破困境、实现增长和成功的关键。本节将探讨商业模式创新中的重要议题——基于平台战略的商业模式创新，由"双边交易"向"多边交易"的转变。本节将详细介绍双边和多边概念的界定，探讨其带来的益处和机遇。此外，本节还将对实施多边交易模式的关键因素、策略以及未来的发展趋势进行分析和讨论。

在接下来的章节中，我们将深入探讨多边交易模式的概念、特点和实施方法，帮助读者更好地理解和应用商业模式创新的核心思想和实践方法。通过学习和运用多边交易模式，企业将能够开创全新的商业机会，推动行业的变革和创新，实现可持续的商业成功。

微 案 例

小鹅通的平台战略

2015 年，身为腾讯数据平台部总监、T4 级专家、国内大数据行业专家的鲍春健辞职离开了腾讯。原因是想自己创业，他和合伙人组建了 10 余人的创业团队，开始从第一个创业项目做起。不幸的是，他首战就遭遇了滑铁卢，仅仅 7 个月时间就花光了自己在腾讯 9 年时间赚的 500 多万元。不服输的鲍春健，在连续做了 7 个 App 的外包后，得以见贵人。也许是皇天不负有心人，2016 年 10 月，著名媒体人吴晓波找到鲍春健，希望鲍春健为其开发一款音频收听工具。

2016 年 12 月，鲍春健团队发布了初代知识服务工具产品，命名为"小鹅通"。作为国内首家知识付费 SaaS2 工具，小鹅通就这样横空出世了。

借助小鹅通的付费系统，《每天听见吴晓波》上线短短几个月就发展到十几万付费用户。吴晓波继续与鲍春健合作，希望借助微信搭建一个私域流量知识平台，更精准对用户进行关系维护与管理。在吴晓波的口碑传播下，越来越多的客户找到小鹅通寻求合作，其中不乏十点读书、张德芬空间、樊登读书等头部自媒体。与此同时，这些客户也带来了更多的技术需求。于是，小鹅通也由"音频＋会员"组成的简单模块拓展到更丰富的自媒体知识付费与社群运营工具，帮助媒体人完成用户连接、知识店铺搭建、知识产品交易的全流程。仅一年多的时间，客户从头部大 V 向中长尾扩张，客户量迅速激增至 10 万级，同年获得喜马拉雅 A 轮融资。

随着客户数量增长，各行各业的注册商家通过小鹅通进行知识分享与传播，小鹅通联结的内容生态效应逐渐显现。2018 年 1 月，小鹅通对外宣布上线内容市场。其联合众多内容方、流量方共同推出内容分销市场，基于数据标签，内容分销市场帮助知识大 V、自媒体、内容创业者等内容方与流量渠道、社群玩家、个人用户等渠道方进行了精准匹配，解决了商家用户有好内容却没有流量推广的问题。内容分销市场的推出，吸引更多的内容生产方入驻小鹅通平台，增加了小鹅通平台的内容多样性，通过解决商家流量推广问题，实现互利共赢。

同年 8 月，小鹅通联合众多知名课程平台、流量、IP 成立了内容付费领域的明星联盟——好课联盟。将高价值爆款课程的内容方和具有大流量的渠道方精准联结起来，形成了高效率的分销联盟，促进优质内容的生产、有价值知识的传递和保护。同时，小鹅通和联盟成员也主动担起了探索行业前沿、推动行业发展的重任，不定期向业界发布权威性的榜单、数据分析、行业报告白皮书等，帮助内容从业者和行业观察者了解内容付费经济动态。

2019 年，小鹅通开始与腾讯云的底层支撑能力深度融合，推动企业数字化转型。12 月 21 日，在"2019 新教育峰会暨小鹅通三周年庆典"上，小鹅通发布了"小鹅通·云服务平台""企业内训解决方案——企学院"等新产品。新产品的推出，意味着企业服务边界的进一步拓展。横向方面，小鹅通继续扩展能力，推出一套全新的行业解决方案——企学院。让企业拥有自己的企业大学，全方位助力企业内训降本增效，创造沉浸式学习体验。

截至 2020 年 5 月，小鹅通客户突破 100 万，客户已扩展至零售、金融、医疗、建筑、出版、旅游和健身等多个领域。2020 年 10 月，小鹅通获得腾讯数亿元 C 轮融资，继续升级为"知识产品与用户服务的数字化工具"，助力各行各业实现数字化升级。

案例来源：中国管理案例共享中心，http://www.cmcc-dlut.cn/Cases/Detail/7325。

8.2.1 概念介绍

当平台对传统单边市场中的买方和卖方采取开放性策略时，这两个群体就各自形成了两条独立的边界，平台企业为异质的双边提供交易和互动服务，此时传统单边市场逐渐向双边市场过渡。Rochet 和 Tirole（2004）首先从价格结构方面给出了双边市场的定义：假定平台企业向买方（B）索取价格为 P_B，向卖方索取价格为 P_S，当平台向需求双方索取的价格总水平 $P = P_B + P_S$ 保持不变时，如果任意一方价格的变化都会对平台的总交易量产生直接的影响，那么这个平台市场就被称为双边市场了。随后，Armstrong（2006）进一步发展了双边市场的定义：如果市场中交易平台通过一定的价格策略向交易双方提供产品或服务，并且一边所获得的效用取决于另一边参与者的数量，那么这样的市场便是双边市场。双边市场必须符合两个条件：①市场的两边在同一个平台上进行交易；②一边的决策会对另一边的决策结果产生影响，特别是通过外部性起作用。总体而言，双边市场理论的主要关注点是连接两边具有交叉网络外部性用户群体的平台企业的经济行为（Rysman，2009；吴汉洪和孟剑，2014）。

多边市场通常被认为是双边市场的延伸。多边市场是在双边市场概念基础上发展而成，是指将两个或两个以上有明显区别但又相互依赖的用户群体集合在一起的市场。多边市场使相关用户相互联动，一方用户的效用与另一方用户的数量紧密相关。平台通过合理的定价机制吸引市场中其他更多的"边"加入，从而双边市场转型为多边市场，或是当在一个双边平台上进行交易的用户不容易被同质化且各自之间存在网络外部性时，最后也将呈现出多边市场。

8.2.2　双边交易的特点和限制

在双边市场结构中，供应方和需求方相互依赖，彼此影响，并通过交易来实现价值的交换。本文将探讨双边市场的特征，包括市场参与者的相互依存性、交叉网络外部性以及价格的非对称性等。通过了解双边市场的特征，我们可以更好地理解该市场的运作机制和规律。

（1）相互依存性。双边市场健康运作取于买卖双方的互利关系。供应方和需求方在双边市场中相互依存。供应方需要需求方来购买他们的产品或服务，需求方需要供应方提供所需的产品或服务，如果单一方或多方用户对平台提供的产品或服务没有需求，则平台是没有价值的。

（2）交叉网络外部性。网络外部性是指产品的价值（效用）随着消费该产品的消费者数量的增加而增加。双边市场中存在的是交叉的间接网络外部性——市场中一方的用户数量和交易量将会影响另一方的用户数量和交易量，即一方用户对交易效用的预期会随着另一方用户规模的变化而变化。

（3）价格的非对称性。平台企业需要将索取的总价在买方和卖方之间进行"分配"，而不会像单边市场那样遵循边际成本定价法则。买卖双方在平台上完成交易，平台将收取的总价格在买卖双方进行分配，如果考虑平台利润最大化，对一方可能采取免费或补贴。

双边市场是一种经济模式，其中供应方和需求方通过交易达成协议。尽管这种市场结构存在一些优势，如提供更多的选择和竞争激励，但它也面临一些困难和挑战。接下来将深入探讨双边市场的缺点，并分析可能对市场参与者产生的影响。通过了解这些缺点，可以更好地理解双边市场的运作和潜在的风险。

（1）信息不对称：在双边市场中，供应方和需求方之间可能存在信息不对称的情况。一方面，供应方可能掌握更多的信息，从而能够更好地决定产品或服务的定价和质量；另一方面，需求方可能缺乏对市场的了解，导致无法有效地选择产品或服务。

（2）垄断和不完全竞争：在双边市场中，某些供应方或需求方可能具有垄断地位，从而能够操纵市场价格和条件。这可能导致市场上的价格不合理或者市场资源配置不公平。

（3）外部性：双边市场中的交易可能对第三方产生外部性影响，而这些外部性影响往往无法通过市场机制来解决。例如，某些交易可能会对环境产生负面影响，但这些影响的成本往往由整个社会承担，而不是由交易双方承担。

（4）不稳定性：双边市场往往容易受到外部因素的影响，从而导致市场波动和不稳定。例如，市场上的需求突然下降或供给突然增加，可能导致价格的突变和市场的混乱。

8.2.3   多边交易的商业模式

从我国的现实发展来看，得益于数字技术快速发展和应用，阿里巴巴、腾讯、美团等平台企业迅速发展为数字经济时代的生态型平台企业，它们的成长和发展过程就是市场组织模式从双边交易走向多边交易的缩影（郑小碧和季垚，2022）。

随着云计算、大数据和物联网等新兴技术的迅猛发展，互联网时代向数字化时代升级，市场出现了更加专业化的物流、移动数字支付和精准营销服务商，从而形成了依托互联网平台的多主体、多连接的完全分工结构，双边市场向生态型的多边市场升级。专业化物流、产品营销等增值服务从分工网络中分离出来，平台型和增值型服务提供企业广泛链接从而促进多边界市场生态的形成，双边市场交易在此基础上走向多边市场交易。

多边市场由双边市场发展而来，其特征如下。

（1）多个参与方：多边市场中有多个参与方，包括买方、卖方及其他相关方，这些参与方可以是个人、企业、中介机构等。在多边市场中，不同参与方扮演不同的角色，并追求各自的利益。买方希望以尽可能低的价格购买商品或服务，卖方则希望以尽可能高的价格销售商品或服务。其他参与方的利益可能与买方和卖方的利益不完全一致。

（2）多方交互与协商：在多边市场中，各参与方之间进行交互协商，通过商议和讨价还价等方式来确定交易的细节，包括价格、数量、交付方式等。多边市场支持不同形式的交易，包括现金交易、货币交换、商品交换等。这种灵活性使得多边市场能够适应不同参与方的需求和偏好。

（3）信息共享与透明度：多边市场中的信息共享和透明度对于各参与方的决策和交易至关重要。买方和卖方需要了解市场上的价格趋势、供需状况、竞争对手等信息，以便作出合理的决策。

相较于双边交易，多边市场交易的优势是显而易见的，多边市场为消费者提供了更多的选择和竞争，使消费者能够比较和选择最适合自己的产品或服务。由于供应商之间的竞争，多边市场通常可以提供更好的价格和价值，消费者可以找到最具竞争力的价格和最高的性价比。多边市场提供了更高的便利性，消费者可以在一个地方完成多个需求的购买，节省时间和精力，同时多边市场提供配送服务和多种支付方式。多边市场的发展可以促进经济增长和就业机会的创造，吸引更多的企业进入市场，增加市场的活跃度和竞争力，对经济产生积极的影响。多边市场的优势在于提供更多的选择、促进竞争、提供更好的价格和价值、更高的便利性以及促进经济发展。这些优势对消费者、企业和整个社会都有积极的影响。

8.2.4　实施多边交易的关键要素

多边交易是一个集合了多个参与方的市场，它的出现和发展，旨在为买方和卖方提供一个更广泛的交易平台，同时也为其他相关方提供更广泛的参与机会。然而，要成功实施多边交易，必须充分考虑以下关键要素。

第一，多边市场平台是多边交易的基础。它需要提供一个稳定、可信赖的交易环境，包括高效的交易系统、可靠的信息传输和处理机制以及安全的支付方式等。只有通过一个良好的多边市场平台，才能为参与方提供公平、高效的交易体验。多边交易需要在一个稳定、可信赖的市场平台上进行。这个平台需要提供交易的基础设施，包括交易所、交易系统、信息传输和处理等。

第二，规则和制度对于多边交易至关重要。明确的规则和制度不仅有助于确保交易的公平性和公正性，还为参与方提供了一种有序和可预测的交易环境。这包括交易标准的制定、交易合同的签订与履行、支付方式的确定以及纠纷解决机制的建立等。规则和制度的健全性能够提高参与方的信心，促进多边交易的顺利进行。多边交易需要明确的规则和制度，以确保交易的公平性和公正性，这些规则包括交易标准、交易合同、支付方式以及纠纷解决机制等。

第三，参与方是实施多边交易的重要环节。多边交易需要有买方、卖方和其他相关方的参与，他们的实力和资源在很大程度上决定了交易的规模和效果。参与方在多边交易中扮演不同的角色，他们的合作与信任是多边交易能否顺利进行的关键因素。多边交易需要有相关的参与方，包括买方、卖方及其他相关方，如供应商、分销商等。

这些参与方需要有足够的实力和资源来进行交易,并愿意通过多边市场平台进行交易。

第四,交易的信任与合作是实施多边交易的不可或缺的要素。参与多边交易的买方和卖方以及其他相关方需要建立起相互的信任和合作关系,这涉及供应链合作、信用背书以及合作伙伴关系的建立与发展。信任与合作的基础能够增强参与方对多边市场的信心,推动交易的顺利进行。

第五,监管和监督机制的建立对实施多边交易不可或缺。监管机构的存在和监督机制的实施能够确保交易符合法律法规,防止市场操纵、市场垄断、不正当竞争等问题的发生,从而维护多边交易市场的公平、健康发展。

8.3 基于平台的创业企业创新策略

在当今创业与科技发展的浪潮中,基于平台的创业企业正以惊人的速度蓬勃兴起。这些企业以搭建互联网平台为基础,通过整合资源、链接用户、提供服务,引领着新一轮创新和商业模式的革新。然而,在激烈的竞争环境下,创业企业需要不断寻求创新的策略与方法,才能保持领先地位并保持持续发展。

在这一节中,我们将深入探讨创业企业能够运用平台进行创新的策略,包括用户体验创新、通过众包进行生态系统扩展、基于平台的国际市场扩张。

8.3.1 用户体验创新

在当前互联网时代,用户体验创新已经成为企业持续发展的重要策略和战略方向之一。用户体验创新是一项需要持久努力的改进工作,为了满足用户对于简单易用、直观吸引的需求,企业需要不断改进用户界面和用户体验。通过优化平台的设计和功能,企业可以确保用户能够轻松上手并享受到愉快的使用过程。为了保证平台易用性、美观性并兼顾实用性,可以采取以下一系列措施进行改善。

(1)改进用户界面是提升用户体验最为直观的,对于创新用户体验最为关键的一种方式。企业可以通过精心设计和布局,使平台界面简洁明了,功能布局合理。通过直观的图标和操作方式,用户可以迅速找到所需功能,并且使用起来非常方便。通过与专业的用户界面设计团队紧密合作,通过不断的思考和迭代,改进平台的外观和交互方式,使其更加符合用户的直觉和习惯。以简洁、清晰和直观的设计为目标,减少复杂的操作步骤,提高用户的使用效率。此外,企业还可以借鉴其他成功平台的设计理念,不断完善自己的界面,使其更加符合用户的认知习惯和审美观。

(2)根据用户反馈和数据分析,进行界面和功能的优化也是提升用户体验的重要手段。数据分析在用户界面优化中扮演着重要的角色。通过对用户行为和反馈数据的深入分析,企业可以更好地了解用户的喜好、行为模式和痛点,从而有针对性地进行界面优化。企业可以通过收集用户的意见和建议，及时进行改进和优化。同时，通过对用户行为数据的分析，企业可以发现用户在平台上的偏好和习惯，从而有针对性地进行界面和功能的调整。如果发现用户普遍对某个功能不太感兴趣，企业可以考虑调整其位置或者增加其实用性，以提升用户体验。

（3）提供个性化的用户体验已经成为目前用户体验创新的不可或缺的重要内容。企业可以根据用户的偏好和行为，为其提供相关内容和建议。通过收集用户的兴趣爱好、搜索历史和购买记录等信息，企业可以精准地推送符合用户兴趣的内容和产品。根据用户的购买历史，企业可以向其推荐相关的商品或优惠活动，从而提高用户的满意度和忠诚度。用户体验创新是企业在竞争激烈的市场中取得成功的关键之一。通过不断改进用户界面和用户体验，优化平台功能和设计，提供个性化的用户体验，企业可以吸引更多用户，并提高用户的满意度和忠诚度。

微案例

盒马供应链的变革

2016 年 1 月，盒马鲜生第一家门店在上海浦东金桥开业。截至 2020 年 8 月，盒马开设自营生鲜门店近 270 家，主要分布在全国 23 个一二线城市，年度活跃消费者超过 2600 万，线上订单销售额占比高达 70%。自从 2016 年 1 月第一家门店开业以来，盒马的供应链运营系统不断迭代和改进，实现全链路数字化运营。供应链系统发展过程分为 3 个阶段：数字化、可视化和数智化。

数字化是指盒马从底层把整个零售交易链路和供应链过程数字化改造。零售线上渠道数字化的同时，盒马通过智能终端实现门店数字化以及供应流程数字化。有了数字资产，可以还原业务过程，将每一个业务环节、业务关键点都做到可视化，从而帮助识别业务流程中存在的问题，明确改善机会。智能化，也叫数智化，即利用大数据、人工智能技术和优化算法，实现决策智能化和流程优化，从而有效降低供应链成本，提升效率。数字技术帮助盒马改进了从农产品产地及基地源头，从采摘、打捞、包装、冷链运输，到门店上架的整个供应链链路运营。

来自盒马门店的实时交易数据驱动门店和供应链业务决策。盒马自主研发的零售科技 Retech 解决方案，实现线上线下统一的会员、库存、销售与支付，以及对消费者精确需求的识别、洞察、触达与服务。Retech 在门店层面集合终端支付 POS 系统、门店管理系统和会员系统等，同时与上游的供应商和下游消费者进行数据打通。物流层面 Retech 向零售商输出门店拣货系统、"最后一公里"的配送系统以及整个盒马生鲜的物流模式。门店业务的运营数据，包括商品数据、消费信息、客户画像等接入阿里的数字中台，融入阿里商业生态系统。盒马鲜生所有门店均为自营，门店的业务决策如选品、定价、促销、订货、库存、订单拆分、配送等都由盒马供应链数字中台制定。具毫秒级数据颗粒度的交易数据作为模型输入，智能算法自动输出决策，决策结果驱动整个业务内容。这种门店业务流程可视化和决策集中控制的架构，使得全渠道运营商业模式一旦跑通，就能够快速、低成本地在全国各城市进行复制。

案例来源：中国管理案例共享中心，http://www.cmcc-dlut.cn/Cases/Detail/5854.

8.3.2　通过众包进行生态系统扩展

随着互联网和信息技术的快速发展，众包创新作为一种基于社群智慧和协同合作的创新模式，正逐渐成为企业加速创新和推动业务发展的重要手段，也是实现企业与社会大众资源最优配置的有效途径（Djelassi and Decoopman，2013）。众包平台作为开放式创新的产物，通过充分调动和发挥大众的智慧，整合碎片化的知识与技能，使得企业能够高效地获取外部环境的知识（Martinez and Walton，2014）。

众包的发展得益于数字技术的不断革新，特别是数字平台的出现。数字平台是一种新型的技术设施，由硬件、软件、操作系统和网络等组成，能为广泛的用户提供共同使用的技术接口。作为基于算法技术创新的产物，数字平台不仅为整合企业的核心优势提供技术支撑，也承担虚拟管理的职能（刘善仕等，2022）。数字平台能对经济活动信息进行标准化编码和转化，生成数据这种重要的经济资源。平台企业作为开发和运营数字平台的主要微观主体，在数字平台的基础上扩展了互联网的连通能力，发挥着中介的作用。平台企业能将多方用户聚集起来，解决经济主体之间的协调或匹配问题，并且在众包模式中也起着重要作用，主要通过网站或应用程序连接发包方、消费者和在线劳动者。

2006年，杰夫·豪在（Jeff Haue）《连线》杂志中提出了众包（crowdsourcing）的概念，用以指企业、机构等通过互联网利用广泛的外部劳动力来解决内部问题的过程，并将其与传统的"外包"（outsourcing）相区别。众包是一种分布式的解决问题方式或生产模式，通过网络技术来汇集大众，使其完成简单或复杂的任务（Idowu and Elbanna，2021）。众包是大众、外包和先进互联网技术的融合，有效地汇集大规模的、潜在的劳动力，充分挖掘大众的知识或技能，以达到创新、解决问题和生产的目的。在过去的10多年中，众包已经成为一种被广泛采用的新型组织方式，涵盖了不同专业类型和不同复杂程度的生产经营活动。对于企业而言，众包的作用更多是对于现有生态系统的补充，体现在以下方面。

（1）通过众包寻找新的合作伙伴，扩展平台的生态系统，引入更多的参与者和内容。众包的应用范围非常广泛。无论是科技公司需要进行软件开发、设计公司需要进行创意设计，还是企业需要进行市场调研，都可以通过众包的方式来解决。在众包平台上，企业可以发布任务并设定相应的奖励，大量的外部劳动力可以根据自己的兴趣和能力选择适合自己的任务来完成。这种分散式的合作模式既能够提高工作的效率，又能够激发人们的创造力和潜力。如今，众包已成为一种广泛采用的新型组织方式，涵盖了不同专业和不同复杂程度的生产经营活动。总体而言，众包作为一种新型组织方式，为创业企业和机构提供了一种灵活、高效的问题解决和生产模式。

（2）众包鼓励第三方开发者创建应用程序、插件或服务，以增加平台的功能和吸引力。众包创新的原理是通过利用广泛的人群来解决创新问题和挑战。它基于开放性和协作性的理念，通过将任务和问题发布给外部的个人、团队或机构，利用他们多样化的知识、技能和经验来共同解决问题和进行创新。众包创新认为，创新的智慧和能力分散在社会的各个角落，通过吸引更广泛的人群参与创新，可以获得来自不同领域和背景的多样性思维和知识。这种多样性可以激发创新的火花，并打破传统的思维定式。

（3）众包创新倡导开放的沟通和知识共享。通过使用众包平台、社交媒体和其他协作工具，创业者可以与众多参与者进行密切的沟通和合作。这种开放性促进了创意和想法的交流，并加速了创新进程。众包创新认为，不同的人在不同的时间和地点都可以为解决问题作出贡献。通过将问题分解成小任务，并将其分配给多个人或团队，创业者可以利用众包的力量汇集各种观点和解决方案。这种分布式的问题解决方法可以更高效地推动创新。众包创新可以形成一个动态的网络效应。当更多的人参与到创新过程中时，他们之间的互动和合作会产生更多的创意和协同效应。创业者可以利用这种网络效应来加速创新并实现更好的结果。

（4）众包使得企业考虑并购或合并具有战略重要性的公司，以扩大市场份额或进入新市场。在当今快速发展的商业环境中，企业越来越意识到众包对于扩大市场份额或进入新市场具有战略重要性。众包创新成为一种重要的创业管理策略，它通过将创意和问题解决方案外包给广大的群体，实现了一种协同合作的方式。众包不仅是一种创新的管理方式，还有着扩展商业市场的应有之义。通过众包，企业可以利用智慧和技能的力量，获取来自全球范围的创意和解决方案。这种方式使得企业能够更好地理解消费者需求和市场趋势，从而更好地满足市场的需求。众包创新也能够帮助企业发现并开拓新的市场空间，进一步拓展业务版图扩大市场份额，使得企业认识到新兴力量对于企业发展的重要性，在众包的过程中发掘新组织和新资源并化为自身所用，从而提高企业的创新能力和竞争力。通过与广大群体进行协同合作，企业可以获取更多的创新资源和知识。这些创新资源和知识来自不同的个人和组织。这些个人和组织拥有不同的背景和经验。这样的多样性能够为企业带来更多的创新思路和解决方案，提高企业的创新能力。

微案例

阿里众包：群体的智慧和力量

阿里众包早期是阿里巴巴集团的一个职能部门，隶属阿里巴巴集团客户体验事业群的社会化运营中心。阿里众包项目组于 2015 年 8 月正式成立，是 B2C 的兼职平台，B 端发布任务，C 端领取完成。主要服务于电商生态中需要社会化人员帮助的业务。2015 年 8 月，阿里众包正式成立，由产品研发部门和运营部门组成。产品研发部门主要负责产品的前端、后端开发、产品的测试、视觉设计；运营部门主要负责用户运营、业务运营、营销和推广。

整体来看，阿里众包发展阶段可分为初创期（纯众包）、发展期（众包+兼职）和成熟期（专业领域）3 个阶段。第一个阶段为初始纯众包阶段，满足一些集团内部和大公司的任务；第二阶段面向中小型客户，针对不同企业的特殊需求提供免费的定制化服务，为企业招募提供精准人员匹配，同时为企业培育专业人才（如设计、编辑、大数据），成为国内领先的人力资源平台；第三个阶段将进入 AI 领域，专注数据采集、数据标注和数据清洗，打造智能数据服务平台。

阿里众包平台上的任务多种多样，让闲置资源得以充分利用，主推的商业模式是悬赏模式和兼职模式。从 2015 年的"云客服"模式发展到 2016 年的"悬赏+兼职"模式，没有太大区别，主要是场景在变化，由集团内到对集团外开放，提供服务。悬赏模式指的是由发包方发布需求，接包方应答模式。通常是 1 个需求，N 个方案，由发包方选择最优方案并给出报酬。阿里众包的悬赏模式分为线上和线下两种。线上悬赏模式与市面上猪八戒网等众包平台业务类似，集中在设计、集思广益等方面；线下悬赏模式主要集中在实地考察、调研、信息采集、地面推广、广告投放等工作，依靠众人的力量提升效率，降低成本。

截至目前，阿里众包平台拥有注册用户数 4000 万，百万数量级任务快速完成。阿里众包累计为 10000 家企业和商户发布超过 60000 个众包和兼职工作，用户覆盖全国34 个省级行政区遍及 270 多个地级市，拥有 26 个核心工种，特殊定制化满足临时用人需求。

案例来源：中国管理案例共享中心，http://www.cmcc-dlut.cn/Cases/Detail/3349。

8.3.3　基于平台的国际市场扩张

在全球化进程不断推进的背景下，企业面临着地理布局的调整，由于本土市场日益饱和，企业的发展空间受到了限制（严子淳等，2021）。同时，可用资源也受到了限制，这使得企业在本土市场的发展变得困难。为了应对这些挑战，越来越多的企业选择采取多市场经营的策略。这种策略意味着企业不再仅仅局限于本土市场，而是通过进军国际市场来寻求创业机会。通过国际化的方式，企业可以开拓新的市场，获得更多的销售机会。企业进入国际市场的快慢，能够直接影响企业在面临不同市场群体、不同国家政策时能否实现绩效有效提升（Schu et al., 2016）。从全球地理角度而言，信息在平台的高度集中能够协调产品的生产成本与交付成本，并且进一步影响原料等的全球市场布局。国际化战略因能有效缓解资源紧缺和信息缺乏的问题而成为一种主流的经营管理思想（Vermeulen and Barkema，2002）。

在国际市场的扩张中，平台发挥着至关重要的作用。首先，通过平台合作在国际市场迅速拓展业务渠道是企业在新市场扩展业务范围的首要途径，个别互联网平台凭借其庞大的市场用户和互联网影响力能够实现全球化的覆盖，帮助企业在多个国家和地区实现快速发展和扩张。例如，谷歌作为全球最大的互联网公司之一，以其强大的搜索引擎而闻名，旗下的谷歌广告平台（Google Ads）提供了全球范围内的广告投放机会，世界各地的企业都可以通过在谷歌平台上投放广告来吸引国外市场的潜在客户，提升品牌形象在全球用户心中的知名度。除提高企业影响力外，平台在降低交易成本和风险方面也能够发挥作用，主要体现在提供支付和物流解决方案两个方面。一般而言，跨境公司所面临的一个重要难题就是如何打通不同国家和地区支付系统和物流网络，平台通常能够提供一系列的服务和工具，帮助企业降低交易成本和风险。平台可以提供支付和物流解决方案，简化跨境交易流程，减少运营成本和时间。此外，通过平台，企业可以避免自建销售和分销网络，节省资源和精力。例如，亚马逊（Amazon）作为全球最大的电子商务平台之一，帮助过许多企业拓展国外市场。通过在亚马逊平台上建立店铺或参加亚马逊的全球物流服务，企业可以将产品推向全球各地的消费者，而且保障了支付安全和物流安全。

此外，平台还能够提供详细的数据洞察和深入的市场分析，帮助企业全面了解市场趋势和消费者需求的细微变化。通过对大量数据的收集和分析，平台能够提供关键的市场洞察，帮助企业更好地把握市场机会和应对市场挑战。众多互联网平台如字节跳动、谷歌、亚马逊等企业，将算法与产品高度相融合，能够为企业提供消费者行为和市场需求分析等方面的服务。企业通过与平台合作，不仅可以获得数据和市场分析的支持，还能够建立起稳固的信任关系和品牌效应。

微案例

TikTok 的扩张之路

TikTok，一个以创意和娱乐为核心的短视频平台，于 2016 年由中国公司字节跳动推出。起初，TikTok 通过独特的短视频格式和音乐背景，为用户提供了一种娱乐和表达自我的新方式，迅速吸引了大量年轻用户，并成为最为热门的社交应用之一。TikTok

的创始人决心将这个令人上瘾的平台扩展到全球市场。他们认识到，为了成功进军国际市场，他们需要理解和满足不同地区用户的文化和娱乐偏好。

为了将 TikTok 进行全球市场的扩张，字节跳动采取了一系列行之有效的策略，首先进行的是用户留存和本土化，在短视频平台就体现为和本土明星的交互合作。为此，TikTok 与不同国家的明星、创作者和内容制作公司建立了合作伙伴关系。通过与本地明星和创作者合作创建独特的本土化内容，TikTok 能够更好地吸引和保留当地用户。此外，独特的算法为 TikTok 的个性化定制服务提供了支撑，TikTok 的推荐算法通过学习用户喜好和兴趣，向他们展示最相关和具有吸引力的内容。在实践中，用户推荐算法不断随着用户偏好进行调整和优化，以适应不同的地区和用户群体，提供更加符合用户的文化和娱乐偏好的内容。鼓励用户参与和共创也是 TikTok 取得成功的重要策略，通过开展本土化活动和挑战——TikTok 在各个国家和地区举办本土化的活动和挑战，鼓励用户参与和创作，这些活动和挑战旨在与当地文化和习俗相结合，增加用户的参与度，并通过用户生成的内容推动平台的传播和用户增长。

这些策略的结合使得 TikTok 在全球范围内取得了巨大成功。通过着眼于本土化内容和合作伙伴关系、个性化推算法、本土化活动和挑战以及推广与合作，TikTok 成功拓展了其市场份额，并与全球用户建立了强大的互动社区。

案例来源：作者根据互联网资料整理。

案例分析

小灵狗出行平台：打造新能源汽车租赁新模式

2007 年，随着《新能源汽车生产准入管理规则》的颁发，我国步入新能源汽车发展元年。2010 年 7 月，随着"十城千辆"工程的推进，新能源汽车示范推广试点达到 25 个，新能源汽车被正式列入七大战略性新兴产业之一。2012 年，胡钢带着"浙大系"项目投资人的光环出任波士顿电池副总经理，在电池、电机与电控领域开展投资；随后出任新大洋集团副总经理，开展新能源汽车整车制造相关投资。同时保证将"鸡蛋"分散放在不同的"篮子"中，在国内的"新造车"企业投资项目中或多或少都有胡钢的身影。

随着投资经验的不断积累，胡钢逐渐觉察到，"消费者不认，叫好不叫座，已经成为典型的新能源汽车通病"。新能源汽车较短的更新换代周期与迅速贬值的特性使车主们纷纷抱怨"这是骗局"，怀疑自己是否成为待割的韭菜。除此之外，频发的安全事故与充电桩四下难寻的问题对消费者的购买信心也造成较大打击。

"共享单车"的出现启发了胡钢，新能源汽车的租赁不能直接照搬这种"共享"概念，那么适用于新能源汽车的"共享"模式又应该是什么样子……历史运营数据分析同样显示，延长租期能够有效降低各项成本，租期一个月以上可以在一定程度上平衡成本与收益。数月的实地走访与市场调研给胡钢带来了灵感："将租赁时间拉长到一个月、一个季度，甚至一年不就行了吗！"让新能源车使用者拥有"使用权"取代"产权"，"以长租代替购买"成为胡钢破题的新思路。

2018 年，中国车市遭受多年来的首次负增长，汽车行业"产能过剩"明显，新能源汽车领域也受到波及。在巨大的压力下，众多传统车企想办法开拓汽车租赁业务。例如，小鹏汽车、凯迪拉克等车企率先推出长短租、融资租赁等计划。

不过，对善于生产汽车的主机厂而言，租赁并非它们的拿手好戏，那么是否有这样一个平台，能够帮助"处理"主机厂"过剩"的产能呢？胡钢的破题思路与主机厂的需求可谓不谋而合，总结了消费者与主机厂的共同"诉求"后，小灵狗出行平台应运而生。2018 年 1 月，经过 2015 年成立的汽车租赁公司"宁波轩悦行"与 2013 年成立的汽车云商"我的车城"合并重组，小灵狗出行成立，并引入控股股东吉利集团，注册资本为 1.16 亿元。

布局新市场，从城镇走向城市：从 2017 年国内总体车辆分布来看，车辆大多集中在一二线城市，汽车保有量趋于饱和，三四线城市特别是到乡镇，汽车保有量不足。根据统计分析，大城市相对于小城市客用汽车保有量水平大约为 4∶1，这就意味着当前的汽车流通环境城乡发展存在不平衡，"渠道下沉""千县万乡"成为 2018 年汽车市场的关键词。胡钢根据对市场的了解提出："公交系统不完善、出租车运营不规范、网约车服务乏力，新城镇消费者迫切需要一种全新的出行服务来改变这一现状。"因此，小灵狗出行平台从城镇"出道"，由城镇作为出发点，着眼于小镇青年用车需求，并逐渐扩展到城市市场。

建立新模式，出行服务多元化：作为"新能源汽车解决方案提供商"，小灵狗平台为新能源汽车流通带来了全新的解决方案，胡钢在多年的摸索中提出了小灵狗平台的"B2B2C"核心商业模式。作为一个出行服务平台，小灵狗打通了汽车制造商、经销商和消费者之间的关节，在与主机厂展开定制化服务合作的同时，也为汽车经销商提供了标准化的运营体系，提高了消费者的品牌忠诚度。于消费者而言，小灵狗出行平台贴合当下消费者的心态，利用互联网技术，构建"线上下单、线下体验"的移动互联网消费模式，突破线上线下"次元壁"的新零售消费场景，一改传统零售"单一、单向供货"的局限，线上实现电子获客，线下提供试驾体验、顾问讲解、维修售后等。

小灵狗出行平台也同样注重用户社群的建设，以"城市探觅"为主题，在杭州、青岛、长沙等 22 地陆续举办不同系列活动，倡导"租去野""低碳出行"，以情怀带动出行，基于数据整合的社群梳理出共同理想的粉丝会，组织发起美食聚会、野炊、海边音乐会等线下活动，以建设"生活圈"的方式吸引更多"灵灵後"常驻小灵狗平台，享受轻租出行。同时，小灵狗出行平台推出共享合伙人计划，平台用户通过内容分享、推荐新人的方式获取长线收益，为平台获取新用户拓宽渠道，用户资源也更为优质，为新能源汽车租售注入新活力。

聚焦新能源，降本增效易出行： 目前汽车租赁市场上多数是燃油型车辆，百公里耗油量较大。但是当前我国新城镇已经实现村村通电，几乎户户通网的新格局，县乡镇的用户不依赖于公共充电桩，且农村用电非常便捷便宜。因此，相对于耗油型的汽车而言，新城镇居民则更偏向于新能源汽车。小灵狗新能源汽车租赁具有低成本、高便捷性，在为用户节省生活开支的同时，也为其提高生活质量。

起承转合，购租售拆： 从全行业出发，小灵狗出行平台引第三方入圈，贯穿"购买、租赁、租售、拆解"四大环节的新商业模式布局，基本完成了从"新能源汽车直租出行平台"到"新能源汽车全生命周期运营服务商"的转变，小灵狗平台 2.0 正式上线，推出了全新的运营模式。"小灵购"作为起点环节，由"销售回购"和"厂家回租"两种方式构成。"销售回购"即向主机厂提供保值回购，"厂家回租"目的在于主推产品，小灵狗出行平台与各新能源汽车主机厂形成战略合作，首先由小灵狗出行平台购入新车，然后主机厂或 4S 店回租车辆开展市场活动，当车辆租赁期满后进入"小灵租"环节使用，该项目规模已达 2500 余台。"小灵租"作为第二环节，在原有的业务模式基础上进行扩展，最终其业务方向大致分为 4 个：首先，依靠原有布局的众多门店面向 C 端个人用户，实现线上商城引流，线下车辆交付；其次，为 B 端政企用户提供车辆改进，提供定制化车辆与系统给政府各级部门、公检法系统、国有企业等。再次，B 端新增平台合作租赁业务，与曹操出行、滴滴出行等网约车平台与企业合作，拓展网约车租赁与车辆管理服务；最后，联合深圳卡友帮共同推进以顺丰为首的物流车项目，开拓物流车租赁业务。"小灵兽（售）"环节，则主要通过二手车销售、市场下沉、租赁再利用等多种渠道实现车辆价值最大化，将金融服务公司、二手车商与第三方主体进行整合，着眼于解决新能源二手车问题。"小灵拆"作为最终环节，专注于新能源汽车拆解及电池回收再利用的标准化流程，形成电池梯次利用、再生利用，创造新的利润空间，目前已形成年拆解 15 万台的能力。

小灵狗出行平台的所有链条形成一个闭环，消费者不用担心汽车贬值；主机厂能够将车辆销售出去；平台通过金融服务机构获得的二手车成本更低。生态中每个节点皆大欢喜。一方面，小灵狗继续发挥平台专长，持续满足市场空白的用车需求，同时盘活新能源汽车资产，释放产能；另一方面，拓宽车辆下沉渠道，业务上连接加速新能源汽车流通，最终带来多向共赢局面。杭州、宁波、青岛…小灵狗出行平台攻城略地，截至目前，小灵狗出行拥有 800 余个直营及加盟门店，运营车辆行驶里程超过 8 亿 km，累计服务逾 150 万用户，为近千家政企部门提供近万辆新能源公务用车。

案例来源：中国管理案例共享中心，http://www.cmcc-dlut.cn/Cases/Detail/6558。

问题讨论：

1. 结合案例，分析新能源汽车行业的用户痛点是什么，是什么因素推动了小灵狗出行平台进行商业模式创新？

2. 围绕价值主张、目标用户与收入来源等要素，小灵狗出行平台作出了哪些改变？

3. 小灵狗出行平台 2.0 是如何进行生态价值共创的？

本章思考题

1. 列举一个行业，阐述其是如何从"以产品为中心"的思维模式转变为"以用户为中心"的思维模式的？

2. 如何使用众包来突破技术瓶颈以吸引更多的参与者？

3. 平台思维如何与其他商业模式相结合？请阐述平台思维对于公司战略和盈利模式的影响。

4. 除了用户参与和共创，你认为平台思维可以带来哪些其他的价值和机会？

即测即练

第 **9** 章

公司创业：企业扩张与转型的切实举措

【学习目标】

✓ 理解公司创业的概念；
✓ 了解公司创业的特征；
✓ 理解公司创业的维度；
✓ 理解公司创业的激励效果；
✓ 理解公司创业的组织形式。

【章节纲要】

本章主要分 6 节阐述与探讨公司创业的知识。第一节阐述了公司创业的概念；第二节介绍了从公司创业的发展历史；第三节介绍了公司创业所包含维度的变化；第四节详细介绍了公司内部创业的特征；第五节介绍了公司创业的激励效果；第六节介绍了公司创业常见的 4 种组织模式。

引导案例

苏宁公司创业的失败案例

苏宁发展经历 3 个过程。首先是专营空调批发阶段，在此阶段，家电供不应求，消费者属于被动接受商品，苏宁提供专业化服务，创造了"苏宁奇迹"。其次是综合家电连锁阶段，此阶段家电市场供大于求，消费者开始注重产品的价格和质量，苏宁抓住时机，以零售为重点，逐步开始扩大版图，优化服务管理并逐步树立起良好的企业品牌形象。

在 2010 年之后，互联网零售开始兴起，苏宁、京东销售额对比如图 9-1 所示。

为了应对京东所代表的电商的冲击，苏宁开展了系列转型和公司内部创业的举动。主要包含 3 条路径。

第一条，也是它的主线，是主营的零售业务向"线上+线下"转型。对标京东商城的苏宁易购网站于 2010 年 1 月正式上线，这可以看作其转型的重要一步。

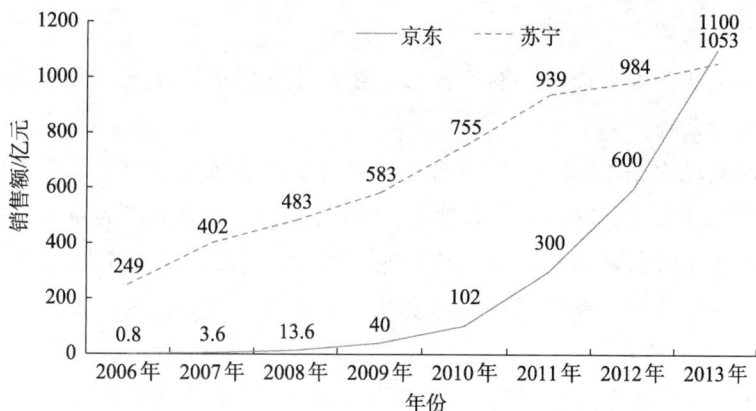

图 9-1　苏宁、京东销售额对比（2006—2013 年）

2012 年年初，张近东提出苏宁要做"沃尔玛+亚马逊"的战略目标，品类上要从"家电"走向"全品类"。

2013 年，苏宁创造出"云商"一词，用以描述苏宁眼中未来零售的主要形态——"店商+电商+零售服务商"，依然保持线上线下全渠道、全品类、平台型企业的转型方向。

2018 年，苏宁的战略布局进一步放大，确立了以易购、物流、金融、科技、置业、文创、体育、投资八大产业板块协同发展的格局，宣布要"3 年实现 15000 家店、2000 多万 m^2 商业实体落地、店面总数近 2 万家"。

第二条线是大规模的投资与并购，其中一部分与公司的战略主题直接相关，属于战略性投资与并购（表 9-1）。

表 9-1　苏宁主要的战略性投资与并购事件（部分）

序号	时间	事件	金额
1	2012 年	全资收购母婴平台红孩子	6600 万美元
2	2013 年	收购 PPTV，进军视频领域	2.5 亿美元
3	2014 年 1 月	全资收购满座网，并将其并入自己的本地生活事业部	1000 万美元
4	2015 年底	入股努比亚，占股 1/3	19.3 亿元
5	2016 年	通过 PPTV 收购龙珠直播	3.2 亿美元
6	2017 年	完成对天天快递的收购	42.5 亿元
7	2019 年	收购 37 家万达门店	27 亿元
8	2019 年	买下家乐福中国 80%股份	48 亿元

一是为了扩大用户覆盖，获得入口和用户流量。二是丰富产品品类及其相关的供应链，收购红孩子是典型案例，对天天快递的收购是为了补足苏宁在小件快递上的物流短板。此外，苏宁还做了很多财务投资甚至风险性投资，如万达商业、今日头条、

中国联通、万达体育等。

第三条线是在资本层面与一些有实力的企业进行战略性合作，主要目的是为转型提供更好的支持条件。

最典型的莫过于 2015 年 8 月 10 日与阿里巴巴达成战略合作，主要内容包括：阿里巴巴投入约 283 亿元，获得苏宁云商 19.99% 的股份，成为第二大股东，苏宁云商则以不多于人民币 140 亿元认购阿里巴巴新股，约占扩大后总股本 1.1%。双方还将围绕线上和线下的渠道资源、物流网络、信息技术等展开合作，探索线上线下融合发展的新模式。

总的来看，苏宁转型朝着"线上+线下"方向转型，在一定程度上保障了它在家电零售市场中的地位，也是今天其市场价值的核心支撑，是其后续重组的主要着力点，但在内里它变成了一个典型的"外强中干"、缺乏盈利能力和造血能力的企业，完全通过资本运作来维系生命，一次次地注入能量，但情况越来越差，直到流动性危机的最终来临。

因此，苏宁转型总体上是失败的，而且是代价高达 600 亿元（亏损）的巨大失败。2020 年度，天天快递和家乐福分别亏损 12.26 亿元、7.95 亿元。苏宁 2019 年度、2020 年度、2021 年度扣除非经常性损益前后净利润均为负值。苏宁股票将被实施"其他风险警示"，戴上"ST"的帽子。

资料来源：根据程兆谦、蒋杨阳、张欣静、李锦婷发表于《商业评论》文章改写。

9.1 公司创业概述

公司创业研究先驱 Westfall（1969）指出："在政府和工业界，人们越来越需要了解大型和复杂工业公司如何能够对社会和经济需求的日益迅速变化作出敏感的回应。在这个问题上，一个实用的措施是找到激发公司创业的方法，即促使公司建立新的、需求满足式（need-satisfying）的企业。"也就是说，那时企业进行公司创业的一个主要目的是满足客户的需求，很多情况下市场处于有需求，但缺乏供给（Kirzner，1973），大型企业进行公司创业要解决的是满足消费者需求的问题。学者们试图将公司创业与个体独立创立新企业进行较为明显的区分（Peterson and Berger，1971），彼时研究的重点是企业中应该采取何种措施促进公司创业，又同时把妨碍公司创业的不利因素尽可能避免。此阶段，公司创业的隐含假定是大型企业集团才会进行公司创业。例如，在 Westfall（1969）的文章摘要便直接提出："我们要探索的是大型工业企业如何建立公司创业的企业职能。"创立新的机构是这一阶段公司创业的核心维度内容。

到 20 世纪 80 年代中后期，"大企业病"在美国逐渐显现，学者们和实践者希望找到"大象也能跳舞的秘诀"（Huff et al.，1992；Agarwal and Helfat，2009）。从学术大的方向来说，此时公司创业不仅仅包含了创立新机构，公司的战略更新维度——开始为实践者和学者们所认识，组织战略更新是随着时间的推移完全需要的，公司创业中战略更新的目的在于组织和其所面临的刚性和压力共同演进，即使不能完全克服它们，也必须对组织的长远愿景有积极的作用（Agarwal and Helfat，2009；Huff et al.，1992）。

　　当然，创新也是"大象跳舞"的秘诀。早期公司创业的研究者主要是来自战略领域的学者，他们重视创立新的机构这一目标本身（但不关注创立的过程），重视战略更新但并没有把创新维度完全展示出来。创新的作用在公司创业中被凸显，在于管理学领域专家将创业学的核心词汇引入"公司创业这个伞概念中（Zahra et al.，2013），主要是 Danny Miller 和德鲁克（Drucker）。"Wrucker（1985）在《创新与企业家精神》中提到："当今的企业，除非具备了创业能力，否则很难在这个变化莫测和充满创新的时代中继续生存下去。"在他的书中，他并不认为创业精神是大公司的"专利"，他具有先知性地指出包括中小企业在内的一切企业都必须时刻保持创业精神，而且这种创业精神与创新紧密不可分割。他研究创新的视角和熊彼特有些不同，如果说熊彼特偏向从经济发展增长的逻辑研究创新，德鲁克则主要从社会演变的逻辑研究创新和创新的机会。Danny Miller 则在思考具有创业精神的企业存在何种特征（Miller and Friesen，1982；Miller，1983）。他们的研究认为企业创业精神的核心属性是创新和风险承担。

　　公司创业在一些人看来常常产生困惑："公司既然已经成立了，为什么还要创业？"但在公司创业经历了 20 世纪 70—80 年代的研究发展后，结合当时时代变化，学者们又觉得这个名称有其存在的合理性（Burgelman, 1984）。在公司创业构念的"早期兴奋阶段"，这一阶段诸多学者所包括进去的内容繁杂，造成公司创业构念维度分类澄清的工作并不容易完成；在维度分类澄清阶段"战略创业"的学者大多借用了"公司创业"维度的内容，根据先后顺序、构念内涵，目前大多数学者认同战略创业其众多内容属于公司创业的子集，具体分析可以查看戴维奇（2015）的文章内容。但追根溯源，公司创业强调的是已经建立的企业有必要保持初创时期的创业精神，持续寻求环境变化中涌现的企业新机会。在此，本书对于公司创业的定义是公司内部的某些个体或群体，面对新的商机，利用公司提供的条件和其他支持，为公司创建新的业务机构，进而推动组织内部战略更新的过程。新业务的开发是为了既有公司的业务发展，新业务的开发得到公司高层的认同。公司高层支持以类似于独立公司的架构来开发新的业务。公司创业中战略更新与主动竞争同在，内部创业也是"公司战略更新"的过程。创新与风险同在，公司内部创业通常是以创新为动力的。近些年，国内不少企业实现企业转型，但成功的不多，苏宁公司创业失败便是典型案例。

　　当企业遇到以下 3 个方面的问题或困境时，就应该考虑公司创业（Kuratko and

Welsch，2001）。首先是企业已经处于衰退和停滞的边缘，有改进、创新和获得市场份额的需求；其次是已经感知到组织在现有的公司管理方法中存在较明显的弱点；最后是现有组织中官僚风气较重，有必要以创业的方式来扭转员工的心智。苏宁进行公司创业的最重要原因便在于业务在以京东为代表的电子商务公司崛起后可能出现衰退的情况。管理学界大师德鲁克指出：创新和企业家精神能够帮助企业保持生存、提高利润以及助力成长。

9.2 公司创业的历史视角

公司创业概念的出现，是 Westfall（1969）在《美国管理学会杂志》（*Academy of Managment Journal*，AMJ）首先提出创业也属于已成立企业的职责范围，文章指出了组织内不平衡的信息流、短缺的管理资源等因素对公司创业的妨碍以及刺激公司创业的相应举措。1971 年，Peterson 和 Berger 在《管理科学季刊》（*Administrative Science Quarterly*，ASQ）上发表了一篇研究流行音乐产业环境动荡性对企业创业影响的论文，想进一步通过这个"公司创业"的概念把全新创业与已成立组织的创业行为区隔开来（Peterson & Berger，1971）。众所周知，在 20 世纪 80 年代之前，创业研究的热点与重点在于研究创业者的特质，学者们从个体特质论的角度，强调探索为什么有的人能承担风险（Brockhaus，1980；Kihlstrom and Laffont，1979），以及为什么一些个体能承担风险成立一个企业实体（Timmons，1978；De Vries，1977）。总之，创业的研究趋向于个体的层面。到 20 世纪 80 年代后期，美国的创业研究从个体层面转向企业层面。一方面创业者个人特质论在创业研究领域的"穷途"（Low and MacMillan，1988），让学者们逐渐发现创业者与非创业者之间在特质方面的差别并没有原先预想得那么突出，从性格特质上"找到谁是创业者"成了一个不容易完成的任务，提问"谁是创业者"甚至被 Gartner 认为是一个错误的学术问题（Gartner，1988）。而另一方面，美国经济发展到 20 世纪 80 年代，第二次世界大战后成立和大量崛起的组织变得庞大，企业一方面面临着精简与去官僚化的问题，另一方面科学技术的进步和外部环境的压力逐渐迫使企业需具备创业的精神（Dess et al.，1999），德鲁克于 1985 年所出版的《创新与企业家精神》也加剧了企业在创新和创业上的思考。换句话说，克服组织惯性和官僚化的侵蚀，解决新旧业务活动之间的种种冲突，善于从多个创业机会中选择适合成为未来战略内容的发展方向，是当时企业实践家非常关注的管理内容。因此，相比于个体或团队全新创业，如何打造企业内部的创业精神，也成了学者们逐渐关注的主题。例如，以 Miller 为首的研究者最早开始研究、判断哪些组织是适合创业的，哪些组织是更加保守的（Miller and Friesen，1982）。Miller（1983）提出了区分创业型企业和保守型企业的三个标准，或者说指出了创业型企业的 3 个关键特征，即风险承担性、主动性和创新性，但他当时并没有把三个维度归并为更高层次的构念。1989 年，Covin 和 Slevin 在一篇研究高绩效小企业在恶劣和良好环境下的战略差异的论文中，沿用了 Miller（1983）3 个维度特征，提出了"创业战略姿态"的概念（Covin and Slevin，1989）。

到了 20 世纪 90 年代后，资本主义政治体制在冷战中获得胜利，全球化的进程加剧，美国许多企业试图在全球范围内投资或建立工厂（Busenitz et al.，2000；Kostova，1997），许多战略领域的学者们开始呼吁无论何种类型规模的企业都应该具有公司创业导向（Lumpkin and Dess，1996），甚至应该在创业精神引领下去开拓国际市场成为国际公司创业企业（Mcdougall et al.，1994）。时代的发展背景使公司创业被认为是组织层面创新能力和企业活力提升以及成功风险投资的重要手段和途径（Kuratko et al.，1990；Kuratko and Morris，2003）。Ireland 等（2005）的文献研究发现，1988—1999 年公司创业研究主题的数量是个体创业研究的两倍；Davidsson 和 Wiklund（2001）也有类似的发现，根据他们所认为的当时创业领域三本高水平杂志（《创业理论与实践》《商业创业杂志》《创业与区域发展》）的文章发表统计数据，个体层面的研究从 26.6% 下降到 20.6%，而企业层面的研究从 26.6% 上升到 36.5%。

进入 21 世纪，Shane 和 Venkataraman（2000）的文章明确地提出创业是有别于战略管理学的独立学科，指出创业的核心是创业机会，而且创业机会本身就是有利可图的。与此同时，经济环境发生了重大变化。技术环境，尤其是电子商务为主要崛起的互联网经济催生了环境的高度不确定性，企业发现依靠过往既有的资源和能力不能持续保有竞争优势，这让企业和企业家们思考：如何才能保有行业的持续竞争优势？延续组织二元性的理念（March，1991），战略管理学者由此提出了"战略创业"的概念（Hitt et al.，2001），战略创业强调的是企业利用现有的资源去开发将有的机会。战略创业是企业对目前的主要业务的一种机会再探索，根据构念内涵、生成机制、先后顺序等因素考虑，多数学者们的观点提出战略创业属于公司创业的一种特定形式（Kuratko and Morris，2018；Phan et al.，2009；戴维奇，2015），这将在下一部分公司创业维度划分中进一步体现。

9.3　公司创业的维度变化

戴维奇（2015）基于（Hirsch and Levin，1999）伞构念的四阶段演进模型，提出公司创业这一构念经历了"早期兴奋阶段""效度争议阶段"，目前正处于"分类澄清阶段"。根据这一研究指导，本文接下来将更为详细地介绍公司创业构念所包含维度的变化情况。

1. 早期兴奋阶段

一个管理学构念在其发展的生命周期早期阶段，伞构念通过"倾城略地"囊括了大量概念或要素，且因处于特定研究领域的核心位置而被广泛运用于理论与实证研究（Hirsch and Levin，1999）。研究者虽担心其内容过于庞杂而难逃崩溃的命运，但总体上还是看好大伞构念的发展潜力，为其不断注入新的内容。根据文献分析，在20世纪80—90年代，学者们向公司创业为构念的载体大量注入了新的要素内容，包括战略更新（Guth and Ginsburg，1990）、发展新产品或新市场（Jennings and Lumpkin，1989）、培育创新（Baden-Fuller，1995）、为未来企业的利润流获得知识（Mcgrath et al.，1994）、国际化（Birkinshaw，1997）、产品、流程或管理创新（Covin and Miles，1999）、多元化（Burgelman，1991）、个体观点赋予到组织集体（Chung and Gibbons，1997）、商业模式和领域重构（Covin and Slevin，1988）。

2. 效度争议阶段

Schendel（1990）指出，公司创业应包括"企业内部风险投资"和"创新"两大要素，而 Guth 和 Ginsberg（1990）将公司创业界定为涵盖公司风险投资和战略更新两个维度的构念。伴随着要素和构念复杂度的增加，Jennings 和 Lumpking（1989）、Guth 和 Ginsberg（1990）均指出研究者对公司创业构念的内涵缺乏共识，对其内部一致性和效度表示关注，Jennings 和 Young（1990）、Zahra（1991）则从此时开始从事实证方面的探索。

3. 分类澄清阶段

Sharma 和 Chrisman（1999）以及 Kuratko 和 Audretsch（2013）对公司创业维度的理论划分推动了公司创业的分类澄清的工作。

（1）Sharma 和 Chrisman（1999）的维度分类工作。两位作者提出，想要对公司创业有准确的理解，就不能不先讨论创业的概念。因此文章中作者首先通过对"创业"的定义的起源比较，认为创业定义可以归为两个类别，其一是参考熊彼特的经典著作，认为创业核心是创新，一个创业者就是要创新性地整合，对产品、服务、市场、过程、供应商、组织形式进行创新；其二则是 Gartner（1985）的经典文献，认为创业的本质是一定要创造一个新的组织。随后，两位作者对于20世纪80年代到20世纪末的有关公司创业的文献中对"公司创业"的定义做了一番梳理和归类，认为公司创业在过往的文献中有以下主要的表述：①corporate entrepreneurship；②internal corporate entrepreneurship；③corporate venturing；④intrapreneurship；⑤strategic or organizational renewal。其中有许多含混不清之处或交叉重叠之处，作者通过从创业开始讨论，层层剥茧，对公司创业有了比较明确的概念界定与分类。

首先，创业分为独立创业与公司创业，独立创业区分于公司创业，指个人或团队区别于其他任何组织联系，是独立自主地进行创业（创立一家新组织）。接下来作者把公司创业（corporate entrepreneurship）继续分类，归为公司创立一个新的机构（corporate venturing）、战略更新（strategic renewal）及创新（innovation），也就是说，在作者的眼中，公司创业的核心维度包含上述三者之一即可算是公司创业。其次，作者把公司作为一个新的机构进行分类，认为可以包含内部创立新的机构（internal corporate venturing）和外部创立新的机构（external corporate venturing），前者是位于公司内部，可能是一个新的实体，也可能是一个新的部门；后者则是成立于公司外部，既可以是公司自己创立，也可以通过并购或者分割（spin-off）而来，但公司外部成立新机构一定具有自主权，至少是半自主权。这样作者通过抽丝剥茧的分类分析，把公司创业的核心内涵较好地向读者进行了阐述与分类界定。具体如图 9-2 所示。

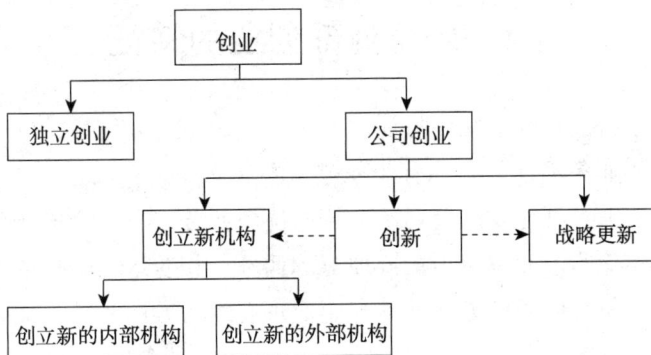

图 9-2　Sharma 和 Chrisman（1999）提出的公司创业的维度分类

（2）Kuratko 和 Audretsch（2013）的分类澄清工作。他们对于公司创业的维度分类如图 9-3 所示。具体来说，他们把公司创业分为两个维度，分别是创立新机构和战略创业，创立新机构又包含创立内部新的机构、创立外部新的机构，也可以是与合作者共同创立新机构；战略创业分为战略更新、持续再造、事业领域再定义、组织年轻化、商业模式重建。

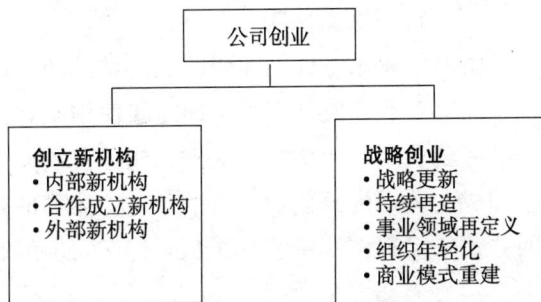

图 9-3　Kuratko 和 Audretsch（2013）提出的公司创业的维度分类

比较来看，对于公司创业的维度澄清，Sharma 和 Chrisman（1999）的工作得到了绝大多数学者的认可。Kuratko 和 Audretsch（2013）引入战略创业对公司创业进行维度划分，本质上来说，是用了一个新的维度澄清的构念（战略创业）试图去刻画旧的维度澄清的构念（公司创业），而且，实际上仔细观察 Kuratko 和 Audretsch（2013）所讲战略创业中囊括的维度内容，大部分是公司创业在"早期兴奋阶段"所囊括的要素。此外，战略创业的学术地位本身的合法性还尚处于争议阶段。比如，有学者指出不同意整合战略和创业（Shane and Venkataraman，2001），还有的学者不认为"战略创业"能够作为一个构念而存在，战略创业更像一个领域。因此，就现阶段的情况来看，Sharma 和 Chrisman（1999）的分类澄清工作无论在清晰程度还是在促进公司创业发展方面，都得到了较为广泛的认可。

9.4 公司内部创业的特征

公司内部创业通常有以下几个特征。

（1）新开发的业务不在公司原有业务范围内。

新开发业务未来有可能变成公司新一轮的优势业务，且不会影响公司既有业务方向的可持续发展。除非企业本身拟放弃原有的业务。相应地，公司内部创业与狭义创新的主要差别是，狭义创新的方向通常与企业现有经营方向一致，而公司内部创业通常企业现有的经营方向并不一致。典型的是，IBM-PC 业务的开发，就不在 IBM 原来的业务范围之内。

（2）新业务的开发是为了既有公司的业务发展。

不能将公司员工利用公司资源来干"自己的营生"理解为公司内部创业。例如，前述比尔·洛伊（Bill Lowe）等人开发 PC 业务，是为了 IBM 发展新的业务、扩大 IBM 的业务范围，为了 IBM 整体上更好的发展，故我们说它是内部创业。但如果 Bill Lowe 及其团队开发这项业务纯粹为了开发团队的利益，甚至开发出 PC 后与 IBM 分道扬镳了，这就不属于内部创业了，甚至只能称为"团队创业"了。

（3）新业务的开发得到公司高层的认同。

不管新业务的开发是由内创业家（或创业团队）自发推动的，还是由公司战略引导而发生的。只要真正想让这个业务发展起来，即需要使用既有公司的平台、资源和外部价值网络。此时，既有公司高层的认同和支持，能够自主地使用公司内部可以用于发展新业务的资源，即成为公司内部创业必备的条件。典型的是，IBM-PC 业务的开发，能以内部创业的方式来实施，就在于 Bill Lowe 等人的动议得到了 IBM 时任总裁的积极回应。

（4）公司高层支持以类似于独立公司的架构来开发新的业务。

任何创业活动的实施，创业者都需要"独立自主"。在公司内部创业，也是如此。

如果新业务开发团队不能相对独立地运行，就很难有开发团队和公司高层所期待的开发效率，甚至会迫使"内创业家"离开现有企业。因此，当"内创业家"致力于为公司开发新的业务时，高层最好能支持他们以类似于独立公司的架构来开发新的业务，给予他们足够的自主权。典型的是，IBM-PC 业务之所以能在一年后就在市场上获得佳绩，这与 IBM 时任总裁给予 Bill Lowe 等人足够的自主权有着极大的关系。

（5）战略更新与主动竞争同在。

企业借助内部创业发展新业务、进入新领域，公司战略必然要相应调整。这就意味着，内部创业实际上也是"公司战略更新"的过程。因为如果公司决心实施内部创业，即表明高层在考虑公司新的发展方向及其战略，进而会重新整合资源。这显然就有着"战略更新"的寓意。相应的战略往往被称为"创业导向的公司战略"。进一步看，这样的企业在市场中也会表现出"主动竞争"的姿态。因为既有公司致力于进入新的领域，势必对该领域现有企业形成威胁。如果既有公司是一家在原有领域有较大规模和较强竞争力的公司，则新领域内既有的企业就会产生较大的"被威胁感"，相应也会采取"反击"的措施。由此，一旦某家公司选择进入新的领域，往往会引发更为激烈的竞争。而企图通过内部创业进入新领域的公司，则会根据新的市场机会和自己的资源能力，主动出击、重塑环境、影响趋势，甚至努力去创造新的需求。

（6）创新与风险同在。

公司内部创业通常是以创新为动力的。且相应的创新与公司正在经营的业务有较大差异。这就决定了公司既有的核心能力不一定能支撑这些创新的实现，进而导致相应的创新必然存在很大的风险。近些年，国内不少企业都有公司内部创业的动议，力图推出跨领域的新业务，实现企业转型，但成功的不多。究其成因，往往是企业高层和内部创业团队对于开发新业务的风险估计不足，或者是缺少有效的应对措施。这就要求创业战略导向的企业和企业高层以及内部创业团队，必须对开发新业务的风险有足够的考量，要把握具体风险所在并有应对风险的合理预案和有效行动。当然，一家既有公司，如果真的拟借助内部创业来实现转型，甘冒风险，也是必需的，同时也应尽可能将开发新业务的风险降到最低，那就需尽可能在"能力亲近度"较高的领域开发新的业务，同时应加强开发新业务的战略管理和过程管理，同时应关注提升新业务开发团队的创新能力。

9.5 公司创业的激励效果

内部创业的本质是公司为了发展新的业务领域而给"内创业家"以组织授权和资源保证，并旨在实现企业长期使命与目标的活动，这对于企业持续成长具有十分重要的意义。

要使内部创业在企业内得以兴盛，最为基本的是公司应构建相关激励问题。

（1）鼓励员工的创业精神在既定的组织框架内得以张扬。

企业内部往往会有不少充满创业精神的员工，即潜在的"内创业家"。他们有着不同于多数员工的创造性经营思维，企业如果在制度上鼓励这些员工通过内部创业的方式来弘扬他们的创业精神，将既有利于企业在关键时刻的突破式发展，也有利于员工自身的职业发展。反之，如果企业压抑充满创业精神的员工的个性，则他们就可能离开现有企业而去独立创业。例如，前述 IBM-PC 业务的开发，如果 IBM 时任总裁不接受 Bill Lowe 等人的建议开发 PC 业务，则 IBM 后来不可能会成为 PC 界的大鳄，而 Bill Lowe 很可能联络相关人员去独立创业。

（2）鼓励员工以内部创业的方式在企业内部升迁。

升迁是企业多数员工的职业追求，特别是那些优秀的员工，他们都会有"不想当将军的士兵不是好士兵"的意识。基于此，对于那些具有强烈创业精神的员工，与其让他们自愿离开现有企业而另谋高就，不如通过鼓励这些人以内部创业的方式在企业内部升迁。这既不挤占企业现有高管的位置，还有助于创造新的高管岗位。一项研究认为，在那些鼓励内部创业的公司，内创业家所创造的部门经理级的高管就业机会至少相当于现有部门经理的1/5。这对企业吸引并保有优秀人才无疑是有益的。

（3）要将内部创业作为企业成长的重要途径。

2002 年《哈佛商业评论》发表的文章称企业有 7 个有效的成长途径：一是打破惯例，寻求增长契机；二是价值创新，创造高速增长的战略理念；三是兼并收购；四是多元化；五是使企业成为有生命力的公司；六是服务创新，捕获附加服务的新价值；七是开发虚拟价值链。但这篇文章有一个缺憾，就是忽视了内部创业对于企业成长的价值。从国内外不少案例中不难发现，企业只有真正视内部创业为企业成长的有效途径，实践中才能真正将内部创业作为企业快速成长的实际途径。相应地，企业也才会充分重视激励员工的内部创业。

公司创业的一种新模式——内部众筹

- 公司让出一半甚至一半以上的股份给关键的创业团队入股；
- 让有意向的候选人自己众筹组建拟成立管理团队；
- 候选人带头投钱入股，有意向的员工跟投；
- 选出能人，而不是资格老的或者老好人；
- 众筹的主要目的不是筹钱，而是筹人、筹智；
- 股权激励包括内部众筹分的不是老板的股份而是明天的股份，分的是增量而不是存量；
- 激励员工的主人翁意识，敢于说出自己的观点。

9.6　公司内部创业常见的组织模式

常规的独立创业，多数是创业家或创业家团队独立创办新的企业（暂且不管法律形式的多样性）。相对而言，公司内部创业因为有可依托的既有公司组织平台和资源网络，创业的组织模式更为多样化。但较为常见的主要是项目小组、创业孵化器、创客实验室、公司创业投资等四类。

9.6.1　旨在发展新业务的项目小组

传统上，公司如采取常规的创新方式来开发新的业务，大多会将新业务按职能专长进行分解，以借助公司既有平台及资源来完成新业务的开发。例如，将新业务的技术获取交给研发部门、将新业务的产品制造交给生产车间、将新业务的市场开发交给营销部门。这种组织方式固然轻车熟路、简单易行，但不足之处就是新业务开发的协调性，参与项目的人员固然不少，但他们还承担着其他业务的职能性工作，这往往会贻误新业务进入市场的最佳时机，甚至会降低新业务开发的成功系数。

而通过组织旨在发展新业务的项目小组，以内部创业的方式开发新业务，则会使新业务的开发团队具有专业性、开发过程具有协调性。因为在项目小组情况下，新业务的开发是"以任务为导向"的，要根据公司总体战略安排，去开发新的业务。

以项目小组形式开发新业务，有几个特点：一是要服务于公司整体战略，与现有业务建立较为紧密的相关性；二是小组有明确的目标，即预期可能上市的产品或服务；三是新业务开发的资源投入全由既有公司承担，且新业务开发过程中有公司各部门的配合，并可利用公司各种资源；四是与常规方式相比较，项目小组形式更易调集资源，协调跨部门力量，从而集中、快速开发新的业务。

特别是，如果新业务全部在公司内部进行，资金由既有公司投入，往往会享受"软预算约束"的优惠。所谓软预算约束，即新业务开发项目启动后，由于各种不确定性，资金需求往往会突破初始预算，公司决策层也很难"忍痛割爱"、终止新业务开发。相反，多数情况下会持续投入资金，以确保新业务开发成功。

微 案 例

腾讯微信的项目开发小组

微信，作为一款月活跃用户超过 10 亿的即时通信工具，它的诞生并非偶然。2010年 10 月 19 日，加拿大的一家公司发布了一款 App，叫作 Kik Messenger，这款 App主要用途是当用户通过手机号码注册后，App 会自动匹配用户手机通讯录中的好友，并询问是否添加此联系人为好友，并进行在线短信聊天。在当时这个软件很是新颖，在发布的 15 天便吸引了 100 万用户，成为名副其实的互联网爆品。

此时，在国内的张小龙注意到了国外 Kik 的流行，张小龙自 2005 年加入腾讯之后就一直负责腾讯 QQ 邮箱的开发运营工作，他是个典型的技术大拿，崇尚极致，热爱挑战，因此他立刻给腾讯 CEO 马化腾发了一封邮件，阐述了自己的想法，移动互联网时代一定会产生越来越多的通信 App，建议公司开发自己的移动端社交产品，马化腾立刻回复了邮件，表示同意。

2010 年 11 月 20 日，在广州，由张小龙主导的微信产品项目开发小组正式组建，因为团队成员都是之前负责 QQ 邮箱开发的，对于手机端产品开发并不是很熟悉，所以，也是摸着石头过河。经过两个月的奋战，2011 年 1 月 21 日，微信 1.0 发布，这个时候的微信还是很简陋的，只是支持文字发送，导入的用户关系一开始是 QQ 联系人，后来增加了手机通讯录匹配，这时用户增长还是很缓慢的。此时又一款新软件 TalkBox 发布，功能主要是通过语音的方式进行聊天，按住说话，这种方式迅速得到了用户的认可，仅 3 天就在 App Store 下载达 100 万。张小龙在 2011 年 5 月 10 日，宣布微信 2.0 发布，支持语音发送，微信的用户开始迅速增长。这之后，微信开发小组一步一步升级微信，从 2.0 到 3.0 再到 4.0……据统计，截至 2023 年，微信的月活跃用户已经超过了 10 亿，成为全球最大的即时通信应用之一。

案例来源：作者根据互联网资料整理。

9.6.2 旨在培育新业务的企业内部创业孵化器

在社会层面，创业孵化器是创新创业者得以起步与发展的"助推器"，是助推公众创业的重要机制，是处境艰难的新创企业得以生存的平台。创业孵化器所服务的企业，在一些地区甚至成为高增长的企业群体。故在国际上，一些人将孵化器对于经济增长的作用称为"孵化器经济"。

在企业层面，为开发有利于公司总体发展的新业务，有时也可以采取建立企业内部创业孵化器的方式。即通过建立面向"内创业家"的孵化平台及其机制，为公司内部诸多创新创业团队提供所需的资源和服务，助推这些团队努力开发新的业务，以期使其中一些成为有助于公司持续成长的重要业务。

企业内部创业孵化器有以下特点：一是相似于社会上特别是高新区的企业孵化器，但主要服务于"内创业家"主导或领导的创新创业团队，甚至团队的大部分成员来自企业内部；二是企业创办这样的孵化器，基本宗旨是为新业务的开发引入创新创业的思维，同时为团队构建有利于他们更为有效地做事的"小环境"；三是进入孵化器的新业务，都是以独立的团队载体出现的，孵化器服务的直接对象是一个个创新创业团队，而不是一个个新的业务；四是孵化器青睐的业务方向与新业务，通常是未来能与企业总体战略"协同"的，即那些有助于加强企业既有主导业务群，或者为企业开发新业务领域的创新创业活动；五是企业也希望通过这样的孵化器，降低所进入团队的创新创业风险和成本，助其缩短创新创业周期，提高创新创业成功率；六是从结果上看，在孵化器中发展较好且预期有更好前景的新业务，往往是公司未来整合进主导业务群的重点。

有必要重视的是，建立公司内部创业孵化器，应该把握"专业化"的原则，即应明确专业方向、专业领域，以期形成创业孵化的独到的"核心优势"。因为特定的孵化器不可能擅长孵化所有领域的创新创业，聚集于孵化个别方向、少数领域的创新创业，才可能多快好省地为公司培育真正有价值的新业务。

9.6.3　旨在培育创新者的企业创客实验室

企业内设的创客实验室，类似于大学工科院系的实验室，通常是为企业内部有强烈创新意识的员工提供一定的实验条件和环境，吸引员工在该类空间中开发出新的产品、工艺、服务或商业模式。它与企业内部创业孵化器的最大差异：一是不要求创新者成为"内创业家"，但不排除一部分创新者后来成为"内创业家"。二是任员工自由发挥，但并不要求创新者在此开发的产品、工艺、服务或商业模式成为企业未来业务的来源。换言之，并不要求员工所做的事情与企业的业务形成"战略协同"。

企业内设的创客实验室，通常有以下特点：一是旨在激发员工的创新意识与创新努力。即企业以培养创新者为目标，而不是以培育企业新的业务为目标。二是进入实验室的人员被称为"创客"。他们主要是企业既有的员工，但不排斥经企业批准进入的企业外人员，诸如其他企业的员工、无业者，或者是学校的师生。三是鼓励员工做出有商业价值的新产品、新工艺、新服务或新的商业模式的原型，企业提供相应的生产经营条件，引导员工尽可能地将所开发的新产品、工艺、服务或商业模式原型推进到商业化的程度，即便这些新的产品、工艺、服务或商业模式与企业经营毫无关系。当然，"万一"员工开发的新的产品、工艺、服务或商业模式有助于加强企业既有的业务，企业多会将这些产品、工艺、服务或商业模式纳入企业的业务序列之中。四是如果某个创客团队开发的产品、工艺、服务或商业模式有助于另一家企业的经营与发展，创办"创客实验室"的企业即会"大大方方地"充当创客团队与另一家企业之间的"中介"。在这种情况下，创办"创客实验室"的企业通常会从另一家企业那里收取一定程度的"服务补偿"。

由前述第四个特点可以看出，企业创办的"创客实验室"，其效果具有一定程度的"外部性"，即一些企业创办的创客实验室的社会效益远大于本企业的收益。这就要求创办创客实验室的企业要有一定程度的"社会公益心"。如青岛海尔集团创办的创客实验室。

微案例

华为的创客实验室

华为在当今的通信领域不断地推出自己的黑科技，其背后必定离不开研发人员的努力，那么今天就来介绍一个华为旗下的神秘组织——2012 实验室。

这个实验室被誉为中国黑科技最多的地方，也代表着国内顶级的科研水平。据称，该实验室的名字来自任正非在观看《2012》电影后的畅想，他认为未来信息爆炸会像数字洪水一样，华为要想在未来生存发展就得构造自己的"诺亚方舟"。2012 实验室的主要研究方向有新一代通信、云计算、音频视频分析、数据挖掘、机器学习等，其很好地支持了华为在 5G 领域的突破。2012 实验室是一个超级庞大的组织，旗下还有香农实验室、高斯实验室、谢尔德实验室、瓦特实验室、欧拉实验室（自研操作系统）、图灵实验室、热技术实验室、结构材料实验室等。比如，热技术实验室是研究设备如何能够控制热量的。比如，大家使用的手机，如果热量过大，处理器就会降频，性能受到影响。而 5G 基带由于华为要在基带中集成对 4G 等以下网络的集成，所以发热量控制就显得尤为重要，所以，热技术实验室就是要给出整体设备散热解决方案，并且研发出新兴的散热材料等。

大体来说，这里就是华为人工智能研究的核心之一，而且这里来自世界各地的科学家与专家很多，因此相比其他的研发中心更有一种相对自由的学术氛围。可以说，在人才方面，华为是进行了一步又一步的用心筛选，只有极为优秀的青年人才有机会进入这个实验室。而且，在这里所研发出的成果具有严格的保密措施，只有在时机成熟的时候才会公布于世。华为有这样一个强大的实验室，成为专利之王也就不足为奇了。

案例来源：作者根据互联网资料整理。

9.6.4　面向内创业家的公司创业投资

在社会范围内，创业投资公司往往是创业者实现创业梦想的资金提供者，即股权投资人。自第二次世界大战后在美国出现创业投资的机制以来，不少创业投资机构成为当地居民创业和当地产业转型、经济增长的"助推器"。鉴于创业投资对于创业的巨大推动和支撑作用，近年来，一些企业为了助推"内创业家"的创业努力，也建立了"面向内创业家的公司创业投资平台和机制"。

笼统地看，公司创业投资是有明确主营业务的非金融企业在其内部和外部所进行的创业投资活动。这类公司从事创业投资，通常是公司直接成立独立的创业投资子公司，其运作方式与专业、独立的创业投资公司极为相似。

与专业、独立的创业投资公司相比，公司创业投资具有以下特点：一是所投资金源于企业自身，而不是来自愿做投资公司有限合伙人（limited partner，LP）的其他企业；二是投资对象通常是所开发业务能对本企业业务起到改进、加强作用的那些创业团队；三是得到创业投资资金的团队，主要是"内创业家"主导甚至领导的创业团队，但不排除投资于所开发业务能对投资者公司的业务起到加强、改进作用的独立创业团队或新创企业；四是投资团队会像独立创业投资公司那样，给来自企业内外的创业团队以投资之外的其他增值服务，诸如财务规划、客户发现、市场开发等。

值得提及的是，美国施乐公司即是成功运用公司创业投资机制的典范。该公司 10 年中投资 18 个新创企业，其中"内创业家"创办的 6 个新企业的业务，对施乐公司的业务发展具有很强的助推和加强作用，最终施乐公司将这些业务整合到了自己的业务之中。一个典型例证是，施乐通过创业投资机制投入给某家新创企业 1200 万美元，这在后来的 10 年内为施乐公司带来了 2 亿多美元的回报，同时也有助于了施乐公司某些业务的发展。

微 案 例

小米的投资

雷军曾说："天使投资是我的业余爱好。"如今，这句话可能要修正一下了。

2023 年 6 月 5 日，小米斥资 2 亿元，成立了一家创投公司。时隔 15 年，雷军的投资人身份或将再次活跃起来。

以创业的方式做投资。2004 年，雷军忍痛将卓越网卖给了亚马逊。手握卓越网换来的 750 万美元，他有些迷茫。经过长久的思考，他决定拿这笔钱做一点有意义的事。既然自己的创业梦想受挫了，那不如试着帮助别人实现梦想。于是，雷军做起了天使投资。当时，"天使投资"在国内还是一个新名词，也没有完善的法律和制度保障，成功率不足 10%。投什么好呢？雷军有一句名言，创业要站在风口上，猪都可以飞起来。他认为未来 10 年将是移动互联网的天下，于是拎着一麻袋现金看谁在做移动互联网，第一名不干找第二名，第二名不干找第三名。雷军投资有个特点，不在乎公司大小。他投资的公司中有 10 多家都是从零开始，甚至有的企业名字都是他起的。2006 年，UCweb 只有十几个人，连房租都交不起，眼看就要倒闭了，雷军伸手拉了一把，投资 200 万元人民币，占股 10%。他说："这家公司今后的估值一定会远远超过你的想象！"事实证明了他是对的。2012 年，UC 浏览器估值已达 3 亿美元。2014 年，阿里巴巴以 43 亿美元的高价收购了 UC 浏览器。雷军当年的投资直接增值上千倍。

著名投资人徐小平曾表示，他最欣赏的天使投资人就是雷军："他喜欢以创业的方式来做投资，有时脑袋中有个点子，就开始和朋友一起探讨，然后找投资，一步步把公司创立起来。"雷军也因此成为了"董事长专业户"。许多初创公司鲜为人知,直到二三轮融资时,人们才发现雷军的身影。2011年,雷军成立顺为资本,持股51%。据不完全统计,顺为资本共完成300余起投资,其中有9家企业去年成功上市,包括51talk、趣头条、蔚来汽车、爱奇艺等明星企业。

其实,砸下重金设立创业投资公司,和小米公司本身日渐突出的财务投资属性有关。此前,小米智能设备经营主营业务增长乏力,小米却在股权投资方面表现出明显的进攻性,并获得不错的投资收益。此时,专门设立创业投资公司,不排除未来小米向投资公司转型的新战略方向。在雷军的领导下,一个庞大的投资帝国正在强势崛起,如图9-4所示。

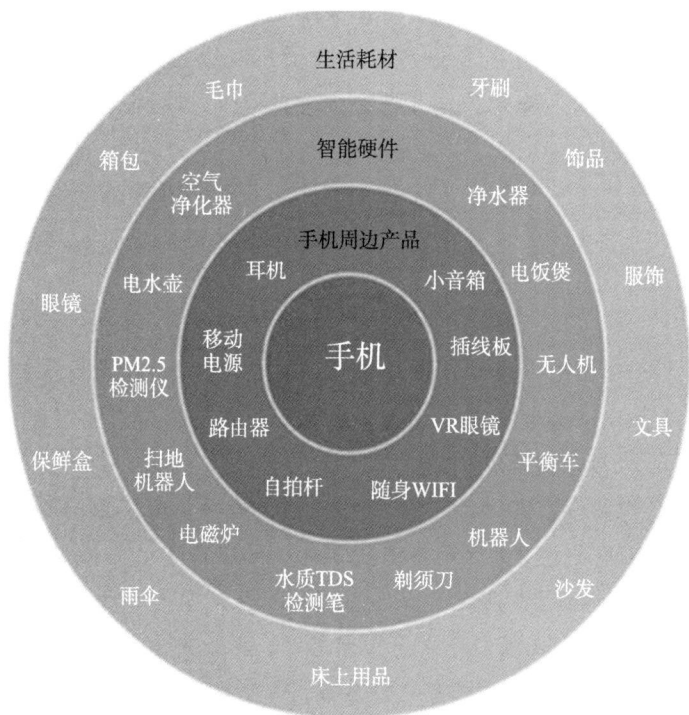

图9-4 小米生态链投资圈层

案例来源:https://baijiahao.baidu.com/s?id=1636130445880358917&wfr=spider&for=pc.

案例分析

海尔的"人单合一"双赢模式

2005年,海尔在原来的"市场链"基础上,与互联网相结合,进一步创造性提出"人单合一"的管理思想,实现了海尔管理的再次飞跃。

一、海尔的网络化探索：海尔管理创新的核心是员工自主管理

海尔的 5 个发展阶段如表 9-2 所示。

表 9-2 海尔的 5 个发展阶段

项　　目	第一阶段	第二阶段	第三阶段	第四阶段	第五阶段
战略阶段	名牌战略	多元化战略	国际化战略	全球化战略	网络化发展
时间段	1984—1991 年	1992—1998 年	1999—2005 年	2006—2012 年	2013 年 12 月至今
发展特征	从无序到有序	从有序到体系	从体系到高度	从高度到延伸	从延伸到引领
管理创新	管理十三条质量管理	日清日高（OEC）	市场链再造战略业务单元。外部目标内部化，内部目标人头化	"人单合一"双赢模式	3 个"无"观念

二、海尔"人单合一"模式的提出

海尔对"人单合一"模式的探索，是源于海尔战略的探索。随着网络技术、信息技术的发展，海尔意识到企业在新环境下面临的挑战，提出了企业应从传统的"规模型企业"向"平台型企业"的转变。相应地，支撑该战略的组织亦应由传统的职能型组织向平台型生态圈组织形态转变。

"人单合一"模式的基本理念如下

（1）海尔战略的转变见图 9-5。

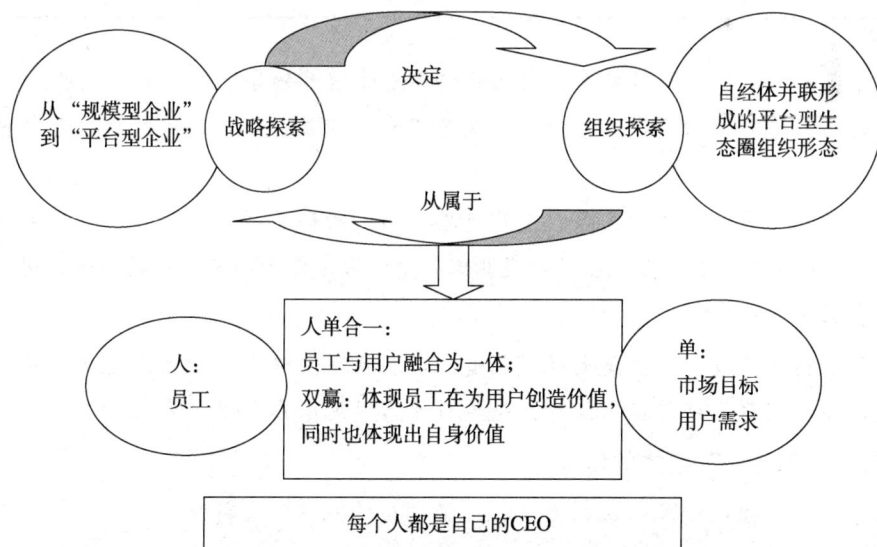

图 9-5 海尔战略的转变

传统企业战略和组织架构的理论基础是亚当·斯密在 1776 年写的《国富论》中提出的分工理论，这奠定了工业社会 200 多年来企业管理的组织架构和管理理论的基础。

分工理论的影响体现在两点上：一是制造；二是组织。

在制造方面的体现就是流水线，科学管理之父泰勒提出来时间动作研究，把小作坊变成工业化。流水线直到今天仍然是企业提高效率的主要工具。在组织方面的体现就是科层制。马克思·韦伯被称为组织理论之父，他的科层制也叫作官僚制，到今天企业仍在沿用。但到互联网时代，科层制已经不适应时代需求了。

海尔认为，在信息技术时代，原动力并不是规模和范围，而是平台。所谓平台，就是快速汇集资源的生态圈。用最快的速度把各种资源汇集到一起以满足用户互联网时代的个性化需求。

出现这个现象是因为互联网时代的到来导致了用户主导企业。企业和用户之间永远存在信息不对称，传统时代，信息不对称的主动权在企业手里，但是互联网时代信息不对称的主动权到了用户手里。用户可以知道所有企业的信息，而企业很难知道所有用户的信息。因此，传统商业模式正在受到挑战。

（2）海尔互联网时代的追求："三无""三化"理念见表9-3。

表9-3　海尔互联时代的"三无"与"三化"

	传　　统	互联网时代	海　　尔
企业无边界	科斯定律：企业的边界的研究	无边界的众包模式，跨界经营	企业的平台化
管理无领导	韦伯的科层制	互联网时代用户驱动企业（取消中层）	员工创客化（对互联网上的创意的收集与选择）；开放型创新
供应链无尺度	大规模制造	个性化定制	用户个性化

海尔追求的"三无"目标是：企业无边界、管理无领导、供应链无尺度。

①企业无边界。所谓企业无边界，就是不要光盯着企业内部的资源，还要看到外部的资源。

②管理无领导。过去的领导就是马克思·韦伯的科层制产生的，但现在互联网时代，是用户决定企业，而不是企业决定用户。所以海尔探索的是自治的小微公司，中层消失，管理变得扁平化。

③供应链无尺度。过去是大规模制造，现在互联网时代是个性化定制，不仅要按需制造、按需配送，还要按需设计，全流程按需满足用户个性化需求。

三、"人单合一"模式的特点

海尔在这一组织变革的基础上，推出了"人单合一"双赢模式。

（一）"人单合一"双赢模式。

"人单合一"双赢模式就是将企业负责的大单解构为每个员工负责的单，把企业总的用户资源转化为每个员工负责的用户资源。以下从3个方面来解析。

资产：传统做法是企业有一个总资产，但很难量化到每个员工。海尔的探索是人单合一，把企业的资产变成每个员工的负债，员工从无偿占有资产变成有偿负债驱动增值。还是以卖货为例，卖掉了 100 万元的货，这 100 万元就是你的负债，如果将来降价卖不出去，所有的问题都由你来负责，你对这部分资产要负完全责任。它驱动每个人对资产非常认真地负责。

用户：过去，所有用户由企业来负责，企业负责创造用户这一目标。现在变成全员契约，每个用户都要具体落实到每个员工身上，叫作"我的用户我创造，我的增值我分享"。也就是员工所负责的社区、全县的用户，包括在网上的用户需求，都由员工自己来创造。满足用户需求之后产生的价值，超利的部分由创造价值的员工分享。海尔内部有这样的机制，如果达到企业平均利润之后，高出的那一块利润，员工可以和企业分利。

损益表：海尔的损益表和传统损益表完全不一样。每家企业都有 3 张报表：资产负债表、现金流量表、损益表，其中损益表非常重要。传统损益表的逻辑很简单，就是收入减去成本，再减去费用，就等于利润。海尔探索的是战略损益表，战略损益表和传统损益表最大的不同在于它不仅关注表内资产，更关注了表外资产。表外资产一部分是员工，另一部分是用户。

（二）海尔的战略损益表是核心

海尔战略损益表有 4 个象限，被称为"宙斯模型"（Zeus）。战略损益表第一象限是用户；第二象限是员工，员工来承接创造用户价值的目标；第三象限是目标如何落地，即预实零差，预算要和实际零差距；第四象限是闭环优化，做进一步的推动（图 9-6）。

第一象限有两个关键词：交互用户和引领的竞争力。第一个关键词，交互用户，就是将用户变成企业的一部分，必须参与到企业的设计中来（海尔提出"在线员工"与"在册员工"的概念）。海尔现在从设计阶段开始就有用户参与，交互用户变成全流程的用户体验。比如，设计一个创新产品，用户先参与进来，提供了意见，他们虽然不知道到底怎么设计，但是可以站在用户的角度提出用户需要什么。设计完成之后，再在网上交互。交互之后，这些用户变成最后的消费者。所以，在海尔有一个考核指标，即衡量生产线上的产品，看最后直接到用户手里的有多少。传统企业生产的产品往往不是给用户制造的，而是给仓库制造的。现在海尔基本上可以做到生产线上近 20% 的产品知道是给哪个用户的，当然希望这个比例还要再提高。这就使得用户参与设计的积极性更高。

第二个关键词是引领的竞争力。让用户参与，是希望在行业里能够实现引领。被称为破坏性创新大师的克里斯·坦森把创新分为两个层面：第一个层面是延续性创新，即在原有产品上不断更新换代；第二个层面是破坏性创新，创造和原来完全不一样的产品，引领整个行业。交互用户最后产生的应是破坏性创新的成果。

第二象限是人力资源。马克斯·韦伯曾经提出"权威类型说"，把权威的类型分为三类：第一类叫传统型，如世袭制，家族企业基本上是这种类型。第二类是卡里斯马型，即魅力型。现在很多做得好的企业都是这种魅力型权威。比如，苹果的乔布斯就

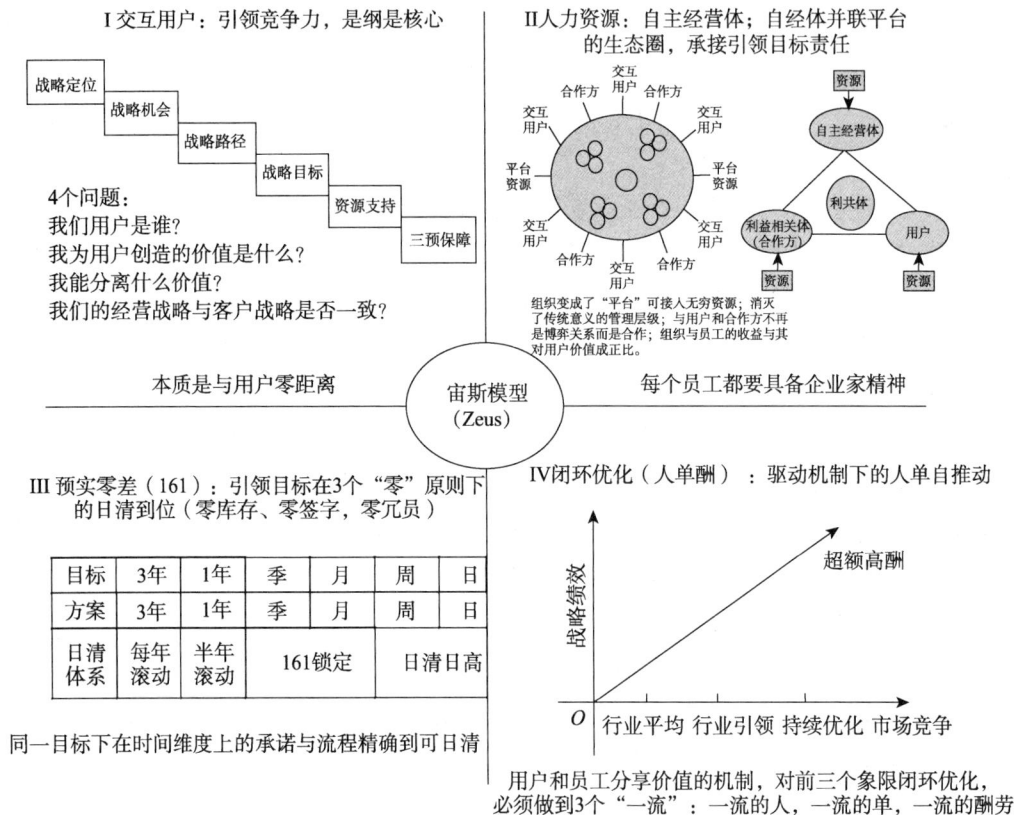

I 交互用户：引领竞争力，是纲是核心

战略定位
战略机会
战略路径
战略目标
资源支持
三预保障

4个问题：
我们用户是谁？
我为用户创造的价值是什么？
我能分离什么价值？
我们的经营战略与客户战略是否一致？

II 人力资源：自主经营体；自经体并联平台
的生态圈，承接引领目标责任

组织变成了"平台"可接入无穷资源；消了传统意义的管理层级；与用户和合作方不再是博弈关系而是合作；组织与员工的收益与其对用户价值成正比。

本质是与用户零距离　　　　宙斯模型　　　每个员工都要具备企业家精神
（Zeus）

III 预实零差（161）：引领目标在3个"零"原则下
的日清到位（零库存、零签字、零冗员）

目标	3年	1年	季	月	周	日
方案	3年	1年	季	月	周	日
日清体系	每年滚动	半年滚动	161锁定		日清日高	

同一目标下在时间维度上的承诺与流程精确到可日清

IV 闭环优化（人单酬）：驱动机制下的人单自推动

用户和员工分享价值的机制，对前三个象限闭环优化，
必须做到3个"一流"：一流的人，一流的单，一流的酬劳

图 9-6　海尔的宙斯模型

是最好的权威。第三类是法理型，即民主选举。海尔和这些类型都不一样，是自主经营体型，组织中没有领导，用户才是员工的领导。《易经》第一篇曾说最高境界就是"群龙无首"。在中国，"群龙无首"不应该是贬义，意思是每个人都非常有能力，但并不互相残杀，也不互相推诿，而是共同协同，因为大家的目标一致。"人单合一"双赢模式正是希望达到这种群龙无首的境界，而不是有人来管着。

这些自主经营体要承接一象限所说的交互用户、实现引领的目标。

1. 倒三角的组织模式

互联网时代，速度至关重要，谁能在第一时间高质量地满足用户，用户就首选谁，剩下的就只能等待淘汰。传统的企业组织架构，一般是正三角形：最上面的是最高领导，然后是中层领导，到最下层是一线员工。在实际工作中，上级对下级下达命令，下级服从上级。来自一线员工的市场信息一层层上传，然后领导的指示再一层层传下来，这就容易出现企业对市场反应滞后、信息传递失真等问题。为了解决这些问题，原来的正三角变成倒三角，倒三角核心是创新文化、改变观念。树立"企业中人与人之间没有边界，大家都是共同为用户创造价值的员工"的观念。见图9-7。

通过"倒三角"的组织结构，打造一个由若干"利益共同体"集成的网状组织，如图9-7（b）所示。在这个组织中海尔8万员工变成了2000多个自主经营体，这些小

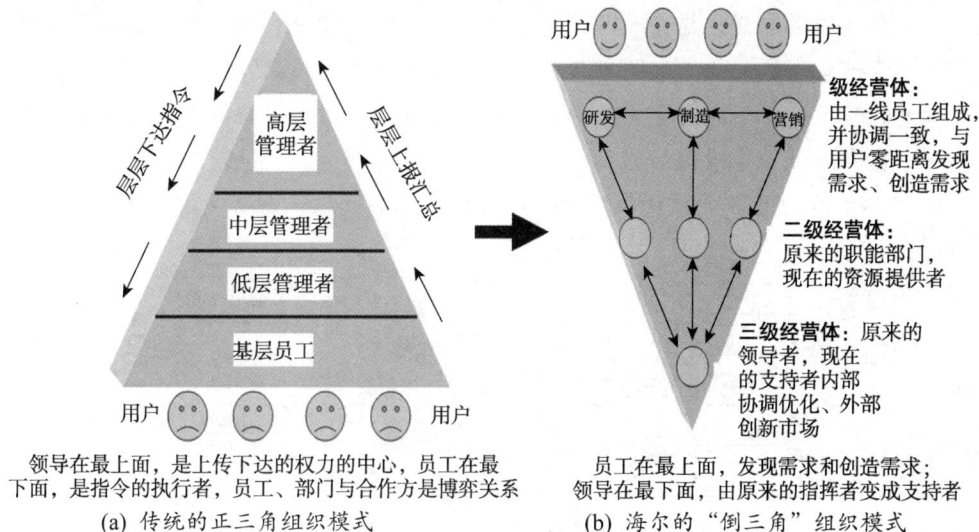

(a) 传统的正三角组织模式

领导在最上面，是上传下达的权力的中心，员工在最下面，是指令的执行者，员工、部门与合作方是博弈关系

一级经营体： 由一线员工组成，并协调一致，与用户零距离发现需求、创造需求

二级经营体： 原来的职能部门，现在的资源提供者

三级经营体： 原来的领导者，现在的支持者内部协调优化、外部创新市场

(b) 海尔的"倒三角"组织模式

员工在最上面，发现需求和创造需求；领导在最下面，由原来的指挥者变成支持者

图 9-7 传统正三角组织模式与海尔"倒三角"组织模式

团队就成了企业创新的单元，是企业这个网状组织中的一个节点。他们之间不是靠领导来驱动，而是由"共同为用户创造价值这一契约流程"来驱动。

2. 海尔的平台型组织生态圈

海尔的组织创新不仅体现在"倒三角"的提出，海尔还是一个平台组织下的自经体并联平台的生态圈。网状组织图中的 3 个圈，一个是原来的部门，原来的部门之间是割裂的，现在要把它们变成合作的关系。一个是原来的合作方。比如，给海尔供货的分供方，海尔希望它价格更低，它却希望海尔给它的价格更高，双方是博弈的关系。现在变成大家是一个整体，如图 9-8 所示。有一个例子，海尔有一款滚筒洗衣机，整个设计开发做得很好，用户很喜欢，但是这款滚筒洗衣机的门上有很多螺丝钉，容易

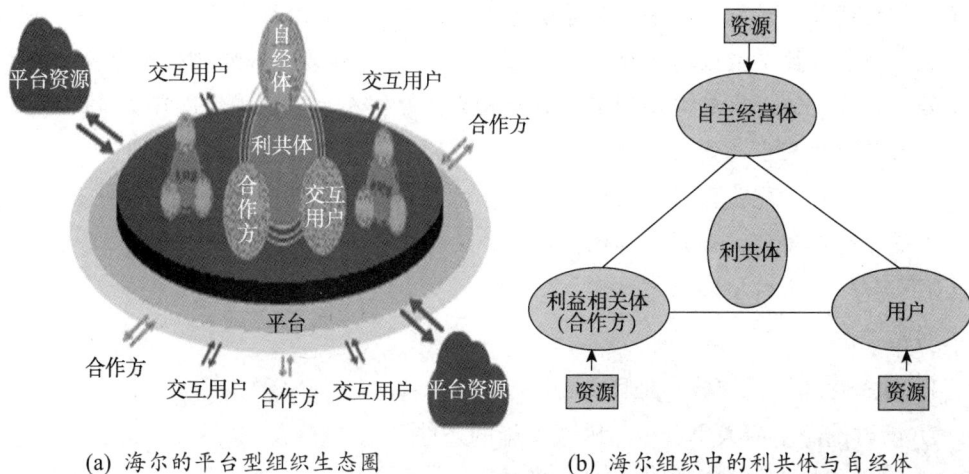

(a) 海尔的平台型组织生态圈

(b) 海尔组织中的利共体与自经体

图 9-8 海尔的平台型组织生态圈与组织中的利共体和自经体

生锈。一家德国供应商说愿意参与到海尔的设计中来，让洗衣机的门体上一个螺丝都没有，但是这家供应商要求的供货价格更高。按照过去的模式，供货价格高了海尔就不要对方的货了，但现在海尔却选择与该供应商合作。因为它给海尔的设计方案能够使洗衣机在市场上销售得更好，价格更高。

3. 海尔的人力资源管理还体现在按单聚散与官兵互选机制上（图 9-9）

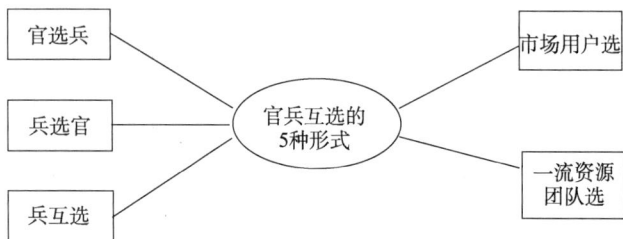

图 9-9 海尔的官兵互选形式

现在，海尔变成自主经营体，自主经营体体现了自组织的两个要素：引进负熵和正反馈循环。所谓引进负熵，就是不断进来更好的人力资源。海尔现在实行的是按单聚散。项目确定之后，根据项目目标来召集最好的人力资源去做。这些资源可能是海尔内部的，也可能是海尔外部的。这个项目做完之后到下一个项目时，资源又重新聚集，而不是固定由原来的人来做。

所谓"正反馈循环"，具体落地就是 8 个字："竞单上岗，官兵互选"。每个员工都有公平的机会来竞争成为经营体长，但竞聘成功之后不是一劳永逸，如果不能带领团队赢，经营体里的员工也可以把经营体长选下来。之前有一个例子，某个自主经营体长带领团队干，但业绩一直不好，员工们觉得再跟着他干恐怕什么都会没有，所以启动"官兵互选"把他给选下去了。新选出来的经营体长让团队在人员更少的情况下实现了更快的增长，成员们的个人利益就可以得到更多。海尔将自己定位于"一个开放的一流人力资源按单聚散的平台"。首先，该平台是开放的，从外部引入资源，人才、订单等；其次，该平台所需要的是一流的人力资源，人才的优秀性表现抢单的实力，挑战"三预"过程中的能力；最后，这些一流的人力资源实行"按单聚散"的原则，实现订单过程中，有价值者会被引入项目，对企业而言，只有加入到任何一个订单项目的成员才会有价值，否则，再优秀也不会被接受，会被淘汰出局。

案例来源：由南昌大学陈建华编撰。

问题讨论：

1. 海尔管理创新的核心是什么？

2. 请讨论海尔"人单合一"模式实施的条件。

3. 用户是如何参与海尔的产品创新的？

本章思考题

1. 寻找相应案例，分析公司内部创业的主要特征。

2. 为活跃公司内部创业，企业可怎样组建创新创业团队？

3. 请思考：个人创业更容易成功，还是公司创业更容易成功？

4. 阐述公司创业所能达到的激励员工创业的效果。

即测即练

自学自测　　扫描此码

第 10 章

社会创业：创富之外美好社会的实践

【学习目标】

- ✓ 理解社会创业的核心内涵；
- ✓ 掌握社会企业与商业企业、非营利组织之间的区别；
- ✓ 掌握社会创业者的特质；
- ✓ 掌握社会创业机会开发的相关知识；
- ✓ 了解国内外社会企业认定模式。

【章节纲要】

本章主要分 3 节来阐述与探讨社会创业。第一节认识社会创业，介绍社会创业的定义、核心内涵、主要目标等，介绍谁会成为社会创业者以及社会创业者的几个层次；第二节介绍社会创业机会开发的相关知识，对 3 种社会创业机会进行比较，以及对社会创业机会开发的影响因素进行阐述；第三节介绍国内外社会企业认定的标准。

引导案例

社会创业：格莱珉银行模式的创立

格莱珉银行模式由尤努斯（Yunus）教授创立并获得了诺贝尔和平奖。尤努斯教授是孟加拉国的社会企业家、银行家、经济学家和民间社会领袖。他创办了格莱珉银行，开创了小额信贷运动。这些小额贷款提供给最贫困的人口，因为他们没有资格获得传统银行的借贷。尤努斯和格莱珉银行通过小额信贷的努力，自下而上地推动经济社会发展，因此共同获得诺贝尔和平奖。挪威诺贝尔委员会表示，除非大量人口找到摆脱贫困的方法，否则人类无法实现持久的和平。格莱珉银行模式在不同的文化和文明中的成功运作表明：即便是最贫困的人口、最贫穷的人，也可以通过自身的努力实现自身的发展。格莱珉银行模式不仅在孟加拉获得了巨大成功，还被复制到全球 50 多个国家，甚至还被复制到了像美国、日本和澳大利亚这样的发达国家。

格莱珉银行模式非常独特，它有以下 3 个显著的特点。

首先，格莱珉服务的对象是贫困女性。

尤努斯教授在观察借款人的行为后很快发现，贷款给贫困母亲所获得的收益远比借款给男人的收益要大。男人挣钱后，更倾向于自己消费，而母亲挣钱后，会使整个家庭，尤其是孩子受益。因此，向母亲贷款能够产生连锁效应，给整个家庭甚至整个社区带来经济效益和社会效益。格莱珉银行的经验——首先发现了母亲，随后注意到孩子——并不是出于情感或者道德意识，而是合理的社会经济考虑："如果要缓解或消除贫困，下一代必须是我们的重点，我们应该消除他们身上贫困的烙印，帮助他们树立人应有的尊严和对未来的希望。因此，任何针对孩子的计划不应该简单地视为一个"人道主义"或者"慈善"项目，实际上，这应该被当成优先发展项目，丝毫不亚于，我们甚至认为高于修建机场、工厂或者高速公路。"

其次，创建小群体是格莱珉银行运作成功的关键。

一位贫困的母亲是孤立无援的，甚至没有勇气走出家门创业。要有一个让她们能够获得社会和经济的力量，组建朋友圈就非常关键。"我们发现了一个处于贫困的女性，我们要帮助和激励她寻找到另外 4 位她熟悉的本社区的姐妹组建一个小社群，通常称为'5 人小组'。之后我们就进行 5～7 天的、每天简单而又严格的小组培训，让她们了解贷款的程序和储蓄的重要性，最后经过考试——口试合格就可以发放贷款。要让穷人获得力量，就需要有一个让他们能够获得经济、社会和政治力量的程序。要做到这一点，就需要一个团体；要利用这种力量，我们就需要向这个团体、向这个组织赋能。赋能就是给他们自我审批贷款的权利。因此我们会告诉我们的会员、我们的客户，你们加入之后，你们组建了一个小团体、一个小组以后，你们就拥有了为整个小组和中心审批贷款的权利——只有你能决定支出多少钱，为了什么目的支出。如果你没有形成一个小组和一个中心，就不能从格莱珉、从这个项目中得到一分钱。格莱珉贷款不单单是现金，它成了一张进入表现自我、探索自我之门的入场券。借款人开始探索她的潜力，发现她内心深处的创造力。"

最后，就是每周要进行中心会议。每次的中心会议大概要召开半小时左右，多个小组，每周召开。在一起召开中心会议，以进行还款，继续她们的教育，并且建立她们的社交网络。通过这样的循环，她们就有机会成为成功的女性。有了这些工具，女性可以增加收入，建立信用记录。

每周中心会议的最显著的特点之一，就是所有格莱珉银行的业务，都要公开在成员面前进行。没有私人交易，没有隐蔽的不正当交易。每个成员都清楚所发生的事情，都可以评估自己和他人的关系和地位，公开地进行交易和共同处理问题。结合负责人、他们选举的组长、他们的中心主任，每年要轮换选举产生，可以避免权力集中、形成利益的垄断集团。同时，程序的公开化可以禁止个人行为不端。对公开曝光的惧怕可以有力地制止不当行为。因此，每周一次的中心会议加强了小组建立形成的社会和经济的问责机制与关系。会员们都非常清楚，只有当她们遵守了这样的游戏规则时，她们才能享受会员的待遇。这是社区参与的一个前提，它要求自律和他律的结合。

格莱珉银行控制风险的办法如图 10-1 所示。

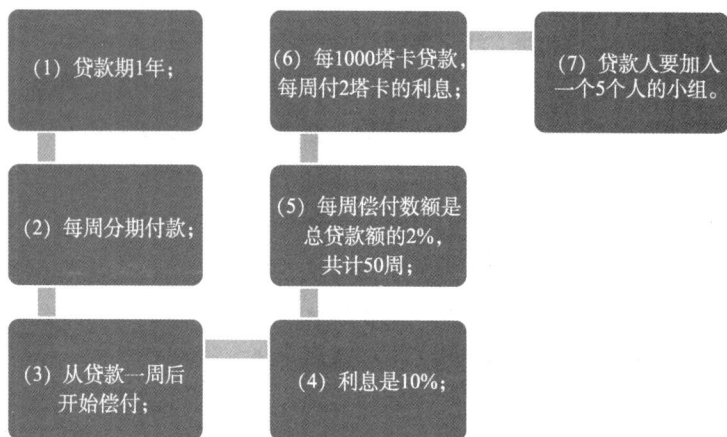

图 10-1　格莱珉银行控制风险的办法：坚持小额并在时间上分梯次还款

截至 2006 年尤努斯获得诺贝尔和平奖，格莱珉银行的贷款当中 63%来自借款者本身的存款。格莱珉能够自力更生，不需要寻找外来的资金。格莱珉与银行累计借款给 639 万名借款人，其中 96%是女性，在她们的努力之下，58%的借款人及其家庭已经成功脱离了贫穷线。

案例来源：作者根据互联网资料整理。

10.1　认识社会创业

经济创业推动社会发展，使人类进入工业文明。经济创业带来了新的产业和创造大量的就业机会，从而降低了失业率；不断变革和引入新技术推动了技术创新和进步，从而提高了生产效率和产品质量；提供多样的商品和服务以满足人们的需求，从而提升了社会福利水平和人们生活质量。

然而，只追逐经济利益的经济创业会存在财富不平等、资源压力和社会问题等不利的表现，会导致市场失灵的多方面不利后果。首先，市场失灵可能导致资源配置效率低下，因为经济利益导向的决策可能忽视了社会和环境成本。这可能导致资源浪费、环境破坏及社会不公平。其次，市场失灵可能导致经济不稳定。过度追求经济利益可能导致金融风险积累和波动，从而引发经济危机和经济衰退。最后，市场失灵还可能导致垄断和不正当竞争，限制市场的竞争性，进而减少创新和消费者福利。政府为挽救市场失灵和保持经济持续健康发展，在政策、教育、科技和行政等方面严格限制个人盲目追求自身利益的行为，但是越来越多的现象表明政府提供的公共产品和服务无法完全解决问题，甚至政府有时还会成为上述问题的共谋（Dean and McMullen，2007）。市场失灵和政府失灵意味着现有的体制、机制已经无法满足人们日益增长的需求，经济环境迫切需要新的创业模式来弥补市场失灵和打破"福利僵局"，迫切希望企业承担社会责任来解决盲目追求经济利益所导致的社会问题。于是，非营利组织便与日俱增，愿意承担社会责任且具有同情心的民营企业积极与非营利组织合作，这种商业和公益事业之间的界限逐渐模糊，这为社会创业的发展创造了有利机会。

尽管目前学者和专家对社会创业的定义存在一定差异，但是其概念内涵逐渐清晰。例如，Leadbeater（1977）把社会创业定义为：企业主要追求社会目的，盈利主要投资于企业本身或社会，而不是为了替股东或企业所有人谋取最大的利益。与此观点相类似，Schuyler（1998）认为社会创业盈利只是手段而不是终极目的。斯坦福大学商学院创业研究中心（2002）认为社会创业主要是采用创新方法解决社会焦点问题，采用传统的商业手段来创造社会价值（而不是个人价值），它既包括营利组织为充分利用资源解决社会问题而开展的创业活动，也包括非营利组织支持个体创立自己的小企业。Pomerantz（2003）与 Peredo 和 McLean（2006）也认为，社会创业的关键是在坚持创造社会价值这一根本目的的前提下，通过运用营利性企业的商业化运作方式来获得尽可能多的盈利。可见，社会价值和商业运作是社会创业的两个重要构成要素。

社会创业是弥补市场失灵和政府失灵的手段之一，是以社会责任为导向，解决社会问题。社会创业是通过商业手段创造价值，社会利益是社会创业追求的最终目标，因此社会创业兼顾社会效益和经济效益。

虽然学者和专家们对社会创业的定义有所差异，但他们通常对以下 3 点核心内涵达成共识。

（1）社会性。社会创业强调企业组织必须加强社会责任，也就是社会创业的社会维度。致力于解决社会问题和提升社会福祉，而非仅仅是私人的经济利益，促使对社会产生积极影响。主要体现在以下 4 个方面（邬爱其和焦豪，2008）。

第一，目的和产出的社会性。社会创业的最终目的是解决社会问题，而不是盈利。社会创业旨在促进健康福利事业，提高人们的生活水平。

第二，核心资本是社会资本。社会关系、网络、信任和合作这些社会资本能为创业带来实体资本和财务资本。

第三，组织的社会性。社会创业组织并不归股东所有，也不把追求利润作为主要目标，它们是新型的公民社会组织。

第四，社区性。社会创业往往具有一定的服务区域性，大多致力于改善社会创业基地的街区和社区的某项或某些事业。当然，也有很多是致力于服务范围更广的人群，例如，密尔德梅医院是一个国际性组织，其服务对象是艾滋病患者。

（2）创业性。非政府组织、公共服务部门和第三社会部门等非商业组织要采用商业运作的方式来实现社会目标，即社会创业的创业维度。社会创业是一种追求社会变革和解决社会问题的创业行为，主要体现在以下 4 个方面（邬爱其和焦豪，2008）：

第一，机会识别能力。社会创业者善于发现人们没有得到满足的需求，并动员那些未得到充分利用的资源来满足这些需求。

第二，紧迫感、决心、雄心和领导天赋。社会创业者的创业动力不是利润或股票价值，而是使命感。

第三，创新精神。社会创业者一定要进行创新和变革，开发新的服务项目，组建新的组织，才能更大限度地满足社会需求。

第四，有经营活动。社会创业与传统非营利组织的主要区别就在于资金来源，传统非营利组织主要依靠募捐来维持，独立生存能力相对较弱，而社会创业能够自给自足，其经营收入是主要资金来源，但也不排除募捐。

（3）机会导向性。Mort 等（2002）指出，识别社会价值和创造创业机会是社会创业的关键维度。虽然社会创业的核心目标是解决社会问题和改善社会福利，将社会利益放在首位，但是社会创业者也是创业者，依然要运用运营方式对企业进行商业运作，从而提高经济绩效使企业持续经营。普拉哈拉德（Prarblad）在捕捉市场失灵的创业机会中发现"金字塔"底层 40 多亿穷人中蕴藏着巨大的创业能力和购买能力，跨国公司应该抓住这个机会。而政府失灵也创造了许多创业机会，如民营水务处理公司、远程在线教育公司。市场机会的识别、发现与开发过程通常被认为是创业过程的核心要素，社会创业也要从用户痛点出发，以市场机会为导向，对创业机会进行识别和把握，进行有价值的社会创业。

社会创业强调社会价值和商业运作，其机会导向性的特征表明社会创业以社会利益为首要和关键目标，也兼顾经济利益。社会创业企业正日益超越非营利部门的范畴，许多具有同情心和热衷于承担社会责任的大型私营企业也通过与非营利组织合作来进入教育和社会保险等市场，其商业性和社会性的利益边界逐渐消失，社会创业企业逐渐成为一种将社会需求和个体需求有机结合起来的多元混合社会性企业。

10.1.1　社会创业的主要目标

当今时代，盲目追求经济创业已经产生了诸多问题，如环境问题、贫富差距问题、乡村教育问题以及公共产品与服务无法满足人们需求的问题，社会创业企业便是解决上述问题的产物，积极推动社会创业有助于推动我国构建和谐社会。社会企业的社会性特征要求各种商业活动更多地考虑社会价值，甚至以社会价值为基础。创业活动就可能在实现经济价值的同时创造社会价值，如解决就业问题、缩小收入差距、增强人际信任、激发创业激情等；社会企业的创业性特征要求各种组织采用商业化方式整合利用社会资本和其他资源，加速社会资本的循环利用，创造更大的社会价值和经济价值，避免组织官僚化、低效率等问题，让整个社会充满创业精神和创业氛围。社会创业的蓬勃发展，越来越证明它对解决社会问题起到了不可或缺的作用。社会创业的主要目标如下。

（1）减少贫困。贫困是全球面临的重大社会问题之一。贫困意味着生活条件困难、资源匮乏和社会排斥，阻碍了人们实现自身潜力和幸福的机会。社会创业通过创新的商业模式和社会项目，致力于解决贫困问题，提供机会和资源给贫困人群，帮助他们摆脱贫困状态。过去的研究往往聚焦于通过宏观经济、社会发展来研究减少贫困的方法，而现在通过创业的方式尤其是社会创业的方式来减少贫困也正在成为研究热点。社会创业可以通过多种方式减少贫困，如创办社会企业，提供就业机会和培训，提高贫困人口的收入和自给能力。同时，社会创业也致力于改善基础设施、教育、卫生保健和社会保障等方面，提供社会福利和公共服务，改善贫困人群的生活品质。此外，社会创业也促进了社会创新和社会变革，为社会创造更加包容和公正的环境，从根本上减少了贫困的根源。

（2）环境保护与优化。过度追逐经济发展令自然环境受到了极大的破坏，全球面临的环境问题日益严重，对人类社会和可持续发展造成了巨大的挑战。社会创业通过创新的商业模式和社会项目，致力于解决环境问题，实现经济增长与环境保护的双赢。社会创业在环境保护与优化方面发挥了多方面的作用。首先，社会创业可以推动可再生能源的发展和利用，减少对传统能源的依赖，降低碳排放量，缓解气候变化的影响；其次，社会创业可以推动循环经济的发展，通过资源回收和再利用，减少废弃物的产生和对自然资源的消耗；最后，社会创业还可以推动可持续农业、生态旅游、环境教育等领域的发展，促进人们对环境的保护意识和行动。

（3）社会的可持续发展。环境经济学认为，环境的退化是市场失灵所致，而市场的失灵正是创业机会的重要来源。社会的可持续发展是一个至关重要的目标，旨在实现经济、社会和环境的协调发展，保障当前和未来世代的需求得到满足。社会创业通过创新的商业模式和社会项目，致力于解决社会问题，促进社会的可持续发展。首先，社会创业强调经济可持续性，即通过商业创新，在推动经济增长的同时，优化资源利用、降低环境负担，促进经济的长期可持续发展；其次，社会创业关注社会公正和人类福祉，通过提供教育、健康、就业等公共服务，推动社会的包容性发展，使每个人都能享有公平的机会和福利；最后，社会创业注重环境保护与可持续发展，通过推动可再生能源利用、循环经济的发展，减少碳排放和资源浪费，保护自然环境，为未来世代留下可持续的发展空间。

10.1.2　何种人会成为社会创业者

社会创业者是指通过创新的商业模式和社会项目，致力于解决社会问题、推动社会进步和变革的进行社会创业的人。社会创业者将创业活动与社会价值导向相结合，在追求商业成功的同时，还关注社会公益和可持续发展。那些具有社会使命感、同情心和拥有强大的社会资本的创新者和改革者都是潜在的社会创业者。一些学者对社会创业者的定义如表 10-1 所示。

表 10-1　学者对社会创业者的定义

来　　源	定　　义
Thake and Zadek（1997）	社会创业者被社会公正的目标驱动，希望他们的行动能提高低质量人们的生活，并致力于为持续的财务、组织、社会和环境的改善提供方案
Thompson 等（2000）	社会创业者是那些能够意识到某些活动是国家福利体系不能满足的人，这些社会创业者能够运用有限的资源来改变现状
Drayton（2002）	社会创业者是重要（社会）变革促进者，核心价值是识别、处理和解决社会问题
Harding（2004）	社会创业者受社会目标的鼓励进而实行新的社会活动或创业
Martin and Osberg（2007）	社会创业者与创业者有一致性，机会识别、使命和物质回报都是他们的动机驱动，但是，社会创业者对于获取的财务价值看得更轻，他们倾向把财务价值更多地回报社会
陈劲和王皓白（2007）	社会创业者是那些具有正确价值观、能够将伟大而具有前瞻性的愿景与现实问题相结合的创业者，他们对目标群体负有高度的责任感，并在社会、经济和政治环境下持续通过社会创业来创造社会价值
赵丽缦等（2014）	社会创业者是指那些采用一定的组织模式以解决复杂、持续的社会问题，进而对所在社区或者整个社会做出多种重要贡献的企业家

18 世纪，亚当·斯密在《道德情操论》中提出，市场经济的繁荣并不会伴随着社会公益的增长。资本逐利的贪婪本性会令大多数企业者过于关注自身的经济利益，忽视甚至损害他人的利益。基于此，亚当·斯密提出，社会应该强调道德价值标准，唤起大众的同情心，让人们能够站在其他人的角度看问题，也能站在一个公正的旁观者角度看问题。而社会创业者和商业创业者最根本的区别在于创业的使命。社会创业者和商业创业者在创业思维、首创精神、成功欲、激情投入、冒险精神和精明理智的创业者特质中无显著区别，但是社会创业者更具有社会使命感和同情心。亚当·斯密指出同情心是"利他"的基础，有同情心的创业者，容易与受害者形成情绪连接，进而激发创业者的综合的思考与分析，找寻一种有效的方式去帮助受害者乃至整个社会。同情心对社会创业的作用如图 10-2 所示。

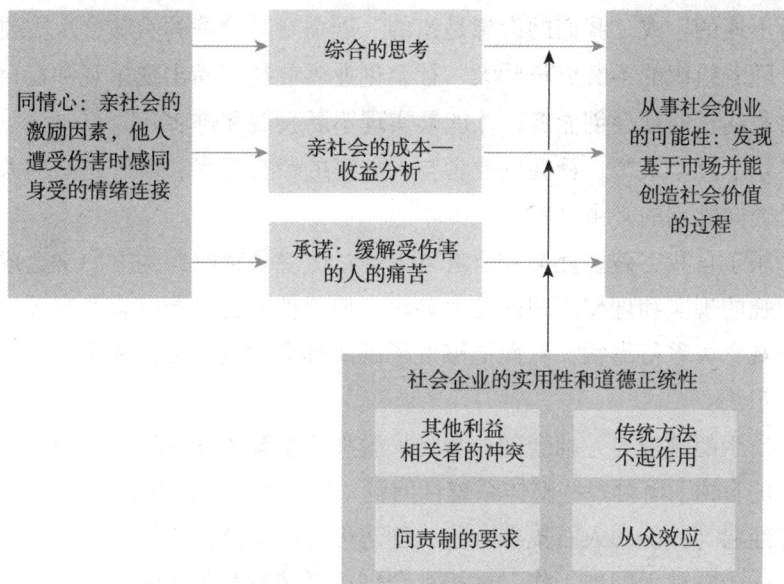

图 10-2　同情心对社会创业的作用

除同情心外，社会创业者被认为还应该包含以下六大特质（伯恩斯坦，2006），如图 10-3 所示。

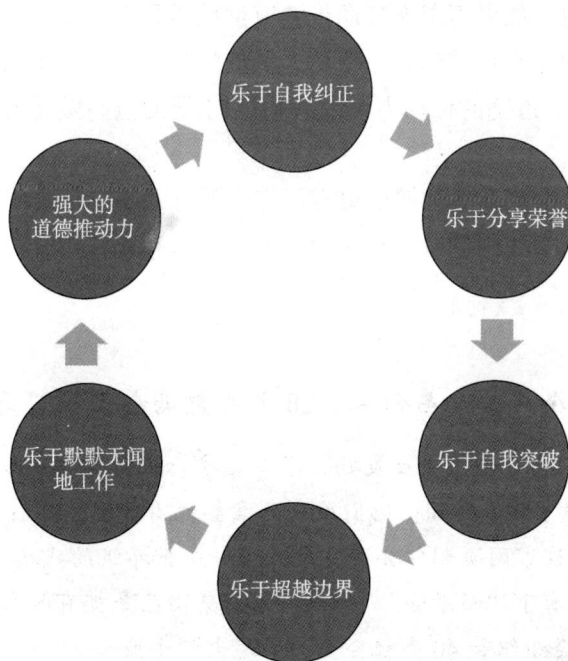

图 10-3　社会创业者的六大特质

第一，乐于自我纠正。任何一个创业项目都是一个不断试错和修正的过程。敢于说"这是行不通的"或"我们的设想是错的"既需要有冷静的头脑，也需要谦卑和勇气。此外，随着组织的不断成长壮大，社会创业者往往容易出现乐观和盲目的情绪。只有乐于自我纠正的社会创业者，才能够实现不断发展和进步。

第二，乐于分享荣誉。社会创业者与人分享的荣誉越多，就有越多的人愿意帮助他们，这是通向胜利的必由之路。

第三，乐于自我突破。社会创业者可以通过改变现存组织的方向来达成变革。社会创业者面临的现实和理想之间的较大差距，使得他们必须能够自我突破，超越他们领域的正统观念去看待事物，从而能够发现解决社会问题的方法和手段，并能去试验和推广新的想法。

第四，乐于超越边界。社会创业者能摆脱那些主导概念的控制，也有以新的方式去组合资源的自由。面对一些整体系统性问题，社会创业者能超越边界，将不同领域、有各种各样经验与技能的人召集在一起，创建可行的解决方法。

第五，乐于默默无闻地工作。许多社会创业者花费几十年的时间，坚持不懈地去实践他们的理想，他们以一组或一对一的方式去影响他人。一个人必须具有非常纯粹的动机，才能长久地甘于寂寞，去实践一种理想。社会创业者必须是那些能花费时间去寻找地点和机会，以期对重大进程产生影响的人。

第六，强大的道德推动力。与商业上的企业家相比，道德准则是社会创业的基石。在讨论社会创业者时，如果不考虑其动机的道德性质是没有意义的。社会创业者的经历不是来自利润，而是来自"建立一个私人王朝的欲望，在竞争的角斗中征服的意志和进行创造的欢乐"。道德的推动力可以鼓励他们，帮助他们做需要做的事情，从而使社会不断发展。

这些特质使得社会创业者能够以更全面综合的方式解决社会问题，推动社会变革，并在商业和社会两个领域中创造有意义的影响。

微案例

5个残疾兄弟创业，20年撑起两个上市公司

1997年春天，5名分别患有血友病、半身瘫痪、肌肉萎缩、侏儒症、脊椎重残的残疾人，在深圳成立了残友集团。他们原来只准备抱团取暖，但20年来，他们却借着互联网的"翅膀"，将这家网页制作公司发展成了一个世界级的残疾人高科技就业平台，让5000多名残疾人有了"新活法"。如今，残友集团已是拥有两家上市公司、一家慈善基金会、14家社会组织和40家社会企业的超大型企业。

残友集团创始人郑卫宁在回忆中曾说："因为我身体残疾，所以我整天在家中上网，并学会了上网，我可能是中国最早的一批网民。"郑卫宁记得，20世纪90年代初，他接触网络主要是为了炒股。他曾花600元买了100股深发展，过了一年多，赚了3000

多元。

1997 年，因为此前炒股，郑卫宁有一台电脑，便寻思着开办一个电脑兴趣小组，他联系了深圳义工联，从他们那里招募了 4 个平时比较活跃的残疾人，又从武汉请了一位老师来教大家。刚来的残疾人都不懂电脑，郑卫宁很是气馁："难道全深圳的残疾人中就没有一个懂电脑的吗？"后来，他四处打听才知道，有个残疾人叫刘勇，过去在打字社里打字，一分钟能打 200 个字，后来打字社倒闭了，他就在一家麻将馆里打杂。郑卫宁去棋牌室和刘勇说明来意后便将他招入麾下，而刘勇也成为公司的"元老"。

刚开始创业时，整整 15 天，刘勇每天趴在电脑面前，经常熬通宵，最后竟真捣鼓出一个网页来。郑卫宁大喜过望，带着大家坐着轮椅在深圳的电线杆子上到处贴广告，招揽生意。当时，只要有生意，再便宜也接，只为打出知名度。

1999 年，刘勇一举获得深圳网页制作总冠军；2000 年 3 月，他又拿到广东省的总冠军；同年 5 月，在苏州的比赛中，刘勇再度取得了全国第二名的好成绩；8 月，在欧洲布拉格网页制作比赛上，刘勇取得了世界第五的佳绩。这让郑卫宁和他的团队备受鼓舞。

2008 年后，这 5 名骨干组成的残友集团，业务范围迅速扩大，实现了井喷式的发展，随便接一个单，价格就数十万元，甚至上百万元。

经过 20 年的打拼，如今的残友集团已经成为一个现代化高科技企业：拥有 5000 多名残疾员工、2 家上市公司、40 多家分支机构、1 家基金会、14 家公益组织，业务涉及软件、动漫、文化设计、系统集成、呼叫中心、电子商务等多个领域。获得美国卡耐基世界软件成熟度 CMMI5 级认证、英国 2012 年年度国际社会企业奖以及科技部双软认定，这些荣誉让一般企业望尘莫及，你很难想象，这是一家由残疾人员工组成的公司。

一些身体健全的人也想进入残友公司工作，但都被郑卫宁拒绝："外界都说我歧视健全人，要想进残友，必须用斧子把自己腿砍断才能进。但我的目标就是解决残疾人就业问题，我要是招健全人，那残疾人不是没机会了吗？"

如今，"残友软件"已经成为一家由技术精英组成的高科技软件企业，在商场上并不亚任何竞争对手。郑卫宁表示，成立公司，就是为了给残疾人提供一个改变"活法"的平台。20 年来，最让郑卫宁自豪的是，公司能拿到一些项目，完全靠的是实力。此外，郑卫宁对钱看得很开。他说，和一般公司不同的是，残友集团将赚来的钱都投入到重新招收残疾人员工方面，"我们不留利润"。郑卫宁说，他创立残友集团，从一开始就不是为了钱。所以，几年前开始，他就将自己持有的残友集团股份，全部捐献给了深圳市郑卫宁慈善基金会。

目前，他正在推进的一个重要计划，就是通过与手机生产商合作，通过一款内置软件，为残疾人提供 1000 万个就业岗位。"我的终极目标，就是让每个残疾人有尊严地快乐地活着。"

资料来源于：www.sohu.com.

10.1.3 社会创业者的几个层次

根据社会创业者在不同层次上对社会问题的解决和社会变革中扮演的角色以及所追求的目标细分社会创业者，可细分为社会修理工、社会建构者以及社会工程师 3 种类型，如表 10-2 所示。

表 10-2 社会创业者的分类

社会创业者分类	定 义
社会修理工	社会创业者发现和处理小规模的当地社会需求
社会建构者	发现市场失灵和其他一些创业机会，通过改革和创新现有的社会系统中去来处理这些问题
社会工程师	识别现存社会结构系统的社会问题，通过革命性的社会变革去处理这些问题

社会修理工聚焦于解决社会存在的问题和弊病，注重通过创新的方法和手段来修补社会的漏洞和缺陷。他们可能专注于小规模的当地社会需求或某一个特定的社会问题，如教育不平等、环境污染等，通过创办非营利组织、社会企业或运用技术和科学创新来推动社会变革和改善。社会修理工致力于从根本上解决社会问题，使社会更加公平。

社会建构者关注的是社会结构和制度的变革。他们以社会创新和社会企业为手段，发现市场失灵和政府失灵所出现的一些创业机会，积极推动社会制度的改革和社会结构的重构。社会建构者的目标是通过改变社会的基本规则和价值观，促进社会的正义和可持续发展。他们可能在政策制定、社会运动、公共参与等方面发挥关键作用，力图塑造更公正和包容的社会。

社会工程师是那些致力于构建全面系统性的社会解决方案和策略的创业者。他们通过整合各种资源和利益相关者，提供全方位、跨领域的解决方案，追求社会均衡和可持续发展。社会工程师可能在政策制定、社会规划、社会项目管理等方面发挥重要作用，通过搭建有效的社会合作平台来解决复杂的社会问题。

虽然这种分类方式强调了社会创业者在不同层次上对社会的不同贡献和所追求的社会变革目标的差异，但是这些角色和目标之间并没有严格的界限，社会创业者可能在不同阶段兼具多种角色，在不同层次上发挥作用，利用一切可能的创业机会、市场资源和社会资本来为弱势群体等人作出巨大的贡献，以建构社会福祉实现社会的整体改善和进步。

10.2　社会创业机会开发

社会创业机会的识别是创业领域的一个核心话题，创业机会是在特定环境下，能通过创新性资源组合方式，满足市场需求并为企业创造价值的可能性。社会创业机会和商业创业机会都是希望通过对稀缺资源进行投资利用以期获取相应的回报，只是二者对于创业的使命感是不同的，商业创业机会的识别和开发是为了寻求市场中新的价值而获得巨大的经济利益的回报，社会创业机会的识别和开发是为了弥补因市场失灵和政府失灵从公共产品或服务不能满足人们期望的漏洞，具有很强的社会嵌入感。所以，相对于商业创业机会，社会创业机会具有更大的广泛性，只要是市场和政府机制上出现的未被解决的问题都有可能成为社会创业的潜在机会，并且其资源来源更加便利。

10.2.1　三种社会创业机会的比较

近 10 年来，学界关于创业机会已经从管理学、社会学和心理学上升至哲学层面讨论，形成了三大机会观（具体可见本书第 3 章）。

实证主义主张机会存在于客观世界中，源于既有市场需求，是被创业者发现出来的。发现型社会创业机会开发是指发现现有未被满足的市场需求，强调从市场中发现社会问题或需求，并通过创新和创业手段来解决这些问题或满足需求，从而创造社会价值。例如，Accomable 公司就是发现残障人士在社会上住房困难，难以找到合适的房源去租赁，便抓住这个创业机会。该公司提供一个在线平台，连接残障人士和租赁房屋主人，确保残障人士在租房过程中能够得到适当的支持和无障碍设施。Accomable 不仅关注残障人士租房需求的满足，而且致力于推动社会的包容性和无障碍生活空间的普及。

建构主义认为机会是市场潜在的需求，是被创业者和社会环境共同构建出来的。构建型社会创业机会开发是指创业者和社会环境共同建构机会以满足潜在市场需求，通过创新和创业手段，主动构建一种新的社会组织、项目或平台，以解决社会问题并创造社会价值的过程。构建型创业机会开发过程在于创业者和社会环境共同构建机会以满足潜在市场需求。在第一阶段的机会识别阶段，社会创业者基于潜在市场需求进行试验，反复循环思考和评估选择其中的一条方案；在第二阶段的机会链接阶段社会创业者通过社会化技能，达到市场与社会接受产品或服务的目标，如图 10-4 所示。

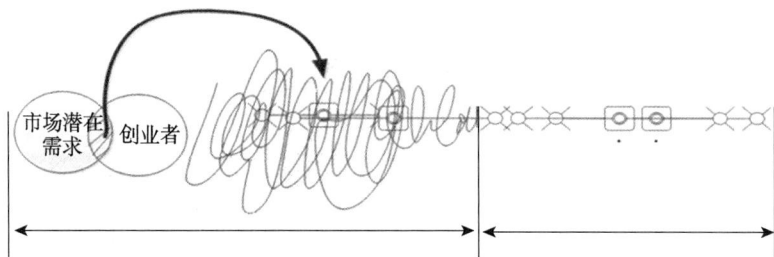

图 10-4　构建型创业机会开发过程

微案例

印尼 Avani Eco 公司的木薯环保袋

印度尼西亚有一家公司从社会环境中发现全球每分钟大约有 100 万个塑料袋被丢弃，而每年有数百万动物因误食塑料碎片而死亡，这惊人的数字让这家公司的创始人凯文·库玛拉从中挖掘市场中人们对生态无污染环保袋的潜在需求。他为了地球的未来，召集了几位共同为环保而斗争的朋友一同创立了一家名为 Avani Eco 环保公司，立志研发出一种用环保产品而代替塑料袋的材料。

机会识别阶段：凯文·库玛拉曾经考虑过用玉米淀粉、甘蔗等原材料，经过数年的实验，发现利用可食用的热带根状植物木薯为原料制作环保袋（cassava starch bags），可以完全替代塑料袋来使用，并且不含任何有害物质。普通的塑料袋需要几百年才能完全降解，而用木薯作为原料制作的环保袋只需 3～6 个月便能完全降解，并且此类塑料袋还能食用，对动植物完全无害。

机会链接阶段：为了唤起公众对于塑料污染的认识以及呼吁政府的支持，Avani Eco 公司发起了"塑料袋再见"（Bye Bye Plastic Bags）的活动，成功说服政府并且获得 10 万印尼盾的捐款。这是抓住创业机会而进行社会创业的伟大案例，也是一个有助于拯救环境和确保我们的未来巨大的创举。

资料来源：作者根据互联网资料整理。

近来兴起的批判现实主义则提出了一个新论断，即机会是一种未实现的抽象可能性，是被创业者从 0 到 1 创造出来的，由此产生了对创造型社会创业机会的开发。创造型创业机会源于创业者。在机会的开发过程中，识别阶段社会创业者努力把改变的信号形成有意义的信念，信念进而激发创业者的灵感（Corner and Ho，2010），形成具体创意方案，再与潜在的社会情境和资源相连接，如图 10-5 所示。

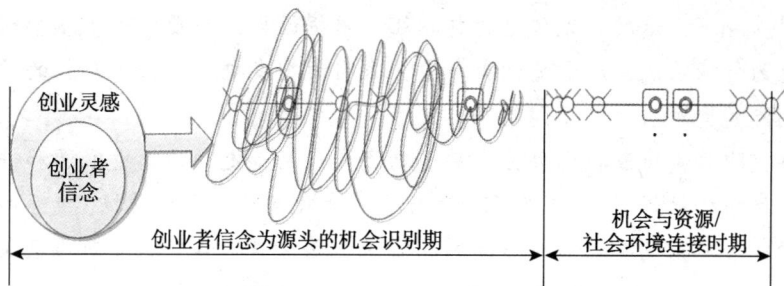

图 10-5　创造型创业机会开发过程

微案例

特斯拉无线传输能量计划

尼古拉·特斯拉（Nikola Tesla）是 20 世纪伟大的发明家，塞尔维亚籍美国人。他最脑洞大开的一个想法，就是要创造一个无线电力传输网络，在地球表面建造电塔，然后就像电视发射台那样把电力传送出去，到达千家万户，即不用任何电线，只通过空气和大地传输能量，省去了用长长的电线输电的麻烦。他坚信可以"从宇宙获取用之不竭的能量，并用无线传输的方式实现长距离输送"，使未来人类能用上免费能源这是他的信念。

特斯拉提出了一个非常宏大的方案——把地球作为内导体、距离地面约 60 km 的电离层作为外导体，建设巨塔发射并产生"近场"电磁波效应，在地球与电离层之间建立起大约 8Hz 的低频共振，再利用环绕地球的表面电磁波来远距离传输电力。如此就像广播一样，将电能传遍全球。他拿着一个荧光灯管，靠近特制的高压线圈，高压线圈周围立即产生跳动的紫色电弧，发出"嗞嗞"的声音，荧光灯管随即被点亮，这就是无线输电的原理，特斯拉线圈输出的电能，并不会伤害人体，就像信号发射塔发出的无线电波无害一样，大地、水、矿物质、盐都是导电体，特斯拉计划利用大地的导电性来传递电流，这形成了无线传输电能的灵感。

机会识别阶段：特斯拉在地表上建设很多的铁塔，一是在系统中心的发射塔，二是在各地建设接收塔，中心塔所发射的电波在地球内部形成共振，这样可以使能量的衰减达到最小，整个地球的内部就充满能量波，能量可以很快地从地球的一端传到另一端，而接收塔是专门接收能量的装置，它输出电力供用电设备使用。特斯拉在科罗拉多州的试验取得了成功，他设计的电塔，点亮了在 1 mile（1 mile = 1609.344 m）外的电灯泡，实现了无线输电。

在美国东海岸的长岛海峡一个叫肖勒姆镇的地方，那里有一处被废弃的基地，这是特斯拉研究无线电传输的地方，他称这里为"沃登克里弗"。当初这里有一座发电站和实验室，旁边还有一座 187 ft（1 ft = 0.3048 m）高的铁塔，发电站发出的电能，被输送到塔里一个巨大的线圈上，在塔的底部有数根巨型铁杆，插入地下 120 ft 深，用来把电流引入地下，这就是无线电力传输塔，根据设计，还要修建很多座这样的塔，组成无线电力传输系统，所需要的大量电力来自大型发电厂，但特斯拉的设想遭到很多人包括朋友的反对。

机会链接阶段：特斯拉需要更多的赞助资金来制造更大的输电线圈和铁塔，为了说服实业家摩根给他投资 15 万美元，特斯拉向摩根解说了他的设想，说无线输电不光能传输电力，主要是向全世界发送新闻、音乐、图片等信息，将会获得巨额的回报，摩根被成功说服，资助建设沃登克里夫巨塔。但后来摩根觉得他造线圈和铁塔是传输电力用的，而不是用于通信设备，将来获得的利润可能大为减少。于是，摩根撤资了，特斯拉的项目因为缺乏资金而被迫终止。如果特斯拉无线传输电能计划及时实施，这将是人类从 0 到 1 的伟大社会创业。

资料来源：作者根据互联网资料整理。

10.2.2　社会创业机会开发的影响因素

社会创业机会源于市场失灵和政府的体制、机制失效而导致的社会问题，而对社会创业机会的识别和开发便是能找到解决社会问题的成功之路和进行社会创业成功的关键步骤。社会创业机会的开发不仅对创业者自身具有重要意义，也对整个社会和经济产生积极影响。以下是影响社会创业机会开发的 4 个关键因素，如图 10-6 所示。

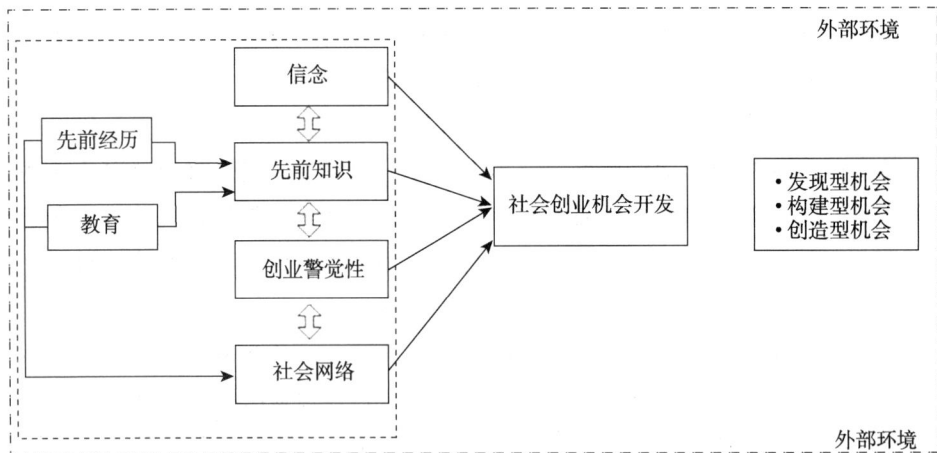

图 10-6　社会创业机会开发的影响因素

（1）信念。社会创业者区别于商业创业者的最显著特点在于社会使命感的信念，这种强大的信念能支撑社会创业者利用一切的机会和资源对残障人士等弱势群体进行帮扶，对社会作出巨大贡献。在社会创业过程中，会面临各种挑战和困难，会面对各种风险和不确定性，这些困难和风险可能包括行业竞争、资源不足、技术难题等。在面对这些困难和风险时，社会创业者需要坚定的信念来支撑他们将社会利益放在自身利益之前，并克服困难和在竞争激烈的创业环境中取得成功。上述案例中，库玛拉发明木薯环保袋，以及特斯拉希望发明无线传输电能，都是因其造福人类的信念驱动。

（2）先前知识。先前知识可以分为先前经历和教育。先前经历指的是曾经的一些成功或失败的社会创业的经历，教育是指创业者具有相关的创业学科背景，这些组成了先前知识。这些知识的积累会成为创业机会识别和开发的重要指示。俗话说"外行看热闹，内行看门道"，拥有丰富的先前知识有助于社会创业者了解市场和行业，更快地识别和把握创业机会，更精准地定位社会问题，为解决方案提供有效指导并评估可行性和效果，以及避免重复错误减少失败的可能性。

（3）创业警觉性。对于一个社会创业者而言，拥有坚定的社会创业信念和丰富的先前知识固然重要，但是这也不能完全保证创业者就能精准地识别和开发社会创业机会。柯兹纳（Kirzner）是第一个认识到创业者具备一种明显的素质，这种素质能够使他们发现创业机会，他把这叫作创业警觉性。他将此定义为"对可获得（目前却被忽视）的创业机会的敏感性"。换句话说，是社会创业者除发现人们存在的社会需求外，如果不能看到别人所看不见的市场机会，便不能进行创业机会开发和社会创业。

（4）社会网络。Granovetter（1995）认为所有的经济活动都是嵌套在社会关系中的，并且这种关系会影响创业和经营管理能力。社会创业者的先前经历和教育也会影响他的社会网络。社会创业需要依赖社会资本，有些社会创业机会的识别和开发创业者本身可能发觉不了，但是身边的熟人、客户和领导等组成的社交网络可能会增强他们对创业机会的创业警觉性。并且，当有些社会问题由于关系复杂牵扯较多，难以依靠政府或是单个企业的力量来解决时，社会网络的社会资本便能帮助创业者克服资源障碍。一个优秀的社会创业者能充分发挥自身领导能力和个人魅力来与其他有才能的人建立相互理解和信任的关系，充分调动社会网络中的各种社会关系和资源并最终促使创业成功。

社会创业和商业创业的另一大显著区别在于其不同的思维方式，主要在于创业的目标和动机，并且对于问题的解决方式也有所不同，如图 10-7 所示。

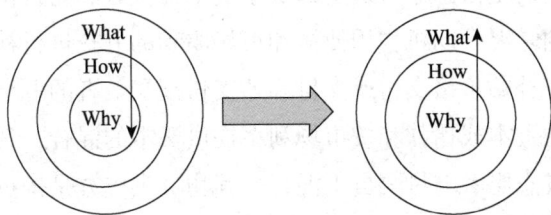

图 10-7　两种创业思维方式的比较

商业创业思维关注的是如何赚取利润和实现商业成功，其思维模式通常被概括为"what-how-why"。这种思维方式首先关注商业机会，即 what，寻找一个有市场需求和潜在盈利空间的商业模式或产品。然后，创业者会研究和实践如何落实这个商业机会，即 how，包括市场营销、运营管理、产品开发等。最后，创业者会思考为什么自己的商业模式或产品能够成功，即 why，这通常涉及商业模式的竞争优势、核心价值和市场需求的满足程度等。

而社会创业思维关注的是通过创新和创业解决社会问题，其思维模式通常被概括为"why-how-what"。这种思维方式首先关注社会问题，即 why，即识别和理解一个特定的社会问题，为什么会出现这个问题。例如环境保护、贫困教育等。其次，创业者会思考和实施如何解决这个社会问题，即 how，包括技术创新、社会创新、政策改革等。最后，创业者会思考采取什么样的行动和项目来具体解决这个社会问题，即 what，这包括社会企业的运营和管理、社会影响的评估等。

为什么说商业创业是"what-how-why"，社会创业是"why-how-what"呢？这是因为商业创业通常以盈利为目标，并且商业模式和产品的成功通常以市场需求和利润为评判标准。因此，商业创业者首先关注的是商业机会和盈利潜力，然后思考如何有效地实现盈利，最后才思考商业的核心价值和竞争优势。

而社会创业的目标是解决社会问题，不仅关注商业模式的可持续性和盈利能力，同时也强调社会影响和变革。因此，社会创业者首先关注的是社会问题的紧迫性和重要性，然后思考如何通过创新和创业来解决这个问题，最后才思考具体的项目和行动来实现社会的变革和改善。

10.3　社会企业及其资质认定

10.3.1　社会企业与纯营利组织/非营利组织的区别

社会创业后成立的社会企业，与纯慈善的非营利组织和纯营利的商业企业有显著的不同。纯慈善的非营利组织强调对公益慈善的诉求使命来驱动社会价值创造，其受益者是零支付，得到的是由志愿者送达的源于资本提供方和物资供应方的捐赠物和补助；社会企业强调的是混合动机，用使命和市场驱动的方式进行社会和经济双重价值创造，其受益者是按补贴价格支付或支付和零支付型受益者的混合，其资本提供方是按低于市场利率提供资本或捐款和按市场利率提供资本的混合，其人力员工是按低于市场水平支付报酬或志愿者与付酬员工混合，其物资供应方是按折扣价格获取物资或捐赠与按市场价格获得物资的混合；纯营利的商业企业强调的是对自我利益的诉求，用市场驱动的方式来进行经济价值创造，其受益者获取产品是按市场价格支付，其资本提供方是按市场利率提供资本，其人力员工是按市场水平支付报酬，其物资供应方是按市场价格获取物资，如表 10-3 所示。

表 10-3　社会企业与其他类型组织的比较

		纯慈善的非营利组织	社 会 企 业	纯营利的商业企业
比较角度	动机方法目标	对公益慈善的诉求使命驱动社会价值创造	混合动机使命和市场驱动社会和经济双重价值创造	对自我利益的诉求市场驱动经济价值创造
关键利益相关方	受益者	零支付	按补贴价格支付；或支付和零支付型受益者的混合	按市场价格支付
	资本提供方	捐款和补助	按低于市场利率提供资本；或捐款和按市场利率提供资本的混合	按市场利率提供资本
	人力提供方	志愿者	按低于市场水平支付报酬；或志愿者与付酬员工混合	按市场水平支付报酬
	物资供应方	物资捐赠	按折扣价格获取物资；或捐赠与按市场价格获得物资的混合	按市场价格获取物资

Dees 和 Anderson（2003）指出非营利组织、社会企业和商业企业是一个从纯慈善到纯商业的连续体，社会企业是纯慈善与纯营利两种极端状态的组合。金·阿特洛（Kim Alter）也以可持续发展光谱图的形式阐述社会企业的组织连续性特点。在图 10-8 中可以清晰地看出传统非营利组织与传统的纯营利企业处于两种状态，二者之间存在着一个连续发展与变化的过程，在可持续发展变革下，二者最终向中间的社会企业和社会负责型企业发展。此外，传统的非营利组织通过商业操作支持和承担社会项目向社会企业靠拢，传统的纯营利企业通过追求社会目标来促进经济目标的实现向社会企业转变。

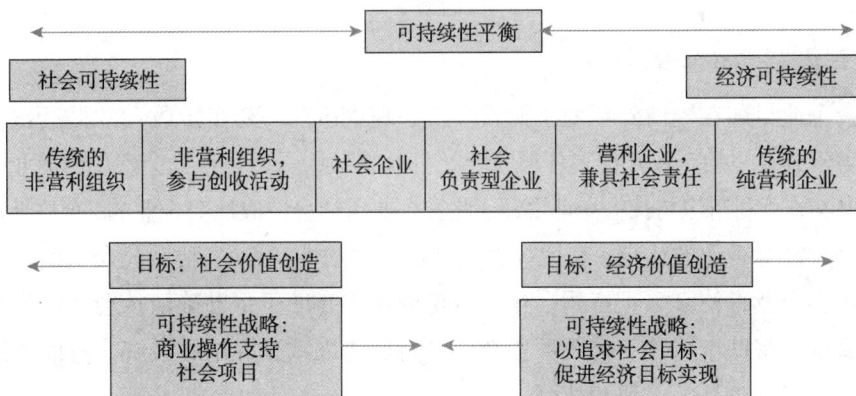

图 10-8　企业的可持续发展光谱

社会创业和商业创业的本质区别在于追求的目标不同，基于社会使命和责任感的要求，社会创业为谋取公众社会利益，商业创业为谋取经济利益，具体分析有以下 3 点区别。

第一，组织性质。社会创业的组织性质是非营利性的，或者是营利与非营利的混合。而以解决社会问题为目标，更多是去弥补市场失灵导致的政府提供的公共产品不足问题。而商业创业的目的是追求投资者经济利润最大化，组织性质也是营利性组织。至于推动行业发展、解决社会问题不是主要考虑的内容。

第二，创业驱动。社会创业以社会使命为中心，创造社会价值或兼具社会价值与经济价值。商业创业的核心是经济利益，重点看这个项目有没有发展空间，是否盈利。

第三，运作模式。运作方式有若干的方面，社会创业指个人或者社会组织在社会使命的激发下，面向社会需要、建立新的组织向公众提供产品或服务的社会活动，其获取的经济利益是继续投入社会企业下一轮生产中。而商业创业为达到客户价值最大化，将资源整合起来，形成满足客户需求、达到客户价值，同时使系统达成以持续盈利为目标的模式。

尽管社会创业和商业创业有一些区别，但两者并不是互斥的。越来越多的企业和创业者将社会责任和商业成功结合起来，通过社会创业的方式实现商业创业的目标，追求经济利润的同时也关注社会影响力。

10.3.2　国内外社会企业认定模式

社会企业由于其兼顾非营利组织的社会利益目标和商业企业的经济利益目标，位于非营利组织和商业企业的中间地带，存在市场认可度不高、社会影响力不强和法律政策支持不足的危机。国内外对社会企业认定是为了确认其在经济社会发展中的特殊地位和作用，以及为其提供社会支持和扶持。

对社会企业认定本身的价值有以下几点。

1. 识别社会企业的身份

社会企业目前在国内外都处于探索实践和理论研究的初步阶段，在其发展过程中，市场中对于其宣传的企业社会责任概念会让公众将某些强调重视社会责任的商业企业和慈善机构等非营利组织与社会企业混淆，此种企业错认会造成社会企业的"合法性危机"。

通过对社会企业的认定，获取社会企业的"合法性身份"，帮助公众识别这一特殊类型的社会企业，使其名正言顺。这一身份的认定有助于帮助确认社会企业的社会使命和价值观，有助于将其与传统商业企业进行区分以减少混淆和误解，有助于激发社会公众和投资者对其的信任和认可。

2. 厘清社会企业的形象

一些企业可能滥用社会企业的名义，虚假宣传自己的社会责任行为，以获取公众关注和信任，但实际上并未真正履行社会使命和价值导向。把具有混合特质的社会企业的组织形象厘清成有一个清晰的组织边界的企业，有助于把社会企业从"挂羊头卖狗肉"的伪社会企业中分离出来，树立一个真正符合社会企业承担社会责任感的企业形象，践行社会企业的使命担当和引领行业的发展。

一方面，社会企业的形象决定了公众对其产品或服务的认可与信任程度。通过对社会企业的认定与形象厘清，可以加强消费者对社会企业的信任，保护消费者的权益，避免欺诈行为和负面影响。另一方面，社会企业的形象直接关系到企业的声誉和长远发展。一个正面形象的社会企业能够吸引更多的投资者、合作伙伴和资源支持，进一步推动社会企业的发展。

3. 引导社会企业自我监督

社会企业认定机制也是一种监督机制，社会企业的认定要求企业遵守一定的行为准则和管理规范。如社会企业的盈利规模、股权配置、治理结构等。这种要求有助于引导社会企业建立健全的内部监督机制和规范企业的经营行为。通过社会企业模式认定标准的社会企业要切实履行自己的责任，按照自己的合法性轨迹前行，以防"使命漂移"。

社会企业的认定主要以两种模式为主：一种是政府认定模式，即政府机构负责对社会企业进行认定和监管；另一种是社会组织认定模式，即社会组织（如社会团体、基金会等）作为认定机构进行社会企业认定。目前，国内已有一些地方政府出台了相应的认定标准和程序，并建立了认定机构。

在国际上，已有至少 32 个国家正在发展社会企业事业，以积极回应联合国 2030 年可持续发展目标（sustainable development goals，SDG），更好应对当下全球性、系统性的社会问题，其中有 22 个国家或地区已经具备较完整的社会企业认定与服务体系。国外社会企业的认定模式各不相同。在英国，社会企业认定主要由社会企业认证机构负责，如社会企业英国联盟（Social Enterprise UK，SEUK）。该机构会对社会企业的社会目标、经济活动、社会影响等进行综合评估，符合认定标准后，给予社会企业认证标志。在美国，社会企业的认定主要由非营利组织和机构进行，如公益性公司认证机构。其他国家和地区也有自己相应的认定模式和机构，以适应本国社会企业的发展特点。

英国社会企业认证标志主要包括以下 6 条标准，如图 10-9 所示。

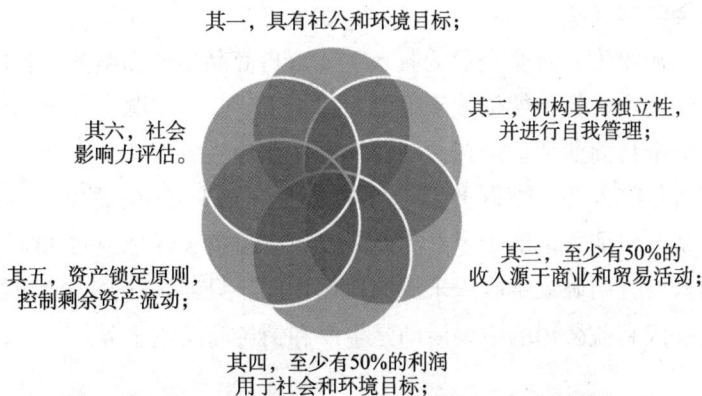

图 10-9　英国社会企业认证标志主要包括六条标准

（1）具有社会和环境目标。社会企业具有明确的社会责任，社会目标是社会企业进行经营的重要导向，环境可持续发展是全球范围的重要议题。社会企业认证标志将社会和环境目标纳入认证要求，强调社会企业在经营过程中应该考虑到环境保护、资源利用和可持续性等方面的问题，促进可持续经营。

（2）机构具有独立性，并进行自我管理。这意味着社会企业能够自主决策、管理和监督自身的运作，不受他人的操控或影响。这种独立性和自我管理能力可以建立起公众和利益相关者对社会企业的公信力。

（3）至少有50%的收入源于商业和贸易活动。社会企业是以商业模式运营的企业，要求至少有50%的收入来自商业和贸易活动。这要求社会企业需要具备商业竞争力，通过销售产品或提供服务获取收入，并减少对公共拨款的依赖。这可以提高社会企业的可持续性和独立性。

（4）至少有50%的利润用于社会和环境目标。这确保了社会企业将经济利益回馈给社会，用于解决社会问题和改善社区福祉。这使得社会企业真正发挥其社会责任，在经营过程中追求利益的最大化和社会价值的最大化之间寻求平衡。

（5）资产锁定原则，控制剩余资产流动。社会企业不能简单地将剩余收益分配给个人股东或外部投资者，而是将其用于实现社会和环境目标，保持资产在社会企业内部的循环利用。

（6）社会影响力评估。社会企业的核心是为社会解决问题和产生积极影响。通过进行社会影响力评估，可以测量和证明社会企业的实际影响，并帮助社会企业改进和提升其社会效益，进一步提升公众对社会企业的认可和信任度。

国内外对社会企业的认定模式主要从组织目标、收入来源、利润分配、资产处理和治理结构5个维度进行认定[①]，如表10-4所示。

（1）组织目标维度：有些国家对社会企业的目标规定较窄。例如，韩国、芬兰、波兰、意大利等国家规定社会企业的目标是为弱势群体创造工作机会。有些国家对社会企业的目标规定较宽。例如，英国是以广泛的社会利益为目标，目的是给社区带来变化或实现社会整体利益。

（2）收入来源维度：社会企业的收入主要来自商品生产和服务。各国规定，社会企业也可以接受捐赠，但不能依赖于捐赠。作为主要收入来源，各国一般都规定收入中应有一定比例来自商业活动。意大利的社会企业的主要活动是生产商品和服务，规定商业收入应占总收入的70%以上，芬兰的社会企业至少有50%的收入来自商业收入，韩国规定社会企业申请登记前6个月的业务收入应超过工资总额的30%。

但也有国家没有明确规定收入来源的比例构成，只强调社会企业的商业特点。例如，英国规定社区利益公司的主要活动是生产和销售商品或服务。

---

① 资料来源：www.naradafoundation.org.

表 10-4　国内外社会企业认定模式

模式代表	政府主导模式			社会主导模式			政社合作模式	
	意大利社会合作社	英国社区公益企业	韩国社会企业	英国社会企业徽章	美国 BCorp	香港 SEEMARK	成都社会企业	新加坡社会企业
认证开始时间	1991 年	2005 年	2007 年	2013 年	2006 年	2014 年	2018 年	2015 年
注册/认证	法律注册	法律注册	认证	认证	认证	认证	认证	认证
组织类型	社会合作社	社区公益企业	公司为主，也有非营利组织、民法法人、社会福利法人等	社区公益企业、公司、慈善组织等	公司	公司为主，部分非营利组织	公司、农民专业合作社	不设限
是否出台法律	1991 年《社会合作社法》	2005 年《社区利益公司规定》2013《公共服务（社会价值）法案》	2007 年《社会企业促进法案》	2005 年《社区利益公司规定》2013《公共服务（社会价值）法案》	否	否	否	否
认证部门	商会	社会企业规制办公室	雇用劳动部（社会企业促进委员会）	SEUK	共益实验室（BLab）	香港社会服务联会	市场监督管理局+第三方（社创星）	政府+社会企业促进
认证标准	政府主导模式			社会主导模式			政社合作模式	
社会目标优先/均衡	√优先	√优先	√优先	√优先/均衡	√均衡	√优先/均衡	√优先	√优先
认证指标	政府主导模式			社会主导模式			政社合作模式	
商业收入比例	√要致力于经济活动		√>50%	√>50%		√分类要求		√>50%
利润分配限制	√有限分红	√<35%	√有限分红	√过半利润再投入		√分类要求	√自由选择	√有限分红
资产锁定	√	√					√自由选择	
民主治理	√	√	√	√	√		√	
透明与监督	√	√	√	√	√		√	
其他			强调为弱势群体提供社会服务和就业岗位	高度自治	员工利益；社区建设；有影响力的商业模式。	商业策略及执行；人力资源；财务管理；消费及社会价值传播；顾客满意度；社区参与	财务和可持续发展能力；创新性；行业影响力；党建引领	清晰的商业计划；具有发达社区成本效益的资源配置方式；创始人具有明确的初心
认证数量	11264（2011）	15729（2019.3）	2030（2018.9）	1045（2017.5）	3327（2020.5）	189（2019.5）	39（2020.5）	358（2017.5）
其他代表	美国 L3C、Benefit Corporation 注册，北京市社会企业认证；		泰国 SEMark；	英国 SEMark；中国慈展会社会企业认证；			台湾社会企业认证；社企星球；	北京回天地区社

（3）利润分配维度：各国普遍对社会企业的利润分配进行限制。有些国家允许所有者或投资人分配有限利润，只有个别国家不限制利润的分配。在多数采取合作社法律形式的国家，社会企业都不能分配利润。也有部分国家限定社会企业利润分配的最高比例。在允许分配利润的情况下，对于具体比例的高低，各国的规定有所不同。极少数国家利润分配不受限制。

（4）资产处理维度：各国一般都规定社会企业的剩余资产也用于社会及环境目的，创办者不能收回资产，有些国家规定社会企业可以分配一定资产和自由处置资产。

（5）治理结构维度：欧洲十分强调社会企业的民主管理方式。但这对美国等其他国家而言，并不是必须具备的。社会企业也可以是与普通企业相同的治理方式。在这种情况下，社会企业具有与公司同样的治理结构。因此，这种形式可以为社会企业在构建治理规则方面提供较大的自由度，为所有者和管理者提供法律保护，可以吸引资本投资。

社会企业认定标准是用来评估企业在社会责任、环境可持续性和经济影响等方面表现的一套指标和准则。这些标准旨在鼓励企业积极履行社会责任，推动可持续发展，并对其进行认可和认证。

微 案 例

TOMS Shoes 从商业公司转变为社会企业

TOMS Shoes 是一家总部位于美国的社会企业，创立于 2006 年。在进行社会企业认定之前，TOMS Shoes 是一家传统的商业公司，主要销售时尚鞋子。

在成立初期，TOMS Shoes 的创始人布雷克·迈克罗斯基（Blake Mycoskie）并没有将社会使命作为核心经营理念。然而，在他旅行期间目睹了许多贫困地区儿童因为没有鞋子而面临健康和教育问题后，他决定转变公司的经营模式，并将社会责任纳入企业发展的核心。

通过引入"买一送一"的商业模式，TOMS Shoes 在 2006 年进行了社会企业认定。根据这个模式，每卖出一双鞋子，就会捐赠一双给需要的儿童。这种模式不仅解决了贫困地区儿童的鞋子需求，还激励了更多消费者购买 TOMS 鞋，推动了企业的销售增长。

社会企业认定后，TOMS Shoes 的发展取得了显著的改变。首先，公司的使命从单纯盈利转变为关注社会问题，这使得 TOMS Shoes 在消费者心目中建立了积极的品牌形象。消费者购买 TOMS 鞋子不仅是为了自己，也是为了帮助那些需要的儿童。

其次，社会企业认定后，TOMS Shoes 得到了更多的关注和支持。公司的销售额大幅增长，并且吸引了许多合作伙伴和投资者的注意。这使得 TOMS Shoes 能够扩大其捐赠规模和影响力，帮助更多的贫困儿童。

最后，社会企业认定还促使 TOMS Shoes 在运营中采取了一系列可持续发展的措施。他们与当地社区合作，提供就业机会和培训项目，帮助当地人改善生计。同时，TOMS

Shoes 致力于打造可持续的供应链，使用环保材料和生产方式，减少对环境的影响。

总体而言，社会企业认定后，TOMS Shoes 从一个传统商业公司转变为一个以社会使命为核心的企业。通过将社会责任融入商业运营中，TOMS Shoes 在实现了商业成功的同时，也为全球贫困儿童带来了实实在在的改变。

资料来源：作者根据互联网资料整理。

案例分析

"抗癌厨房" 17 年：肿瘤医院旁的烟火人间

在江西南昌一个非常普通的街道，离江西省肿瘤医院只有一墙之隔，每到饭点的时候，肿瘤医院的一些病人家属就会带着他们购买的食材在这里烧制饭菜，所以人们也把这里称为"抗癌爱心厨房"，这也是一个公益项目。在这样一个操作空间内，虽然简陋，但是我们看到油盐酱醋都是配置好的，还有一些炒制的锅具也都是配置好的。所以大家在这样一个空间里面可以共享炒制这样的功能，这样一个爱心厨房已经走过了 17 个年头。

记者：你是怎么知道这个地方能够炒菜做饭？

汪女士：我是听别人说的，听医院里的人说的。

记者：之前如果不知道这个信息会怎样来解决中午吃饭问题？

汪女士：在医院食堂，在这里就实惠一点，自己吃得舒服一点、更放心一点。

47 岁的汪女士来自江西省抚州市，一个月前，她的丈夫在老家被查出肺癌晚期，转到江西省肿瘤医院治疗。半个月前她开始来这里做饭。

每到饭点，除了做饭的病人家属，同样忙碌的还有这间厨房的经营者，万佐成和熊庚香夫妇。

记者：每天你们都要在这里面守着？

万佐成：24 小时在这里面守着，24 小时 365 天都在这守着。

记者：那也挺累挺枯燥的。

万佐成：也不觉得累，我们能帮助就帮助一点，这些人很不容易的。

抗癌厨房里翻炒的每一道家常菜背后，都有一个像汪女士一样突遭变故的外来家庭。陌生的城市，素不相识的人们来这里找一捧寻常烟火，巷子里，20 多个小煤炉一字排开，多的时候，五六十人同时洗菜做饭，他们为此只需要支付的费用是：炒菜 1 块钱、炖汤两块五、米饭一盒 1 块钱。

记者：你们算过这个成本吗，一个月算成本是亏损还是平了？

熊庚香：不亏不赚还可以，现在收 1 块钱保本了，原来收 5 毛钱的时候赔一点。

记者：这 1 块钱都包括什么成本？

熊庚香：米，房租，电费，这样收支平衡就可以，开开心心就可以。

记者：其实忙活半天就只是收支平衡？

熊庚香：我现在老了不用钱了，好多人都说我可以出去玩，但是我觉得这里比旅游还幸福，有这么多人围着我。

万佐成：到我们这里就是一个家，给他们一个短期的家。一个短期的家给他们，有饭吃才是家，没有饭就不是家，要吃到自己亲人做的饭才是家。

万佐成今年 67 岁，1993 年开始和妻子熊庚香在肿瘤医院附近开饭馆，后来因为道路扩建，馆子被拆了，他们就搬到这条巷子，摆早点摊卖油条。2003 年的一天，快要收摊的万佐成夫妇接待了 3 个特别的顾客。

万佐成：有一对夫妻 40 多岁推着一个车子，他们的儿子十几岁截肢了。男人说："老板你们这里做早点，这里有 6 个炉子，剩下的火是不是可以让我炒菜，我给你点钱。这是什么原因呢，我儿子在这治病，不吃外面的东西，只吃妈妈亲手做的菜，吃不到妈妈做的菜，就会老惦记回家。"我看到人家就一个儿子好可怜，听了好心酸。"那你来炒不要钱，我的火是多余的，你天天来炒都可以。"他之后就天天来炒，说要给点钱，我不要钱。

没过多久，小巷里这炉多余的火，就在肿瘤医院的病人家属间传开了。一开始，每天有十几个人借炉子炒菜，后来增加到几十上百人。

万佐成：之后 6 个炉子不够用了，每天都要排队，到吃饭的时候会排很久，我看到他们排队挺不容易的，受不了了，反正我那个时候做油条搞批发，请了两个人，一个早上赚四五百块钱是没有问题的，我看这么多人用炉子，我一口气买十套炉灶，就来了更多人，他们说："老板你又买了这么多炉子，我们也不好意思，是不是可以收点费？"

记者：最初没想过收费？

万佐成：我一开始没想收费，他们觉得心里过意不去，那就收 5 毛钱。人心都是肉做的，人家是外地来的人不容易，一日三餐，治病好不容易找到这个医院，但是一日三餐解决不了。他们的饮食很特殊，有些东西都不能吃，用钱也买不到，能够吃得好、吃得高兴，身体就会有抵抗力，这两个结合就可以延长寿命。

因为到这里炒菜的，大多是从各地来南昌治病的病人和陪同的家属，而且多是癌症，人们开始把这里称作"抗癌厨房"。万佐成夫妇以往那种卖完早点就休息的生活规律也由此改变。

世间的人情味离不开烟火气，亲人患病带来的重压，在这里得到喘息和安慰。看护炉火的万佐成夫妻也看护着炉火周围的人情。

在抗癌厨房，比节省成本更重要的，是给家人做一口熟悉的味道。

万佐成：那个时候我遇到一个女的，她到我这里来，说："我妈 50 多岁就走了，在上海医院治的病，给我带来一些遗憾，是什么遗憾呢？上海医院条件比较好，但是没有这种有人情味的地方，我妈生病了，想吃什么，世上有什么都会买给她吃，或者从家乡带来，让她吃得安心快乐。假设要走了，我心里没有亏欠没有遗憾。"这件事情听得我心里有点心酸，我就给大家弄一个有人情味的地方，大家以后也都无遗憾了，家乡都是一种牵挂，打动了我的心，我就把你这些遗憾全部解决。

经营厨房 17 年，每年接待上万名患者家属，万佐成夫妇心里明白，有的病治不好，但让病人吃好，家属的遗憾就少一些。

万佐成：一对夫妻，老婆得了癌症，他说他老婆相当好，他 80 多岁了都没有下过厨房，现在老婆得了癌症，他不会做饭就到我这来，让我来教他做饭。

记者：你让他自己做？

万佐成：当然要让他自己做，以后的日子还是要他做，要去伺候他老婆，当他做的饭给老婆吃，她的病好得快，她心情好，患难之中见了真情。

记者：这才是家的味道。

万佐成：这是家的味道，这就是夫妻感情的味道，这就是儿女的味道，这就是父亲、母亲的味道。

生死面前，曾经不成熟的慢慢成长，曾经习惯依赖的开始独立，曾经被照顾的开始照顾他人，人们面对生死的态度，都在一碗饭里。17 年，这里人来人往，炉火不熄，万佐成夫妇每天从早上 4 点忙碌到晚上 10 点，全年无休。

每天，为了让病人按时吃上饭，万佐成和熊庚香要提前把厨房准备好，等做饭的家属全部离开后，他们才顾得上自己吃饭。

结婚 40 多年，万佐成和熊庚香的半辈子都是围着灶台在打转。

熊庚香：我指挥他的，他会做事我会指挥。

记者：你看您的老伴 60 多岁了，按道理来讲其实都是在家旅游休息，做点其他事，其实挺轻松的。

万佐成：这一辈子，我讲实在话，我没尽到做丈夫的责任，我对老婆愧疚，她跟着我在这里干这个事很苦，已经这么大年纪了。

记者：图什么呢？

万佐成：一个人不要赚很多钱，一个人能做哪行事，对哪行有兴趣，我能帮助人家，人家很感谢我们，我们就感觉好快乐。

在抗癌厨房，热闹的烟火烘托着留恋和感谢，也映衬着太多的人生无常。

离开时，很多病人家属会把电话号码留在墙上，邀请万佐成夫妇俩日后到他们家做客。

2019 年下半年，万佐成夫妇俩关掉了经营十几年的油条摊，但没有关掉"抗癌厨房"，也没有回到子女身边照顾孙子、孙女，他们依然守在这里，守护着病人们的一日三餐。

受到媒体关注后，万佐成夫妇和他们的抗癌厨房，从病患家属的口耳相传中，走进了大众视野。当地政府已经拨款装修了厨房并补贴房租，平日里也有义工过来帮忙。锅碗瓢盆，柴米油盐，小巷的烟火里，五味人生仍在继续。

记者：这事你觉得还能坚持多久呢？

万佐成：这个讲不清楚的事，看老天爷的心情，坚持到倒下去为止，无能为力了为止，只要我有力量，我就帮他们。

资料来源：央视新闻客户端。

问题讨论：

1. 爱心厨房满足了什么需求？

2. 万佐成夫妇为什么会创立爱心厨房？

3. 爱心厨房的成本有哪些？

4. 为什么爱心厨房后面开始收费了？

本章思考题

1. 请阐述社会创业和商业创业的区别。

2. 请思考何种人会成为社会创业者。

3. 请比较三种社会创业机会。

4. 影响创业者开发社会创业机会的因素有哪些？

5. 请思考对企业进行社会企业认定的价值是什么。对国内外的社会企业模式认定标准进行评述。

即测即练

自学自测  扫描此码

参 考 文 献

中文文献

[1] 蔡莉，鲁喜凤. 转型经济下资源驱动型与机会驱动型企业创业行为研究——基于机会与资源的整合视角[J]. 中山大学学报（社会科学版），2016, 56(3): 172-182.

[2] 仇思宁，李华晶. 亲社会性与社会创业机会开发关系研究[J]. 科学学研究. 2018(2): 304-312.

[3] 戴维奇. "战略创业"与"公司创业"是同一个构念吗？——兼论中国背景下战略创业未来研究的三个方向[J]. 科学学与科学技术管理，2015, 36(9): 11-20.

[4] 戴泽钒，朱奕帆，许鑫. 基于用户重合度的竞争对手识别方法[J]. 情报理论与实践，2018, 41(9): 57-62.

[5] 董海林，陈菊红. 大数据分析能力、知识动态能力与制造企业服务创新——环境不确定性的调节效应[J]. 科技管理研究，2023, 43(15): 133-140.

[6] 樊建锋，盛安芳，赵辉. 效果逻辑与因果逻辑：两类中小企业创业者的再验证——环境不确定性感知与创业自我效能感的调节效应[J]. 科技进步与对策，2021, 38(7): 38-47.

[7] 傅颖，斯晓夫，陈卉. 基于中国情境的社会创业：前沿理论与问题思考[J]. 外国经济与管理，2017, 39(3): 40-50.

[8] 高艺. 初探创业团队的组建原则[J]. 劳动保障世界，2018(18): 11.

[9] 龚焱. 精益创业方法论：新创企业的成长模式[M]. 北京：机械工业出版社，2015.

[10] 郭金录，金宁，张婕，等. 科技金融与企业融资效率——来自长三角城市群高新技术企业的经验证据[J]. 中央财经大学学报，2023(10): 68-80.

[11] 郭勤贵. 股权设计[M]. 北京：机械工业出版社，2017.

[12] 黄德华. 创业搭档的性格配方[J]. 商界（评论），2010(6): 54-56.

[13] 金仁旻. 双重目标下的社会创业生态研究——以深圳残友集团为例[J]. 吉林工商学院学报，2016, 32(3): 42-46.

[14] 堪振华，高丽敏. 股权设计与股权激励[M]. 北京：中国经济出版社，2019.

[15] 李春华. 创业管理[M]. 北京：机械工业出版社，2021.

[16] 李秋香，邓清，黄毅敏. 新零售模式下制造商渠道入侵的供应链定价研究[J]. 管理评论，2021, 33(10): 29-312.

[17] 李新春，潮海晨，叶文平. 创业融资担保的社会支持机制[J]. 管理学报，2017, 14(1): 55-62.

[18] 林海，张燕，严中华. 社会创业机会识别与开发框架模型研究[J]. 技术经济与管理研究，2009(1): 36-37+67.

[19] 刘善仕，裴嘉良，葛淳棉，等. 在线劳动平台算法管理：理论探索与研究展望[J]. 管理世界，2022，38(2): 225-239+14-16.

[20] 斯晓夫，王颂，傅颖. 创业机会从何而来：发现，构建还是发现+构建？——创业机会的理论前沿研究[J]. 管理世界，2016(3): 115-127.

[21] 斯晓夫. 成功创业是中国未来经济发展的关键[N]. 解放日报，2011-9-4.

[22] 宋京坤，王克平，沈莹，等. 大数据环境下战略性新兴企业竞争对手研究体系动力学模型研

究[J]. 现代情报，2021，41(5): 112-120.

[23] 孙楚绿，于丽艳. 大数据对物流供应链创新发展的影响与应用对策[J]. 科技管理研究，2021，41(2): 187-192.

[24] 孙永波. 商业模式创新与竞争优势[J]. 管理世界，2011(7): 182-183.

[25] 汤效琴，戴汝源. 数据挖掘中聚类分析的技术方法[J]. 微计算机信息，2003(1): 3-4.

[26] 唐靖，张帏，高建. 不同创业环境下的机会认知和创业决策研究[J]. 科学学研究. 2007，25(2): 328-333.

[27] 陶皖. 云计算与大数据[M]. 西安：西安电子科技大学出版社，2017.

[28] 涂咏梅，吴尽，李梦婧. 数字金融对企业融资成本影响的实证[J]. 统计与决策，2022,38(19): 140-145.

[29] 王乐，龙静. 不同环境下效果推理、因果推理与创业拼凑的关系——基于阴阳观视角[J]. 科学学与科学技术管理，2019,40(9): 101-118.

[30] 邬爱其，焦豪. 国外社会创业研究及其对构建和谐社会的启示[J]. 外国经济与管理，2008(1): 17-22.

[31] 吴汉洪，孟剑. 双边市场理论与应用述评[J]. 中国人民大学学报，2014,28(2): 149-156.

[32] 吴文辉. 创业管理实践：新创企业的成长模式[M]. 北京：中国经济出版社，2014.

[33] 武巧珍. 精益创业理论研究综述与展望[J]. 科学决策，2020(2): 87-101.

[34] 严子淳，王伟楠，李欣，等. 企业国际化扩张中的跨境电商平台利用——基于社会网络的研究[J]. 南开管理评论，2021，24(6): 140-152.

[35] 尹筑嘉，黄建欢，肖敏. 一股独大不利于公司治理吗——基于持股模式和两类治理成本的经验证据[J]. 广东财经大学学报，2015,30(6): 60-72.

[36] 余菲菲，蒋庆. 大数据分析能力对企业数字化转型的影响：地方政策感知的调节效应[J]. 科技进步与对策，2024,41(3): 12-22.

[37] 张爱丽. 潜在企业家创业机会开发影响因素的实证研究——对计划行为理论的扩展[J]. 科学学研究，2010,28(9): 1405-1412.

[38] 张梦琪. 创业者社会资本、创业机会开发与新创企业成长关系研究[D]. 吉林：吉林大学，2015.

[39] 张秀娥，祁伟宏，李泽卉. 创业者经验对创业机会识别的影响机制研究[J]. 科学学研究. 2017，35(3): 419-427.

[40] 张一林，郁芸君，陈珠明. 人工智能、中小企业融资与银行数字化转型[J]. 中国工业经济，2021(12): 69-87.

[41] 郑小碧，季垚. 双边市场、多边市场与经济高质量发展——分工网络的超边际一般均衡分析[J]. 研究与发展管理，2022,34(2): 27-40.

[42] 郑晓明，陈昊，龚洋冉. 创业型企业股权分配设计与创业团队心理所有权的动态关系研究——基于中国创业型企业的双案例比较分析[J]. 管理评论，2017,29(3): 242-260.

[43] 朱秀梅，董钊. 精益创业对创业拼凑的影响研究[J]. 科学学研究，2021,39(2): 295-302.

[44] [美]阿什·莫瑞亚. 精益创业实战[M]. 张玳，译. 北京：人民邮电出版社，2013.

[45] [美]埃里克·莱斯. 精益创业[M]. 吴彤，译. 北京：中信出版社，2012.

[46] [美]彼得·德鲁克. 创新和企业家精神[M]. 蔡文燕，译. 北京：机械工业出版社，2009.

[47] [美]戴维·伯恩斯坦. 如何改变世界——社会企业家与新思想的威力[M]. 吴士宏，译. 北京：新星出版社，2006.

[48] [美]约瑟夫·熊彼特. 经济发展理论[M]. 何畏，易家详，张军扩，等，译. 北京：商务印书馆，1990.

[49]　[英]迈克·布伦特，菲奥娜·爱尔莎·丹特. 团队赋能：大师的 18 堂团队管理课[M]. 徐少保，王琳，译. 北京：北京联合出版公司，2019.

英文文献

[1]　Agarwal R, Helfat CE. Strategic renewal of organizations[J]. *Organization Science*, 2009, 20(2): 281-293.

[2]　Albergaria M, Jabbour CJC. The role of big data analytics capabilities (BDAC) in understanding the challenges of service information and operations management in the sharing economy: Evidence of peer effects in libraries[J]. *International Journal of Information Management*, 2020, 51: 102023.

[3]　Alvarez SA, Barney JB, Anderson P. Forming and exploiting opportunities: The implications of discovery and creation processes for entrepreneurial and organizational research[J]. *Organization Science*, 2013, 24(1): 301-317.

[4]　Alvarez SA, Barney JB, McBride R, et al. Realism in the study of entrepreneurship[J]. *Academy of Management Review*, 2014, 39(2): 227-231.

[5]　Alvarez SA, Barney JB. Entrepreneurial opportunities and poverty alleviation[J]. *Entrepreneurship Theory and Practice*, 2014, 38(1): 159-184.

[6]　Armstrong M. Competition in two-sided markets[J]. *The RAND Journal of Economics*, 2006, 37(3): 668-691.

[7]　Autio E, Dahlander L, Frederiksen L. Information exposure, opportunity evaluation, and entrepreneurial action: An investigation of an online user community[J]. *Academy of Management Journal*, 2013, 56(5): 1348-1371.

[8]　Baden-Fuller C. Strategic innovation, corporate entrepreneurship and matching outside-into-inside-out approaches to strategy research[J]. *British Journal of Management*, 1995, 6: S3-S16.

[9]　Baker T, Nelson RE. Creating something from nothing: Resource construction through entrepreneurial bricolage[J]. *Administrative Science Quarterly*, 2005, 50(3): 329-366.

[10]　Baumgartner RJ. Managing corporate sustainability and CSR: A conceptual framework combining values, strategies and instruments contributing to sustainable development[J]. *Corporate Social Responsibility and Environmental Management*, 2014, 21(5): 258-271.

[11]　Beckman CM, Burton MD, O' Reilly C. Early teams: The impact of team demography on VC financing and going public[J]. *Journal of Business Venturing*, 2007, 22(2): 147-173.

[12]　Berger AN, Udell GF. The economics of small business finance: The roles of private equity and debt markets in the financial growth cycle[J]. *Journal of Banking & Finance*, 1998, 22(6-8): 613-673.

[13]　Birkinshaw J. Entrepreneurship in multinational corporations: The characteristics of subsidiary initiatives[J]. *Strategic Management Journal*, 1997, 18(3): 207-229.

[14]　Blackwell E. How to prepare a business plan[M]. London: Kogan Page, 2017.

[15]　Blank S. Why the lean start-up changes everything[J]. *Harvard Business Review*, 2013, 91(5): 63-72.

[16]　Bornstein D. Changing the world on a shoestring[J]. *The Atlantic Monthly*, 1998, 281(1): 34-39.

[17]　Bornstein D. How to change the world: Social entrepreneurs and the power of new ideas[M].

Oxford: Oxford University Press, 2004.

[18] Breugst N, Patzelt H, Rathgeber P. How should we divide the pie? Equity distribution and its impact on entrepreneurial teams[J]. *Journal of Business Venturing*, 2015, 30(1): 66-94.

[19] Brockhaus Sr RH. Risk taking propensity of entrepreneurs[J]. *Academy of Management Journal*, 1980, 23(3): 509-520.

[20] Burgelman RA. Designs for corporate entrepreneurship in established firms[J]. *California Management Review*, 1984, 26(3): 154-166.

[21] Burgelman RA. Intraorganizational ecology of strategy making and organizational adaptation: Theory and field research[J]. *Organization Science*, 1991, 2(3): 239-262.

[22] Busenitz LW, Gomez C, Spencer JW. Country institutional profiles: Unlocking entrepreneurial phenomena[J]. *Academy of Management Journal*, 2000, 43(5): 994-1003.

[23] Choi YR, Shepherd DA. Entrepreneurs' decisions to exploit opportunities[J]. *Journal of Management*, 2004, 30(3): 377-395.

[24] Chung LH, Gibbons PT. Corporate entrepreneurship: The roles of ideology and social capital[J]. *Group & Organization Management*, 1997, 22(1): 10-30.

[25] Conning J. Outreach, sustainability and leverage in monitored and peer-monitored lending[J]. *Journal of Development Economics*, 1999, 60(1): 51-77.

[26] Cope J. Entrepreneurial learning from failure: An interpretative phenomenological analysis[J]. *Journal of Business Venturing*, 2011, 26(6): 604-623.

[27] Corbett AC. Learning asymmetries and the discovery of entrepreneurial opportunities[J]. *Journal of Business Venturing*, 2007, 22(1): 97-118.

[28] Cornelissen JP, Clarke JS. Imagining and rationalizing opportunities: Inductive reasoning and the creation and justification of new ventures[J]. *Academy of Management Review*, 2010, 35(4): 539-557.

[29] Corner PD, Ho M. How opportunities develop in social entrepreneurship[J]. *Entrepreneurship Theory and Practice*, 2010, 34(4): 635-659.

[30] Covin JG, Miles MP. Corporate entrepreneurship and the pursuit of competitive advantage[J]. *Entrepreneurship Theory and Practice*, 1999, 23(3): 47-63.

[31] Covin JG, Slevin DP. Strategic management of small firms in hostile and benign environments[J]. *Strategic Management Journal*, 1989, 10(1): 75-87.

[32] Covin JG, Slevin DP. The influence of organization structure on the utility of an entrepreneurial top management style[J]. *Journal of Management Studies*, 1988, 25(3): 217-234.

[33] Datta PB, Gailey R. Empowering women through social entrepreneurship: Case study of a women's cooperative in India[J]. *Entrepreneurship Theory and Practice*, 2012, 36(3): 569-587.

[34] Davidsson P, Wiklund J. Levels of analysis in entrepreneurship research: Current research practice and suggestions for the future[J]. *Entrepreneurship Theory and Practice*, 2001, 25(4): 81-100.

[35] Davidsson P. Entrepreneurial opportunities and the entrepreneurship nexus: A re-conceptualization [J]. *Journal of Business Venturing*, 2015, 30(5): 674-695.

[36] Dean TJ, McMullen JS. Toward a theory of sustainable entrepreneurship: Reducing environmental degradation through entrepreneurial action[J]. *Journal of Business Venturing*, 2007, 22(1): 50-76.

[37] Dees JG, Anderson BB. For-profit social ventures[J]. *International Journal of Entrepreneurship Education*, 2003, 2(1): 1-26.

[38]   Delmar F, Shane S. Does business planning facilitate the development of new ventures?[J]. *Strategic Management Journal*, 2003, 24(12): 1165-1185.

[39]   Dencker JC, Gruber M. The effects of opportunities and founder experience on new firm performance[J]. *Strategic Management Journal*, 2015, 36(7): 1035-1052.

[40]   Denis DJ. Entrepreneurial finance: An overview of the issues and evidence[J]. *Journal of Corporate Finance*, 2004, 10(2): 301-326.

[41]   Dess GG, Lumpkin GT, McGee JE. Linking corporate entrepreneurship to strategy, structure, and process: Suggested research directions[J]. *Entrepreneurship Theory and Practice*, 1999, 23(3): 85-102.

[42]   DeVries MFRK. The entrepreneurial personality: A person at the crossroads[J]. *Journal of Management Studies*, 1977, 14(1): 34-57.

[43]   Dimov D. Beyond the single-person, single-insight attribution in understanding entrepreneurial opportunities[J]. *Entrepreneurship Theory and Practice*, 2007, 31(5): 713-731.

[44]   Djelassi S, Decoopman I. Customers' participation in product development through crowdsourcing: Issues and implications[J]. *Industrial Marketing Management*, 2013, 42(5): 683-692.

[45]   Drover W, Busenitz L, Matusik S, et al. A review and roadmap of entrepreneurial equity financing research: Venture capital, corporate venture capital, angel investment, crowdfunding, and accelerators[J]. *Journal of Management*, 2017, 43(6): 1820-1853.

[46]   Drucker P. Entrepreneurship and innovation: Practice and principles[M]. New York: Harper Business, 1985.

[47]   Ebben J, Johnson A. Bootstrapping in small firms: An empirical analysis of change over time[J]. *Journal of Business Venturing*, 2006, 21(6): 851-865.

[48]   Eckhardt JT, Ciuchta MP. Selected variation: The population-level implications of multistage selection in entrepreneurship[J]. *Strategic Entrepreneurship Journal*, 2008, 2(3): 209-224.

[49]   Eisenhardt KM, Schoonhoven CB. Organizational growth: Linking founding team, strategy, environment, and growth among U. S. semiconductor ventures, 1978-1988[J]. *Administrative Science Quarterly*, 1990, 35(3): 504.

[50]   Estrin S, Mickiewicz T, Stephan U. Entrepreneurship, social capital, and institutions: Social and commercial entrepreneurship across nations[J]. *Entrepreneurship Theory and Practice*, 2013, 37(3): 479-504.

[51]   Felin T, Zenger TR. Entrepreneurs as theorists: On the origins of collective beliefs and novel strategies[J]. *Strategic Entrepreneurship Journal*, 2009, 3(2): 127-146.

[52]   Finch B. How to write a business plan[M]. London: Kogan Page, 2013.

[53]   Fü ller J, Matzler K, Hoppe M. Brand community members as a source of innovation[J]. *Journal of Product Innovation Management*, 2008, 25(6): 608-619.

[54]   Gaglio CM, Katz JA. The psychological basis of opportunity identification: Entrepreneurial alertness[J]. *Small Business Economics*, 2001, 16: 95-111.

[55]   Gartner WB. "Who is an entrepreneur?" is the wrong question[J]. *American Journal of Small Business*, 1988, 12(4): 11-32.

[56]   Gartner WB. A conceptual framework for describing the phenomenon of new venture creation[J]. *Academy of Management Review*, 1985, 10(4): 696-706.

[57]   Godley AC. Entrepreneurial opportunities, implicit contracts, and market making for complex

consumer goods[J]. *Strategic Entrepreneurship Journal*, 2013, 7(4): 273-287.

[58] Gompers PA. Grandstanding in the venture capital industry[J]. *Journal of Financial Economics*, 1996, 42(1): 133-156.

[59] Granovetter M. Coase revisited: Business groups in the modern economy[J]. *Industrial and Corporate Change*, 1995, 4(1): 93-130.

[60] Gré goire DA, Barr PS, Shepherd DA. Cognitive processes of opportunity recognition: The role of structural alignment[J]. *Organization Science*, 2010, 21(2): 413-431.

[61] Gruber M, Macmillan IC, Thompson JD. From minds to markets: How human capital endowments shape market opportunity identification of technology start-up[J]. *Journal of Management*, 2012, 38(5): 1421-1449.

[62] Guth WD, Ginsberg A. Guest editors' introduction: Corporate entrepreneurship[J]. *Strategic Management Journal*, 1990: 5-15.

[63] Heath TB, Chatterjee S, Basuroy S, et al. Innovation sequences over iterated offerings: A relative innovation, comfort, and stimulation framework of consumer responses[J]. *Journal of Marketing*, 2015, 79(6): 71-93.

[64] Hirsch PM, Levin DZ. Umbrella advocates versus validity police: A life-cycle model[J]. *Organization Science*, 1999, 10(2): 199-212.

[65] Hitt MA, Ireland RD, Camp SM, et al. Strategic entrepreneurship: Entrepreneurial strategies for wealth creation[J]. *Strategic Management Journal*, 2001, 22(6-7): 479-491.

[66] Huff JO, Huff AS, Thomas H. Strategic renewal and the interaction of cumulative stress and inertia [J]. *Strategic Management Journal*, 1992, 13(S1): 55-75.

[67] Idowu A, Elbanna A. Crowdworkers, social affirmation and work identity: Rethinking dominant assumptions of crowdwork[J]. *Information and Organization*, 2021, 31(4): 100335.

[68] Ireland RD, Reutzel CR, Webb JW. Entrepreneurship research in AMJ: What has been published, and what might the future hold?[J]. *Academy of Management Journal*, 2005, 48(4): 556-564.

[69] Isenberg DJ. Thinking and managing: A verbal protocol analysis of managerial problem solving[J]. *Academy of Management Journal*, 1986, 29(4): 775-788.

[70] Jennings DF, Lumpkin JR. Functioning modeling corporate entrepreneurship: An empirical integrative analysis[J]. *Journal of Management*, 1989, 15(3): 485-502.

[71] Jennings DF, Young DM. An empirical comparison between objective and subjective measures of the product innovation domain of corporate entrepreneurship[J]. *Entrepreneurship Theory and Practice*, 1990, 15(1): 53-66.

[72] Johns G. The essential impact of context on organizational behavior[J]. *Academy of Management Review*, 2006, 31(2): 386-408.

[73] Kihlstrom RE, Laffont JJ. A general equilibrium entrepreneurial theory of firm formation based on risk aversion[J]. *Journal of Political Economy*, 1979, 87(4): 719-748.

[74] Kirzner I. The entrepreneur[J]. *Competition and Entrepreneurship*, 1973: 30-87.

Kirzner IM. Competition and entrepreneurship[M]. University of Chicago Press, 1973.

Kirzner IM. Discovery and the capitalist process[M]. University of Chicago Press, 1985.

IM. The alert and creative entrepreneur: A clarification[J]. *Small Business Economics*, 2009,

52.

try institutional profiles: Concept and measurement[C]. Academy of Management

Proceedings, 1997(1): 180-184.

[79] Krueger Jr N. Encouraging the identification of environmental opportunities[J]. *Journal of Organizational Change Management*, 1998, 11(2): 174-183.

[80] Kuratko D. F, Audretsch DB. Clarifying the domains of corporate entrepreneurship[J]. *International Entrepreneurship and Management Journal*, 2013, 9: 323-335.

[81] Kuratko D. F, Montagno RV, Hornsby JS. Developing an intrapreneurial assessment instrument for an effective corporate entrepreneurial environment[J]. *Strategic Management Journal*, 1990: 49-58.

[82] Kuratko D. F, Morris M. H. Corporate entrepreneurship: The dynamic strategy for 21st century organizations[M]. Issues in Entrepreneurship. Emerald Group Publishing Limited, 2003: 21-46.

[83] Kuratko D. F, Morris M. H. Examining the future trajectory of entrepreneurship[J]. *Journal of Small Business Management*, 2018, 56(1): 11-23.

[84] Kuratko D. F, Welsch H. P. Strategic entrepreneurial growth[M]. Florida: Harcourt College Publishers, 2001.

[85] Lambert T, Schwienbacher A. An empirical analysis of crowdfunding[J]. *Social Science Research Network*, 2010, 5: 1-23.

[86] Leadbeater, C. The rise of the social entrepreneur[M]. London: Demos, 1997.

[87] Li J. A survey on informal lending in China[M]. Shanghai: Shanghai People's Publication, 2006.

[88] Lin C, Kunnathur A. Strategic orientations, developmental culture, and big data capability[J]. *Journal of Business Research*, 2019, 105: 49-60.

[89] Low M. B. , MacMillan I. C. Entrepreneurship: Past research and future challenges[J]. *Journal of Management*, 1988, 14(2): 139-161.

[90] Lumpkin G. T., Dess G. G. Clarifying the entrepreneurial orientation construct and linking it to performance[J]. *Academy of Management Review*, 1996, 21(1): 135-172.

[91] Ma, R., Huang, Y. C., Shenkar, O. Social networks and opportunity recognition: A cultural comparison between Taiwan and the United States[J]. *Journal of Strategic Management*, 2011, 32(11): 1183-1205.

[92] MarchJG. Exploration and exploitation in organization all earning[J]. *Organization Science*, 1991, 2(1): 71-87.

[93] MartinezMG, WaltonB. The wisdom of crowds: The potential of online communities as a tool for data analysis[J]. *Technovation*, 2014, 34(4): 203-214.

[94] Massa L, Tucci C L, Afuah A. A critical assessment of business model research[J]. *Academy of Management Annals*, 2017, 11(1): 73-104.

[95] Maurya, A. Running Lean[M]. Sevastopol: O'Reilly Media, 2012. 1(8): 42-49.

[96] McDougall, P. P. , Shane, S., Oviatt, B. M. Explaining the formation of international new ventures: The limits of theories from international business research[J]. *Journal of Business Venturing*, 1994, 9(6): 469-487.

[97] McGrath, R. G. Falling forward: Real options reasoning and entrepreneurial failure[J]. *Academy of Management Review*, 1999, 24(1): 13-30.

[98] McGrath, R. G., Venkataraman, S., MacMillan, I. C. The advantage chain: Antecedents to rents from internal corporate ventures[J]. *Journal of Business Venturing*, 1994, 9(5): 351-369.

[99] McMullen, J. S., Kier, A. S. Trapped by the entrepreneurial mindset: Opportunity seeking and escalation of commitment in the Mount Everest disaster[J]. *Journal of Business Venturing*, 2016

31(6): 663-686.

[100] McMullen, J. S., Shepherd, D. A. Entrepreneurial action and the role of uncertainty in the theory of the entrepreneur[J]. *Academy of Management Review*, 2006, 31(1): 132-152.

[101] Mikalef, P., Boura, M., Lekakos, G., et al. Big data analytics capabilities and innovation: The mediating role of dynamic capabilities and moderating effect of the environment[J]. *British Journal of Management*, 2019, 30(2): 272-298.

[102] Miller, D. The correlates of entrepreneurship in three types of firms[J]. *Management Science*, 1983, 29(7): 770-791.

[103] Miller, D., Friesen, P. H. Innovation in conservative and entrepreneurial firms: Two models of strategic momentum[J]. *Strategic Management Journal*, 1982, 3(1): 1-25.

[104] Miller, T. L., Grimes, M. G., McMullen, J. S., et al. Venturing for others with heart and head: How compassion encourages social entrepreneurship[J]. *Academy of Management Review*, 2012, 37(4): 616-640.

[105] Mitchell, R. K., Busenitz, L. W., Bird, B., et al. The central question in entrepreneurial cognition research 2007[J]. *Entrepreneurship Theory and Practice*, 2007, 31(1): 1-27.

[106] Mitchell, R. K., Busenitz, L., Lant, T., et al. Toward a theory of entrepreneurial cognition: Rethinking the people side of entrepreneurship research[J]. *Entrepreneurship Theory and Practice*, 2002, 27(2): 93-104.

[107] Morris, M., Schindehutte, M., Allen, J. The entrepreneur's business model: Towards a unified perspective[J]. *Journal of Business Research*, 2005, 58(6): 726-735.

[108] Mort, G. S., Weerawardena, J., Carnegie, K. Social entrepreneurship: Towards conceptualization and measurement[C]. American Marketing Association, 2002, 13: 5.

[109] Osterwalder, A., Pigneur, Y. Business model generation: A handbook for visionaries, game changers, and challengers[M]. New Jersey: John Wiley & Sons, 2010.

[110] Ozgen, E., Baron, R. A. Social sources of information in opportunity recognition: Effects of mentors, industry networks, and professional forums[J]. *Journal of Business Venturing*, 2007, 22(2): 174-192.

[111] Peredo, A. M., McLean, M. Social entrepreneurship: A critical review of the concept[J]. *Journal of World Business*, 2006, 41(1): 56-61.

[112] Peterson, R. A., Berger, D. G. Entrepreneurship in organizations: Evidence from the popular music industry[J]. *Administrative Science Quarterly*, 1971: 97-106.

[113] Phan, P. H., Wright, M., Ucbasaran, D., et al. Corporate entrepreneurship: Current research and future directions[J]. *Journal of Business Venturing*, 2009, 24(3): 197-205.

[114] Pomerantz, M. The business of social entrepreneurship in a "down economy"[J]. *Business*, 2003, 25(3): 25-31.

[115] Prandelli, E., Pasquini, M., Verona, G. In users' shoes: An experimental design on the role of perspective taking in discovering entrepreneurial opportunities[J]. *Journal of Business Venturing*, 2016, 31(3): 287-301.

moglou, S. On the misuse of realism in the study of entrepreneurship[J]. *Academy of ement Review*, 2013, 38(3): 463-465.

S., Zyglidopoulos, S. C. The constructivist view of entrepreneurial opportunities: A 'l. *Small Business Economics*, 2015, 44(1): 71-78.

[118] Ries, E. The Lean Startup[M]. New York: Crown Business, 2011: 1-336.

[119] Rochet, J. C., Tirole, J. Defining two-sided markets[R]. IDEI, Toulouse, France, 2004.

[120] Rouse, W. B., Morris, N. M. On looking into the black box: Prospects and limits in the search for mental models[J]. *Psychological Bulletin*, 1986, 100(3): 349-363.

[121] Rysman, M. The economics of two-sided markets[J]. *Journal of Economic Perspectives*, 2009, 23(3): 125-143.

[122] Sahlman, W. A. The structure and governance of venture-capital organizations[J]. *Journal of Financial Economics*, 1990, 27(2): 473-521.

[123] Sarason, Y., Dean, T., Dillard, J. F. Entrepreneurship as the nexus of individual and opportunity: A structuration view[J]. *Journal of Business Venturing*, 2006, 21(3): 286-305.

[124] Sarasvathy, S. D. Effectual reasoning in entrepreneurial decision-making: Existence and bounds[C]. Academy of Management Proceedings, 2001(1): D1-D6.

[125] Schendel, D. Introduction to the special issue on corporate entrepreneurship[J]. *Strategic Management Journal*, 1990: 1-3.

[126] Schu, M., Morschett, D., Swoboda, B. Internationalization speed of online retailers: A resource-based perspective on the influence factors[J]. *Management International Review*, 2016, 56: 733-757.

[127] Schuyler, G. Social entrepreneurship: Profit as a means, not an end [EB/OL]. CELCEE Digest, http://www.celcee.edu/products/digest/Dig98-7.html,1998.

[128] Sexton, D. L., Bowman, N. The entrepreneur: A capable executive and more[J]. *Journal of Business Venturing*, 1985, 1(1): 129-140.

[129] Shane, S. A general theory of entrepreneurship: The individual-opportunity nexus[M]. Edward Elgar Publishing, 2003.

[130] Shane, S. Prior knowledge and the discovery of entrepreneurial opportunities[J]. *Organization Science*, 2000, 11(4): 448-469.

[131] Shane, S. Reflections on the 2010 AMR decade award: Delivering on the promise of entrepreneurship as a field of research[J]. *Academy of Management Review*, 2012, 37(1): 10-20.

[132] Shane, S., Delmar, F. Planning for the market: Business planning before marketing and the continuation of organizing efforts[J]. *Journal of Business Venturing*, 2004, 19(6): 767-785.

[133] Shane, S., Nicolaou, N. Creative personality, opportunity recognition and the tendency to start businesses: A study of their genetic predispositions[J]. *Journal of Business Venturing*, 2015, 30(3): 407-419.

[134] Shane, S., Venkataraman, S. Entrepreneurship as a field of research: A response to Zahra and Dess, Singh, and Erikson[J]. *Academy of Management Review*, 2001, 26(1): 13-16.

[135] Shane, S., Venkataraman, S. The promise of entrepreneurship as a field of research[J]. *Academy of Management Review*, 2000, 25(1): 217-226.

[136] Sharma, P., Chrisman, J. J. Toward a reconciliation of the definitional issues in the field of corporate entrepreneurship[J]. *Entrepreneurship Theory and Practice*, 1999, 23(3): 11-28.

[137] Shepherd, D. A., McMullen, J. S., Jennings, P. D. The formation of opportunity beliefs: Overcoming ignorance and reducing doubt[J]. *Strategic Entrepreneurship Journal*, 2007, 1(1-2): 75-95.

[138] Suddaby, R., Bruton, G. D., Si, S. X. Entrepreneurship through a qualitative lens: Insights on the

construction and/or discovery of entrepreneurial opportunity[J]. *Journal of Business Venturing*, 2015, 30(1): 1-10.

[139] Tan, J., Shao, Y., Li, W. To be different, or to be the same? An exploratory study of isomorphism in the cluster[J]. *Journal of Business Venturing*, 2013, 28(1): 83-97.

[140] Tang, J., Kacmar, K. M., Busenitz, L. Entrepreneurial alertness in the pursuit of new opportunities [J]. *Journal of Business Venturing*, 2012, 27(1): 77-94.

[141] Tian, X., Wang, T. Y. Tolerance for failure and corporate innovation[J]. *The Review of Financial Studies*, 2014, 27(1): 211-255.

[142] Timmons, J. A. Characteristics and role demands of entrepreneurship[J]. *American Journal of Small Business*, 1978, 3(1): 5-17.

[143] Tobias, J. M., Mair, J., Barbosa-Leiker, C. Toward a theory of transformative entrepreneuring: Poverty reduction and conflict resolution in Rwanda's entrepreneurial coffee sector[J]. *Journal of Business Venturing*, 2013, 28(6): 728-742.

[144] Tocher, N., Oswald, S. L., Hall, D. J. Proposing social resources as the fundamental catalyst toward opportunity creation[J]. *Strategic Entrepreneurship Journal*, 2015, 9(2): 119-135.

[145] Vermeulen, F., Barkema, H. Pace, rhythm, and scope: Process dependence in building a profitable multinational corporation[J]. *Strategic Management Journal*, 2002, 23(7): 637-653.

[146] Welter, F. Contextualizing entrepreneurship—Conceptual challenges and ways forward[J]. *Entrepreneurship Theory and Practice*, 2011, 35(1): 165-184.

[147] Westfall, S. L. Simulating corporate entrepreneurship in US industry[J]. *Academy of Management Journal*, 1969, 12(2): 235-246.

[148] Wood, M. S., Mckelvie, A., Haynie, J. M. Making it personal: Opportunity individuation and the shaping of opportunity beliefs[J]. *Journal of Business Venturing*, 2014, 29(2): 252-272.

[149] Wood, M. S., Mckinley, W. After the venture: The reproduction and destruction of entrepreneurial opportunity[J]. *Strategic Entrepreneurship Journal*, 2017, 11(1): 18-35.

[150] Wright, A. L., Zammuto, R. F. Creating opportunities for institutional entrepreneurship: The Colonel and the Cup in English County Cricket[J]. *Journal of Business Venturing*, 2013, 28(1): 51-68.

[151] Zahra, S. A. Predictors and financial outcomes of corporate entrepreneurship: An exploratory study [J]. *Journal of Business Venturing*, 1991, 6(4): 259-285.

[152] Zahra, S. A. The virtuous cycle of discovery and creation of entrepreneurial opportunities[J]. *Strategic Entrepreneurship Journal*, 2008, 2(3): 243-257.

[153] Zahra, S. A., Gedajlovic, E., Neubaum, D. O., et al. A typology of social entrepreneurs: Motives, search processes and ethical challenges[J]. *Journal of Business Venturing*, 2009, 24(5): 519-532.

[154] Zahra, S. A., Gedajlovic, E., Neubaum, D. O., Shulman, J. M. A typology of social entrepreneurs: Motives, search processes and ethical challenges[J]. *Journal of Business Venturing*, 2009, 24(5), 519-532.

Zahra, S., Randerson, K., Fayolle, A. Part I: The evolution and contributions of corporate entrepreneurship research[J]. *Management*, 2013(4): 362-380.

herman, M. A., Zeitz, G. J. Beyond survival: Achieving new venture growth by building v[J]. *Academy of Management Review*, 2002, 27(3): 414-431.

教师服务

感谢您选用清华大学出版社的教材！为了更好地服务教学，我们为授课教师提供本书的教学辅助资源，以及本学科重点教材信息。请您扫码获取。

≫ 教辅获取

本书教辅资源，授课教师扫码获取

≫ 样书赠送

创业与创新类重点教材，教师扫码获取样书

清华大学出版社

E-mail: tupfuwu@163.com
电话: 010-83470332 / 83470142
地址: 北京市海淀区双清路学研大厦 B 座 509

网址: https://www.tup.com.cn/
传真: 8610-83470107
邮编: 100084